彭　兰　女，博士，中国人民大学新闻学院教授、博士生导师。国内较早从事网络新闻传播教学与研究的学者之一，独立出版了《中国网络媒体的第一个十年》、《网络新闻学原理与应用》、《网络传播概论》、《网络多媒体新闻》等六部著作，主译了《网络新闻导论》、《网络研究——数字化时代媒介研究的重新定向》等书。研究成果曾获"全国优秀博士学位论文奖"、"北京高等教育精品教材奖"等，入选2006年教育部"新世纪优秀人才支持计划"。目前主要兼职有：国家重点研究基地"中国人民大学新闻与社会发展研究中心"研究员，北京网络媒体协会理事、监事会成员等。

作者简介

普通高等院校网络传播系列教材

网络新闻编辑教程

◎丛书主编 吴廷俊
◎彭 兰 著

www.
.com
@

WUHAN UNIVERSITY PRESS
武汉大学出版社

普通高等院校网络传播系列教材

丛书主编　吴廷俊

编 委 会 名 单

内容提要

本书面向网络新闻的未来发展趋势，在一种开阔的视野下，以网络新闻的选择、加工、整合与延展这四个层面为基本框架，系统梳理了网络新闻编辑工作的原理及具体操作方法，涉及文字、图片、音频、视频、动画等多种新闻信息的编辑，以及新闻专题组织、论坛管理、受众调查、博客运用、新闻传播效果评估等网络新闻编辑的新工作领域，还对 RSS 技术、电子报纸、电子杂志与手机媒体等新技术对网络新闻编辑未来的影响进行了前瞻性思考。本书既注重理论阐释，又注重实践剖析；既关注现实状况，又关注未来走向。书中大量鲜活案例，为加深读者对理论与实践的理解，提供了很好的参考，也增强了本书的可操作性。本书还具有鲜明的跨媒体、跨学科的特色。

序　言

在国内高等院校新闻传播专业开办网络传播方向，我们学院（华中科技大学新闻与信息传播学院）算是首创。早在1998年，我院招收了第一批二加二形式的网络新闻本科班，当时招收学生30名左右，是从全校文理科各专业二年级学生中挑选出来的优秀学生，再经过两年的专业培训，很快成为社会急需的人才。2000年，随着社会对网络传播人才需求的急剧增加，我们学院开始直接招收四年制本科网络新闻传播方向的学生，虽然2001年到2003年期间，互联网发展走向低谷给高校网络传播教育带来了一定程度的冲击，但2004年之后互联网又一个春天的到来，使学校网络教育重新充满生机。2005年，教育部将网络新闻传播设置为一个专业方向，现在许多高校的新闻传播专业都有开办。

我们的办学与社会发展前沿紧密呼应。网络技术使用的逐渐拓展与深化，使互联网影响不断渗透到社会政治、经济、文化诸多领域，使整个社会结构发生巨大的改变。从印刷技术到电话、电报技术，到广播、电视技术，到计算机与网络技术，传播形式的改变，从最初的单向传播，到逐渐互动的双向传播，到现在以Web2.0为代表的以个人为中心的个性化传播，新技术不断冲击着人类的生活方式，但互联网技术对人类生存状态的改变是最为空前与彻底的。网络新技术对人类的改变，不仅体现在它推进社会生活的现代化，更为严重的是，它使人类的生活越来越强地依赖于技术。

网络带来的新的改变必然产生诸多新的社会需求，许多与网络相关的职业以及诸多传统职业的网络化，为我们学科的拓展提供了巨大的发展空间。新的网络专业人才不仅需要解决专业技术问题，应对因技术含量增加而出现的新型职业以及传统职业的网络化转型，同时也需要解决网络新技术带来的诸多新的理论困扰。因此，实践人才与理论研究人才的并重是我们网络传播专业教育不可偏颇的双重目的。

在理工科院校开办文科专业，又走文理交叉的方向，这是我院新闻传播方向的特色与优势。20世纪90年代以前，我院奉行“文理渗透”、“应用为主、交叉见长”的理念，20世纪90年代以后，进一步将“文理渗透”提升到“人文、社会科学与自然科学、工程技术大跨度交叉”的层面。在教学上，我院与本校的电信、计算机等信息学科大跨度交叉，开设电子信息处理、网络传播、媒介科技发展史和一大批以应用为主的计算机软硬件基础课程和研究课程。在理论研究层面，1996年，我牵头承接了国家九五社科基金重点课题“多媒体技术与新闻传播”，2002年，该课题通过了国家哲学社会科学规划办公室的鉴定，被权威专家评价为“迄今为止，有关网络新闻传播最全面、最有分量的研究成果”，“有学术创新意义”。学院还连续承接了其他与网络传播相关的国家社科基金课题，以及一大批教育部规划课题和专项课题、学校社科基金课题、横向课题。出版了多部有分量的学术专著，发表了近百篇有影响的学术论文。教学与科研的并重，使我们不仅培养出社会评价极高的优秀学生，也锻炼出强大的师资队伍。2003年，我院因出色的成绩获得新闻学专业博士学位授予权，2005年更成功申报博士学位授予权一级学科。

针对网络传播研究方向的整体发展，我们学院在学术界已经开办了与新媒介相关的全国性学术会议、筹备成立相应的研究中心、筹备建立全国性的研究协会。关于会议，我院与清华大学新闻传播学院新媒介研究中心合办了“新媒介、新思维论坛”，在我院2004年开办首届，清华大学2005年接办第二届，已经成为学术界新媒介研究的标志性事件。

通过近十年网络传播方向的教学与科研的积累，出版一套网络传播学术型系列教材我们已经计划已久，现在有机会与武汉大学出版社达成协议，将我们的教学与科研成果推出来与学界共享。该丛书计划8本，分别是：《网络传播概论》（屠忠俊、史玟昱）、《网页制作与PHP语言应用》（江传惠）、《网络伦理与法制》（钟瑛）、《网络新闻编辑教程》（彭兰）、《网络信息管理概论》（陈少华）、《电子商务教程》（鲍立泉）、《网络动画创作与编辑》（王强、王朝阳、甘世勇)、《多媒体制作教程》(罗晋华),这些教材或专著基本涵盖了我们网络传播方向的教学的主要内容。

吴廷俊

2006年4月

目　录

第三单元 网络新闻的整合

第四单元　网络新闻的延展

绪论 网络新闻编辑概述

互联网起源于美国，它的雏形是1969年美国国防部的阿帕网（ARPA-NET）。1983年，TCP/IP协议被指定为网络的标准协议，为所有的网络采纳，互联网逐渐成为一种世界性的网络。20世纪90年代初，欧洲粒子物理实验室的科学家蒂姆·伯纳斯-李（Tim Berners-Lee）提出了万维网（World Wide Web）的设想，WWW的主要思想是，利用互联网传送超文本信息，即包括文字、图像、声音、视频等在内的多媒体化信息，同时利用超链接将网络中的信息相互连接起来，所有的操作都可以通过一种图形化的界面来实现。由于WWW技术的开发与普及，互联网日益大众化，逐步发展为一种新型的媒介。

1994年，中国全面接入互联网。1995年1月12日，《神州学人》杂志开始通过网络发行，正式揭开了中国媒体上网的序幕。同年10月，《中国贸易报》的上网，则标志着中国报纸开始了网络发展之路。此后，大量报纸、广播、电视机构纷纷上网，以各种形式探索通过网络来扩展、壮大自己的道路。

中国网络媒体经历了一个从无到有、从少到多、从单一到多元模式的发展过程。目前，中国网络媒体已在新闻传播领域扮演着重要的角色，在社会生活中的作用也日益突出。在一定意义上，网络媒体已经跻身主流媒体的行列。

一、网络媒体的基本含义

在业界与研究界，网络、互联网、网络媒介、网络媒体等几个词经常是混用的，这里有必要对这几个词的基本含义进行区分。

从计算机技术角度来看，计算机网络是指若干台地理位置不同、具有独立功能的计算机，通过通信设备和线路相互连接起来，以实现信息传输和资源共享的一种计算机系统。而互联网是一种全球性的计算机网络，是网上之网，它连接着全球成千上万的大大小小的网络。

虽然从技术的角度看，互联网与网络是两个概念，但在非计算机领域里，一般人们所指的网络，通常都是互联网，因为互联网是人们接触得最多的一个网络，而同时，互联网又包容了各种各样的网络，因此，在多数情况下，将网络与互联网等同起来理解，也是可以接受的。

网络媒介一词，侧重于说明网络作为一种传播介质的属性。在网络中承载的传播，包括人际传播、群体传播、组织传播和大众传播等若干种。

而对于网络媒体一词，人们的解释不尽相同。在通常的情况下，当提到网络媒体时，多指具有一定资质的、利用网络这样一种媒介从事新闻与信息传播的机构。有时人们也称其为新闻网站，包括有传统媒体背景的网站和有新闻登载资格的商业网站。

由于目前国家政策的限制，中国的网络媒体主要是转载传统媒体采写的新闻，但是可以根据网站的需要对内容进行一定的编辑加工。因此，网络新闻编辑已成为新闻网站中的主力军。

除了新闻网站，网络中还存在着许多其他类型的网站，例如学校网站、企业网站、政府网站、电子商务网站等，各类网站都需要内容编辑，但是，不同网站涉及的内容有很大差异，试图在一本书中涉及各种不同网站的特殊规律是不太现实的。因此，本书主要从“新闻编辑”这个角度来说明网站编辑中的普遍规律。这些普遍规律，既可以作为各类不同网站编辑工作的一般指导，也可以为各类网站提供很多直接的经验与操作方法。

二、网络新闻编辑工作的特点

要全面认识网络新闻编辑工作的特点，需要从网络大众传播的特点、网络受众的特点、网络传播机构的特点以及网络编辑的角色特点、网络新闻业务与传统新闻业务的关系等方面来加以理解。

（一）网络大众传播的特点

从新闻传播角度来看，网络中最值得关注的是它所承载的大众传播。网络中的大众传播是以计算机网络为传播渠道，在一个多元、开放的环境中进行的传播活动。与传统的大众传播相比，它在以下几方面表现出了较为强烈的特点：

1. 低门槛性

与传统的大众传播相比，网络传播的“门槛”是很低的，这表现为信息发布设备方面的低门槛和信息发布技术的低门槛。只要拥有能上网的电脑，会一些最基本的操作，任何个人都能够在网上发布信息。而且由于网络媒介的辐射力，这些信息传播有可能产生重大的影响。

传播的低门槛性，带来了传播格局的多元化，受众在信息传播中的作用得以不断加强。

但值得注意的是，这一特点也可能造成信息质量的良莠不齐、虚假新闻或信息泛滥。而这些问题可能损害网络媒体的形象、声誉，使其权威性受到削弱。有时甚至可能带来较为严重的社会危害。

2. 全时性

网络传播的全时性可以体现在如下方面：

传播过程的全时性：与传统媒体相比，网络媒体可以全天候地处于报道的状态，对于突发事件或动态发展的事物的报道，可以做到即时发布、全过程跟踪、不间断报道。网络媒体打破了出版周期、播出时段等因素的限制，在新闻报道方面显示出特有的快速反应能力和高度的灵活性。

信息存贮的全时性：在网络中传播的新闻信息，不仅可以在第一时间发布于网页，而且由于它已存在于网站的数据库中，因此从理论上来说可以一直存在于网络空间中。这些信息可以通过相关链接、受众查询等多种方式得到长期的利用。加上网络的海量性、网络信息之间的链接技术等因素的作用，网络信息常常是处于循环利用的过程中。

信息接收的全时性：传统媒体的信息接收受到很多因素的限制，特别是广播、电视等媒体，它们所发布的信息“转瞬即逝”，受众如果错过了收听收看的时间，可能就再也没机会获得这些信息。而网络媒体的存贮方式为受众提供了全时接收的可能。受众可以在信息发布几天、几周甚至更长的时间后再去获取信息。

但是，全时性也会带来一些相应的问题。例如，传播过程的全时性，虽然可能较好地满足受众对时效性的要求，但也容易造成新闻的碎片化，也易带来信息的简单化快速处理和信息的快餐式消费。而存贮的全时性，则可能带来信息数量的膨胀，受众在日益复杂的信息迷宫中很容易产生迷失感。

3. 海量性

海量性既可指存贮空间的海量性，也可指信息的海量性。存贮空间的海量性直接造就了信息的海量性。

网络的存贮特点，使它较少受到过去传统媒体经常遭遇的容量不足的困惑，这为信息内容的进一步丰富提供了基础。在一些重大的新闻报道活动中，网络媒体也可以充分利用这一优势，满足受众对内容的全面性的需要。

但是，这也可能带来信息筛选标准的降低以及信息过载，即使有无限可用的空间，网络新闻仍然要加以必要的筛选，以免网民被信息淹没。

此外，稀缺资源有时是产生“张力”和竞争动力的重要因素。对于报纸来说，版面空间的缺陷是由时间来弥补的，例如，采用“连载”的方式。而这恰好变成了一种优势，产生了一种时间上的“张力”，来不断“拉住”读者。直到今天，很多报纸上的“小说连载”仍然是其主要卖点之一。而网络媒体如果不能对资源加以合理利用，可能造成受众持续注意力的减退。一本百万字的书，可以一口气“上传”、“下载”，看上去很痛快，但是，网站对受众的长期吸引力被廉价地、瞬间地消耗了。这不能不说是一种遗憾。因此，网络新闻仍然要保持一种时间上的“张力”。除非是某些时效性要求特别高的情况，一般网络新闻传播者应该更加有节制地、有节奏地控制新闻及其他信息的发布。

4. 互动性

互动性是作为大众传播媒介的网络的一个本质性特点。这意味着网络打破了过去由信息传播者单向传送信息的格局，信息传播者与接收者之间的互动变得切实可行。

网络新闻传播中的互动方式主要表现为：受众点击新闻形成的直接反馈、受众对新闻发表评论（新闻后跟帖、论坛、博客等）、受众提供新闻线索、在线交流、在线调查等。

网络新闻传播中的互动的意义在于：

信息的传者与受者之间的交流更加容易。新闻传播者可以更好地把握到受众的脉搏，并以此作为调整自己的传播内容与传播策略的依据。

受者参与新闻传播的可能性大大增强，无论是在新闻选题环节，新闻报道环节，还是在新闻的效果生成方面，受众的作用都越来越明显。

受者与受者之间的交流也得以增强。受众之间的交流，既有助于提高新闻传播的效率，又有助于在受众与网站之间建立起更加牢固的关系。

在网络新闻传播中，既要高度重视互动，但又不能迷信互动，更不能以受众的趣味作为网络新闻编辑的惟一指挥棒。

5. 多媒体性

传统媒介传播信息的形式总是或多或少受到限制，网络则可以实现数据、文本、声音及各种图像在单一的、数字化环境中的一体化的信息传播。

网络中的多媒体性有两个层面的含义：一是指网络这个大平台，可以承载任何一种形式的信息；二是指在网络新闻或信息传播中，可以在单一报道中综合运用多媒体手段。

多媒体应用能力，不仅指运用多媒体的技术能力，还指多媒体化的思维能力、表现能力。但是由于传统媒体在运用信息的手段上各有侧重，因此，过去的体制下培养的人才一般难做到熟练运用不同媒体方式来进行思考，也不能最大限度地发挥不同媒体手段的长处来进行信息与思想的表现。

因此，多媒体技术的潜力并没有在网络中真正表现出来，在网络新闻传播中尤其如此。

从受众角度看，多媒体化的信息接收，对他们会产生什么样的影响，这也是我们需要关注的。加拿大传播学家麦克卢汉认为，不同的媒介技术对人们的感官平衡的影响是不同的。多媒体技术是使人们的感官恢复到自然平衡，还是进一步打破平衡？多媒体信息环境是否会使人们的抽象思考能力下降？现在还难对此做出准确判断。但是，对于多媒体传播技术的深层影响保持关注是必要的。

从媒介的未来格局看，网络可以很好地整合多种媒体形式这一特点，也体现出几大传统媒体最终在网络中融合的技术可能性。虽然技术并不是决定未来传媒格局的惟一因素，但至少是一个基础。

6. 多级性

信息流动的多级性

网络中的信息传播往往有多种渠道，它并非总是从网站直接传播到个人，而是可能通过不同方式的多级传播。例如：网站——邮件——个人、网站——BBS——个人、网站——BBS——邮件——个人、网站——博客——个人等多种方式。网络信息的传播通常是大众传播渠道（网站）、群体传播渠道（BBS等）与人际传播渠道（博客、即时通信工具、邮件等）三者的组合。这中间的环节数量还可以不断增加，也就是说传播级数可以不断增加。

多级流动，延伸了信息的传播范围，在此过程中，也使信息影响变得更加复杂化。因此，多级化的信息传播方式，是网络传播中一个值得重点关注的问题。从新闻传播角度来看，如何促使自己的新闻进入多级传播渠道，是一个重要的传播策略问题。

信息作品及消费过程的多级性

网络信息的组织与发布多是采用层次化的结构。这种特殊性，使得信息作品也成为了多级的。

传统媒体的信息作品，在呈现方式上是单一层次的，报纸以空间为载体展示所有信息，广播电视以时间为载体展示所有信息。但是，网络信息作品，特别是通过网站来发布的作品，却是层次化的。一个完整的网络新闻作品可以有五个层次，对此，本书将在后面专门介绍。

信息作品的多级化，可以更好地满足受众的个性化的选择。

但是，信息作品的多级性直接导致了信息消费的多级性：并不是所有受众都会逐级点开信息作品，获得完整的信息。大多数情况下，他们可能会随时中断信息的消费过程。也就意味着有些层次的信息处于闲置状态，因此信息作品的使用效率会受到影响。而另一方面，受众对于信息的接收可能是不完整的。

7. 连通性

信息与信息之间的连通性

超链接的思想，改变了网络信息的结构方式，信息之间的联系不再是线性的、一元的，而是网状的、多元的，网络中存在于不同电脑上的信息可以彼此连通，一个网站上的各种信息也可以相互关联。信息的连通性给人们拓展信息的广度与深度提供了一定的基础，在新闻报道中，如果运用得当，信息之间的连通性对于提高网络新闻的报道面、加强报道深度，有着一定作用。但如果使用不当，也可能造成干扰受众的注意力，造成信息的过载与浪费。

传播者与受众之间的连通性

从传播的角度来看，传统大众传播中，传播者与受众之间不是直接连通的。从角色上看，他们之间有一条泾渭分明的界线；从两端的沟通方式看，他们之间的联接纽带往往只能是传播者所提供的信息或节目，尽管也有一些其他的交流与反馈的渠道，但都不可能畅通。但是，在网络中，传播者与受众之间的直接连通成为可能。

这两者之间的沟通方式，已经不再是简单的反馈与交流，而是一种你中有我、我中有你的共同协作。从这个意义上看，对网络的互动性的认识不应简单地停留在传受双方交流方式与效果方面，而应该提升到整体传播结构与效果方面。

受众之间的连通性

网络受众并非在一个封闭的空间里获取信息，实际上，他们经常处于一个社会化的环境中，受众之间会产生各种各样的联系，他们彼此间容易形成相互的影响。这种连通性对于受众在新闻信息选择时的价值取向，对于网络舆论的走向，以及网络社会的文化形成等，都会产生直接影响。

各种传播形态之间的连通性

网络传播并不是单纯的大众传播，而是人际传播、群体传播、组织传播与大众传播的结合体。这几种传播密切相连，相互渗透，很多时候，新闻或信息传播的效果取决于这几者的共同作用。

（二）网络传播的受众特点

1. 个体性

在传统媒体中，受众的概念指的是“较大数量的”、“异质的”传播对象，即传统媒体的传播对象是“不定量的多数”。传统媒介正是在一前提下，来研究自己的受众定位，并采取相应的传播与服务策略的。

网络技术使受众作为一个“个体”存在有了意义。如尼葛洛庞帝所说，在数字化生存的情况下，我就是“我”，不是人口统计学中的一个“子集”。① 从这意义上看，网络“受众”更应该称为“受者”。

传统媒介的传播方式是“点对面”的，个体只是作为受众中的一员存在，任何一个传媒组织都不会针对某人的特别需求来进行传播。在传统大众传播中，受众的个别需求是通过受众自己在“大众化”的信息产品中进行挑选而得以部分满足。而网络却使“点对点”传播成为可能，也就是网络能够为个体“量身定做”，提供他所需要的有关信息。这就是我们所说的“个性化”服务。

“个体性”是网络媒介的技术特点所带来的理论上的结果。但是，它的真正实现，靠的是“人”，即提供网络信息服务的网站。而网站的观念、人员即提供个性化服务所需成本等问题，都可能成为种种障碍。

但我们也不能认为网络媒体的目标只是满足受众的个性化需求，有一个方面是不可忽视的，那就是，作为大众传媒的网络，需要通过提供大众化的内容与服务来完成其社会整合的功能。

2. 社会性

虽然网络传播中的受众有着“个性化”的一面，但是，也应该看到，他们还有社会性的一面，而且这一特点与传统媒体时代相比显得更为突出。前文提到，网络传播带来了受众的连通性，受众在网络中进行信息消费或从事其他活动，往往都会受到别人的影响或干扰，他们的“个性化”行为的背后，往往隐藏着非常强烈的网络社会环境的因素。

尽管有人认为在网络中人们的“从众心理”会有所减弱，但在实践中我们却可以看到，网民在选择新闻、表达意见等方面，有可能表现出更强的一致性，这种一致性可能带来积极的影响，也可能产生一些负面的结果。这是在从事网络新闻编辑工作时需要特别关注的。

3. 虚拟性

与传统媒体的受众不同，网络的受众是在网络这一虚拟环境下，来接受网络信息或服务的。网络给他们提供了一种充分表达自己的环境。在这种状况

① ［美］尼葛洛庞帝：《数字化生存》，海南出版社 1997 年版，第 192 页。

下，受众的需求，与他在物理世界的需求相比，会发生一些偏离，或者说，他们会更加追求在物理世界里得不到的需求。

另外，人在网络环境下的表现，往往不是单一的。有时人会在不同心情下或不同环境里扮演不同的角色。这样，一个受众可能会分化成几个不同的看上去完全不相关的人。有时甚至受众自己，都很难对自己做出准确描述。

因此，网络受众不像物理世界受众那样清晰可感。传统媒体通过统计数据来描述受众的方法，在网络世界有时会显得有些无能为力。

要更好地了解“虚拟化”的受众，应该借助心理学、社会心理学等理论。美国网络专家埃瑟·戴森认为，网络并没有改变人性。她的话是有道理的。虽然从表面看，有些人在网络中面目全非，但一个人在网络中会变成什么样子，总是有他的现实基础。应该说，网络生活还是一面镜子，只不过更像哈哈镜，它把人的某些特征夸大，某些特征缩小。但是如果没有现实的人，就没有镜中的像。

在现实与虚拟世界中，人的心理反应是一致的。只是因为环境的变化，有些心理表现会更强烈一些。因此，通过对人的深层心理研究，才能更好地理解与把握网络受众。

4. 自主性

网络技术使得受众根据自己的需要“拉出”信息成为可能，也就是说，受众可以更加自由地选择自己喜欢的网站、信息或服务。更重要的是，受众的媒介消费行为，在时间上和空间上有更多的自主性。在传统媒体时代特别是电视时代，人们的生活规律，往往要更多地受到媒体节目的影响，例如，为了收看一个自己喜欢的电视节目，人们也许不得不放弃其他社交活动。而在网络时代，人们对于自己的日程，有了更多的决定权。

同时，人们对于信息接收的数量与程度，也可以完全取决于自己的意愿。

受众的这种自主性，对于网络中的传播者是一个重要挑战。因为受众不需按照传播者的意愿行事。如果传播者不能顺应受众的需要，那么他们的传播活动可能会徒劳无功。

5. 参与性

与传统媒介的受众不同，网络受众不再仅仅是接收者与旁观者。网络受众可以更多地加入到传播过程中。

受众参与新闻传播，使受众成为网络新闻传播中的一个生产者而不仅仅是消费者，虽然这种生产是以再生产为主的。网民参与新闻生产的方式包括：

启动式新闻生产

网民有意或无意地向网站提供的新闻线索，或者进行的最原始状态的报道，是帮助网站寻找报道题材、启动报道的一种方式。由于网络手段的便捷，受众主动向网站提供新闻线索的渠道是畅通的。而网民在博客中的文章、BBS中的帖子，也常常会给记者带来重要线索。

增值式新闻生产

网民通常会通过电子邮件、即时通信工具或论坛转发自己认为好的或是有意思的新闻。这种方式虽然并不直接生产新的新闻，但是，它使新闻扩散，从而实现增值。网民成为新闻的义务推销者。而网民所选择的用于再生产的新闻，往往是出于他们的自然评判标准。

因此，如果网站的新闻选择标准与网民的标准契合，就有可能实现新闻的最佳传播效果。反之，网站的新闻传播效果可能会被削弱。

互动式新闻生产

有些新闻的生产过程，本身就需要受众的参与，例如，网民与新闻事件当事人或嘉宾在聊天室或 BBS 中的讨论，就可能是一次新闻的形成过程。在一些新闻报道中，也可以利用一些手段加入互动，使网民感同身受，加深对新闻的理解。

提升式新闻生产

在更多的时候，即使网民不直接传播、扩散新闻，但是，他们对于某一个事件、某一条新闻的意见反响，会在很大程度上提升事件或新闻的被关注度。也有助于将新闻的影响扩大到网络之外。

网民意见生产的方式主要是参与论坛讨论，参与受众调查等。

资源式新闻生产

网民参与各种形式的网络调查，为新闻报道提供了一定的报道素材与背景。网民的个人网站，网民在 BBS 中张贴的各种帖子，博客中的文章、图片等，也都可能为网络新闻报道提供丰富的资源。

但参与性不仅仅意味着传播者与受众之间界限的模糊，也不仅仅意味着受众地位的提高，它还意味着网上信息内容的多元化与复杂化，以及传播过程的开放性与复杂性。

(三) 现阶段网络新闻传播机构的特点

网络媒体的发展有着自己的特殊轨迹，在中国尤其如此。这决定了现阶段网络新闻机构的一些特点：

1. 网络媒体成分的多元化

传统的大众传媒都是国家相关部门批准的专业新闻机构，而网络新闻传播在其发展过程中，自然而然地吸纳了一些商业网站。它们没有传统媒体的背景，许多是具有技术背景的公司。但是，它们通过自己的探索与努力，逐渐形成了自己在新闻传播中的影响力。

目前，中国网络媒体包含以下几种力量：

传统媒体兴办的综合性新闻网站；

具有新闻登载资格的综合性商业网站；

传统媒体的网络版。

这几个部分有各自的背景与资源优势，也有各自的不足。在实践中，它们形成了各自的定位与发展模式。它们需要取长补短，共同推动网络新闻的繁荣。

2. 新闻网站业务的复杂性与相互关联性

与传统媒体相比，新闻网站的业务常常具有更复杂的构成，除内容外，社区、各种服务及其他业务往往都集中在网站这一个平台上。各种业务相互关联、相互支撑。

网络新闻业务并不是孤立的，而是网站整体业务中的一个部分，它发展的好坏，直接影响到其他业务的开展，而反过来，其他业务的发展水平，也对新闻业务起着推动或制约作用。

因此，网络新闻编辑不能仅仅从新闻业务的角度去考虑问题，他们常常需要站在全局的角度，去进行新闻编辑工作。

但这并不意味着混淆新闻业务与其他业务之间的界限。在这种情况下，既要有全局观念，更要坚守新闻工作的基本操守与职业规范。否则会影响网站的公信力和声誉。

3. 网络媒体新闻采访权的受限

根据国务院新闻办公室、信息产业部2005年9月25日联合发布的《互联网新闻信息服务管理规定》，目前，在时政新闻领域，网站一般是不具备采访权的。对于有传统媒体背景的网站来说，它可以利用自己的传统媒体资源进行一些原创性的新闻报道，而商业网站则不能涉足时政类新闻的采访。

因此，现阶段中国网络媒体在新闻采访权方面还受到一定的限制，网络新闻工作的重点还在于编辑而不是原创性报道。

（四）网络新闻编辑的角色特点

在网站的新闻工作中，网络编辑目前处于最重要的一个环节。从它在新闻生产的流程中所处的位置、扮演的角色来看，它具有以下特点：

1. 网络新闻编辑兼具被动性与主动性

编辑这一角色自身就有一定被动性，因为，他们往往是对已经基本成形的新闻产品进行最后的加工，无论这种加工具有怎样的创造性，都是以他人的工作成果为基础的。网络新闻工作是建立在传统媒体的工作的基础上的，因此，在网络新闻编辑中，这种被动性也是存在的，有时也显得很突出。

但网络新闻工作也赋予了编辑更大的主动性。

这种主动性首先表现为，网络编辑在稿件的整合过程中，可以对稿件之间的关联性进行梳理，例如，通过一个新闻报道单元来更完整地报道一个线索复杂的事件，以此帮助受众更好地理解各种新闻事件和社会现象之间的关系。这种梳理，包含了主观的选择、判断，是主动性的一个重要方面。

这种主动性还表现为，网络编辑可以创造性地进行网络新闻专题的策划与组织，化被动为主动。在这种主动性的作用下，网络编辑可以策划出与众不同的专题，即使是同样的选题，也可以通过内容的选择与整合方式表现出网站的个性，表现出编辑独特的观察视角。

围绕新闻组织评论也是网络编辑主动性的一种表现。评论是深化与解读新闻的一个重要手段。根据稿件的需要来选择合适的评论，可以更好地表现编辑的传播意图，引导受众。

组织互动也是发挥网络编辑主动性的一个重要方面，网络编辑不仅要设计出好的互动形式、管理好社区，还要充分挖掘受众在互动过程中形成的各种资源，将它们与新闻传播活动充分结合起来，使之释放出更大的能量。

网络编辑工作的主动性，还将随着对网络新闻业务认识的深化而不断丰富与加强。

2. 以整合为主的网络新闻编辑工作蕴含原创性

由于受到国家相关政策的限制，新闻网站目前在采访方面的空间有限，因此，网络新闻编辑工作更多体现为对传统媒体报道内容的整合。很多人感叹，新闻网站没有自己的原创。但是，如果我们从广义而不是狭义方面去理解原创，就会发现，事实上网络新闻工作中也蕴藏着丰富的原创空间。

有研究者认为，新闻的原创表现在以下几个方面：①

新闻内容的原创性：主要表现在独家报道，特别是对重要新闻的第一时间报道和独特视角的报道等；

新闻组合结构的原创性：相关新闻信息间的组合配比方式以及整个媒体的新闻信息与相关背景资料的布局方式等；

传播方式的原创性：主要是指传播新闻的技术手段。

除了以上几个方面原创外，新闻评论也是原创的一个重要方式。

因此，网络新闻的原创性目前主要可以通过以下几个方面得以实现：专题、评论、形式再包装（如利用 Flash 技术整合已有新闻素材，制作出全新的新闻报道）。这些都为网络编辑提供了足够的创造空间。

充分理解网络新闻编辑工作的原创性，有助于编辑的主动性与创造性的发挥，也是不断提高网络新闻水平的重要基础。

3. 网络新闻编辑是网络媒体最主要的“把关人”之一

网络传播的特点，使一些人认为，在网络媒体中不再存在“把关人”，这是认识上的一种误区。事实上，网络新闻编辑就是网络媒体中最主要的“把关人”之一。尽管看起来很多编辑只是在做新闻的“搬运工”——将新闻从别的媒体转发到网站，但是这种搬运工作也是把关的一种体现。转发什么样的新闻，不转发什么样的新闻，将什么样的新闻放在什么样的位置，都是把关的

---

① 吕坤良：《评论：网络时代传媒竞争的利器》，载《青年记者》2001 年第 4 期。

具体表现。

网络新闻编辑仍然起着鉴别新闻真伪、判断新闻价值、保证报道质量、把握新闻的表现形式等作用，他们的工作仍然会在很大程度上影响到受众的新闻获取。

网络具有一种“放大器”的作用，如果有失实新闻或不良信息在网上发布，那么经过不断放大后，将可能产生严重的不良后果。因此，网络新闻编辑需要时时记住自己作为“把关人”的责任。

4. 网络新闻编辑是一个跨专业、跨媒体的工作

网络既是一个传播媒体，又是一个技术平台。运用网络进行新闻发布，不仅需要良好的新闻素养，还需要一定的技术能力。这包括：网络资源的利用能力、网络新闻发布系统的运用能力、基本的网页制作技术等。

同时，网络新闻编辑需要能胜任不同类型的信息的处理工作，包括文字、图片、图表、声音、视频、动画等。这才能满足多媒体化新闻工作的要求。

除了内容的生产外，网络编辑还需要完成大量的互动组织工作，这需要传播学、社会学、社会心理学、管理学等各种知识的支撑。

因此，网络新闻编辑工作是跨专业、跨媒体的，对于编辑的知识结构、技能结构等都提出了很高的要求。

（五）网络新闻业务与传统新闻业务的区别与联系

网络传播与网络受众等方面的特点，使网络新闻与传统新闻产生了一些重要的区别，这主要表现在：

1. 新闻资源的全面循环利用

从理论上来说，传统媒体的新闻资源也是可以加以重复利用的，特别是电视新闻。一个电视新闻的片断，可以被编辑进其他的新闻节目，作为背景或对比资料等。但是，毕竟这种重复利用的范围与程度是有限的。

而网络新闻资源都可以通过数据库长期保存，并被加以无限制的反复利用。利用方式也是多种多样的。例如，可以被再次发布，可以作为相关新闻链接，也可以通过分类检索加以利用。

因此，在网络新闻发布的业务系统中，数据库技术就成为了关键。在网络

新闻记者与编辑那里，则意味着，在现有的新闻中，利用已有的新闻资源，成为一种日常工作。如何寻找与当前新闻相关的资源，又如何合理地加以利用，也成为了新闻发布的一个重要环节。虽然在网络新闻发布系统中，很多工作可以自动完成，但是，完全依赖系统完成资源的再利用，往往效果不尽如人意。

2. 层次化、网络化的新闻组织方式

网络新闻资源就像其他任何信息资源一样，是以层次化、网络化的方式联系在一起的。网站发布网络新闻时，常常不是一次性的和盘托出，而是在不同的层次中逐渐展示出完整的内容。网络化则是指信息之间的多元的、复杂的联系，实现的方式是超链接。层次化与网络化是新闻发布后的状态，也是新闻资源循环再生时的形态。反过来，这也就要求网络新闻编辑用层次化与网络化方式来进行新闻的写作、编辑。

3. 实时的文字报道

实时报道指的是，以最快的速度对一个正在发生的事件或一个事件的最新进展进行报道。它可以是完全的同步报道，例如直播，也可以是稍有时差的即时报道。实时报道并不是网络新闻的专利。广播、电视都有直播这样的实时报道形式。但是，从文字报道方面看，除了电视插播的字幕外，传统媒体通常并不具备运用文字手段进行实时报道的能力。电视字幕是实时文字报道的先驱，只是运用的场合有限。但是，网络新闻运用实时新闻的频率与机会却要大得多，也可以说，实时文字报道成为了网络新闻的一个重要特征。

实时文字报道对网络新闻工作者提出了很大挑战，它意味着，要有锐利的目光，以及敏捷的身手。这还意味着，要改变传统媒体中在把握一个事件的全局后再从容地谋篇布局的原有习惯，转而学会边观察、边思考、边写作。

4. 多媒体采访与写作

多媒体采访与写作也是网络新闻的主要特性。它要求网络新闻编辑不仅要通晓各种不同的媒介手段，还要学会用一种全新的思维方式与报道方法来构建新闻。

多媒体报道并不是传统的几种手段的简单相加，而是不同手段深层的相互渗透。如何能最好地发挥各种媒体手段的潜力，做出不同于任何现有的传统媒体报道形式的多媒体新闻，是网络时代新闻工作者面临的最大的挑战之一。

5. 新闻报道中各种层次的互动

网络媒体为各种层次的互动提供了基础，而充分、有效地开展各种不同形式的互动，是网络新闻业务的重要特点。它也对网络新闻编辑的知识与能力结构提出了更高的要求。

但是，网络新闻无论与传统新闻有怎样的差异，它都不是空中楼阁，而是建立在传统新闻业务的基础之上的。因此，网络新闻对传统新闻的继承，也是构成网络新闻业务的重要部分。这主要表现在：

1. 对新闻价值判断标准的继承

网络新闻做的仍然是新闻。虽然网络有海量的能力，但是，有闻必录并不是专业新闻网站的任务，专业网络新闻工作者的目标是建立一个高水准的新闻平台。因此，对于新闻的选择仍然是基于长期以来积累的新闻价值判断经验。

当然，在网络新闻发展的初期阶段，受众对网络新闻的需求是一种“补充性需求”，即希望在网络中看到的新闻是传统媒体所没有提供的。因此，在初始阶段，网络新闻在各类新闻的比例上，以及题材风格上，会与传统媒体有所不同，但这并不意味着标准的降低。随着网络媒体的发展，网络新闻的地位将变得与传统媒体同样重要，网络新闻的价值判断标准也会不断提高。

2. 对新闻工作基本原则的继承

无论网络新闻选择什么样的内容，有几个本质的要求是不会改变的，那就是新闻的真实性、准确性、客观性。

网络新闻更高的时效性标准，所带来的负面效应之一就是真实性与准确性的缺损。另外，信息发布门槛的降低，也使网络中的新闻鱼龙混杂。而虚假新闻在网络中传播的速度可能比传统媒体时代更快，传播面更广，长期影响也可能更为持久。

因此，对于新闻真实性与准确性的追求，其意义也许比传统媒体时代更为重大。

新闻的真实性与准确性也是区分专业的新闻机构与业余的新闻发布者的一个重要标志。网络中的专业新闻机构应该把真实性与准确性作为建设自己内容品牌的一个方面。

新闻的客观公正是关系到新闻机构能否正确地行使其职能的一个方面。网络媒体除了借鉴传统媒体在这方面的经验外，还应该注意网络环境可能带来的影响。

例如，在网络中，许多机构也能建立自己的网站来进行公关宣传，特别是在危机时刻，它们的公关宣传攻势会更加猛烈。如果新闻机构被它们所误导，不能正确把握自己的立场，就很难做到客观公正。

此外，网络中的意见表达是十分畅通的，有时会形成强大的主流意见。但是主流意见并不一定就是客观的，也并不一定真正代表民意。新闻机构不能因为慑于网络中的意见气候，而做出有失公正的报道。

保证网络新闻的客观、公正，不仅要求网络新闻工作者有良好的职业道德，还要求他们有明辨是非的能力，有勇于坚持真理的精神，此外还要用传统新闻工作的一些业务规范作保障。

总之，网络新闻工作在本质上与传统媒体的新闻工作是一致的。网络媒体虽然需要创新，但是，坚守新闻工作的基本原则，是网络媒体顺利发展的保障。

三、网络新闻编辑的四个层面

网络新闻编辑工作的内容十分丰富。总体上看，网络新闻编辑工作可以分为四个层面，即网络新闻的选择、网络新闻的加工、网络新闻的整合以及网络新闻的延展。

（一）网络新闻的选择

网络新闻的选择是网络新闻编辑的起点。网络新闻的选择是对纷繁复杂的信息进行筛选与价值判断的过程，同时也是一个把关的过程。

网络新闻的选择不仅要考虑到新闻自身的真实性与价值，也需要充分考虑网站的定位及其所服务的受众对象的需要，而所有的工作都是在相关的政策与法律的框架下进行的。

（二）网络新闻的加工

网络新闻的加工，是对传统媒体新闻编辑经验的继承与发扬，它是保证新闻质量的一个重要步骤。

网络新闻加工的另一个目标是使新闻更好地适应自己的目标读者需要以及网络新闻传播的特点，这包括对于网络新闻信息的外在形式进行一定的改造。

此外，由于网络的多媒体特性，网络新闻加工的对象已不局限于文字稿件，也包括图片、图表、音频、视频等，这对网络新闻编辑的素质提出了新的挑战。

（三）网络新闻的整合

虽然单篇稿件的加工是网络新闻编辑工作的基础，但是，发掘新闻之间的内在联系，用更有序的方式呈现新闻，是提高网络新闻竞争力的重要途径，它也是网络新闻编辑的更高追求。

网络新闻的整合分为内容上的逻辑整合与形式上的整合。

网络新闻的内容整合，又可分为三个层面：挖掘各种新闻或信息之间的内在联系——基本层面；策划新闻专题与组织报道——中间层面；构造整个新闻网站或频道的内容框架——宏观层面。

基本层面的内容组织

这是指在日常新闻的处理层面上，通过对新闻素材的层次化处理，通过关键词超链接、相关新闻链接、背景链接等方式，来拓展和加深报道的广度与深度。此外，通过新闻报道单元的整合，来加强新闻传播的效果，已经成为越来越重要的一种手段。

中间层面的内容组织

目前，在这个层面上，专题的组织与报道实施，是最主要的一项工作，这是变被动为主动，提高新闻竞争力的一个重要手段。

从发展来看，选题的策划与报道的组织，也将成为网站的一项工作。目前的新闻网站还是以“粘贴型”、“编辑型”为主。从选题策划及采访报道方面看，新闻网站还是不成熟的。这里面，有种种客观条件的限制。但是，从长远看，网络的原创新闻必然会加强。因此，网络也会像传统媒体一样，越来越重视选题策划的重要性，并以强有力的采访力量来实施选题。

宏观层面的内容组织

宏观层面的内容规划，指网站新闻频道的整体策划。它是对网站的受众资源、网站自身资源等综合认识后的产物，包括新闻频道的读者定位、栏目规划、网站特色风格等多个方面。

从形式上看，整合新闻，最重要的是网络新闻的形式组织和界面的设计。

新闻网站的内容发布，通常采用层次化结构。层次结构的设计，如何才能尽可能地实现与受众的认知与接收习惯的同构，如何才能提高其效率，这是网络新闻的形式组织中的一个重要问题。

另一方面，对单一页面设计规律的把握，也是形式设计中的一个重要方面。网络新闻页面的设计，如何充分适应网络受众的行为方式，如何提高受众信息获取效率，如何用相应手段表达编辑意图，都是需要不断研究的。

（四）网络新闻的延展

虽然新闻稿件的基本加工与整合是网络编辑的主要任务，但是，新闻编辑的视野不能局限于已有的稿件中，网络新闻需要通过不同的方式加以延展。

网络新闻的延展既可以指微观层面单一新闻报道层面的拓展，也可以指宏观层面的网络新闻编辑工作的延展。

从微观层面来说，就是需要通过评论、互动及博客等多种手段的有机结合，来解读、延伸与发展新闻报道，形成一个更加完整、丰富的网络新闻传播体系。并通过有效的方式来评估传播效果，根据需要对传播手段与方式做出相应的调整。

从宏观层面来说，除了网络新闻稿件各种方式的编辑工作外，网站还需要有效地开展网络新闻评论的组织、网络新闻论坛的管理、网络受众调查的实施、网络新闻传播效果的评估、博客与网络新闻的互动等工作。

此外，一些新的技术也在不断拓展着网络传播的手段与途径，它们也是网络新闻延展的另一个层面。

本书将以四个单元分别介绍这四个层面的编辑工作。

四、网络编辑的职业要求

由于网络媒体的迅猛发展，网络编辑这一角色日益受到各个方面的重视。2005 年 1 月 1 日，国家劳动与社会保障部正式颁布了网络编辑员国家职业标准，并启动相关的资格认证工作。这意味着网络编辑成为一个新兴的职业。

标准指出，网络编辑员是指利用相关专业知识及计算机和网络等现代信息技术，从事互联网站内容建设的人员。网络编辑员这一职业分为四个等级，分别为：网络编辑员、助理网络编辑师、网络编辑师、高级网络编辑师。各级的职业要求见下述各表。

表 1　　**网络编辑员职业技能要求**

职业功能	工作内容	技能要求
一、素材采集	（一）采集现有素材	1. 能够根据需要选择计算机外围设备 2. 能够安装外围设备的配套软件 3. 能够使用扫描仪采集文字材料和图像 4. 能够利用音频设备采集音频素材 5. 能够使用数码相机、数码摄像机等数字设备采集图片、影像素材 6. 能够使用电子邮件收集信息
	（二）收集网络素材	1. 能够使用互联网搜索并保存需要的素材 2. 能够收集栏目内的互动信息
二、内容编辑	（一）素材分类	1. 能够根据内容属性对素材进行分类 2. 能够根据文件类型对素材进行分类
	（二）素材加工	1. 能够使用软件进行文字处理 2. 能够使用表格进行文字处理 3. 能够使用软件进行音频处理 4. 能够使用软件进行图像处理 5. 能够使用软件进行动画处理 6. 能够使用软件进行视频处理
三、内容传输	（一）发布系统的使用	1. 能够利用发布系统将素材入库 2. 能够利用发布系统将素材传递给相关人员
	（二）其他传输方式的使用	1. 能够利用局域网传输文件 2. 能够利用互联网传输文件

表 2　　**助理网络编辑师职业技能要求**

职业功能	工作内容	技能要求
一、内容编辑	（一）信息筛选	1. 能够根据栏目需要选择有效信息 2. 能够对有效信息进行分类整理
	（二）内容加工	1. 能够对信息进行编辑加工 2. 能够根据需要制作标题 3. 能够根据需要制作内容提要 4. 能够根据需要设置超级链接
	（三）内容原创	1. 能够根据栏目需要撰写原创性稿件 2. 能够根据栏目需要进行非文字信息的创作或指导创作
二、组织互动	（一）受众调查	1. 能够确定调查主题 2. 能够设计调查问卷 3. 能够分析调查结果
	（二）论坛管理	1. 能够对论坛内容进行监控 2. 能够对不良信息进行处理 3. 能够与论坛成员进行沟通 4. 能够对论坛成员进行管理
三、网页实现	（一）内容发布	1. 能够利用发布系统发布页面内容 2. 能够利用发布系统对已发布的内容进行修改
	（二）网页制作	1. 能够使用一种软件进行网页制作 2. 能够使用 HTML 语言进行网页修改

表 3　　**网络编辑师职业技能要求**

职业功能	工作内容	技能要求
一、栏目策划	（一）内容策划	1. 能够分析受众需求对栏目定位 2. 能够提出栏目内容的策划方案
	（二）形式策划	1. 能够根据策划方案制作信息结构图 2. 能够提出栏目相关内容的表现形式

续表

职业功能	工作内容	技能要求
二、专题制作	(一) 专题策划	1. 能够进行专题内容策划 2. 能够进行专题形式策划
	(二) 专题实施	1. 能够进行专题内容实施 2. 能够进行专题形式实施
三、内容编辑与管理	(一) 稿件撰写	1. 能够根据需要撰写评论
	(二) 内容审核	1. 能够判断栏目内容的价值 2. 能够判断栏目内容的正确性和合法性 3. 能够按程序签发稿件 4. 能够定期签发已审阅合格的稿件
	(三) 内容监控	1. 能够监控已发布的内容 2. 能够发现并纠正网页中的错误
	(四) 培训与指导	1. 能够对网络编辑员、助理网络编辑师进行内容编辑方面的培训和指导 2. 能够对网络编辑员、助理网络编辑师进行发布系统的培训和指导

表 4　**高级网络编辑师职业技能要求**

职业功能	工作内容	技能要求
一、频道策划	(一) 频道内容与形式规划	1. 能够制定频道内容的策划方案 2. 能够确定频道内容的表现形式
	(二) 频道内容与形式调整	1. 能够制定频道内容的调整方案 2. 能够确定频道形式的调整方案

续表

职业功能	工作内容	技能要求
二、内容管理	（一）内容与形式总审	1. 能够判断频道内容的价值 2. 能够判断频道内容的正确性和合法性 3. 能够对频道形式的规范性进行审核 4. 能够把握频道的整体风格
	（二）内容协调	1. 能够协调频道内各栏目内容的采集、分类工作 2. 能够协调频道内各栏目内容的使用
	（三）内容统计分析	1. 能够根据需要对内容统计提出需求 2. 能够对内容统计结果进行分析
三、运营管理	（一）人员协调	1. 能够确定频道人员分工 2. 能够根据网站工作情况进行人员协调
	（二）人员培训	1. 能够制定培训计划 2. 能够撰写培训大纲 3. 能够对网络编辑员、助理网络编辑师、网络编辑师进行理论知识培训和现场操作指导

国家职业标准全面而系统地说明了网络编辑的工作目标，并由此说明了网络编辑需要具备的知识结构与能力结构。

虽然网络新闻编辑只是网络编辑员这一职业队伍中的一部分，但是国家职业资格标准的框架对他们也是适用的。了解国家职业标准的相关要求，在实践中不断提高自己的相关素质与技能，对于网络编辑来说，也是至关重要的。

本书也正是以这一框架为基本依据，结合网络新闻传播的特点，来构建内容体系的。

五、网络新闻编辑的发展趋势

网络新闻编辑是一个发展中的事业，随着技术的不断进步，以及媒体实践的不断变革，网络新闻编辑的角色与任务也将处于不断的发展过程中。从目前来看，网络新闻编辑将面临着以下几个方向的变化：

1. 多媒体内容编辑的比重将不断上升

对于目前仍以文字信息为主的网络新闻来说，在不久的将来，内容结构有可能发生一次本质性的变革。引领这一变革的，将是 P2P 等新技术。现在，P2P 至少提供了让各种形式的新闻信息在互联网上畅通无阻的可能性，它也具有激发出未来更加丰富、更具互动性的新闻信息形式的潜能。

技术障碍的打破必然带来网络新闻内容结构的改变。视频新闻以及具有网络特色的多媒体互动新闻，将成为网络新闻的新的增长点。因此，网络新闻编辑工作中，多媒体内容编辑的比重将不断上升。

2. 网络新闻编辑工作重心将从低层次转向高层次

目前，网络新闻的生产集中在新闻的简单收集与简单整合这种“劳动密集型”的层面。随着 RSS 及其他机器自动整合新闻技术的发展，网络新闻编辑的底层工作将可以在很大程度上转移给机器自动完成。高层的信息深加工、信息整合及信息解读等工作，可以得到更好的保障，网络信息生产的层次得以更加清晰。未来网络新闻的竞争主战场也将可能发生重大转移。这意味着网络新闻编辑工作重心的转移。

3. 从面向单平台的编辑发展到面向多平台的编辑

目前的网络新闻主要面向电脑这一个平台发布，但是，从发展趋势来看，未来将有越来越多的信息接收终端与网络“对接”，包括 PDA、手机、“电子纸”等，针对不同的接收终端，需要有不同的新闻表现形式，而这会带来网络新闻编辑工作的分化。

4. 网络新闻编辑的分工将不断细化

各种发展趋势的一个共同指向是，网络新闻编辑将越来越复杂、难度越来越大。任何编辑都难以承担所有工作。因此，这意味着网络编辑的工作流程将不断细化，分工将越来越复杂，一些方面的工作甚至可能专业化，例如网络论坛的管理等。

这种分工将更好地保证网络新闻的质量，提高网络新闻传播的效果，提高网络新闻的专业化水平。

总体来说，网络新闻编辑是一个极具挑战性的工作，它还将面临更多的革新。网络新闻编辑需要在掌握现有的各种业务技能的基础上，不断更新自己的知识，不断提高自己的创新能力，以推动这个领域的变革与发展。

第一单元

网络新闻的选择

第一章
网络新闻的采集

从现阶段看，网络新闻的采集主要指从传统媒体已经发布的内容中选择相关内容在本网站发表。新闻的采集是网络新闻编辑工作的一个基础环节，也是网络新闻日常工作的重要组成部分。网络新闻内容的采集遵循的仍是新闻工作的基本准则，但同时也需要注意网络新闻传播中的一些特殊因素。

第一节　影响新闻采集的政策、法规因素

网络的新闻发布，是在国家的相关政策与法规提供的框架下进行的。什么样的内容可以发表，什么样的内容不能发表，都需要以相关的政策、法规为基本依据。所以，了解国家有关政策，是从事网络新闻编辑工作的一个重要前提。

一、有关网络新闻发布的相关政策

2000年9月20日国务院颁布了《互联网信息服务管理办法》，在这个办法中，明确提出了互联网信息服务提供者不得制作、复制、发布、传播的九个方面的内容。包括：

（一）违反宪法所确定的基本原则；

（二）危害国家安全，泄露国家秘密，煽动颠覆国家政权，破坏国家

统一；

（三）损害国家的荣誉和利益；

（四）煽动民族仇恨、民族歧视，破坏民族团结；

（五）破坏国家宗教政策，宣扬邪教，宣扬封建迷信；

（六）散布谣言，扰乱社会秩序，破坏社会稳定；

（七）散布淫秽、色情、赌博、暴力、恐怖或者教唆犯罪；

（八）侮辱或者诽谤他人，侵害他人合法权益；

（九）法律、法规禁止的其他内容。

2005年9月25日，国务院新闻办公室、信息产业部联合发布《互联网新闻信息服务管理规定》，《规定》中与新闻信息发布相关的主要内容如下：

第一章　总　　则

第一条　为了规范互联网新闻信息服务，满足公众对互联网新闻信息的需求，维护国家安全和公共利益，保护互联网新闻信息服务单位的合法权益，促进互联网新闻信息服务健康、有序发展，制定本规定。

第二条　在中华人民共和国境内从事互联网新闻信息服务，应当遵守本规定。

本规定所称新闻信息，是指时政类新闻信息，包括有关政治、经济、军事、外交等社会公共事务的报道、评论，以及有关社会突发事件的报道、评论。

本规定所称互联网新闻信息服务，包括通过互联网登载新闻信息、提供时政类电子公告服务和向公众发送时政类通讯信息。

第三条　互联网新闻信息服务单位从事互联网新闻信息服务，应当遵守宪法、法律和法规，坚持为人民服务、为社会主义服务的方向，坚持正确的舆论导向，维护国家利益和公共利益。

国家鼓励互联网新闻信息服务单位传播有益于提高民族素质、推动经济发展、促进社会进步的健康、文明的新闻信息。

第四条　国务院新闻办公室主管全国的互联网新闻信息服务监督管理工作。省、自治区、直辖市人民政府新闻办公室负责本行政区域内的互联网新闻信息服务监督管理工作。

第二章　互联网新闻信息服务单位的设立

第五条　互联网新闻信息服务单位分为以下三类：

（一）新闻单位设立的登载超出本单位已刊登播发的新闻信息、提供时政类电子公告服务、向公众发送时政类通讯信息的互联网新闻信息服务单位；

（二）非新闻单位设立的转载新闻信息、提供时政类电子公告服务、向公众发送时政类通讯信息的互联网新闻信息服务单位；

（三）新闻单位设立的登载本单位已刊登播发的新闻信息的互联网新闻信息服务单位。

（下略）

第三章　互联网新闻信息服务规范

第十五条　互联网新闻信息服务单位应当按照核定的服务项目提供互联网新闻信息服务。

第十六条　本规定第五条第一款第（一）项、第（二）项规定的互联网新闻信息服务单位，转载新闻信息或者向公众发送时政类通讯信息，应当转载、发送中央新闻单位或者省、自治区、直辖市直属新闻单位发布的新闻信息，并应当注明新闻信息来源，不得歪曲原新闻信息的内容。

本规定第五条第一款第（二）项规定的互联网新闻信息服务单位，不得登载自行采编的新闻信息。

（下略）

第十九条　互联网新闻信息服务单位登载、发送的新闻信息或者提供的时政类电子公告服务，不得含有下列内容：

（一）违反宪法确定的基本原则的；

（二）危害国家安全，泄露国家秘密，颠覆国家政权，破坏国家统一的；

（三）损害国家荣誉和利益的；

（四）煽动民族仇恨、民族歧视，破坏民族团结的；

（五）破坏国家宗教政策，宣扬邪教和封建迷信的；

（六）散布谣言，扰乱社会秩序，破坏社会稳定的；

（七）散布淫秽、色情、赌博、暴力、恐怖或者教唆犯罪的；

（八）侮辱或者诽谤他人，侵害他人合法权益的；

（九）煽动非法集会、结社、游行、示威、聚众扰乱社会秩序的；

（十）以非法民间组织名义活动的；

（十一）含有法律、行政法规禁止的其他内容的。

第二十条　互联网新闻信息服务单位应当建立新闻信息内容管理责任制度。不得登载、发送含有违反本规定第三条第一款、第十九条规定内容的新闻信息；发现提供的时政类电子公告服务中含有违反本规定第三条第一款、第十九条规定内容的，应当立即删除，保存有关记录，并在有关部门依法查询时予以提供。

第二十一条　互联网新闻信息服务单位应当记录所登载、发送的新闻信息内容及其时间、互联网地址，记录备份应当至少保存60日，并在有关部门依法查询时予以提供。

（下略）

该规定的第一章明确了互联网新闻信息服务的含义，即包括通过互联网登载新闻信息、提供时政类电子公告服务和向公众发送时政类通讯信息等都属于互联网新闻信息服务范围，规定还将国家重点管理的新闻限定在时政类新闻信息方面，包括有关政治、经济、军事、外交等社会公共事务的报道、评论，以及有关社会突发事件的报道、评论。这一规定的第五条明确指出三类中国网站具有从事新闻信息服务的资格。第三章则对新闻网站发布新闻的来源、禁载内容等进行了规定。这一规定，构成了中国网络媒体新闻传播活动的基本框架，是网络新闻编辑在进行新闻内容的采集时必须遵循的原则。

以上只是列举了与网络新闻采集相关的主要法规。为了全面了解国家对于互联网管理的政策，网络新闻编辑还有必要学习更多的法律、法规。此外，国家的有关法律也处在不断的发展与完善中，网络新闻编辑需要不断地更新相关知识。

二、著作权法

目前网站的新闻稿件仍不能实现完全原创，尤其在时政新闻内容方面，转载成为了网络新闻运行中的一个主要方式。在转载传统媒体或其他网站的新闻稿件时，除了要注意遵守国家关于互联网新闻发布的有关规定外，还需要特别关注版权问题。

《中华人民共和国著作权法》，于1990年9月7日第七届全国人民代表大会常务委员会第十五次会议通过，1991年6月1日起施行。

著作权法第二条规定，中国公民、法人或者非法人单位的作品，不论是否发表，依照本法享有著作权。外国人的作品首先在中国境内发表的，依照本法享有著作权。外国人在中国境内发表的作品，根据其所属国同中国签订的协议或者共同参加的国际条约享有的著作权，受本法保护。

第三条规定，著作权法所中所称作品，包括以下列形式创作的文学、艺术和自然科学、社会科学、工程技术等作品：

文字作品；

口述作品；

音乐、戏剧、曲艺、舞蹈作品；

美术、摄影作品；

电影、电视、录像作品；

工程设计、产品设计图纸及其说明；

地图、示意图等图形作品；

计算机软件；

法律、行政法规规定的其他作品。

第五条规定，不受著作权法保护的内容包括：

法律、法规，国家机关的决议、决定、命令和其他具有立法、行政、司法性质的文件，及其官方正式译文；

时事新闻；

历法、数表、通用表格和公式。

第九条规定，著作权人包括：

作者；

其他依照本法享有著作权的公民、法人或者非法人单位。

第十条规定，著作权包括下列人身权和财产权：

发表权，即决定作品是否公之于众的权利；

署名权，即表明作者身份，在作品上署名的权利；

修改权，即修改或者授权他人修改作品的权利；

保护作品完整权，即保护作品不受歪曲、篡改的权利；

使用权和获得报酬权，即以复制、表演、播放、展览、发行、摄制电影、电视、录像或者改编、翻译、注释、编辑等方式使用作品的权利；以及许可他人以上述方式使用作品，并由此获得报酬的权利。

第二十二条指出，在下列情况下使用作品，可以不经著作权人许可，不向其支付报酬，但应当指明作者姓名、作品名称，并且不得侵犯著作权人依照本法享有的其他权利：

为个人学习、研究或者欣赏，使用他人已经发表的作品；

为介绍、评论某一作品或者说明某一问题，在作品中适当引用他人已经发表的作品；

为报道时事新闻，在报纸、期刊、广播、电视节目或者新闻纪录影片中引用已经发表的作品；

报纸、期刊、广播电台、电视台刊登或者播放其他报纸、期刊、广播电台、电视台已经发表的社论、评论员文章；

报纸、期刊、广播电台、电视台刊登或者播放在公众集会上发表的讲话，但作者声明不许刊登、播放的除外；

为学校课堂教学或者科学研究，翻译或者少量复制已经发表的作品，供教学或者科研人员使用，但不得出版发行；

国家机关为执行公务使用已经发表的作品；

图书馆、档案馆、纪念馆、博物馆、美术馆等为陈列或者保存版本的需要，复制本馆收藏的作品；

免费表演已经发表的作品；

对设置或者陈列在室外公共场所的艺术作品进行临摹、绘画、摄影、录像；

将已经发表的汉族文字作品翻译成少数民族文字在国内出版发行；

将已经发表的作品改成盲文出版。

以上是著作权法的主要内容。2002 年 8 月 14 日，新的《中华人民共和国著作权法实施条例》颁布，该条例对著作权法中一些内容进行了说明。

2006 年 5 月 10 日《信息网络传播权保护条例》正式颁布，同年 7 月 1 日起该条例正式实施。其中第二条中明确规定：

“权利人享有的信息网络传播权受著作权法和本条例保护。除法律、行政法规另有规定的外，任何组织或者个人将他人的作品、表演、录音录像制品通过信息网络向公众提供，应当取得权利人许可，并支付报酬。”

根据《信息网络传播权保护条例》，只有新闻性作品，包括政治、经济等时事性文章可以不征得作者同意就转载，网络如果想转载报纸杂志的其他普通作品，必须经过作者同意。这些时事新闻作品以外的普通作品包括，记者采写的个人专访，记者自己进行的调查性报道、深度报道、新闻图片等。

侵犯著作权在网络中的主要表现为：一方面，一些网站未经著作权人许可就在互联网上公开发表其作品，在新闻传播方面，未经许可转载其他媒体的新闻或评论都易造成侵权；另一方面，一些报纸杂志等传统媒体从网上下载网络原创作品并发表。这两种都属于侵犯版权的行为。

了解著作权法及其实施条例，是避免在网络新闻传播中侵犯他人著作权的基础，也是保护网站自身权益的基础。在新闻的采集环节，网站编辑需要特别注意这一方面。

第二节 影响新闻内容采集的网民因素

网站的新闻传播，最终目的是要满足受众需求。因此，了解网络受众的构成及需求特点，是网站进行稿件选择的基础。

根据CNNIC（中国互联网络信息中心）2006年7月发布的第18次中国互联网络发展状况统计报告，中国网民目前的主要构成状况如下：①

用户的性别：

男性占58.8%，女性占41.2%；

其他主要指标见表1-1至表1-4。

表1-1 中国网民的年龄分布

18岁以下	18~24岁	25~30岁	31~35岁	36~40岁	41~50岁	51~60岁	60岁以上
14.9%	38.9%	18.4%	10.1%	7.5%	7.0%	2.4%	0.8%

① 资料来源：http：//www.cnnic.net.cn/uploadfiles/doc/2006/7/19/103601.doc

表 1-2　　中国网民的文化程度

高中（中专）以下	高中（中专）	大专	本科	硕士	博士
17.8%	31.6%	23%	24.7%	2.3%	0.6%

表 1-3　　中国网民的职业分布

国家机关、党群组织工作人员	企事业单位管理人员	专业技术人员	教师
6.7%	8.8%	11%	7.7%
办事员等协助人员	商业、服务业人员	农、林、牧、渔工作人员	生产、运输设备操作人员及有关人员
3.9%	11.1%	1.2%	5.8%
军人	学生	无业	自由职业
0.3%	33.2%	7.9%	2.4%

表 1-4　　中国网民的个人月收入

500 元以下	501～1000 元	1001～1500 元	1501～2000 元	2001～2500 元	2501～3000 元
26.9%	15.9%	15.8%	12%	5.3%	5.0%
3001～4000 元	4001～5000 元	5001～6000 元	6001～10000 元	10000 元以上	无收入
4.8%	2.6%	1.3%	1.1%	1.9%	7.4%

这些统计数据反映了当前阶段网民的结构特征，应该说，在年龄、收入、文化程度、职业等方面网民都有一定的特殊性，在进行网络新闻编辑时，应该考虑到这些特殊性。

此外，在网络新闻传播中，还应该对网民进行进一步的细分，研究不同人群在新闻阅读方面的不同习惯。

《中国社会科学院社会发展研究中心 2005 年关于北京、上海、广州、成都、长沙互联网使用状况及影响的调查报告》对于不同人群的新闻阅读习惯进行了一定的研究，这一研究有助于网络编辑更加准确地把握不同类型网民的新闻阅读行为习惯。

社科院社会发展研究中心的研究表明：除了有关社会生活的新闻以外，不同年龄组的网民上网阅读新闻内容的类型有显著差异。16~34 岁之间的网民阅读最多的是娱乐新闻，阅读最少的是财经新闻；35~65 岁之间的网民阅读最多的是国内时事，阅读最少的是 IT 新闻。

图 1-1 显示的是不同年龄的网民阅读网络新闻的类型（只列出差异显著的类型）。①

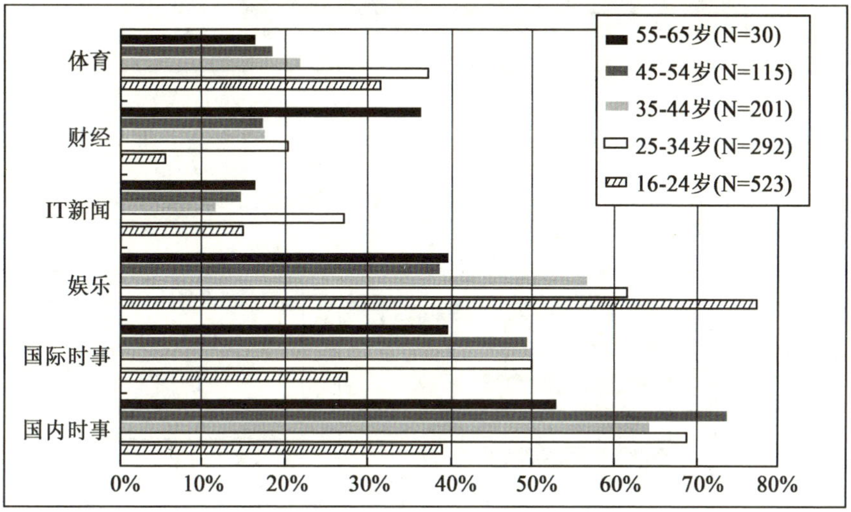

图 1-1　网民阅读网络新闻内容的年龄差异

在阅读网络新闻时，性别也是一个带来内容选择差异的因素。男性网民更加倾向于阅读体育新闻和 IT 新闻，而女性网民则更加倾向于阅读娱乐新闻和社会新闻。网民阅读网络新闻的性别差异如图 1-2 显示。②

教育程度对于网民在网络新闻的选择方面也有明显影响。总的趋势是，文化程度越高，阅读各类新闻的比例也越高。无论是体育新闻、财经新闻、IT 新闻还是社会生活、国内和国际时事新闻，阅读最多的都是本科或本科以上的网民，而阅读最少的几乎都是初中或初中以下的网民（除最少阅读财经新闻

① 《中国社会科学院社会发展研究中心 2005 年互联网报告》。

② 《中国社会科学院社会发展研究中心 2005 年互联网报告》。

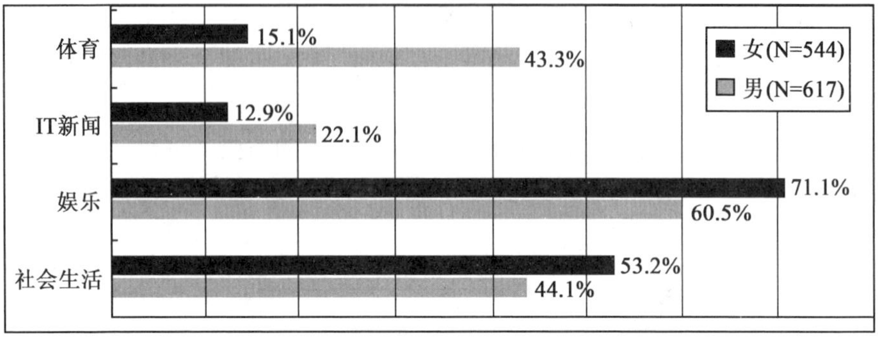

图 1-2 网民阅读网络新闻内容的性别差异

为高中网民外)。图 1-3 显示了教育程度与阅读偏好之间的关系。①

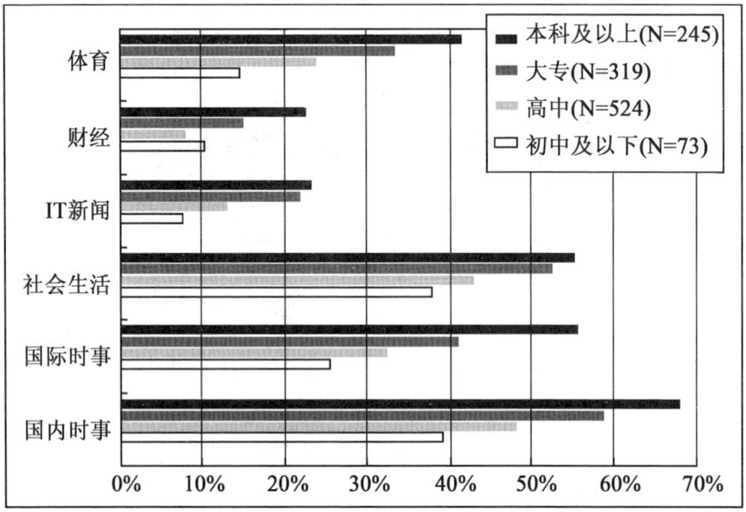

图 1-3 网民阅读网络新闻内容的受教育程度差异

网民的个人收入不同,选取的网络新闻也差异显著。总的来看,收入越高

① 《中国社会科学院社会发展研究中心 2005 年互联网报告》。

的网民阅读的网络新闻越多。除了娱乐新闻以外,收入越高的网民,阅读国内外时事、社会生活、财经新闻以及体育新闻的比例也就越高。但不同收入的网民阅读娱乐新闻的比例差别相对较小。图 1-4 显示了收入与阅读兴趣间的关系。①

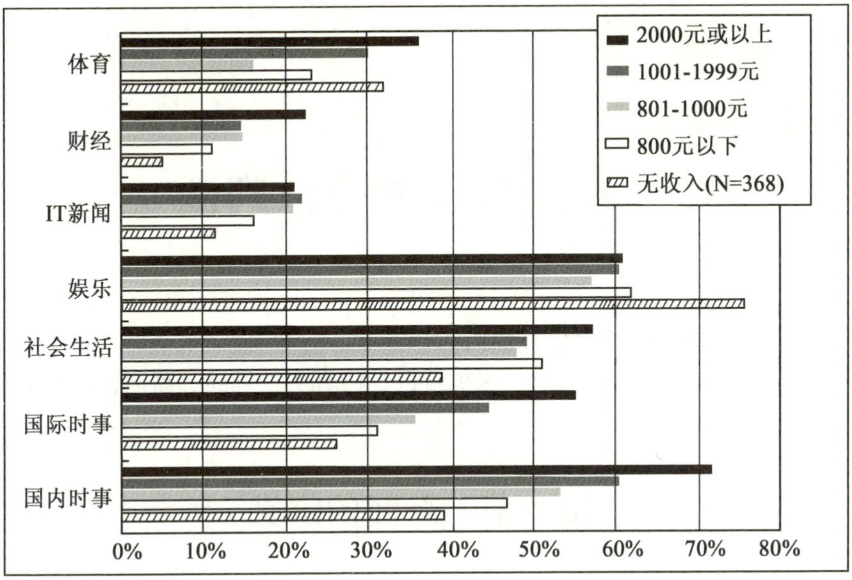

图 1-4　网民阅读网络新闻内容的个人收入差异

这个调查虽然只是针对当前这个阶段，但它所揭示的各种指标与新闻阅读习惯与偏好之间的关系仍然具有一定的普遍意义。

不同网站或频道有自己的受众定位，如果在进行新闻内容的选择时，能充分考虑到本网站或频道受众群的特点，将有助于提高网络新闻的传播效果。

网站的受众定位，还会影响到网站对自己的风格、水准、特色内容等各个方面的定位，这些因素也会影响到新闻的选择。

① 《中国社会科学院社会发展研究中心 2005 年互联网报告》。

第二章 新闻稿件的价值判断

决定什么样的新闻稿件可以发在自己的网站上，一个重要的环节是从新闻传播的角度对其价值进行判断。这包括稿件的真实性判断、新闻价值判断和发表的时宜性判断等。

第一节　新闻的定义

了解新闻的定义，是从事新闻工作的起点，在网络新闻编辑工作中也不例外。关于新闻的定义，林林总总，目前还没有一个统一的标准。在西方，对于新闻的定义，更多地考虑的是新闻对于读者的刺激或可能产生的效应。一个典型的定义，是 19 世纪 70 年代美国《纽约太阳报》的编辑主任约翰·博加特提出的“狗咬人不是新闻，人咬狗才是新闻”。美国堪萨斯州《阿契生市环球报》的前主编爱德华·贺则说：“凡是能让女人喊一声‘啊呀，我的天哪’的东西，就是新闻”。显然，这些定义强调的是新闻事件的反常性、猎奇性以及趣味性、刺激性等。

在中国，得到较普遍地认同的一种定义是陆定一提出的“新闻是关于新近发生的事实的报道”。

与新闻相关的一个概念是“信息”。广义的信息的概念，是指一切“表述”（或反映）事物的内部或外部互动状态或关系的东西。

《辞海》对于信息的定义是：“信息是指对于信息的接收者来说事先不知

道的报道。”

但目前广为接受的一种定义，是美国数学家申农在创立信息论的同时给信息下的定义，他认为，信息是不确定性的减少或消除。

无论是哪种信息定义，实际上都强调了信息的价值在于能帮助人们了解某些事物或对象。

应该说，新闻也是一种信息，但是它又具有特殊性，这主要表现在以下几方面：

首先，新闻是一种事实，也就是说，新闻是以事实为根据的真实的信息。新闻必须用事实说话。

其次，新闻必须有新意和时效性，即，构成新闻的事实，是新近发生的，是人们欲知而未知的事实。例如，足球世界杯决赛的结果，在比赛刚刚结束时，是一条新闻，因为具有新意，但如果比赛过去一段时间，结果已经尽人皆知，那么，它就不能再称为新闻了，尽管它仍然算一条信息。

从上面的定义可以看出，当我们提到新闻一词时，通常指的是对事实所进行的新闻报道。但另一方面，新闻一词有时也指新闻事实。

一件新闻作品，应该具备一些基本的要素，通常我们用“五个 W”来表示，也有人将其扩展为“五个 W+一个 H”。

五个 W：

何人（Who）

何时（When）

何地（Where）

何事（What）

为何（Why）

一个 H：

如何（How）

一件新闻作品需要将以上各个要素都介绍清楚，才能满足受众的基本需求。

第二节　新闻的真实性判断

新闻的真实性指新闻报道必须反映客观事物的本来面貌。

真实是新闻的生命，这是任何媒体在从事新闻报道时所要坚守的一条基本原则。对于网络媒体也不例外。但是，由于种种原因，网络新闻失实的现象仍时有发生。

从新闻失实的源头来看，网络新闻失实主要有两种情况：

一是失实新闻源于传统媒体，网站没有对其进行有效的鉴别，转发了失实新闻。

二是失实新闻源自网络,主要是网络编辑对源于网络的一些信息的真实性未能做出正确判断,在网站发布了信息,或在相关报道中引用了不真实的材料。

由于网络新闻传播的强大威力，网络具有一种“放大器”的功能，在传统媒体中的一些本来不受人关注的假新闻，一旦在网络中得以传播，其影响可能成倍增长。因此，在一定意义上，网络常常会成为传统媒体的替罪羊，承担新闻失实的主要责任。但是，这也从另一个角度说明，网络媒体责任重大，无论是制造假新闻，还是传播假新闻，都是不可原谅的。

网络新闻失实的原因，与传统媒体新闻失实的原因基本是一致的，主要分为两类：①

目的性失实：即新闻报道者为了自身利益而故意捏造事实，虚构情节，杜撰新闻。

技术性失实：即新闻报道者没有故意弄虚作假的利益追求和主观动机，而是由于主观和客观条件的制约，未能按照客观事实的本来面貌对其进行如实报道。

一个值得注意的现象是，由于网络信息发布的门槛很低，网民可以通过各种渠道发布各种信息。这些信息虽然不能视作网络新闻，但是，它们有时会对网络新闻传播产生一定的干扰作用，例如，影响编辑对于同类信息的判断，因此，网络新闻编辑需要更敏锐的目光和清醒的头脑，善于在复杂的信息环境中对新闻或信息的真实性做出判断，这对网络编辑来说是一个挑战。

对于网络新闻的真实性判断，主要有以下几种方法：

（一）多源求证

为了保证新闻的真实性，媒体通常不能在仅有一个消息来源的情况下就发

① 高钢：《新闻写作精要》，首都经济贸易大学出版社 2005 年版，第 67 页。

布某条新闻。“多源求证”是一个基本的原则，即要通过两个以上与事件无关的独立消息来源对新闻进行核实。

2003年3月29日上午，中国日报网站发布了一条消息，称“微软总裁比尔·盖茨被谋杀”，且消息来源于美国有线新闻网（CNN）网站，新浪、搜狐等国内网站纷纷转载，并发布了手机短信。北京时间3月29日12:20，微软公司致电中国日报网站，称该消息是2002年愚人节的恶作剧内容。一个网友模仿CNN网站做了一个网页，将该消息发布出来，混淆视听，使有人误以为这是CNN发布的新闻。这条源于网站的假新闻，使中国新闻网站的声誉受到一定影响。

在处理这条假新闻时，有关网站所犯的一个最主要的错误，便是没有多源求证。如果比尔·盖茨果真遇刺，那么，美国的主要媒体都会发布相关新闻，编辑只要通过几家重点媒体进行核实，就能判断出真伪。

在网络新闻编辑中，对于“多源”的选择十分重要，因为很多网站相互转载，如果仅仅看到有几家网站同时发布了某新闻，并不能由此断定这一新闻就是可以发布的，因为这条新闻可能是由同一个来源提供的。一定要注重鉴别谁是独立消息来源。

（二）内容分析

很多新闻是否真实，可以从稿件的内容分析入手，做出判断。最常见的是运用逻辑分析的方法。如果在新闻稿件中存在着逻辑上的矛盾或不合理，就需要对其进行查证。

其次，一条新闻应该具备五个要素，如果其中有些要素是残缺的，或者模糊的，也应该对其提高警惕，通过进一步核实来判断新闻的真实性。

（三）调查核实

尽管记者应该具有扎实、深入的采访作风，以保证新闻报道的真实性，但在实践中，许多记者仍然因主观或客观的原因，写出失实新闻。

2005年9月4日，卫生部在其网站上发表声明，指出某报的报道《卫生部一负责人：卫生部无权制定婚检制度但鼓励婚检》严重失实，是一篇虚假新闻。产生这则虚假报道的原因是，该报一记者通过其他媒体的报道，认为卫生部要重新设定婚检制度。同时，记者又错误地将《婚姻登记条例》这一由国务院制定和颁布实施的国家法规，当成是由某一部门制定的，由此而产生了婚检问题“谁说了算的疑问”，以此为新闻由头，通过电话与正在外地出差的卫生部发言人、办公厅副主任毛群安联系，毛群安向该记者阐述了一些对婚检工作的观点，但记者断章取义地理解了其观点并做了相关报道，造成新闻中一些内容的失实。

这则失实新闻的出现，一方面是因为记者对于相关法律、法规不熟悉，另一方面则是记者没有进行认真、细致的面对面采访，仅以电话询问作为报道依据。

在电话采访、邮件采访日益普及的今天，由于采访作风不深入、不严谨产生的新闻失实问题时有发生。编辑作为新闻稿件的最终把关者，有责任发现这类问题并加以纠正。通过向新闻稿件中关键人物进行调查核实，往往可以避免类似错误的出现，特别是在稿件涉及的问题十分重大、影响面广时，编辑更需要做必要的核实工作。

除了深入现场或直接面向相关人员的调查外，在进行核实时，如果能善于运用各种法律、法规和有关部门的正式文件，以及相关部门的网站等，也能达到事半功倍的效果。

（四）技术判断

由于网络的技术特点，伪造网页的情况时有发生，前文提到的“比尔·盖茨遇刺”假新闻就缘于此。有时甚至可能由于黑客行为，一些新闻网站的主页内容被篡改，因此，网络编辑不仅要通过多方比较来对一条新闻稿件的真实性加以判断，还要学会辨别网页的真伪。通常可以通过网站的地址来进行判断。有时候利用技术知识，可以很快判断出稿件来源是否存在问题，由此进一步判断出新闻的真实性。

一些图片、音频、视频新闻也可能存在技术上的造假行为，这时，除了通过推理、分析外，还可以从技术特点上来分析判断其真实性。

（五）设立警戒线

在进行新闻内容的采集时，编辑的头脑中应该有一条警戒线，即对于一些经常出现假新闻的媒体或来源的稿件，要保持高度警惕，在一些敏感的时期，例如愚人节，也要特别小心谨慎。

2005年5月18日，国内一家媒体发布的一则消息称："据美国媒体5月16日报道，美国国务院一名官员日前透露，由于长期陷入伊拉克战争，面临严重预算赤字危机的布什竟然开始考虑，准备将夏威夷卖给日本。在获知布什准备出售岛屿的计划后，98%的夏威夷居民称，他们感到'极度愤怒'。"

但人们发现这篇所谓的新闻在美国或世界其他权威媒体上都未见引述，而惟一刊登过该消息的是美国的一家称为《世界新闻周刊》（*World Weekly News*）的娱乐搞怪杂志。事实上，《世界新闻周刊》素以刊登荒诞不经的假新闻著称，它虽然貌似新闻媒体，但实质近似娱乐趣闻和政治笑话杂志。2002年，中国媒体的十大假新闻之一《千年女木乃伊出土后怀孕》，也是源自于此。如果编辑能列出一个"黑名单"，对类似这样来源的稿件严格审查，就能尽可能避免失实新闻的出现。

第三节　稿件的新闻价值判断

新闻价值判断，是决定稿件是否能发布的重要一环。虽然网络的容量可以承载更多的稿件，但是，网络新闻编辑的一个主要任务，仍是将真正具有新闻价值的稿件筛选出来，并根据新闻价值的高低来安排稿件的发布，以便让受众以最小的成本获得最有价值的新闻。

新闻价值，通常指事实所包含的足以构成新闻的种种特殊素质的总和。①这些特殊素质就是新闻价值的要素，这些要素都具有能引起受众的共同兴趣和普遍关注的共同特征。

关于新闻价值要素，一般公认的包括以下几种：

1. 时新性

指事实在时间上是新近发生的，在内容上是人们所欲知的新鲜事。事情发生的时间越近，新闻价值越高；内容越新，新闻价值越高。

在时效性的判断方面，要区分以下几种不同情况：

第一种情况是，新闻中涉及的事实本身的发生或变动是突发性的或者跃进性的。对于这类事实，在第一时间里做的报道，就具有很强的时效性。

---

① 何梓华等：《新闻理论教程》，高等教育出版社1999年版，第39页。

第二种情况是，事实本身的变化是渐进的，即表现为一个过程，例如一个活动的开展，一种现象的发展等。对于这样的事实，时效性似乎表现不强烈。但是如果能想办法在事实变动中找到一个最新、最近的时间点，就可以实现时效性。

例：

我国低生育水平面临反弹风险　出生人口性别比高①

新华网北京1月22日电（记者吴晶、魏武）　《中共中央国务院关于全面加强人口和计划生育工作统筹解决人口问题的决定》22日发布，明确提出了我国新时期人口和计划生育工作的指导方针、总体思路、目标任务、政策体系和保障措施，是指导当前和今后一个时期我国人口和计划生育工作的纲领性文件，标志着我国人口和计划生育工作进入了新的发展阶段。

针对新时期人口和计划生育工作面临的形势和特点，《决定》明确提出了千方百计稳定低生育水平、大力提高出生人口素质、综合治理出生人口性别比偏高问题、不断完善流动人口管理服务体系、积极应对人口老龄化等主要任务和政策措施。

《决定》强调，优先投资于人的全面发展，促进人口大国向人力资本强国转变，并将人口发展战略和规划纳入国民经济和社会发展总体规划。

《决定》认为，当前我国人口发展呈现出前所未有的复杂局面，人口安全风险不容忽视，必须稳定低生育水平。人口问题始终是制约我国全面协调可持续发展的重大问题，是影响经济社会发展的关键因素；人口问题上的任何失误，都将对经济社会发展产生难以逆转的长期影响。

资料显示，今后十几年，我国人口的惯性增长势头将会依然强劲，中国总人口每年仍将净增800万~1 000万人。人口众多、人均占有量少的国情，人口对经济社会发展压力沉重的局面，人口与资源环境关系紧张的状况，是全面建设小康社会、构建社会主义和谐社会所面临的突出矛盾和问题。

---

① 资料来源：http：//news. sina. com. cn/c/2007-01-22/170212106452. shtml.

《决定》认为，稳定低生育水平是新时期人口和计划生育工作的首要任务，“十一五”期间是实现这一任务的关键时期。

我国的低生育水平面临着反弹的现实风险。群众生育意愿与现行生育政策之间仍然存在较大差距和政策内生育水平明显上升等可能成为导致反弹的重要原因。有关资料显示，特殊人群超生在城乡同时抬头，流动人口超生占违法生育总量的比例较大，党员干部和名人、富人超生虽数量不大，但社会影响极其恶劣。

目前，我国20世纪80年代中期出生的子女和享受“双独”和部分“单独”政策的第一代近1亿独生子女都已进入婚育期，这两大人群带来的“双峰叠加”的生育局面也将持续十几年之久。

作为稳定低生育水平、统筹解决人口问题的治本之策，《决定》提出，要建立和完善人口和计划生育利益导向政策体系，引导群众自愿实行计划生育，实现国家利益与群众利益的有机统一。

根据《决定》，我国“十一五”时期人口控制的目标是：“十一五”期末，全国人口总量（不含香港、澳门特别行政区和台湾省）控制在13.6亿人以内；到2020年，人口总量控制在14.5亿人左右，总和生育率稳定在更替水平以下。

出生人口性别比偏高已经成为一个突出的社会问题。数字显示，2005年全国1%人口抽样调查为118.58，个别省份超过130。此前1982年、1990年和2000年三次人口普查中的数字分别为108.50、111.14和116.86。目前，农村特别是中西部农村出生人口性别比失衡严重。

《决定》认为，出生人口性别比过高、持续时间过长，必然影响社会稳定，关系到广大人民群众的切身利益。要有效解决这一问题，必须扭转重男轻女的传统观念，并运用法律手段，严厉打击非法实施胎儿性别鉴定和选择性别人工终止妊娠以及溺、弃、残害女婴等行为。

资料显示，我国人口健康素质总体较差，全国每年新生儿缺陷约100万例，出生缺陷发生率为4%~6%。新生儿出生缺陷率的上升，不仅使出生缺陷和残疾日益成为影响人口素质的重要问题，同时也给家庭和社会带来了沉重负担。

《决定》同时还立足创新，将长期工作实践证明行之有效的成功经验和做法以及地方创造的新鲜经验，提升为基本制度，并要求适时修订或制定有关法律法规。

我国生育形势，是一个渐进的发展过程。此例以《中共中央国务院关于全面加强人口和计划生育工作统筹解决人口问题的决定》的发布为契机，来反映这一问题的最新进展，显示出很强的时效性。

第三种情况是，有些新闻所涉及的事件是过去发生的，但是是新近才发现或披露出来的，同样，这类信息可以通过使用“由头”的办法加以弥补，即说明自己得到信息的最新时间、来源。

例：

爱因斯坦曾为自己建议研制核武器进行辩护①

中新网7月4日电　据法新社报道，在即将公开的致日本笔友的信件中显示，爱因斯坦曾对自己建议研制核武器进行辩护。

日本哲学家、德语翻译篠原正瑛的遗孀决定在广岛和长崎遭核弹轰炸六十周年之际公开这些信件，篠原正瑛曾与爱因斯坦保持着信件联系。

已有文件表明爱因斯坦对核战争持反对态度，但他致篠原正瑛的信件也表明他为自己在研发核弹中所发挥的作用进行了辩解，并试图调和自己的和平主义思想。

篠原正瑛1953年写信给爱因斯坦批评他在研发核武方面所发挥的作用，爱因斯坦则回信为自己进行辩护。他在1953年6月23日的一封信中称：“我一直谴责对日本使用核弹的决定，但我根本无力制止这一重大决策。”

对广岛的原子弹轰炸造成该市14万人丧生，三天后对长崎的轰炸则造成7万多人丧生。日本天皇裕仁在三天后宣布日本投降。

爱因斯坦在另一封信中写道：“在我看来，研发核弹所带来的惟一安慰可能在于威慑效果将获胜，国际安全的发展将加速。”

由于是犹太人而不得不于1933年逃离德国的爱因斯坦说，战争有时候也是可以接受的。他写道：“我没有说自己是绝对的和平主义者，但我

① 资料来源：http：//news. sina. com. cn/w/2005-07-04/13276345438s. shtml.

一直是深信和平主义的人。这意味着在我看来，使用武力有时是必需的。我认为，当我面临的对手的目标是消灭我和我的民族，那么使用武力是必需的。因此我认为对纳粹德国动武是必要和合理的。”

篠原正瑛曾在德国学习哲学，他于1947年返回东京，于2001年因中风去世。他的信件一直由他的遗孀保管。

他的遗孀说：“我的丈夫最初写信给爱因斯坦是为了表达他的愤怒，我认为爱因斯坦回信时可能也感到不快。但爱因斯坦和我的丈夫后来通过信件成了朋友。今年是二战结束和日本遭核武攻击六十周年。我认为这些信件是爱因斯坦向每个现代人所表达的一个重大信息，因为我们仍在为减少核武器而努力。”

在本例中，所报道的事件已经是50多年前的事，但是，由于它刚刚被披露出来，所以仍然有时效性，但是，要强调这种时效性，需要通过新闻由头，即爱因斯坦致日本笔友的信件的公开这一事件。

2. 重要性

新闻不是“有闻必录”，而是应该挑选那些具有较大影响，对于多数人来说有意义的信息。一般来说，新闻的重要性是由新闻所报道的事件、现象对社会所产生的影响所决定的。影响所涉及的社会领域、社会成员越广泛，影响的程度越深刻，则重要性越是显著。

判断一条新闻的重要性，主要依据有以下几方面：①

第一，事实影响人的多少。一件事实影响的人越多就越重要，影响的人越多越容易成为新闻事实。

第二，事实对人和社会影响时间的长短。一件事实、一种现象对社会影响的时间越长，说明它越重要。

第三，事实影响空间范围的大小。一件事实影响的空间范围越广，就越是重要。

第四，事实影响人们实际利益的程度。事实越是影响到人们的利益，就越是重要。

---

① 杨保军：《新闻价值论》，中国人民大学出版社2003年版，第137页。

3. 显著性

显著性指的是新闻事实的知名度，这一知名度与新闻中所涉及的人物、地点、事件、时间等因素所具有的知名度相关，越是知名的人物，他所从事的活动也就越是具有显著性。

4. 趣味性

与其他信息一样，趣味性新闻事实中具有调动人们共同兴趣的能力。趣味性主要可以有两层含义：一层含义指新闻信息轻松、有意思，能调节人的情绪；另一层含义则指新闻可以引发人们的情感，例如热爱、同情等。一般来说，对大自然的秩闻趣事的报道，都具有趣味性。

5. 接近性

接近性所衡量的是受众与新闻信息之间的“距离”。这种距离可以是地理上的，一般来说，本地发生的事情，总是会比外地发生的事情更吸引人。这种距离也可以是心理上的，即人们对新闻事件中的人物、地点、事件等要素熟悉与关切的程度。有时地理距离虽然遥远，但心理距离却可能是很近的。例如，如果一个人有亲人在美国学习，那么美国对他来说，可能比中国的某一个省更具有接近性。

除了以上公认的新闻价值要素外，国外一些学者还提到了其他的判断标准，如：①

冲突性

新闻中如果包含了矛盾与冲突，往往容易引起读者的关注。

有用性

新闻中所包含的对读者生活有用的信息，也是其价值的一种体现。

娱乐性

可以使读者感到轻松愉快的报道具有娱乐的价值。

激励性

---

① ［美］卡罗尔·里奇《新闻写作与报道训练教程》第3版，钟新译，中国人民大学出版社2004年版。

有些报道讲述了人们如何战胜困难的故事，这些报道可以激发人们积极向上的情感，也具有新闻价值。

特殊兴趣

关于科学、宗教等主题，以及有关少数民族、大学者、残疾人等特殊群体的报道，常常也能引起人们的兴趣。

趋向性

那些会影响读者生活的问题的发展趋向的报道，也是人们关注的话题。

当然，以上这些新闻价值的要素与时新性、重要性、显著性、趣味性、接近性等一般标准并非是完全并列的，它们是一般性标准的更细致的表现。在实际操作中，从这些角度去分析、判断稿件的新闻价值，更为直接、方便。

在进行新闻稿件的选择时，应该注意的一点是，有些稿件内容与质量上均无大问题，但是，由于国家形势或特殊的环境限制，不适合在当时发表。国家有关部门也会在一定时期向媒体发布一定的规定，指明哪些内容不适合发表。网站编辑应该遵守这些规定。

要能准确地判断新闻价值，编辑应该像记者一样具备新闻敏感。

新闻敏感是新闻工作者最基本也是最重要的职业能力之一。它是新闻工作者判断、挖掘新闻的能力，一个人捕捉、反映生活中的变化和潜在变化的能力越高，也就表明他的新闻敏感越强。

新闻敏感具有以下几个特点：①

快捷：即能十分迅速地捕捉事物正在发生或即将发生的最新变化，并对其价值作出判断。

准确：即能从纷繁复杂的事物中判断和选择出有传播价值的变化。

灵活：即不拘泥于某种固有的思维模式和工作思路，能随时根据所观察的事物的变化调整思路，打破成见，从事物细微的变化中敏锐地推断出事物的潜在的重大变化。

新闻敏感具有一定的先天性，某些人生来可能就对事物变化的感受与反应能力更快。但新闻敏感也在于后天的培养。

要不断提高自己的新闻敏感，练就沙里淘金的本领，新闻工作者应该注重以下几方面的训练：

---

① 何梓华等：《新闻理论教程》，高等教育出版社 1999 年版，第 44 页。

对社会的长期观察：这里所指的社会，包括了社会的政治、经济、文化、生活等方方面面。新闻的要素之一在于变化，新闻敏感就是捕捉变化的能力。对社会保持长期不懈的观察，才能洞察到此时与彼时的差异，此处与彼处的差异，才能体会出社会的变化，并理解每一个变化的含义，从而可以判断出什么样的变化具有重大的影响。美国著名新闻工作者普利策说，新闻记者是站在时代船头的瞭望者。做一个瞭望者就意味着要始终用一种与常人不同的角度，来观察周围的事物。

对社会热点的把握：社会热点往往是一个社会的晴雨表，它能反映社会生活中的一些重要变化。能够发现社会热点所在，就有可能发现与之相关的新闻，也有可能以此为参照对稿件的新闻价值做出恰当判断。因此，网络编辑应该不断训练自己捕捉社会热点的能力。

相关信息的积累：对一个社会，凡事都进行直接观察与亲身体会是不可能的。因此，借用已有的信息，也是了解社会的一个重要途径，在信息社会尤其如此。因此，作为网络编辑，应该尽可能掌握相关领域的信息。信息可以提供比较，帮助新闻工作者判断什么是新闻，什么不是新闻。信息也可以提供背景，它们往往能够帮助解释新发生的事件。在信息量积累到一定程度后，新闻工作者还可以理解它的更深层含义，并预测出事物的未来的走向。

相关知识的积累：信息往往只能提供基本的事实，而知识可以提供对事实的解释。因此，知识的积累也是必不可少的。对于专业领域的网络报道来说，专业知识更是日常报道的基本台阶。网络编辑往往也是主要负责某一专业或领域的稿件编辑工作，因此，一定的专业知识也有助于提高编辑水平。

第二单元

网络新闻的加工

第三章
文字稿件的加工

在网络新闻稿件中，目前文字稿件的比重仍是最大的，文字稿件的基本加工是网络新闻编辑最日常的工作，是保证文字稿件质量的重要环节。

第一节　文字稿件的修改

尽管网络新闻的稿件大都来自于富有经验的传统媒体，但是，由于种种原因，一些稿件中仍有可能存在着一定的差错，修改稿件是文字稿件加工的起点。

一、文字稿件的常见问题

一篇文字稿件中存在的问题或错误可能是各式各样的，但总体来看，它们可分为以下几大类：

1. 辞章性错误

这类错误主要是文字表达方面的问题，例如，错别字、标点符号误用、语法错误以及数字单位等表达不规范、不准确等。

2. 结构性问题

新闻稿件，无论是消息、通讯还是评论等，大都有自己特定的结构，特别是消息，其结构要求是十分严格的。如果一篇稿件不符合它的体裁所要求的结构规范，也需要进行相应的修改。

3. 知识性错误

有些稿件中会涉及到一些知识性问题，如诗词引用时不准确，错误使用科学名词，在涉及到历史人物或事件时出现差错等。对于这类问题，编辑既要善于发现错误，又要准确改正错误。必要时，编辑应该找到合适的工具。

4. 事实性错误

在各类稿件中都会涉及到事实，有些事实是主要的，有些是次要的，有些是细节性的。但无论是哪一类事实，都应该是真实且准确无误的。编辑可以通过调查核实或分析推理等不同手段，对稿件中涉及的事实的真实性及准确性做出判断，并采取相应手段对出现的问题进行处理。

5. 观点性错误

很多稿件不仅是事实的陈述，还或明或暗地表达了各种观点。对于这些观点，编辑也应该做出正确判断。

二、文字稿件修改的主要任务

（一）改正稿件中的错别字

错别字出现在稿件中的频率是相当高的。扫除稿件中的错别字，是修改稿件中的首先任务之一。

下面是一些常见的错别字，其中括号中的字是正确的表示法。

（像）图象	（像）象素	（像）象…… 一样
（他）其它	（惟）唯独	（惟）唯一
（做）用作	（做）看作	（匪）受益非浅
（事）寻物启示	（账）帐户	（账）帐号
（唉）哀声叹气	（籍）藉贯	（文）闻过饰非
（安）按装	（计）不记其数	（诬）污告
（黯）暗然失色	（嘉）加奖	（诬）污告陷害

（抱）报歉
（抱）报怨别人
（暴）自抱自弃
（备）推崇倍至
（背）被水一战
（毕）必竟
（敝）凋弊
（辟）独劈蹊径
（碧）金壁辉煌
（璧）白壁微瑕
（砭）针贬时事
（辩）辨护人
（搏）赌博
（部）按步就班
（部）战略布署
（才）大材小用
（采）风彩
（采）兴高彩烈
（彩）光采照人
（惨）残无人道
（璨）璀灿夺目
（察）查颜观色
（察）明查暗访
（长）常年累月
（偿）赔尝
（澈）清彻
（成）相辅相承
（嗤）斥之以鼻
（崇）重山峻岭
（绌）相形见拙
（囱）烟囟

（嘉）精神可佳
（节）开源截流
（睫）目不交接
（界）各届人士
（阱）跌落陷井
（胫）不径而走
（境）事过景迁
（咎）既往不究
（巨）老奸剧猾
（具）家俱
（绝）决对服从
（峻）形势严竣
（竣）工程峻工
（忾）同仇敌慨
（刻）克苦
（垮）跨台
（睽）众目癸癸
（篑）功亏一匮
（蓝）篮本
（蓝）兰色
（篮）蓝球
（潦）字迹了草
（厉）声色俱利
（厉）再接再励
（励）厉精图治
（唳）风声鹤厉
（栗）战粟
（练）语言简炼
（嘹）缭亮
（缭）眼花撩乱
（伶）灵牙俐齿

（务）财物科
（晤）定期会悟
（熄）息灭
（嘻）喜笑怒骂
（详）举止安祥
（宵）通霄
（宵）元霄节
（销）消毁
（销）消假
（邪）歪门斜道
（荒）谎谬
（胁）协迫
（泄）水泻不通
（泄）泻露
（泻）一泄千里
（心）令人辛酸
（欣）欢心鼓舞
（行）形迹可疑
（汹）来势凶凶
（须）游客需知
（续）就序
（暄）寒喧
（询）寻问
（徇）循私枉法
（徇）循私舞弊
（涯）天崖海角
（湮）烟没无闻
（偃）掩旗息鼓
（赝）膺品
（饴）甘之如贻
（贻）遗笑大方

（瘁） 鞠躬尽粹
（粹） 精萃
（磋） 切蹉
（蹉） 磋跎岁月
（沓） 纷至踏来
（怠） 倦殆
（戴） 佩带
（耽） 担搁
（殚） 惮精竭虑
（当） 锐不可挡
（诋） 横加抵毁
（玷） 沾污清白
（吊） 提心掉胆
（迭） 叫苦不叠
（叠） 迭床架屋
（叠） 重迭
（碟） 影牒机
（订） 钉书机
（订） 装钉
（锭） 纱绽
（度） 渡假胜地
（度） 共渡良宵
（番） 翻两翻
（烦） 要言不繁
（反） 义无返顾
（范） 严加防犯
（妨） 防害他人
（蜚） 飞声遐迩
（费） 浪废金钱
（费） 煞废苦心
（分） 家庭成份
（凌） 盛气临人
（零） 另售
（浏） 随便流览
（馏） 蒸溜水
（笼） 拢络
（孪） 挛生
（罗） 门可落雀
（曼） 轻歌漫舞
（漫） 慢不经心
（蔓） 火势漫延
（贸） 冒然
（没） 行将末落
（靡） 风糜一时
（秘） 密诀
（密） 哈蜜瓜
（描） 市场扫瞄
（缈） 虚无缥渺
（摹） 碑帖临摩
（漠） 莫不关心
（牟） 谋取暴利
（趴） 扒下
（篷） 帐蓬
（癖） 养成僻好
（片） 偏面
（翩） 浮想联篇
（平） 凭添
（仆） 风尘扑扑
（气） 珠光宝器
（葺） 修茸
（潜） 浅移默化
（歉） 欠收
（以） 衣貌取人
（异） 一口同声
（意） 义气相投
（意） 毅志
（荧） 萤光屏
（映） 反应意见
（拥） 蜂涌而上
（犹） 过尤不及
（犹） 记忆尤新
（渝） 始终不逾
（予） 赋与使命
（竽） 滥芋充数
（渔） 竭泽而鱼
（元） 原气大伤
（圆） 园明园
（陨） 殒落
（孕） 蕴育
（在） 满不再乎
（在） 项目再建
（赃） 贪脏枉法
（噪） 急燥
（躁） 戒骄戒燥
（则） 以身作责
（胀） 通货膨涨
（镇） 坐阵指挥
（支） 肢离破碎
（趾） 指高气扬
（制） 出奇致胜
（制） 克敌致胜
（致） 导至
（致） 极至

（份）股分制
（份）身分证
（孚）深符众望
（辐）幅射
（俯）伏首帖耳
（付）负出代价
（副）付食品
（副）一付手套
（覆）复盖
（覆）天翻地复
（杆）标竿
（竿）钓鱼杆
（竿）立杆见影
（刚）金钢钻
（阁）束之高搁
（工）鬼斧神功
（工）巧夺天功
（勾）一笔钩销
（诡）鬼计
（桂）摘取贵冠
（合）貌和神离
（弘）宏扬文化
（画）划地为牢
（幻）变换莫测
（涣）精神焕散
（荒）谎诞不经
（清）山青水秀
（屈）委曲求全
（券）入场卷
（融）水乳交容
（擅）善长
（擅）善长丹青
（赡）瞻养
（申）伸述理由
（申）引伸
（省）不醒人事
（省）反躬自醒
（联）互连网
（势）摆正姿式
（是）各行其事
（是）惹事生非
（纾）毁家抒难
（铄）众口烁金
（厮）撕杀打斗
（诵）朗颂
（遂）半身不随
（蹋）糟塌
（涛）惊滔骇浪
（提）题纲挈领
（题）金榜提名
（帖）妥贴
（胃）味口
（置）毋庸质疑
（衷）由忠
（州）九洲方圆
（皱）满脸绉纹
（装）乔妆打扮
（灼）真知卓见
（咨）资询
（诅）咀咒
（坐）座标
（坐）座落
（座）坐上客
（通）统盘考虑
（涂）生灵途炭
（托）拖运行李
（湾）港弯
（慧）拾人牙彗
（浑）混身是宝
（诨）插科打浑
（惋）婉惜
（望）名门旺族
（诿）互相推委
（讥）反唇相击
（肌）面黄饥瘦
（即）既使
（亟）急待解决
（慰）蔚籍

（二）修改稿件的语法错误

稿件中的常见语法错误包括下列几方面：

1. 用词错误

例：这位年过花甲的老教授坚持为学生讲座。
“讲座”是名词，应改为动词“讲课”
例：这一文件格式只适应于 Windows Media Player 播放器。
“适应”一词为误用，应为“适用”
例：观众对他精彩表演报以了热烈的掌声。
“以”是介词，后面不能有助词“了”。

2. 搭配不当

搭配不当有两种情况：一种是语义上搭配不当；另一种是词性上搭配不当。

语义上搭配不当

语义上搭配不当是指主语和谓语、动词和宾语、修饰语和中心语以及关联词语在语义上的搭配有问题。

例：应用新技术后，生产规模和速度都得到提高。

“提高”与“规模”的搭配不当。应该改为：“生产规模得以扩大，生产速度得以提高。”

例：秋天的北京是一年中最美丽的季节。

“北京”不能是“季节”，要么把主语改为“北京的秋天”，要么把谓语改为“是一年中最美丽的”。

例：对此，他也提不出什么灵丹妙药。

“提不出”和“灵丹妙药”搭配不当。

例：互联网的普及，对传统媒体产生了显著的变化。

正确的搭配应为：“对……产生……影响”或“使……发生……变化”。

例：尽管天塌下来，我也能顶得住。

正确的搭配只有“尽管……但是”和“即使……也”。在本例中应该用“即使……也”。

例：不管气候条件和地理环境都极端不利，但是登山队员仍然克服了困难，胜利地攀登到顶峰。

这个复句前后是转折关系，“不管”应改为“尽管”。

词性上搭配不当

词性上搭配不当指词语的组合不合词性的要求。如，副词一般出现在动词或形容词前面，若出现在名词前面，便是词性搭配不当。又如，不及物动词后接宾语通常也是不正确的搭配。

例：我们在教学上一定要提倡普通话。

“提倡”要求带非名词性宾语，而“普通话”是名词，词性不合。可在“普通话”之前加上动词“讲”。

例：大家就当前的形势和存在的一些问题，进行了深入地讨论。

助词“地”不能用在定语和中心语之间，应改为“的”。

3. 指代不明

指代不明的第一种情况是，前词语在文中没有出现或没有交代清楚，而使用代词。

所谓前词语是指代词所代的词语。句子里要用到除第一第二人称代词（如“你、你们、我、我们、咱们”）以外的代词时，必须先出现前词语。如果前词语在文中没有出现，或没说清楚，而运用了代词，便会造成指代不明的毛病。

例：同志之间，特别是领导干部之间有了意见，应开诚布公地交流，否则，这将不利于团结，不利于工作。

此例中的“这”指代没着落，是多余的，应删去。

用相同的代词指代不同的对象也是指代不明的一种表现。

例：我刚把书发给同事，就你一句我一句地议论开了。

此例中的“我”指代不明。第一个“我”是实指，第二个“我”是虚指。同时使用就会产生混乱。

如果可以被视为前词语的词不止一个，而代词只有一个，也会造成指代不明。

例：有人主张接受这一建议，有人反对，他同意这一主张。

此例中“这一”指代不明，到底是指前一种情况，还是指后一种情况，读者不能获得明确的结论。

4. 成分残缺

句子里应有的成分缺少了，就是残缺。

缺主语

例：由于他的努力，使这项工作进展顺利。

“由于”引导的是状语，句子没有主语。应该将“由于”去掉，“他的努力”作为主语。或者去掉“使”，用“由于”引导状语，将“这项工作”作为主语。

上例代表了一种最常见的语法错误，与之类似的还有“因为……使”、“在……努力下，使”等用法。

例：以美国贝尔电话研究所工程师香农为代表创立了信息论。

“以……为代表”并不是主语，因此，此例同样缺主语。

例：在这次比赛中，他的表现受到了评委们的关注，给予了很高的评价。

此例是一个复句，它的前一分句用的是被动句式，后一分句却用的是主动句式，后一分句缺主语。应在“给予”前补出主语“大家”。

缺宾语

例：企业可以利用互联网向外部发布商品信息、销售信息以及营业、技术维护。

“发布……营业、技术维护”是不通的，应在“维护”之后加上“信息”一词。

这类问题也可以看作是动宾搭配不当。

缺必要的虚词

例：这就是被称为书圣的王羲之真迹。

此例中，书圣指的是王羲之还是真迹难以判断，其问题在于在“王羲之”与“真迹”之间少了个“的”字。当定语不止一层时，不能轻易省去“的”，否则偏正结构内部的关系就不明了。

例：近年来，随着电子技术的发展，国外已出现了“电子手”，但因为没有感觉，灵敏度差，不能作精细动作，远不能满足病人的要求。

此例中缺少连词“所以”，因此，“因为”引导的原因从句到哪结束，不容易做出判断，也就会造成理解上的歧义。从内容看，应该得在“远不能”之前补上连词“所以”。

5. 成分赘余

句子中出现多余的成分，便是成分赘余。

例：经常喝这种茶，可以预防不得高血压。

“预防”的意思即避免得病，“不得”一词多余。

例：因为篇幅有限，我们不得不对稿件略加删改一些。

“略加删改”含有“删改一些”的意思,因而“一些”是多余的,应删去。

例：学校门前有一条很笔直的大道。

“笔直”本身已表示了程度，不能再用程度副词修饰，“很”是多余的，应删去。

例：下一步的工作安排将由王总进行介绍。

正确的表示法应为“由……介绍”，“进行”一词多余。

例：建筑平面图形状发生了变形。

“变形”即指形状发生变化，“形状”一词多余。

例：十名歌手们进入了最后的总决赛。

有数量词“十名”，后面的“们”字就是多余的。

例：大家正在紧张忙碌，迎接这次盛会到来。

“迎接盛会”即可，“到来”是多余的。

例：人们自发赶到机场，迎接奥运健儿凯旋归来。

“凯旋”即有归来之意，“归来”一词多余。

例：这些见诸于文字的报道反映了上个世纪30年代的社会风貌。

“诸”是“之于”的合音，再加一个“于”字便是重复、累赘。

6. 句式杂糅

杂糅大致有如下几种情况：

同一个意思可以选择不同的格式来表达，但每次只能选择一种格式，不能兼用，否则就会造成结构上的混乱。

例：要根治这一问题，必须采取强有力的措施不可。

“必须采取……措施”和“非采取……措施不可”这两种格式只能选择一种，不可杂合在一起。

例：企业能否迅速发展，关键在于内因起决定作用。

“关键在于……”和“……起决定作用”是两种不同的格式，不能杂合在一起。应改为“……，关键在于内因”或“……，内因起决定作用”。

如果把本应分开说的两句话人为地糅在一起，也会形成混乱。

例：作为一个网络编辑，一方面要掌握新闻知识，一方面要掌握相关计算机知识也是非常重要的。

此例可以改为：“作为一个网络编辑，一方面要掌握新闻知识，另一方面，掌握相关计算机知识也是非常重要的。”

当前后该用同一种句式而杂用不同句式时，也会带来语法问题。

例：公园里，老人们有的跳舞，有的打太极拳，也有在练气功的。

“有的……，有的……”和“有……的，有……的”是不同的分述句式，不能混用在一个复句里。最后一个分句宜改为“还有的在练气功”。

7. 词语位置不当

修饰语的位置不当

例：由于几个班里的骨干分子的努力，我们班这次在运动会上取得了很好的成绩。

“几个班里的骨干分子”是个有歧义的表达方式，可理解为一个班里的几个骨干分子，也可理解为来自几个班的骨干分子，根据本句的意思，宜将“几个”挪至“骨干分子”的前面。

例：这次展览中有几千年前新出土的珍贵文物。

“几千年前”的位置不当，应将其移至“珍贵文物”之前。

例：严冬的夜，格外长，格外冷，我们冻得发抖，只好用相互的身子暖和着对方。

“相互”应作状语，在该例中被错放到定语的位置上了，应把“相互”移到“用”之前作状语，并删去“身子”之前的“的”字。

代词位置不当

例：他向我招了招手转身走了，但父亲的背影永远留在了我心中。

这个例句中“他”和“父亲”易被误认为是两个人，原因是代词与前词语的位置颠倒了。应把前词语“父亲”与代词“他”交换一下位置。

前后错位

例：这一报告从理论上和政策上对城市建设工作中的各个基本问题作了详细的规定和深刻的阐明。

“理论上和政策上”和“规定和阐明”对应错位，应是：从理论上阐明，从政策上规定。应把“详细的规定”和“深刻的阐明”换一个位置。

主客倒置

例：互联网给生活带来的影响，对于我们这些“网虫”都是非常了解的。

“我们这些‘网虫’”是主体，“……影响”是客体，主客应换个位置，改为“我们这些‘网虫’，对互联网给生活带来的影响都是非常了解的”。

关联词语位置不当

例：不但他能说一口流利的英语，而且法语讲得也不错。

“不但……而且”在句子里要求处于对称的位置上，应将“不但”与“他”换个位置。

8. 数量表达混乱

表示数量减少时使用倍数说法

数量增加多少或减少多少，指的都是差额，而差额都要以原来的数量作为基准，因此讲到数量增加时，分数、倍数都可以用，而讲到减少时，只能用分数，不能用倍数。

例：今年的招生名额比去年减少了一倍。

应改为：今年的招生名额是去年的一半。

混淆含义不同的数量表达法

说明数量上的增减有两种表达法：一是说增减了多少，一是说增减到多少。这两种表达法所指的内容是不同的，在表达时应该区分。

例：这个公司去年的营业收入是500万元，今年的收入是1 000万元，比去年增加了两倍。

应改为："增加了一倍"或"是去年的两倍"。

9. 逻辑问题

这方面的问题主要表现在以下几方面：

自相矛盾

例：他是多少个死难者中幸免的一个。

既然"幸免"，就不是死难者，说法显然矛盾。

例：由于坚持锻炼和服药，他的哮喘病基本上根治了。

"基本上"和"根治"在语义上是矛盾的。

因果牵强

例：都是党的政策好，今年的庄稼才长得格外好。

党的政策与庄稼长得好之间并无必然的联系。

否定失当

例：几年来，他无时无刻不忘贫困山区的孩子，他资助的孩子已经达到三十多名。

"无时无刻"与"不忘"在一起，颠倒了整个句子的原意，应将"不忘"改为"不想着"。

并列不当

例：这种产品已经出口到英国、美国、欧洲等地。

英国属于欧洲，二者并列是不恰当的。这类问题属于形式逻辑问题。

以上列出了常见的一些汉语语法问题，在实际中出现的语法毛病情况可能更复杂，应该将各种因素加以综合考虑，改正相应的错误。

（三）修改稿件中的标点符号错误

标点符号在汉语表达中是必不可少的，但是，由于一些人对标点符号的用法认识不够清楚或全面，在文章中，误用标点符号的情况并不少见。改正标点符号错误也是稿件编辑的一项基本内容。

为此需要了解标点符号的使用规范：

1. 标点符号的类型

常用的 16 种标点符号分为点号和标号两类：

点号：主要表示说话时的停顿和语气。点号又分为句内点号和句末点号。句内点号包括顿号、逗号、分号和冒号 4 种；句末点号包括句号、问号和叹号 3 种。

使用标点符号时不能以小包大，其大小次序为：

（句号，问号，叹号）>（分号，冒号）>（逗号）>（顿号）。

标号：主要标明语句的性质和作用，常用的有引号、括号、破折号、省略号、着重号、连接号、间隔号、书名号和专名号 9 种。

2. 常见标点符号的正确使用方法

顿号

顿号用于句子内部并列词语之间的停顿。它的适用场合：

（1）用顿号分隔的只能是词或者短语

例：神经网络一般分为输入层、中间层和输出层。（正确）

例：该机结构简单、制造容易、性能稳定、操作方便。（错误）

（2）这些词或者短语只能是并列关系

例：校对不认真有可能产生歧义、错误、甚至造成事故。（错误）

例：式中 r1，r2 分别为汽车的前、后半径。（正确）

当表示序词语时，如“首先”、“其次”、……、“最后”、“第一”、“第二”……后应用逗号，而“一”、“二”等后应用冒号。

使用顿号隔开的并列词语，一般最后两个词语之间用“和”连接。

另外，需要注意的是，并列的阿拉伯数字之间和并列的外文字符之间的停顿，应用西文状态的逗号而不用顿号。

例：与之相关的参数有 p，T，Q。

逗号

句子内部主语与谓语之间如需停顿，句子内部动词与宾语之间如需停顿，句子内部状语后边如需停顿，用逗号。

它的适用场合是：

(1) 复句中分句之间的停顿

例：这次营销行动，不仅带来了可观的经济效益，也带来了良好的社会效益。

(2) 长主语之后的停顿

例：这部被禁长达十年的小说的再次出版，引起了文学界的高度关注。

有时主语虽然不长，但为了强调主语，也可加逗号。

(3) 长宾语之前的停顿

例：我们发现，这种新病毒的传播速度远远超出了事先的估计。

(4) 句首状语之后的停顿。

例：在这次会议上，有五十多名国内外学者宣讲了他们的论文。

(5) 插说成分之后的停顿

例如"众所周知"、"另外"、"总之"、"再者"、"显然"、"当然"、"实际上"等后边。

(6) 序词语后边的停顿

例如"第一"、"第二"、"首先"、"其次"、"最后"。

(7) 某些关联词之后的停顿

例如"因此"、"所以"、"但是"、"不过"、"然而"、"否则"等。但如果这些词后边的字数较少或结构比较简单，也可不用逗号。

(8) 并列短语的组成部分如果较长，或者内部使用了顿号，各组成部分之间的停顿

例：全国人大常委会颁布了禁毒决定，对制造、贩卖、运输、非法持有毒品，非法种植罂粟、大麻等毒品原植物，引诱、教唆他人吸食、注射毒品等，都作了严厉的处罚规定。

逗号有一定的灵活性，有些地方用与不用均可。

分号

分号用于复句内部并列分句之间的停顿。它的适用场合包括：

(1) 复句内部并列分句之间的停顿

例：计算机硬件指那些看得见、摸得着的设备，包括运算器、控制器、存

贮器和输入输出设备等；计算机软件指计算机正常工作所需要的各种程序，包括系统软件和应用软件等。

（2）分行列举的各项之间

例：

时新性；

重要性；

显著性；

接近性。

在这类表示中，最后一项应用句号。

在使用时应注意：

单句中不能用分号，并列的词语之间也不能用分号。

如果不是并列关系的复句，也不是多重复句，不能用分号。

复句中的分句尽管是并列关系，但不是必须用分号，使用分号主要是为了分清结构层次，或者为了强调。

冒号

它主要的用法包括：

（1）用在称呼后边，表示提示下文

（2）用在说、想、是、证明、宣布、指出、透露、例如、如下等词语后边，表示提示下文

（3）用在总说性话语的后边，表示引起下文的分说

（4）用在需要解释的词语后边，表示引出解释或说明

（5）总括性词语的前边，也可以用冒号，以总结上文

下列用法是不正确的

（1）没有停顿的地方用了冒号

例：计算机病毒有很多种，如：宏病毒、木马程序等。

此例中“如”后面的顿号属误用。

（2）在非提示性话语的后边用了冒号

例：这与另一位学者的研究结论：互联网对青少年的社会化过程具有重要影响是一致的。

此例中“结论”一词并非提示性话语，后面不能用冒号。

(3) 冒号内套冒号

例：射线型检查：I型：共5例，Ⅱ型：共1例。

此例中出现多重冒号，可将后面两个冒号去掉。

在使用时，不要将冒号（：）与数学符号中的比号（∶）混淆。

句号

陈述句末尾的停顿，语气舒缓的祈使句末尾，用句号。

按国标规定，句号还有另一种形式，即一个小圆点“．”。但一般只用在科技文献中，且全文应统一，不能混用。

问号

疑问句末尾的停顿，反问句末尾的停顿，用问号。

但应注意，当整个句子是一个陈述句时，即使句中出现了疑问词也不用问号。

例：许多人不了解，现在食品污染的问题究竟有多严重？

此例并非一个疑问句，问号属误用。

叹号

感叹句末尾，语气强烈的祈使句末尾，语气强烈的反问句末尾，用叹号。

引号

行文中直接引用的话，需要着重论述的对象，具有特殊含义的词语，用引号标示。

注意：

引号里面还要用引号时，外面一层用双引号，里面一层用单引号。

没有特殊含义和特殊作用的词语不要用引号标示，以免分散读者的注意力。

凡是把引语作为完整独立的话来用，点号放在引号内；凡是把引语作为作者的话的一个组成部分，点号放在引号外。

在标题中，可用右单引号（又称省年号、高撇号）代替年。

例：’05春季图书订货会在京举行

括号

行文中注释性的文字，用括号标明。

注意：

如果是注释句子中的某些词语，括注紧贴在被注释词语之后。

例：互联网（Internet）的应用范围越来越广。

如果是注释整个句子，括注应放在句末标点之后。

如果注释过长，最好用脚注。

破折号

行文中解释说明的语句，用破折号标明；事项列举分承，各项之前用破折号。

注意：

行文中解释说明的语句如果是插在句子中间，可以前后各用一个破折号。

例：蝉需要寻求适当的地点——矮树、篱笆、灌木等——蜕皮。

英文中的破折号是一字线。

破折号可以用在副标题的前面。

可以用来解释数学式和图表中的量、符号或其他项目。

在图注中，为节省幅面和讲求美观，一般用一字线代替破折号。

破折号前不用点号。

连接号

连接号有 4 种形式：—（一字线）、-（半字线）、-（1/4 字线）和 ~（浪纹线）。它们的用法分别是：

（1）—（一字线）

连接地名或方位名词，表示起止、相关或走向。

连接几个相关的项目，表示递进式发展或工艺流程。

连接相关的字母、阿拉伯数字之类，组成产品型号及各种代号。

如用在表格的表身中，表示未发现。

在图注中，为节省幅面和讲求美观，可用它代替破折号。

（2）-（半字线）

连接相关的词语，构成复合结构。

例：物理-化学反应

用全数字式日期表示法时，间隔年、月、日。

连接图序（或表序）中的章节号与图（或表）序号。

(3) -（1/4 字线）

作为英、俄、德等外文中的连字符。

(4) ~（浪纹线）

连接相关的数字，表示数值范围。

在化学式中，表示高能键。

省略号

引文的省略、列举的省略用省略号标明。整段文章或诗行的省略，可以用 12 个点表示。

注意：

表示列举的省略号相当于等、等等、之类，因此省略号不能与它们并用。

省略外文字母或阿拉伯数字时，省略号用 3 个点；如果省略的是中间项，前后标点均保留；如果省略的是后面所有项，只保留省略号前面的标点。

如果省略号前有句末点号，说明前面是一个完整的句子，点号保留；如果省略号前有句中点号，则不应保留。

省略号后边一般不用点号，因为连文字都省略了，点号当然可以不要；如果需要表示不跟下文连接，后边也可以使用点号。

着重号

要求读者特别注意的字、词、句，用着重号。

注意：

着重号不宜多用，否则没有意义。

间隔号

外国人和少数民族人名内各部分的分界，书名与篇（章、卷）名之间的分界，用间隔号标示。

注意：

间隔号是上下居中的，不要与英文中的句点混淆。

间隔号还可用来隔开文章标题名或书名中的并列词语，专有名词中的月份和日子。

例："一二·九"运动

书名号

书名、篇名、报纸名、刊物名等，用书名号标示。

注意：

影片名、电视片名、戏剧名、歌曲名和文件名也可用书名号标示，但产品名、会议名、课程名、科研课题名不能用书名号标示。

书名号里边还要用书名号时，外面一层用双书名号，里边一层用单书名号。

注意区分单、双书名号(《》和<>)与大于、小于号(<>和<<>>)。

丛书名为一个词的，连同丛书名加书名号，如《五角丛书》；丛书名是一个短语的，只把短语加书名号，如《电脑百日通》丛书。另外，丛书名也可以用引号。

专名号

人名、地名、朝代名等专名下面，用专名号。

注意：

科技书刊一般不用专名号。

(四) 注意稿件中的单位与数字使用

单位与数字是新闻稿件中经常出现的，在使用数字、单位时，应在表示方法上保持全文统一。此外，单位与数字的使用也有严格的规范。了解这些规范是正确使用的前提。

1. 单位的使用

应该使用国家的法定计量单位。常用的法定计量单位包括：

长度单位：毫米、厘米、分米、米、千米等。不要用：尺、寸、丈、英寸等。

重量：克、千克、吨等。不要用：两、斤。

面积：平方米、平方公里等。不要用：亩、平米等。

体积：立方米、升、毫升等。不要用：立米、方、公升等。

也可以相应西文字母来表示单位，但应该注意遵循原有的大小写要求。

2. 阿拉伯数字的适用场合

公历的世纪、年代、年、月、日和时刻，以及日本年号纪年

比如：20 世纪 90 年代，2001 年 4 月 20 日 9 时 30 分，公元前 8 世纪，公元前 440 年，昭和 16 年。

注意：

年份一般不应简写。如 1990 年不应写作“九〇年”或“90 年”。书稿中应避免出现“今年”、“明年”等字样。

引文著录、行文注释、表格、索引、年表等，年、月、日的标记格式可表示为另一形式。如：2001 年 4 月 20 日可写作 2001-04-20，仍读作 2001 年 4 月 20 日。年、月、日间用半字线，月、日是个位数时，在 10 位数上加“0”。

时、分、秒的表示格式也可表示为另一形式。如 9 点 30 分 50 秒可写作 9:30:50。其中以“:”作为分隔号。

统计表中的数值

如正、负整数，小数，分数，百分比，比例等。

如：88，150，-130，0.6，1/2，60%~70%，1:300。

物理量值

物理量值必须使用阿拉伯数字，并正确使用法定计量单位。

所谓物理量是指用于定量描述物理现象的量，即科学技术领域里使用的表示长度、质量、时间、电流、热力学温度、物质的量和发光强度的量，等等。使用的单位是法定计量单位。

物理量值如：400km（千米），50MB（兆字节），1000W（瓦），500V（伏特），6A（安培），8736.80km（千米），6000g（克），100kg~150kg（100 千克~150 千克），12.5m^2（平方米），外形尺寸 400mm×200mm×300mm（400 毫米×200 毫米×300 毫米），34~39℃（34-39 摄氏度）。

一般情况下的非物理量应使用阿拉伯数字。

比如：21.56元，88万元，500美元，600英镑，70日元，50马克，25岁，14个月，1680人，8.8万册，700幅，300名，100天。

多位整数与小数应使用阿拉伯数字

用阿拉伯数字书写的多位整数和小数要分节，有两种情况：

专业性科技出版物的分节法：从小数点起分别向左向右每3位数字一组，组间空四分之一个汉字（二分之一个阿拉伯数字）的位置。

如：6 666 666，8.888，3.141 592，8 888 888.888 888 8。

非专业性科技出版物因排版留四分之一空有困难，可仍采用传统的千分撇“,”分节的办法，小数部分不分节。四位整数也可以不分节，比如：6，666，666，3.114159，8705。

纯小数必须写出小数点前定位的“0”，小数点是齐底线的黑圆点“.”。

比如：0.49不能写成.49和·49。

非科技出版物中的数值一般可以“万”、“亿”作单位，与阿拉伯数字配合使用。

比如：345，000，000可写成34，500万或3.45亿，但一般不能写成3亿4千5百万。

数值巨大的精确数字，为了便于定位读数或移行，作为特例可以同时使用“亿、万”单位。

比如：我国1990年人口普查人数为11亿3368万2501人。

用阿拉伯数字书写的一个数值应避免断开移行。

阿拉伯数字书写的数值在表示数值范围时使用浪纹式连接号“~”。

比如：250~300千米，-35~8℃，3500~5000元。

用“多”、“余”、“左右”、“上下”、“约”等表示的约数，如果是一组具有统计和比较意义的数字，其中既有精确数字，也有用“多”、“余”等表示的约数时，为保持局部体例上的一致，其约数也可以使用阿拉伯数字。

部队番号、文件编号、证件号码和其他序号均用阿拉伯数字

比如：82892部队，国家标准GB2312—80，国发［1998］9号文件，总3456号，13/14次特快，90号汽油，维生素B12。

引文标注中版次、卷次、页码，除古籍与所据版本一致外，一般均使用阿拉伯数字

竖排文章的竖排文字中涉及的数字应使用阿拉伯数字。此时，阿拉伯数字、外文字母应用横排，即按顺时针方向转90度。

阿拉伯数字字体一般使用正体二分字身，即占半个汉字位置。

3. 汉字数字的适用场合

定型的词、词组、成语、惯用语、缩略语和具有修辞色彩在词语中作为语素的数字，必须用汉字数字。

中国干支纪年和夏历月日以及清代以前的历史纪年，多民族的非公历纪年。

如：丙寅年十月十五日，腊月二十三日，正月初一，秦文公四十四年，藏历阳木龙年八月二十六日。

含有月日简称表示事件、节日和其他意义的词组。

如：五四运动，七七事变，“九五”规划。

注意：

如涉及一月、十一月、十二月，应用间隔号“·”将表示月和日的数字隔开并外加引号避免歧义。

如：“一·二八”事变（1月28日），“一二·九”运动（12月9日）。

是否使用引号，视事件的知名度而定。

如：八一建军节，五一国际劳动节，“十五”规划，五卅运动，“五二〇”声明，“九一三”事件。

整数一至十，如果不是出现在具有统计意义的一组数字中，可以用汉字。但要照顾到上下文，求得体例上的一致。

如：一个人，三本书，四种产品，六条意见，读了十遍，五个百分点。

相邻的两个数字并列连用表示概数必须用汉字。连用的两个数字之间不能用顿号“、”隔开。

如：二三米，一两个小时，三五天，三四个月，一二十个，四十五六岁，七八十种，二三百架次，五六万套。

用带有“几”的数表示约数，必须使用汉字。

比如：几千年，十几天，一百几十次，几十万分之一。

用“多”、“余”、“之间”、“左右”、“上下”、“约”等表示的约数一般用汉字。

比如：得奖十余次，获奖作品有一千多件，接收了约三千名学生。

4. 数量的增加或减少的正确表示

要注意表示数字增加或减少时数字之间的关系及正确的表达方式。

例如：

增加为（或增加到）过去的2倍，即过去为1，现在为2。

增加（或增加了）2倍，即过去为1，现在为3。

超额80%，即定额为100，现为180。

降低到80%，即原来为100，现在为80。

降低（或降低了）80%，即原来为100，现在为20。

为原数的1/4，即原数为4，现在为1；或原数为1，现在为0.25。

应特别注意在表达数字减小时，不宜用倍数，而应采用分数，因为用倍数表达容易引起歧义。

（五）校正稿件中的逻辑错误

除了由于语法上的问题带来逻辑错误外，稿件中还可能出现其他形式的逻辑错误。对于这类错误，常常可采用分析法，通过推理来判断它说明的信息是否合理。

在稿件中，出现逻辑错误，可能有以下几种情况：

1. 由错误的数字等带来的逻辑错误

例：从小时候起，他就养成了写日记的习惯，50年来，他写了1亿页日记。

把上面的数据加以计算，会发现，这个人每天应写5000多页日记。从逻辑上来说，是不可能的。

2. 由错误的因果关系带来的逻辑问题

例：张老汉大笑着说：“俺光听上辈说过，麦秀双穗，这回可亲眼看到了。要不是党的政策好，俺淮北少土薄地上怎能长出双穗麦来!”

例中，将党的政策与双穗麦的出现，看成因果关系，显然是不符合科学的，也是违反逻辑的。

3. 由表达方式带来的逻辑问题

例：参加签名活动的人们异口同声地说："这是我们应尽的义务。"

这句话，使用了一个引语，从这种表达方式看，这句话应是人们说过的。但是，加上"异口同声"，就违反常情。因为人们不可能像背书似地齐声说同一句话。

（六）发现稿件中的知识性错误

知识性错误，常常是由于作者在某些问题方面缺乏足够的知识而引起的。

1. 概念或用词上的错误

2001年2月12日，很多国内媒体都报道了6国科学家将在英国《自然》杂志上首次公布人类基因组草图"基本信息"的消息，有报道称：

> "科学家将公布人类遗传基因解码定序的解读成果，这意味着人类基因组的测序任务将终结。
>
> 参与人类基因组计划（HGP）的科学家们将分别在华盛顿、伦敦、东京、柏林和巴黎公布他们对人类遗传基因解码定序的解读成果，即'正式版'的人类基因图谱正式面世。其中最令人惊讶的发现就是，人类基因数目比过去认为的少得多，大约在3.5万个左右，而与该计划竞争的美国塞莱拉遗传公司也将于今日公布最新的基因图谱。"

但是第二天，参与HGP工作的北京华大基因研究中心暨中国科学院基因组信息学中心新闻发言人张猛博士专门对其中"正式版"的提法进行了澄清。他说，即将公布的论文，仅仅是对人类基因组工作框架图的初步分析报告。人类基因组工作框架图，完全是一个不断更新的动态产品。作为整个产品，没有"正式"与"非正式"之分。其实在去年6月26日完成的工作草图，业已达到工作框架图的质量标准。HGP的最终目标，当然是人类基因组"完成图"。"完成图"绘制的结束，将标志着人类对于自身序列的探索达到了顶点，同时又为进一步分析了解自身遗传信息的奥秘奠定了基础。

这个例子可以充分说明，不懂科学，滥用词语，只会带来不良的影响。

2000 年 4、5 月间，环球小姐（Miss Universe）评比在塞浦路斯举行，然而，一家著名网站在 4 月 26 日之前的图片新闻中均把此项活动错误地称为“世界小姐”评比。实际上，世界小姐为 Miss World，环球小姐则为 Miss Universe，二者是不同的国际选美活动。缺乏足够的知识，仅仅直译，出现差错也就难免了。

在涉及与法律有关的概念时，也要格外小心，应该使用正确的用语。如果没有把握，应该查阅有关法律条文。

例：广州市中级人民法院于七月初依法逮捕了王敏。

在法律程序中，有权执行逮捕的应是公安局，而不是法院。因此，本例中的概念是错误的。

科学名词也常常引起混淆，同样需要认真对待。

例：这种食品含有维生素、蛋白质、氨基酸等多种元素。

在化学里，元素的含义是特定的，维生素、蛋白质、氨基酸都不是元素。

2. 夹带出现的错误

例：这一产品在北京、天津、广西、湖南等省市推广。

在这里，“省市”的表达是不够完整的。“广西”是一个自治区，被夹带在中间，就容易被忽略。

3. 相似性带来的错误

例：巴勒斯坦代表团今天结束了对我国的访问离京回国。

对于其他国家的代表团，这种表达是没有问题的。但是对于“巴勒斯坦”，这一说法就不成立。因为巴勒斯坦到目前为止还没有正式建国。

4. 成语或固定说法引用中的错误

例：如今，“奔腾 III”也已成为了昨日黄花。

“昨日黄花”一词，听上去很有道理，但是，从它的来源看，它是“明日黄花”一词的误用。“明日黄花”一词出自苏轼的诗句“相逢不用忙归去，明日黄花蝶也愁”。其中，黄花指菊花，“明日”指重阳节后的第二天。宋代胡继宗在《书言故事·花木类》中说，“过时之物，曰明日黄花”。

要发现这类错误，编辑应该有足够的知识储备，即使不能准确进行改正，也应该能看到错误所在。而要纠正错误，常常要借助于权威工具书。常见的工具书，包括：

辞海：百科性的工具书。

辞源：对古典诗词进行归类整理，可帮助考证一些诗词的引语。

现代汉语辞典、汉语大辞典：对字词进行考证。

年鉴：有多个专门分类，可帮助查找一些人物、事件和数据。

法律条文：帮助对法律提法、用语进行规范。

科技辞典：对科学名词、专门名词进行考证。

此外，在网上，借助权威机构的网站，也可以得到比较准确的资料。

（七）审查稿件中的事实性错误

一些稿件所涉及的事实可能是不真实的甚至是完全捏造的。与前面几种类型的错误相比，事实性错误影响更为广泛，后果更加严重。因此，发现稿件中的事实错误，是编辑的一个重要责任。

稿件中涉及的事实可能是现实的、与主体相关的，也可能是背景的、历史的，还可能与某些科学规律相关。无论是哪方面的事实，都要加以认真地分析。

造成失实的原因，有以下几个主要方面：

1. 主观想象

例：

> 今年6月，凤台县茅仙洞的一片小树林中，有个20多岁的青年愁容满面。他一根接一根地抽着烟，泪水不断。一包烟很快抽完了，青年缓缓地站起身来，将一根绳子栓在树上打了个活套，又万分不舍地望了一眼几里外的村庄，擦擦眼泪，把头伸进了绳套。①

上面是某家报纸上发表的一篇新闻作品，但是，它却没有遵循新闻报道的

① 转引自郑兴东、陈仁风主编：《不要这样写》，中国人民大学出版社1990年版。

基本规律。新闻要求写事实，而在上面的文字中，我们看到的都是主观想象。除了抽烟的细节可能有据可查外，“愁容满面”、“缓缓站起”、“万分不舍”、“擦擦眼泪”等，都是想象的产物，虽然这些细节可能发生，但在没有确凿证据的情况下，在新闻作品中加入这样的描述，是不可取的，这也可能带来失实。

主观想象往往与文学描写联系在一起。但是信息特别是新闻信息的传播与文学作品是两码事。新闻要给人们提供确实存在的事实，一定要严格分清新闻与文学的界限。

2. 夸大事实

同样由于文学的影响，一些人在写文章时，容易夸大其辞。其结果，便是将芝麻写成了西瓜。这也影响了信息的真实程度。

3. 捕风捉影

在网络这样一个信息海洋中，可以有很多渠道获得信息，但是有些渠道是极不可靠的。把这些渠道的信息，添油加醋加工一番，得出的稿件质量可想而知。

事实上，这样的错误在传统媒体也是经常发生的。例如，2001 年，国内有些媒体刊发了一条名为《中国 19 岁女学生打破牛津 800 年优异成绩纪录》的消息。该消息称牛津大学曾颁发校长令，把博士学位和 6 万英镑的最高奖学金的殊荣授予今年 19 岁目前正在牛津大学读二年级的中国学生吴杨。原因是因为吴杨在学校的考试中以数学和计算机两门专业共 11 项科目全部名列第一的成绩，打破了有 800 年历史的英国牛津大学的历史纪录。吴杨是牛津大学二年级惟一穿博士服的学生。并称英国的《太阳报》也刊发了有关此事的消息。此后，该报道被国内众多网站转载并在广大读者间引起轰动。

但是，后来一名中国留学生向牛津大学有关部门进行了调查，有关部门表示，该学生正在这里攻读第一学位，但至今还没有从牛津大学拿到任何学位。牛津大学也从没给她提供 6 万英镑的奖学金。对于一些报道中提到吴杨为了不打扰室友，深夜到卫生间和走廊刻苦攻读之事，校方的声明是，牛津每个学生都有自己的房间，而且图书馆是 24 小时开放的。因此，关于学生不得不到卫生间和走廊学习的说法与牛津大学的实际情况差距很大。

这篇失实新闻，就是典型的捕风捉影。这则报道虽然有一定的事实基础，但是在报道中记者运用自己的想像，添油加醋，最终成为了一则虚假新闻。

4. 东拼西凑

有些稿件把不同人在不同时间、不同地点所做的事拼凑到一起，放在一个人身上。虽然个别事实可能是真实的，但整体来看，却是失实的。

5. 无中生有

出于各种目的，完全捏造事实。这种稿件是最危险的，应该特别警惕。

“分析法”和“调查法”是发现事实性错误的两种有效的方法。

分析法，是指通过对一些事实或细节及其叙述方式、写作条件等进行推理分析，判断其存在的可能性和准确性。

上例中，关于那名青年自杀前情景的描述，就可以采取分析的方式。首先，我们可以断定写作者不在自杀现场，在这一前题下，可以进一步推断，他描写的青年的许多动作都是动态的，不可能在死后留下痕迹，因此，这些细节就不可能是作者亲眼所见，而只能是想象。

调查法是对所涉及的事实，通过直接的、现场的观察和了解来检查它的真实性。

调查的对象，可以是稿件中涉及的当事人、旁观者、与当事人有关的其他人员及有关专家等。通过客观的调查，可以与稿件中内容进行对照，以便对整体事实及细节部分的真实性进行查证。

(八) 修正稿件中的观点性错误

有些文章不仅传达了事实，也传达了作者对某些事实的观点与见解。而这些见解中，可能存在偏颇甚至错误。

观点错误的常见表现为：

1. 片面

为强调一方面，而忽略另一方面，是很多稿件中存在的毛病。例如，为了宣传典型人物，就把人描写成一朵花，而对其缺点视而不见。一旦某一天这个人成了反面典型，又来个 180 度的转弯，把人写成一无是处。两种作法，都是片面的。

2. 拔高

为了某种目的，拼命将事实或人物拔高。这不仅可能造成失实，也会误导读者。

3. 随风转

“到什么山唱什么歌”，总是跟随形势走，无论什么事实，都要与当前形式联系起来。同样一件事情，今天可以戴上“迎接新世纪”的帽子，明天可以披上“迎接奥运”的外衣，但却违背了事实的本来面目。这种随风转的做法，长久下去，会引起人们的逆反心理，这是信息传播中的一大忌。

此外，有些稿件的作者，本身的观念就有一定问题，其思想也在文章中自然流露出来。编辑应该对此有分辨能力。

（九）注意名称的规范表达

1. 名称表达的统一性

当同一名称在一篇稿件中多次出现时，要保证它在全文中的统一。例如，“互联网”和“因特网”都是“Internet”一词的中译名，但在同一文章，或都称“互联网”，或都称“因特网”，不要混用。

2. 名称表达的正确性

名称表达的正确性是保证信息传播质量的基础之一。下列问题是需要特别注意的：

党和国家领导人的姓名、职务等一定要准确无误，出现多个领导人，应注意排名顺序。

在涉及到香港、澳门、台湾等地区的表达时，要防止表达上的政治性错误。例如，“中国与台湾”的并列提法是错误的，应为“大陆与台湾”；“中国与香港”的说法也是错误的，应为“内地与香港”；“出口港、澳、台”、“从港、澳、台进口”、“港、台等海外”、“中华民国”等提法也都是错误的。

在提到台湾的一些机构或人时，应注意表达方式，如，在需要用到总统、国防部等词时，应加上引号。

不同国家的领导人的称呼方式有所不同，如英国称首相、大臣，而美国称总统、部长，在这类表达中应该注意区分。

在稿件中涉及到人名、职务等名称时，应该注意加以核实。

对一些历史名词，应当注意名称的科学性，如，“苏联十月革命”的表达是错误的，应为“十月革命”或“俄国十月革命”，因为十月革命时苏联还未成立。另外，现在提到苏联时，应该称“前苏联”。

在涉及与法律相关的概念时，一定要注意其含义，保证表达的正确性。例如，在案件判决前，不能称“罪犯”，而应该称“犯罪嫌疑人”。

一些名称会随着时间的推移而发生变化，例如人物的职务等，在编辑加工时，应该注意加以核实。

3. 时间表达的明确性

在表示时间时，应尽量避免使用“今年”、“明年”、“昨天”等时间代名词，而用具体日期，因为稿件可能发布不及时或在网上存在时间过长，不确切的时间表达会给读者带来认识上的混淆。

4. 译名及外文单词使用规范性

外文中的人名、地名等均应根据标准译音翻译成中文，在首次出现中，应在中文译名后标注原文，其后只用中文译名即可。

对于知名人物的名称要注意约定俗成的译法。如，“大卫·李嘉图”不译作“戴维·李卡多”。

译名中的名和姓之间用“·”，而不用“.”或其他符号。

对于知名的国家或城市，要使用约定俗成的译法。如：Salt Lake City 翻译成“盐湖城”。

公司名一般应当翻译，可采用较为普遍的翻译方法。已经在中国注册了中文商标的公司名称，一定不能译错。比如 Dell，必须译为“戴尔”而不是“德尔”，Henkel，必须译为“汉高”，不能音译为“汉克尔”。

对于专业术语，能翻译的要尽可能翻译，如果国家有相应的标准译法，应采用标准译法。如 Internet 的标准译法是“互联网”或“因特网”，Laser 的标准译法是“激光”而不是“镭射”。

对于文章中关键的专有名词，在第一次提到时应在括号内加注英文，其后用中文即可。

外文的书名、报名、杂志名译成中文后要加书名号，如《华盛顿邮报》（*Washington Post*）、《新闻周刊》（*News Weekly*）。

在文章中引用港、澳、台的一些资料时，会出现译法不同的情况，这时，应转成标准译法或大陆通用译法。例如，“网际网路”应为“互联网”或“因特网”，“软体”应为“软件”。（如果是直接引语则例外。）

同一对象在全文中的译法应一致。

在一些稿件中，也会出现外文单词，如果它们是必需的，那么应该注意正确使用大、小写。

通常，如果是英文单词，采用首字母大写的做法。如：Windows，Dreamweaver，E-mail。

如果是几个单词的缩写，应该采用所有字母均大写的做法。如：WWW，UNIX，CEO，IE，FTP。

“电子邮件”的英文原文现在写法较混乱，出现了E-mail，Email，email，e-mail等多种表示法，正确表示应为E-mail。

（十）规范稿件的结构

不同体裁的新闻具有自己特定的写作要求，特别是消息，在结构上要求最为严格，在网络新闻中也不例外。对于消息类稿件，应该审查其写作是否符合结构上的规范要求。

一般来说，一条消息主要由导语和主体部分组成。每一部分都有不同的写作要求与规律。此外，适当的背景运用，可以对揭示新闻内容起到重要作用。

导语是信息的开头，它是以凝炼的形式、简洁的文字，表述信息中心内容的头一个单元或部分。

主体部分的常见结构形式有下列几种：

1. 倒金字塔式

按照新闻内容的重要程度或读者关心的程度先主后次地安排事实材料。即把最重要、最新鲜的事实放在导语里，导语里也是把最重要的内容放在最前列；在主体部分，各段内容依重要程度递减的顺序来安排。这种方式的优点是：

首先，便于读者用最短的时间获得需要的信息量。当他们读到自己不感兴趣的内容时，可以随时停下来，或者因为时间关系，没有看完全文，读者也可从前面的部分获得足够的信息。

其次，便于编辑对稿件的篇幅进行调整，只要从后往前删即可，且不容易造成对整体内容的损害。

另外，这种方式也便于记者组织材料，写作方便。

2. 沙漏式

虽然倒金字塔是一种最常见的结构模式，但它并不是惟一的模式。沙漏式是另一种常见的结构模式。它也被称为“纵向结构”，其特点是按照新闻事件的自然进程，以时间为主线，叙述出新闻事件的全貌。但它的导语与倒金字塔结构类似，也是将新闻核心揭示出来，主体的其余部分再按照时间顺序来组织。①

这种结构的好处是线索清晰，可以让读者了解事件进展的完整过程。但是，也可能使读者在阅读中失去耐心，漏掉安排在主体后面的一些重要信息。

在网络新闻中，这也是一种常见的写作方式。因为，很多信息事件是动态的，是在不断变化发展的，不能等到事件的全貌都出现后才动手。因此，现在很多信息是根据事件进展不断加入新内容。从总体上看，主体按时间顺序组织材料较容易把握。

3. 按逻辑顺序组织材料

即根据事物的内在联系或问题的逻辑关系来组织材料。这种结构有利于反映出事物的内在发展规律，提示事物的本质特点与意义。可以说，这种逻辑关系是一条红线。这条红线可以是：因果关系、递进关系、主从关系、并列关系、对比关系、点面关系等，总之是利用信息内容之间存在的各种关系将材料有机地结合起来。

三、文字稿件修改的方式

对于不同的稿件，针对不同类别的问题，编辑可以用不同的方式进行

① 高钢：《新闻写作精要》，首都经济贸易大学出版社 2005 年版，第 144~145 页。

处理。

从总体看，修改稿件可以分成两种。一种称为“绝对性修改”，即原稿中的确存在着观点、事实、辞章等方面的错误，编辑的任务是要发现并改正这些错误。另一种修改称为“相对性修改”。① 即稿件本身没有太大缺陷，但是在篇幅、角度等方面与本网站的要求有一定距离，或者不完全符合网络传播的要求，需要通过对稿件的角度、内容等进行调整，使之更符合本网站的传播目标，适应网络传播的特点。

从绝对性修改方面看，编辑应该具有一双“火眼金睛”，能发现潜伏在稿件中的各种错误与不足，这就需要编辑具有较高的思想政策水平、丰富的知识和扎实的文字功底。要达到这一要求，不是一朝一夕就可以做到的。只有通过多年的积累、长期的磨练，才能成为一个合格的编辑。

由于网络信息的来源广泛、鱼龙混杂，在网络信息的加工处理时，编辑所遇到的挑战更加严峻。对于网络编辑来说，提升自己的素养，是十分必要而紧迫的任务。

从相对性修改来看，编辑要充分领会本网站的目标与任务，了解自己网站的访问者的需求。还应具有一双善于“裁剪”的巧手，能把已有的材料进行合理的组织，使它符合自己网站的需要。

从具体的手段看，稿件修改又包括以下几种：

（一）稿件的改正

对于稿件中的错误，可以使用两种方法来修改：一种是替代法，即用正确的替代错误的；另一种则是删除法，将有问题的地方删去。

有些稿件中还有一些不必要的抒情、议论，这些成分有时会影响到信息的客观性，必要时，也可以删去。

稿件中如果涉及到泄密等内容，也要注意删去，或将某些内容用一种隐蔽的方式来表达。如，“某地”、“解放军某部”等。

最后，修改稿件时还要注意统一，例如同一名词、术语、人名、地名、机构、译名、注释方法、数字表示方法、计量单位等，要做到全文一致。

---

① 郑兴东等：《报纸编辑学教程》，中国人民大学出版社 2001 年版，第 79~80 页。

（二）稿件的增补

稿件的增补指对于稿件中所缺乏的一些信息内容进行补充，如对一些必要的背景加以交代，对于一些读者不明白的概念加以解释等。

增补的内容主要包括：

1. 资料

如人物、地理、历史、科学名词等方面的资料。这些资料有助于加强读者对新闻事件的理解。增补的方法，可以直接在稿件中加入，也可用超链接等方式补充。

2. 背景材料

一件正在进展的事件，当前稿件中可能只介绍了其最新情况，而没有提及事件的来龙去脉，一些没有看过相关报道的读者读完后会心存疑惑。如果用适当的篇幅对当前新闻事件的背景作简要交代，就能使读者了解事件的全过程。

例：

最后一批三峡移民将于8月底前完成外迁①

新华网重庆6月4日电（记者陈敏、黄豁、郭立）　重庆市移民局副局长欧会书6月4日在接受记者采访时说，三峡重庆库区即将有2.34万农村移民搬迁到重庆以外的10个省市，目前各项工作已经准备就绪，可望在8月底前全面完成外迁任务。

这是国家组织的最后一批出省市安置的三峡外迁移民，包括重庆、湖北库区共有2.53万人。在此之前，三峡库区已有14万农村移民离开祖祖辈辈生活的土地，外迁到他乡异地开始新的生产生活。

去年6月三峡工程成功蓄水后，重庆库区各区县移民局就拉开了新一轮外迁移民工作的序幕，到目前为止，已经顺利完成了外迁移民宣传动

① 原载于2004年6月4日新华网。

员、申请报名、资格审查、出省对接等工作，移民新家建设工作正紧张有序进行，搬迁即将拉开序幕。

重庆市移民局外迁办主任王兴于告诉记者，万州、云阳等区县已制定了详尽的外迁方案，准备近日启程欢送第一批外迁移民。他说，从目前的进度看，重庆库区的外迁移民可望在国家规定的时间内，分成35批次全部外迁到新家。

三峡移民外迁工作是1999年5月后开始实施的。当时国家根据库区实际，对三峡农村移民政策进行了调整，即从过去强调“以土为本、就地后靠”为主，调整为“鼓励和引导更多农村移民外迁安置”。按照国务院的安排，上海、山东、江苏、浙江、福建、广东、江西、安徽、湖南、湖北、四川等11个省市，以及重庆市和湖北省的非库区县，将接收三峡库区的12.5万农村移民。其中重庆库区10万，湖北库区2.5万。

此后三峡库区各区县与11个省市开展了大规模的外迁移民对接活动。到三峡蓄水前，累计完成外迁农村移民14万，超额1万多名。其中出重庆库区外迁到11个省市的移民达7.2万人，湖北省、重庆市内非库区县安置了4.3万人，通过投亲靠友等方式，移民自主分散外迁2.5万人。追踪调查显示，绝大部分外迁移民基本稳定，正逐步融入当地社会。

在本例中，涉及的三峡移民是一个时间跨度很长的事件，读者对于过去发生的事情不一定还有印象。文中用下画线标出的部分，就是关于当前新闻事件的一个背景材料。

这类材料，如果在原稿中没有，编辑可以进行相应的补充。

（三）稿件的改写

针对网站的特殊需要，将原有的稿件进行篇幅或角度等方面的调整。它一般可分为以下几类：

1. 缩减篇幅

有些稿件本身内容没有太多问题。但是它的篇幅太长，不符合网站的规定。此时，就需要对它进行“挤水分”或“蒸发”的工作，将精华保留下来。

如果稿件是按照倒金字塔顺序来写的，则从后面开始删除，直到满足要求为止。

如果稿件不是严格按照倒金字塔结构，则可以采取保留骨架，去其皮肉的做法。骨架指信息的主要要素，或最有价值的事实；而皮肉则是那些不太重要的信息，不必展开的细节，不必要的解释，重复的例证或不必要的议论、抒情、文学描写等。

2. 改变角度

有些时候，简单进行删除，不一定能获得满意的效果。这时可以考虑以原稿件为素材，在此基础上进行裁剪，重新确定用什么样的角度与方式来传达信息。

这时，通常需要改变原来文章的角度，新的角度就是进行内容剪裁的基本线索。

3. 改写成超文本稿件

由于网络具有超链接的特点，在改写稿件时，也可以利用超链接来改变稿件的信息组织方式，相应的方法将在下面的相应章节涉及。

第二节　文字稿件的标题制作

一、标题在网络新闻传播中的作用

标题是一篇文章的眼睛，也是吸引读者眼球的重要信息。在网站之间的新闻与信息竞争中，标题的作用也显得十分突出。中国人民大学新闻学院高钢教授指出："标题已经成为受众识别新闻内容，判断新闻价值的第一信号，成为受众决定是否索取深层新闻信息的第一选择关口"。①

网络新闻标题承担着多重功能。

一方面，标题是网络稿件的多级阅读的起点。是新闻内容的最基本层次的提示。在很多情况下，受众只是通过阅读标题来获得基本信息，而不再点击进入正文阅读。因此，网络新闻标题应该能传达事实的基本要素。如果不能做到

① 高钢：《如何写作网络媒体新闻》，载《新闻战线》2004年第5期。

5W 都齐全的话，至少应该揭示大部分的要素，并且力争做到准确无歧义。

另一方面，标题担负着吸引眼球，引导下一步阅读的作用。在没有正文出现的情况下，在同一个级别的标题中，只有那些具有“亮点”的标题，能赢得更高的点击数。

此外，在网络新闻传播中，标题是新闻检索的重要依据，它对于新闻的循环利用意义重大。受众检索过往新闻时，其中一个重要的方式就是通过标题中的关键词进行查询。一条新闻能否被受众按需索取，或者能否通过与其他稿件链接的方式得以反复传播，都与标题中的关键词有关。

网络稿件标题如果能同时实现多重功能，那便是最完美的。如果做不到，可以根据稿件本身的内容或编辑的整体需要，重点实现一个方面的功能。

二、新闻标题制作的一般原理

网络新闻标题制作的基本规律与报纸等媒体是一致的，因此，有必要充分了解与掌握这些规律。

在多种多样的新闻体裁中，消息在媒体日常报道中，占有最大比重，消息的制作又有着最为严格的要求。由于网络新闻大多是消息，所以下面主要介绍消息标题制作的一些基本知识，这些知识对于制作网站其他类型稿件的标题，大多是适用的。

（一）新闻标题制作的基本要求

首先，消息标题必须标出新闻事实。

有很多人在制作标题时的出发点就是想让标题引人入胜，所以常常在标题中设置悬念；也有人为了表明自己对新闻事实的态度，把标题当成自己的传声筒……但最后，这些标题却犯了一个共同的毛病，即在标题里，找不到新闻事实。

对于通讯、评论一类的新闻体裁来说，这种写法是可以的。但是，对于消息来说，读者的阅读期望是用最快的速度获得最多的信息，这不仅表现为对正文的期待，也表现为对标题的期待。他们希望在一瞥之中就能知道哪条新闻是自己关心的。另外，如果他们没有更多时间，他们也希望通过这一瞥，可以知道最基本的事实。因此，把最重要的事实放到标题中，这是制作消息标题的基本要求之一。

其次，新闻事实要有一种确定性，呈现出动态。

标题不仅要提出事实，还要把事实讲清楚，给人必要的信息。从语言本身的特点我们可以知道，通常只有一个句子，才能表达一个完整的意思。因此，消息标题常常是一个完整的句子。或者是主谓结构，或者是主谓宾结构。但是表示判断的“……是……”结构不能成为消息标题。

例：

标题1：历史性的突破

标题2：中国田径的历史性突破　刘翔夺得奥运会110米栏金牌

标题1不是消息的标题，因为它没有告知任何事实，而标题2则是一则合格的消息标题，它传达了“刘翔夺得奥运会110米栏金牌”这一重要事实。

（二）实题与虚题

尽管消息的标题要求标出动态性的事实，但在某些情况下，也可以在事实基础上加入一定的议论。标题中发表议论的部分，我们称之为虚题。它以说理为主，即表达从个别事实中抽象出来的一般原则、道理、愿望、意义等。与之对应，标题中叙述事实的部分称为实题。

在上例中的标题2，“刘翔夺得奥运会110米栏金牌”是实题，而“中国田径的历史性突破”是虚题，它揭示了刘翔夺金的重大意义，

在消息标题中，虚题部分可有可无，是否需要，应根据新闻事实本身的性质、重要程度决定。而实题部分却是必不可少的。当虚题与实题同时存在时，它们之间根据内在逻辑关系进行组合。

（三）消息标题的结构

从结构上看，一般将消息标题分单一型和复合型两种。

单一型标题只有主题，没有辅题。复合型标题，则在主题之外，还包含辅题。辅题分为引题和副题两种。

主题

主题用以说明新闻中最重要或最引人入胜的事实和思想，是标题中最主要的部分。主题在整个标题中字号最大，位置最为显著。主题可以是实题，也可以是虚题。如果是虚题，那么，整个标题中一定还有实题性质的辅题。

引题

引题位于主题之前，引出主题。它的用法有以下几种：
通过交代和说明相关背景、意义、目的、原因、气氛、方法等引出主题；
通过直接叙述主干事实的起始部分引出主题；
通过提出或议论引出主题。
引题可为实题，也可为虚题。

副题

副题位于主题之后，用事实对主题进行补充或解释。副题一定为实题。
复合型的标题可以是下列几种组合形式：

引题+主题

例：

保持谨慎乐观（引）

朝美分歧超出预想　各方亮牌相互试探（主）

主题+副题

例：

合格境外机构投资者资格审批加速（主）

十九家机构总投资额度增至二十八点五亿美元（副）

引题+主题+副题

例：

胡锦涛会见参加第二十八届奥运会中国体育代表团时（引）

高度评价体育健儿取得的优异成绩（主）
热情赞扬体育健儿的昂扬精神风貌

吴邦国温家宝曾庆红黄菊吴官正李长春罗干参加会见（副）

是否需要采用复合型标题的方式,应该根据新闻内容本身的重要程度来决定。一些简短的新闻,用单一型标题足矣,否则叠床架屋,反而给人以累赘之感。

使用复合型标题时，应该注意引题、主题与副题之间，分工合理、逻辑关系正确、清楚。

三、网络新闻标题的特殊性

网络稿件的标题是以新闻标题的一般制作原则为基础的。但是也有一些特殊规律需要注意：

1. 网络新闻标题的结构要尽量简化

从网络新闻标题的结构上看，有一种趋势，那就是基本上采用单一型标题而很少采用复合型标题，通常只有一行文字。这是因为，网络新闻一般不采用虚题，这简化了标题的结构，另外，由于在网页上是将同一栏目的标题集中在一起，供人选择。复合型标题占用的版面空间太大，不便使用。即使有辅题，在导读页也不出现，只与正文一起出现。

2. 注意网站对于标题字数的限制

很多网站会对标题做出字数上的限制，这是版面安排上的需要，如有些网站规定标题字数不超过20字，另外有些网站规定某些栏目中的文章标题字数尽可能统一。在制作标题时，应该注意到网站在这方面的限制。但是，字数要求不能成为一种机械束缚。否则，因形式而损害内容，将是得不偿失。

3. 在准确的前提下可以适当尝试非常规的标题制作

传统新闻标题讲求“确定性”，要标出新闻事实。因此，悬念式的文字是不能作为消息标题出现的。但是，网络新闻为了带来点击率，有时故意使用悬念式手法。这些标题，往往引发起人们的好奇，带来较高的点击数。多数读者对这些标题也是认同的。这种标题最后是否会被专业编辑认同与接受，还需要一个过程。但在保证准确的前提下，适当作些实验，也是未尝不可的。

另外，一些网站还在尝试通讯标题的消息化做法。因为通讯标题往往是静态标题，如“……的……”，“记……”等，这些标题中的信息含量少，因此，一些网站将其改写成消息标题，这种做法对于提高点击率是具有一定作用的。

例如：

某通讯标题原为：

吴青：《宪法》不离身的人大代表

在网站上发布时，标题改为：

人大代表吴青：不惟权只惟法

相比较而言，后者更容易引起网民的关注。

但是，为赚取点击数，一些网站的新闻标题把“煽情”作为惟一的追求，很多标题对新闻内容断章取义，有些甚至是“挂羊头卖狗肉”，让人点击进去后大呼上当。这样的标题带来的效应只能是暂时的。任何一个明智的读者都不会永远受骗。

四、网络新闻标题的制作

一篇稿件的内容可能是非常丰富的，将什么样的内容放到标题中以吸引读者，这是制作标题过程中需要做的一个最基本判断。因此，制作标题的首要任务，是寻找稿件中的亮点，即对稿件中出现的事实进行分析、提炼，决定将什么样的事实放到标题中。在此基础上，还需要用简洁有力的语言来传递相关信息。提炼标题的过程，实质上是一个再创造过程，它也是体现编辑能力与素质的一个重要方面。

（一）准确——标题制作的基本原则

准确是标题制作的基本原则，它是对标题内容与形式两方面的基本要求。

从内容提炼上，要做到准确，就要求标题突出新闻的实质与精华，同时防止以偏概全。

如果新闻中涉及事物的几个方面，而这几个方面同样重要，就需要将有关内容都反映出来，只谈事物的一面，而忽略另外一面，容易对读者形成误导，这同样是不准确的一种表现。

例：

戈尔上课学生不买账

美国前副总统戈尔星期二在哥伦比亚大学开始了他的教学生涯。他的

第一堂课出动了保安人员，把将近40名新闻记者给挡在门外。学生在进入讲堂之前，也被保安人员要求检查学生证。而且戈尔得不到一些学生的青睐。

戈尔教授的是新闻学，第一堂课内容是“资讯时代的国内事务报道”。戈尔过后受访时说，这一堂课是不向媒体开放的，这是学校一般的政策。虽然他可以选择让媒体来采访，不过他认为像通常授课那样，学生能吸收更多。大学发言人说，戈尔的课对学生来说是一个学习经验，而不是一则新闻。

几名上课的学生表示，他们被警告不得发问政治问题或代记者发问问题。校方之前也发电邮说，这一堂课是不向媒体公布的。一名学生后来透露，戈尔非常有活力，在讲堂里谈笑风生，还在别人介绍自己时笑称，自己曾经是总统。

学生们对戈尔上课的反应褒贬不一，学生本杰明·斯坦说：“这堂课与我们平时所学的内容完全相反，不过他是戈尔，我们必须适应。”另一名学生米歇尔–阿尔诺内说：“他根本达不到教授水平。”一名叫莫尼卡·泰代斯基的学生则向新闻界透露，戈尔非常有活力，讲了许多笑话活跃了课堂的气氛。

根据此报道，戈尔上课，学生褒贬不一。但标题只强调贬的一面，显然是不全面的。

从形式上看，准确的含义是，用词准确、逻辑关系正确。

例：

俄国打算改国名　只因债务还不起

21世纪的曙光刚刚照亮俄罗斯的大地，西方就讨债上门，来势汹汹，步步进逼。债务问题一直是俄罗斯政府和议会头疼的问题。俄媒体引用普京总统经济顾问依拉里奥诺夫的话指出，卡西亚诺夫政府对巴黎俱乐部乐观的“愚昧的梦”该结束了。2月8日，俄罗斯议会下院副议长、自由民主党领袖日里诺夫斯基突发奇想，提出一个处理债务的方案：他建议取消目前的“俄罗斯联邦”，建立一个新的他称之为“欧亚联邦”的实体，这样就可以把俄罗斯的全部债务一笔勾销。他说，让那些债主找过去的总统部长要债好了，与我们新的国家无关。

而普京总统近日在访问奥地利期间就债务问题的言论更引起西方世界的普遍关注。“俄罗斯联邦”真的会采纳日里诺夫斯基的方案而更改吗？看样子不会。俄罗斯联邦的债务也不会一笔勾销。

上述新闻标题的问题，就是典型的用词不准，这其中的原因，可能是作标题的人有意耸人听闻，以吸引点击率。新闻中只说到“日里诺夫斯基突发奇想”，而且没有提到任何其他官员对此所作的评价，更没有政府的具体打算。但标题却成了“打算改国名”，实在相差千里，其误导作用也是可想而知的。

（二）传达核心信息——标题内容的提炼

1. 要义之一——强调特殊性

新意，是新闻价值的一个要素，新意也即特殊性，是一个事物与同类事物相比与众不同的地方，因此，如果能将新闻中最具特殊性的事件在标题中加以强调，就能突出新闻的核心价值。

如果稿件中只有一件主要事实，则可对它的5W（何人、何时、何地、怎样、为何）进行分析，在标题中突出其中最有特殊价值的一个或几个W。

例：

俄罗斯别斯兰人质事件元凶身亡（标题1）

车臣匪首马斯哈多夫被打死（标题2）

新华网莫斯科3月8日电　俄罗斯北高加索地区反恐行动指挥部发言人沙巴尔金少将8日向媒体宣布，车臣非法武装头目马斯哈多夫当天已被打死。

据此间媒体报道，马斯哈多夫当时藏在车臣托尔斯泰-尤尔特村一所房子的地下室里。俄联邦部队原准备在特别行动中将其活捉，但马斯哈多夫藏身的地下室狭小。交火中，他的一名保镖因动作剧烈而造成枪支走火，子弹击中马斯哈多夫的致命处，他当即身亡。马斯哈多夫的尸体随后已被确认。他的4名同伙被活捉，有关方面正在对他们进行审讯。联邦部队在行动中没有伤亡。

俄联邦安全局长帕特鲁舍夫向普京总统报告了马斯哈多夫已被击毙的消息。俄国家杜马（议会下院）副主席、北高加索问题委员会主席卡特连科说，俄联邦军警近来采取了一系列有计划的行动，马斯哈多夫的毙命是必然的。但他还指出，北高加索地区的反恐任务并没有结束。

马斯哈多夫生于1951年9月。1997年，他当选车臣总统，后来被俄官方宣布为非法。此后，他成为车臣非法武装的3大头目之一，组织和领导车臣非法武装与俄军对抗，并不断在境内制造恐怖事件。2004年9月1日，他与车臣非法武装的另一个头目巴萨耶夫策划和制造了震惊世界的俄北奥塞梯共和国别斯兰市第一学校劫持人质事件，俄当局随后悬赏约1000万美元缉拿他们。

此例中的人物是车巨匪首马斯哈多夫，他被打死这一事件，本身是具有新闻价值的。但是，标题1突出了他是别斯兰人质事件的元凶这一特殊背景。因为，别斯兰人质事件众所周知，且记忆犹新。强调这一点，可以让更多人关注此新闻。而标题2只是说明他的车臣匪首身份，在吸引普通读者阅读的效果方面稍有逊色。

例：

毛驴驮起阿富汗山区选举站　联合国日付10美元①

中国日报网站消息：在阿富汗长达22年的战争岁月里，毛驴一直是交战各方在山区运送武器弹药和补给物资的主要运输工具。随着战争的逐步平息，这些昔日的后勤主力似乎面临“下岗”的命运。不过，据英国《泰晤士报》10月7日报道，随着阿富汗大选的临近，毛驴们又开始在山区频繁奔走，不过这次驮的可不是什么武器补给，而是投票箱、显示屏和其他选举设备。《泰晤士报》说，联合国工作人员首先发现了毛驴在阿富汗选举中的潜在作用，因为阿富汗的很多高山地区都没有公路，只有这些

① 原载于2004年10月8日中国日报网站。

小巧的毛驴才能在崎岖的山路上驮着选举设备行走自如。目前，联合国方面已经“雇佣”了312头毛驴，每头毛驴的日工资为10美元。

在阿富汗中部兴都库什山脉海拔3500米的山地，记者发现了一支由10头毛驴组成的流动选举站。毛驴们驮着从投票箱到桌椅家具在内的大小设备，在羊肠小道和悬崖峭壁上缓慢行进。毛驴的主人、前阿富汗穆斯林游击队成员皮尔·穆罕默德说：“在我的记忆里，毛驴是我们这儿的惟一交通工具。在我参加战争的22个年头中，它们驮起了我们的所有作战补给。如果没有它们，我们根本不可能继续作战。而现在我们也需要它们为大选出力。我喜欢毛驴，它们就像我们阿富汗人一样，只要得到善待，就能无休止地走下去。”

一位负责阿富汗大选后勤工作的联合国官员介绍说：“阿富汗部分地区实在太遥远了，就连毛驴也要走上一周才能到达目的地。”这位官员还表示，阿富汗山区的交通条件非常恶劣，不仅一般机动车辆无法通行，在有的狭窄地段，就连毛驴也不得不将选举设备垂直叠在身上，而不是驮在两侧才能得以通过。

和毛驴一起奔波于山地选区之间的阿富汗选举官员则装备了先进的卫星全球定位系统，好让自己率领的毛驴驮队不至于在茫茫大山中迷路。不过在试验操作中，一些选举人员还是闹出了不少笑话：有人报告自己的位置在北非的突尼斯，还有人甚至发现自己在定位系统上身处南太平洋的库克群岛。

联合国选举官员表示，阿富汗连年战争，国内基础设施遭严重破坏，联合国为了保证选举的顺利进行，投入了6 000万美元的资金。除了雇佣数百头毛驴为选举服务外，还要从国外进口几乎所有的选举相关设备。联合国雇佣当地大批木匠，赶制了2.2万个选举站所需的10万张桌子和7.5万张椅子，还为选举人员购买了2 300辆四轮机动车。

不过，尽管联合国在阿富汗选举上花费巨资，但在关键的安全问题上，阿富汗当局还是无法提供选举所需要的3.6万警力。联合国为此不得不雇佣一些当地部族的武装人员，担负起保卫选举的责任。此外，对于手头资金不甚宽裕的联合国和阿富汗选举官员而言，如何支付报酬给这些武装人员和为大选服务的12.5万选举工作人员，也是一大难题。

不过，对于像穆罕默德这样领着毛驴、驮着流动选举站在山区奔波的人来说，能不能领到薪水并不是他所最关心的事。穆罕默德说："这次选举是我们获得真正和平的第一次机会。"

在这则标题中，强调的是方式上特殊性，即"选举站建在毛驴背上"这一与众不同的选举方式，由此表现了阿富汗的特殊政治局面。

例：

连宋大陆行后首批台湾水果运抵福州①

新华网福州5月15日电 15日上午，三个集装箱共33吨台湾水果仅3小时就在福州马尾港通关完毕。这是中国国民党主席连战和亲民党主席宋楚瑜大陆行之后，首批从台湾运抵大陆的大宗水果。

"非常顺利。海关部门设有绿色通道，商检、口岸各部门也可以说是随叫随到。"负责为这批水果办理通关手续的福建天顺贸易公司林先生说。

由福建超大现代农业集团经营的这批时令优良水果全部来自台湾南部，品种包括莲雾、凤梨、杨桃、柠檬、茂谷柑、芒果、芭乐、香蕉、葡萄柚、珍珠番石榴等。这些水果将于5月18日在第七届海峡两岸经贸交易会上作为台湾农展品亮相。

"其中9种在国民党主席连战访问大陆期间达成的18种准入果品之列，所以这9种水果届时将进入福州6家大型超市，大陆民众将可一尝这些台湾水果的美味。"该集团副总裁况巧说。

中共中央台办主任陈云林本月3日在连战大陆行圆满结束之际宣布，大陆方面将把准入的台湾水果由12种扩大到18种，对其中10余种实行零关税，并在通关、检验检疫等方面提供便利。

福州马尾海关关长程纪元表示，这批台湾水果通关，正值大陆双休日，因台湾果品保鲜要求高，海关简化了手续，直接到仓库查验，缩短了通关时间。马尾检验检疫局官员也表示，对这批台湾水果的检疫不仅是24小时服务，而且是全天候、无假日。

---

① 原载于2005年5月16日新华网。

有消息表明，大陆相关部门正在加快落实对10余种台湾水果实施零关税措施。目前，大陆市场上台湾水果售价仍偏高，有的品种每公斤售价高达90元至100元人民币。

福建超大现代农业集团的相关人士介绍，此次台湾农产品登陆福州，得到台南多个农会及台北的农产品贸易公司的积极配合。台湾的农民和农会对台湾水果销往大陆热情很高。

集团副总裁况巧则表示，台湾水果主要瞄准大陆的高端市场，与大陆水果有很强的互补性。由于大陆消费市场近年发展很快，台湾水果在大陆将具有广阔的市场前景。

台湾与大陆的贸易往来并不新奇，但是，在台湾国民党主席连战和亲民党主席宋楚瑜访问大陆之后首批运进大陆的大宗水果却特别引人注目，因为，连战访问大陆，促进了台湾水果准入制度的改变。标题强调这一时间上的特殊性，便揭示出了此则新闻出台的背景以及意义。

2. 要义之二——突出关联性

新闻价值往往来源于接近性，将与读者关系最密切的事实放进标题加以介绍，就能引起读者的关注。

例：

一批新规8月1日起实施　带宠物乘地铁最高罚五百①

新华网北京7月31日电 从2005年8月1日开始，将有一批法规和部门规章正式实施，将给我国的经济社会和百姓生活带来深刻影响。

开发区管委会订立土地出让合同无效

根据最高人民法院日前公布的《关于审理涉及国有土地使用权合同纠纷案件适用法律问题的解释》，明确只有市、县人民政府才有权出让土地使用权，开发区管理委员会作为出让方订立的土地使用权合同，将被认定为无效。

① 原载于2005年7月31日新华网。

司法解释明确，土地使用权出让合同的标的物仅限于国有建设性土地使用权，而不包括国有农场的土地使用权，更不包括集体土地使用权。司法解释在确认开发区管理委员会作为出让方与受让方订立的土地使用权合同无效的同时，还规定该解释实施前，此类合同如果在起诉前已经市、县人民政府土地管理部门追认的则合同有效。此外，对“一地数转”引发的纠纷，司法解释在确认数个合同均为有效的前提下，对纠纷的解决作出了明确的具体处理规定。

军队将实行文职人员制度

8月1日起，中国人民解放军将实行文职人员制度，这是日前公布的《中国人民解放军文职人员条例》对我军力量构成和用人制度的重大调整改革，贯穿了军队服务保障人员逐步实行社会化的思想。

条例明确，军队应面向市场招聘文职人员，依据合同对文职人员进行管理，参照事业单位同类岗位人员确定文职人员待遇，通过国家法定方式解决聘用双方争议。文职人员则应当履行聘用合同，根据军队需要参加作战、军事演习、军事训练和处置突发事件。在此期间，应着制式服装，个人不得单方面解除合同。条例还规定文职人员的住房实行社会化、货币化保障，按照当地政府规定的标准执行，住房补贴、房租补贴随工资发放。同时对各级岗位文职人员的首次聘用最高年龄和最高工作年龄也作了限定。

携带宠物乘坐地铁最高罚五百

8月1日起，携带宠物乘坐地铁及在地铁里吸烟、随地吐痰、乱扔果皮纸屑将都被处以50元到500元的重罚。建设部近日出台的《城市轨道交通运营管理办法》，对坐地铁的人和管地铁的人都提出了更高的要求。

办法规定，八类行为最高罚五百元：在车厢内吸烟、随地吐痰、便溺、吐口香糖、乱扔果皮、纸屑等废弃物；在车站、站台、站厅、出入口、通道停放车辆、堆放杂物或者擅自摆摊设点堵塞通道；擅自进入轨道、隧道等禁止进入的区域；攀爬、跨越围墙、护栏、护网、门闸；强行上下列车；在车厢或者城市轨道交通设施上乱写、乱画、乱张贴；携带宠物乘车；危害城市轨道交通运营和乘客安全的其他行为。办法还规定城市轨道交通因故不能正常运行的，乘客有权持有效车票要求城市轨道交通运营单位按照单程票价退还票款。

医疗机构制剂不得上市销售

为加强对医疗机构制剂的管理，国家食品药品监督管理局日前公布的《医疗机构制剂注册管理办法》（试行），规定医疗机构配制的制剂不得在市场上销售或者变相销售，不得发布医疗机构制剂广告，并规定7种情况将不得作为医疗机构制剂申报。

根据办法规定，这7种情形是：一、市场上已有供应的品种；二、含有未经国家食品药品监督管理局批准的活性成分的品种；三、除变态反应原外的生物制品；四、中药注射剂；五、中药、化学药组成的复方制剂；六、麻醉药品、精神药品、医疗用毒性药品、放射性药品；七、其他不符合国家有关规定的制剂。对质量不稳定、疗效不确切、不良反应大或者其他原因危害人体健康的医疗机构制剂，要停止配制，并撤销其批准文号。医疗机构制剂一般不得调剂使用，只有在发生灾情、疫情、突发事件或者临床急需而市场没有供应的情况下，才可调剂使用但必须经有关部门批准。

供电企业用电业务将更加透明

8月1日起，供电企业的用电业务将更加透明。国家电监会公布的《供电服务监管办法》（试行）规定，供电企业应当在营业场所显著位置公示用电业务的办理程序、电价和收费标准，并不得对用户受电工程指定设计单位、施工单位和设备材料供应单位。

办法规定，供电企业应按标准披露停电、限电和事故抢修处理等信息。在电力系统正常的情况下，应当连续向用户供电。需要停电或者限电的，应当符合有关规定。引起停电或者限电的原因消除后，应当尽快恢复正常供电。

地方法规规章特色各异

此外还有一些地方法规规章于8月1日起开始实施。其中北京出台了《北京市城市道路管理办法》，规定新建、改建、扩建后交付使用还不到5年或者大修竣工后未满3年的城市道路，不得随便“开膛破肚”。

安徽省制定了《安徽省城市物业服务收费管理实施办法》，规定住宅物业综合服务费、小区车辆停放管理费、装饰装修垃圾清运费等物业服务收费，实行政府指导价，非住宅物业服务费等其他收费实行市场调节价。实行政府指导价的物业服务收费，其利润率不得超过物业服务成本的5%。

江苏省公安厅出台的《江苏省公安机关服务发展服务群众十项措施》，在全国首推交通违法告知制度。规定对交通安全违法达一定标准后，未能及时告知的，当事人其后的交通安全违法行为不记分。同样被电子监控设备记录的，如果达到一定标准而未告知，其后对同一车辆在同一地点的同一种交通安全违法行为不处罚。

在此稿件中，涉及几项新的法规，但是，在不同网站转载稿件时，考虑到不同受众群体的关注点，可以只突出其中一个。在本例中，将“携带宠物乘坐地铁最高可罚500元”的规定加以强调，是考虑到它与普通百姓的生活关系更为密切，也为多数人关注。

北京奥运口号今晚现身　21万条民间大作无一中标①

本报讯 备受关注的北京2008年奥运会口号将在今晚见分晓。今晚8点，中央电视台和北京电视台的5个频道将现场直播奥运口号的发布仪式。而中国移动公司将通过手机短信的方式，第一时间将“刚出锅儿”的奥运口号“派送”给移动用户。

北京奥组委执行副主席蒋效愚透露，奥运口号是集体智慧的结晶，是经过反复斟酌，在综合了语言学专家、文字学专家、奥运专家以及外国在京专家和国际公关公司的意见最终敲定的。而今年年初历经一个月从海内外征集来的21万条民间作品“全军覆没”，没有一条与“中标”口号完全相同。

北京奥运口号的选定，是一件各界人士都十分关注的事情，其中，除了口号内容外，口号的创作者也是人们普遍关心的话题。此例的标题强调北京奥运口号非民间作品这一特点，直接切中了人们的关注点。

3. 要义之三——显示最新进展

一个跨度较大的发展中事件，将最新的发展与变化放进标题，这既可以让

① 原载于2005年6月26日《法制晚报》。

人们最快地获得最新的动态，也可以避免让人们感觉似曾相识。

例：

陕西省正式宣布“3·25”彩票造假案已全案告破①

人民网西安6月3日电陕西省今天召开新闻发布会宣布，制作假彩票、冒领大奖的犯罪嫌疑人刘先奎和黄四清被刑事拘留。杨永明等人称刘亮持假彩票中奖一事纯属捏造。至此，“3·25即开型彩票造假案全案侦破。

此案发生后，引起陕西省和西安市各级领导高度重视和社会各界广泛关注。西安市公安局在迅速查清案情，先后将杨永明、孙承贵等5名犯罪嫌疑人抓获归案后，将工作重点放在查清假票中奖的案件上。经公安机关深入侦查，专案组在调查一中奖者刘先奎时，发现其领奖时留下的手机已关机，所留小灵通号码机主自称是刘的姐姐，说刘先奎当日下午已回湖北郧县老家，十几天后才能返回西安。专案组为尽快查清案情，遂于5月30日连夜派人赶往湖北调查。在当地警方配合下，专案组民警在其家中找到刘先奎。经过连续三个昼夜的审查，刘先奎交待了有关犯罪事实。专案组随后在西安市雁塔区响塘村租住处将另一名犯罪嫌疑人黄四清抓获。

警方现已查明，3月20日下午，从湖南省衡阳县来西安打工的黄四清在体彩发售现场购买了5张彩票，均未中奖，其在捡到一彩民因未中奖而丢弃的一本100张彩票后顿生邪念，在家中用刀片和胶水采取挖补的办法做成一张可以兑奖的草花K，交给邻居刘先奎，让其将彩票卖1万元。3月23日上午，刘先奎带着未成年的表弟汪某某来到彩票发售现场，让汪某某先上台领奖试探情况，结果顺利通过验票。后因汪年少未有身份证，无法抽奖，刘先奎便上台陪同抽奖，最后两人抽得一辆奇瑞QQ轿车。兑奖后，刘先奎给黄四清打电话，称其将彩票以1万元卖出。4月1日，刘先奎将该车以4.3万元卖掉后携赃款潜逃回老家。

目前，西安警方已依法将黄四清、刘先奎等二人刑事拘留，刀片、胶水等作案工具已查获，赃款被全部追回。

---

① 原载于2004年6月3日人民网。

陕西省今天同时召开专门会议，要求全省各市成立即开型体育彩票专案组，对历次举办的即开型体育彩票发行、销售情况彻底清查一遍，重点查清杨永明的其它违法犯罪事实以及国家工作人员的失职渎职行为。省委常委、省政法委书记赵正永表示，要实行省市联动，做到不许一个涉案者、违法者、违纪者逍遥于法纪之外。

据介绍，现已查明，从1998年至今，陕西省共举办185场即开型体育彩票，范围遍及省内10市和杨凌农业高新技术示范区，杨永明承包了其中的大部分彩票的销售发行。

陕西“彩票造假案”从发生到侦破过程，一直备受关注，媒体在不断进行跟踪报道。此新闻反映的是这一发展中的事件的一个阶段，虽然消息中也涉及案件的背景等信息，但标题强调的是它的阶段性“全案告破”，直截了当地传达了最重要的信息。

4. 要义之四——烘托关键数据

数据常常比文字更具有说服力，也常能让人感觉眼前一亮，将稿件中出现的关键性数据放进标题，也是标题制作的常用手法。

例：

20余万人中选出35人中国培训首批女航天员①

人民网长春7月31日电　在“神舟”六号即将遨游太空之际，中国第八批女飞行员日前跨入空军航空大学，正式开始了为期4年的飞行学员生活，从此拉开了中国首批女航天员培训的序幕。

第八批女飞行员是中国首次按照“2.5+1.5”方式培训的女飞行员，她们将在空军航空大学经过两年半的基础教育、航理教育，完成军事、政治、文化、体育、心理品质五大课系近百门必修和选修课程；通过跳伞救生、野外生存、心战对抗等检验后，开始半年的初教机飞行筛选、一年的高教机飞行训练，全部合格方可获得大学本科学历，授予学士学位。优秀

① 原载于2005年8月1日《人民日报》海外版。

毕业学员再进行2~3年的航天员选拔、训练，最终遨游太空。

从20余万名应届高中毕业生中选拔出来的35名女飞行学员，分别来自辽宁、河北、山西等12个省。与前七批女飞行员选拔不同的是，对第八批女飞行员更注重心理品质的检测，35名女飞行学员心理品质成绩总评全部达到了良好以上，综合素质普遍较高。

据了解，从1951年至今，中国先后培养了七批300余名女飞行员，是世界上培养女飞行员最多的国家之一。

在本例中，为了表明选拔女宇航员的严格，将“20余万人选出35名”这样的关键数字放在标题中，不仅使标题简洁、鲜明，也增强了说服力。

5. 要义之五——释疑解惑

针对读者可能产生的疑问，将读者最关心的内容放进标题。不仅使标题更加具体，也使其针对性更强。

例：

我国成功销毁“神五”逃逸舱　为保密和人民安全①

中新网1月2日电 据科学时报报道，总参工程兵某研究所利用聚能装药破甲引爆技术，成功完成了“神舟”五号载人飞船逃逸舱销毁任务。

报道说，这标志着中国航天试验回收技术取得重大突破。

“神舟”五号飞船高空逃逸舱是确保航天员在紧急情况下安全逃生系统，即通过安控装置的解锁，依靠逃逸舱整流罩中的六个火箭将航天员和设备安全输送到地面。当飞船发射成功进入预定轨道后，高空逃逸舱火箭随整流罩自行脱离飞船并飘落到地面，由于火箭落地后严重变形不能回收，其内部固体燃料属核心机密，为了保密和确保落区周围人民群众的安全，必须对其进行及时销毁。

总参工程兵某研究所克服了没有借鉴资料，没有回收经验的困难，对实验数据和回收过程进行了分析和模拟，根据逃逸舱损坏的特点和情况设

---

① 原载于2004年1月2日中国新闻网。

计出多套销毁方案，成功地利用聚能装药破甲引爆技术对其进行销毁，其技术达到国际同类水平。

他们还总结出一套安全快速的销毁方案，先后完成了“神舟”二、三、四号无人飞船和“神舟”五号载人飞船高空逃逸火箭的销毁任务，这一技术的突破，不仅为国家节约资金数千万元，也为中国首次载人飞船的成功发射和回收处理画上了一个圆满的句号。

“神舟五号”载人飞船的成功发射，是我国的一项重大科技成就，要销毁其高空逃逸舱，可能会引起很多人的疑惑。标题特别说明销毁的意义，解开了受众心中的疑团。

例：

上海英国游首发团启程　在英不搭乘公交地铁①

本报讯 今天中午12时10分，40名游客如期踏上赴英国伦敦的航班，开始6晚8天的英国游游程——本市首个赴英旅游团正式成行。

首发团成员在伦敦的游程安排只有一个整天，都在市区观光游览，乘坐的是旅游大巴，不会搭乘公交、地铁等公共交通，在伦敦也不安排自由活动时间。英国旅游局上海办事处首席代表钱岗透露：“英国游上海首发团组织者为每位游客购买了30万元至100万元的旅游保险。”

据悉，首发团行程包括伦敦、爱丁堡、曼彻斯特等多个富有浓郁英伦文化内涵的景点。

另据沪上旅行社透露，首发团后，原定本月下旬出发的数个英国游旅游团已延期至8月中下旬。有关人士称，伦敦两度爆炸对英国游造成的影响还很难估计。

此例中上海英国游首发团的出发引人注目，不仅是因为它是该市第一个赴英旅游团，还是因为它出发的时间离伦敦发生恐怖爆炸事件不久，游客的安全无疑是人们最关心的问题，也是一个疑团。而伦敦爆炸的主要场所是公交和地

① 原载于2005年7月24日《新民晚报》。

铁，因此，此标题强调“不搭乘公交地铁”，以消除人们心中的疑惑。

这些原则更适合于会议、报告、计划、工程、形势等的新闻报道。也就是说，在这些新闻中，标题应该突出其中一个或几个具体方面。例如读者最关心的、最让人疑惑的问题等。为了实现具体的目的，必要时，应该用数字或定量的词代替定性的、笼统的说法。

在一条新闻中，进行精华式的挖掘，也可能会带来以偏概全或不准确的现象。因此，还应注意遵循准确与全面的原则。

（三）提炼关键词——新闻标题可检索性的强化

网络新闻标题的制作，不仅对于新闻初次发布后的点击量会产生影响，也会对于它未来的再次传播起到重要作用，这主要表现为两个方面，一方面是网站在某条新闻发布时，通过关键词的匹配性，将其他过往新闻与之进行链接，另一方面，是受众通过网站的数据库、搜索引擎等，来查询过往新闻。

因此，在制作标题时，要精选文章的关键词，使之在标题中得到体现。

关键词的选取,除了要考虑突出新闻事件的独特价值要素外,还需要考虑它与同类新闻关键词的关联性,此外,还需要考虑到受众检索时的一般思维方式。

一般来说，可以作为关键词的，包括一些重要的人名、事件名称、文件名称、法规名称、活动名称等。但是，过于常见的词，不宜当作关键词看待，如“北京”、“中国”、“美国”等，因为它们不足以体现事物的特征，受众用这样的关键词进行检索的机率是较小的。除非它们与别的词组合后构成更具个性的关键词。

当然，一则标题中可以不止有一个关键词，关键词越多，被检索出来或重复利用的机率可能越高。另外，几个关键词组合能更好地反映新闻的个性特征，这也是人们检索时常常采用的方式。

例：

北京法学界认为目前颁布物权法时机已成熟（关键词：物权法）

三星以上涉外宾馆接收境外卫视范围发布（关键词：涉外宾馆、境外卫视）

央视主播要星巴克从故宫撤出（关键词：央视主播、星巴克、故宫。在此例中，星巴克与故宫组合后能形成更有特征的检索词）

美国核航母今日开赴波斯湾 可能4月攻打伊朗（关键词：核航母、波斯湾、攻打伊朗。此例中，攻打与伊朗组合能形成更有特征的检索词）

（四）锦上添花——新闻标题形式上的优化

标题的引人之处，有时不仅仅在于内容，还在于形式。生动、活泼、传神的文字，不仅增加了标题的文采，还可以进一步提高读者对于一条稿件的阅读兴趣。从理论上来说，任何修辞方法，都可运用于标题的制作中。

但应该注意的是，标题的内容总是比形式更重要，过分追求形式而忽略内容，只能舍本逐末。很多时候，如果把新闻中最重要的信息传达出来了，标题就已经有了足够的吸引力。因此，标题在形式上的追求，只是锦上添花的工作。由于网络新闻标题制作的时间很短，因此，编辑应该将更多的精力花在内容的提炼上。

就形式的优化而言，下列方法，是经常采用的：

1. 要义之一——精心选词

标题的词句需要经过锤炼，才能做到既简洁又有力。特别是对于标题中出现的动词，如果通过观察主语和宾语的特点，来选用生动、富于个性的词，将有助于提高标题的表现力，也使标题更易于记忆。

例：

刷新奥运纪录为中国摘首金　杜丽神枪打响开门红①

在刚刚结束的女子10米气步枪决赛中，中国选手杜丽以总成绩502.0环夺金牌，而这也是中国奥运健儿在本届雅典奥运会上所获得的第一枚金牌，同时也是本届奥运会所产生的第一枚金牌，杜丽的成绩同时还创造了新的奥运会纪录。俄罗斯选手加尔金娜501.5环获得银牌，另一名中国选手赵颖慧获得第四名。

杜丽在第九环时还落后对手俄罗斯选手加尔金娜0.4环，第10环杜丽10.6环超过对手的9.7环，最终逆转夺冠，赵颖慧名列第四。

---

① 原载于2004年8月14日新浪体育。

本标题抓住杜丽是一位射击运动员的特点，采用“打响”这一动词，生动而传神。也有媒体将同一事件的新闻标题拟为“杜丽射落奥运首金”，同样也富于趣味。

这种使用动词的手法，在修辞方式中称为“拈连”。即根据主语或宾语的特点，来选用富有表现力的动词。

与此类似的标题还有：

审查“审出”一个好厂长

体彩摇出三个没想到

健康杯“喝出”不健康

昆明：“冷”假日催“热”新度假方式

2. 巧用修辞

比喻、拟人是标题制作的常用手法，当然，如何不断推出富有新意的比喻与拟人，也是一个具有挑战性的工作。

例：

写字楼等照明浪费大　11家单位被开节能“药方”①

北京市为11家政府机关和大型公建重点单位用能把脉后，日前开出节能“药方”。据了解，近期本市将对总共140家单位进行节能检测检查。

市发改委有关负责人向记者介绍，本市7月4日开始对140家单位进行节能监测检查，首批11家重点单位包括市发改委、市规划委和市旅游局三家政府机构，北京饭店、圆山大酒店、月亮河度假村、峡谷宾馆四家宾馆饭店，南银大厦、发展大厦两家写字楼，菜市口百货商场和翠微大厦两家商场。

目前11家重点单位已完成节能检测，被检查单位针对本市用电紧张局面都制订了迎峰度夏节电措施，比如将室内温度控制在26摄氏度以上、

---

① 中新社2005年7月11日稿件。

减少制冷机组的运行时间、实行间隔照明等措施，取得一定节能效果。

对政府机关的检查中发现的问题包括：缺乏长期、全面的节能管理制度，监管力度不够；缺乏专职的能源管理岗位和能源管理人员；计量系统不完善，缺乏二级、三级表，因此不能对照明用电、办公动力用电以及中央空调用电等实行分类单独计量；照明方面，有的办公楼仍然使用着白炽灯，有的开关不合理，不利于分区照明等。

大型公建的主要问题是：商场在把温度控制在26摄氏度以上方面做得比较好，但有的宾馆饭店和写字楼在温控方面不尽如人意。个别宾馆饭店还在使用国家明令淘汰的产品；空调系统有较大的节能潜力，如很多冷冻设备均没加变频装置，低负荷运行时会产生较大的浪费；商厦、写字楼在照明方面存在较大浪费，普遍为了追求装饰装潢而忽视节约能源，照明灯具安装密度很大，耗电量高。

市发改委有关人士表示，节能检测机构已给每家重点企业提出了详细的“诊断”意见，并会督促尽快整改。另外，市发改委正在编发“办公设备使用如何节电”，“使用照明器具如何节电”，“空调如何节电”等告示，进一步加大节能宣传力度。

此例用开节能“药方”这一比喻来替代“整改措施”这样的套话，增强了标题的可读性和吸引力。

在标题中，使用一语双关，即选用那些具有双重含义的词，可以引发人们的联想与思考，也能增加标题的文采。

例：

天津：“卡”在节日好尴尬①

各式银行卡的普及，使津城很多居民渐渐熟悉了刷卡消费。然而，节日期间，津城的持卡“一族”却屡遭尴尬，为卡所累。

腊月二十八，记者在天津滨江购物中心看中一款大衣，交款时发现所带现金不够，无奈只得排队等着刷卡。终于排到了，POS机却瘫痪了，服

① 原载于2001年1月31日《市场报》。

装部主任面带愧疚领记者到一楼百货部去刷卡，结果机器却不支持。商场服务员建议记者到大门外银行的自动柜员机上去取现金，在商场外，记者转了几圈才找到了取款机，一看竟不是联网的，只能用牡丹卡，所带的长城卡、龙卡和一卡通均用不了。白折腾了一个多小时，大衣也没买成。据商场售货员介绍，每逢节假日，持卡消费的一多，银行卡系统就出毛病。

正月初四，记者的几位同学聚会，谈起持卡消费所遭遇的尴尬，每人都有几段故事：有的在家乐福、家乐等大型超市购物排队等候刷卡达两三个多小时之久；有的赶上系统故障无法结账；有的在自动柜员机上取款被吃卡，有的标着“津银联”字样，表明可以通兑的机器，却不支持其他的银行卡；有的甚至取一万吐出来的却是九千，最后不得不与银行理论。

记者了解到，天津是国家“金卡工程”的首批试点城市。目前，全市发卡量400多万张，联网的ATM 700多台，在商家安装的POS机4 400多台。

据了解，节日期间，银行卡的种种遭遇，既有银行方面的系统问题，也有节前各银行与商家联手发放消费卡过多的因素。而2月28日各种代金券（卡）一律作废的通知一出，使手里有卡的人提前集中消费，造成用卡量过大，导致机器瘫痪。

“卡”在本文中本是一个名词，但在标题中的“卡”却是一语双关，既用来表示“银行卡”，同时又可作动词理解，把用卡的麻烦与尴尬体现得淋漓尽致。

3. 要义之三——善于翻译

“翻译”这样一种手法常常用于与科技词汇等相关的报道，用通俗的语言代替深奥的科技词汇，可能让读者更好地“消化”。

例：

《电子签名法（草案）》递审 为网络交易上锁①

4月3日，《中华人民共和国电子签名法（草案）》（以下简称“草案”）正式交由全国人大常委会讨论。从“两会”期间福建省人大代表

① 原载于2004年4月3日《21世纪经济报道》。

林强提案“为电子签名立法”，到3月24日国务院讨论并原则通过“草案”，距今仅20多天。

全国人大财经委员会主任委员傅志寰在报告“草案”有关情况时认为，为促进电子商务和电子政务的发展，增强网络交易的安全性，制定电子签名法十分必要。

业内人士认为，如果4月3日全国人大常委会讨论并通过该法案，这将是国内第一部有关电子业务的正式的专门法律，也是随着中国加入WTO融入世界经济体系逐步完善自身法律建设的重要一步。

从创办8848到再次创立6688，在电子商务行业浸淫多年的王峻涛，最头疼的不是每天有多少人在他的网站上进行网络交易，而是每天以十几个百分点速度增加的用户所牵涉到的大量信用文件处理。

王峻涛说，为了保证交易的安全进行，这些企业和个人必须提供给网站最真实的基本信息，然后网站为此所设的专门机构人员将再次发函确认。这给网站带来了不必要的成本投入，也加重了交易双方的成本，十分不划算。

“我们每年为此的花费是巨大的，这包括许多不必要的人力、物力和财力。我们所有的商务活动都在网络上进行。可是，签协议还是要普通邮件来往，如果电子签名有了法律地位，这些事情完全可以也在网络上进行，而且这将会给我们节省很多的时间和金钱。上次我们多家电子商务网站一起召开一个关于电子商务的研讨会的时候，《电子签名法》的问题就是我们讨论的一个热点。”王峻涛告诉记者说。

阿里巴巴副总裁金建杭在接受记者采访时候说：“网民之所以不愿意在网上购物，其中最关键的原因就是无法确定对方是谁。他所关心的是你凭什么让我相信你的货物确实存在；你手上有我要的东西，我付了钱之后能不能收到我要的东西，如果收不到我找谁要回我的钱”。

在法案未出台之前，行业内部的一些规定在履行着维持市场秩序的功能。王峻涛对此深有体会：“我们规定：凡是在6688上面开店的企业与个人，必须将企业以及负责人的真实信息提供给网站，网站核实之后才能允许其在6688开店营业。这样做的目的，是保证网站社区的信用问题。”然而，这种方式的局限性显而易见，它仍存在着一个法律效力的问题。

上海前和律师事务所律师商建刚认为，制定《电子签名法》的宗旨是解决电子签名的效力问题。电子合同的交易双方，通过电子数据交换缔约、履约，如何固定双方缔约的真实意思，如何界定合同双方的履约情况，这是《电子签名法》所要解决的问题。

“为诚信加锁，这是电子商务最需要解决的一个问题。说实在的，我同意这样一个观点：在这个方面，电子签名比人工签名更可靠。人工签名其实很难认证的，身份证的真假，不是专家很难分辨。”王峻涛称。

根据记者得到的消息，“草案”在关于其法律效力的表述中强调：电子信息不能因为以数据电文形式存在而否定其法律效力。同时解释说，以数据电文形式订立的合同，不得因为其使用了数据电文或者电子签名而否定该合同的有效性。而且行为主体可以是自然人、法人及其他组织，并且可以自主决定使用或者不使用数据电文。

“电子签名”是一个比较新的科技词汇，大多数普通读者不解其意，标题将其翻译为“为网络交易上锁”，既形象又准确，有了标题的铺垫，人们对新闻的理解也更深了。

有些时候，即使不是科技词汇，也可采用“翻译”的方式，将某些抽象的概念、名称翻译成更直接、具体的内容。

例：

我国治污将试行生态补偿制　江河污染由上游买单①

中新网5月3日电　长江、嘉陵江等江河污染治理今年起试行生态补偿机制，上游污染企业有义务为下游受害市民买单。

据中广网报道，到2010年，中国水环境保护5年目标是：严格控制污染物排放总量，初步遏制生态环境破坏趋势。中华环保联合会副主席、国家环保总局局长解振华指出，要采取最严厉措施保护饮用水源，将三峡库区及其上游作为流域污染治理重点，彻底整治重庆、成都等113个城市的水环境。

解振华透露，对江河水污染治理，将实施沿江危险废物集中处理、城

---

① 原载于2005年5月3日中国新闻网。

市污水集中处理等措施，从上游开始便卡住污染源，确保实现5年水环境目标。此外，今年起，将在一些地区试行生态补偿机制，由上游污染企业对下游受害市民进行补偿。

此例中普通读者对“生态补偿制”这个概念还比较陌生，因此，标题用“江河污染由上游买单”这个描述，通俗地解释了生态补偿制的含义。

4. 要义之四——拿来主义

成语、古诗词、俗语、流行歌曲的歌名和歌词等，都可以借用到稿件的标题中。但一定要贴切，而且一个词的使用频率不能太高，也就是不能用得太滥。

例：

北京：经济适用房“嫌富爱贫”①

哪些人可以在北京购买经济适用房？对购买经济适用房的面积有什么限制？北京市有关部门近日对此作出明确规定。

据北京市建委和国土房管局去年年底颁布的《北京市城镇居民购买经济适用住房有关问题的暂行规定》，只有没有住房和住房没有达到标准而且2001年底前家庭年收入在6万元（含）以下的北京市城镇居民才能购买经济适用房。但夫妇双方都是机关工作人员或教师的家庭，以及市政府批准的重点工程中的拆迁户和政府组织实施的危旧房改造项目区异地安置的居民家庭不需核定家庭收入，凭证明就可购买经济适用房。同时，根据各个地段的经济适用房单位面积价格不同的情况，采取限制每户家庭购买经济适用房总价格（全市经济适用房基准价与购买人的住房标准面积之乘积）的办法限制最高购房面积。

据了解，2002年购买经济适用房的居民家庭收入标准将由政府有关部门届时公布。同时，针对目前经济适用房大多在北城的状况，今后北京经济适用房的建设重点将向南城倾斜。从1998年北京市确定第一批经济

① 原载于2001年2月1日《北京晨报》。

适用房项目以来，全市已累计开复工437万平方米，竣工140万平方米。据统计，北京市政府对经济适用房每平方米减免综合地价款等各种收费三、四百元。按开复工437万平方米和每平方米减免350元计算，市政府为经济适用房投入15亿多元。

政府减免收费的经济适用房的销售对象，应是住房困难的有北京市城镇户口的中低收入居民家庭。北京市有关部门制定以上规定，就是为了改变过去经济适用房什么人都可以购买和一些经济适用房建筑面积过大的不合理状况。

此例借用“嫌贫爱富”这一俗语，反其意而用之，读来生动有趣。同时又十分准确、简洁地传达了经济适用房的相关政策。

第三节　文字稿件的超链接运用

一、超链接的含义

超级链接（或称超链接），是网络信息传播中的一个特殊手段。它使得网络文本与传统文本在写作与阅读等方面产生了一些根本性的区别。恰当地运用超链接手段，可以提高信息传播的效率，但另一方面滥用或误用超链接，也可能适得其反。

在传统的媒体中，文本或节目都是以线性的结构传达的。报纸上的文章由文字以固定顺序形成，人们的阅读也就只能沿着这个固定顺序进行。而在广播电视节目中，这种线性特征表现得更为显著。

但是，在现在的网络中，信息之间的关系则可以看作是网状的，信息之间往往存在着多样化的联系。人们只要点击那些下画线，也就是设置了超链接的地方，就可以从一条稿件跳到另一条稿件，从一个网站跳到另一个网站，传统的线性阅读的习惯，也在一定程度上打破了。

超链接的思想，在20世纪中期就已出现。1945年7月，美国科学家凡尼佛·布什（Vannevar Bush）发表了一篇名为《如我们所想》（*As We May Think*）的文章，在文中，他提出了一个名为MEMEX的机器模型设想，这台可充当百科全书的机器就具备超链接的功能。但是，直到1989年，欧洲粒子物理实验室的科学家蒂姆·伯纳斯-李提出了WWW（万维网）的思想后，超链接才真正进入了信息传播领域，为普通人所使用。超链接的主要设想是，将不同地点的信息联系起来，并可以从一个文献迅速转到另一个文献。

由于浏览器软件的开发与普及，超链接的设想得以实现。在利用浏览器进行信息浏览时，只要点击那些设置了超链接的地方，就可以打开新的页面，浏览新的信息。

从信息传播方面看，超链接打破了传统信息文本的线性结构，它也使网络信息之间的联系得以增强。

对于网络新闻传播来说，超链接的作用可以体现在以下方面：

利用超链接解释与扩展关键字；

利用超链接延伸报道；

利用超链接改写稿件；

利用超链接整合多篇稿件。

二、利用超链接解释与扩展关键字

运用超链接，可以对新闻稿件中的一些内容进行扩展。

在具体实现方式上，既可以用专门制作的注释页面的方式实现链接，也可以直接链接到相关网页。这种扩展有助于读者更直接接触信息深层背景，获得丰富的相关信息。虽然这样做也会带来一些副作用，但是它在发挥读者的能动作用，扩展报道面、加强报道深度等方面还是有着重要意义的。

通常需要加入链接的对象包括：

新闻中的重要或关键人物；

新闻稿件涉及的过往新闻事件；

新闻涉及的重要历史、地理背景等；

新闻中涉及的一些重要组织、团体、机构等；

新闻中涉及的一些重要的概念、科学名词等；

新闻中涉及的一些政策、法规、文件等；

其他新闻中没有展开但有必要做进一步解释的对象。

通常链接到的对象包括：

知识介绍：通过链接解释说明关键词。有些知识是属于常识之列，而有些知识对于一般读者来说，则是新知。一般情况下，常识无需说明。但是，在特殊情况下，常识也成为帮助读者理解新闻的一个重要手段。例如，在关于以巴冲突的新闻中，有关以色列与巴勒斯坦的基本情况介绍就是有必要的，因为这有助于人们更好地了解冲突的起因。

相关报道：通过链接提供一个或一组与当前对象相关的报道。例如，一条关于世界杯足球赛的新闻中，“中国”与“巴西”两个名词下有链接，这时，链接所提供的并不是关于中国与巴西两国的情况介绍，而是两个网页。这两个网页分别是中国足球队与巴西足球队在世界杯的专题。专题不仅介绍了球队的基本情况，还集纳了本届世界杯上球队的所有相关新闻。

相关网站：链接直接将读者带到某个对象的网站。例如，在一篇介绍微软的文章中，可以加入到微软的链接，以便让读者更直接地了解它的相关情况。但这种方式应该慎用，因为有些时候，它容易带上广告的色彩。

相关搜索：一些网站在加入链接的关键词被受众点击后，会利用搜索引擎搜索与包含该关键词的相关文章。

在某些网络信息发布系统中，系统提供了设置“热字”的功能，这些“热字”就是文中的“关键字”。运用此功能即可达到设置文中链接的目的。但是，有些情况下，编辑也需要直接在网页的源文件中设置链接。

在使用超链接时，还应注意以下问题：

1. 注意超链接的度与量

稿件中加入的链接应该注意量与度的问题，这就要考虑以下两个因素：

其一，读者对象的层次。不同网站的读者定位在层次上有所不同，不同层次的读者对于某些知识掌握的程度是不同的。例如，对于一般网站来说，IT技术名词通常可以加入链接来进行解释，但对于IT网站的读者来说，解释也许就是多余的。

其二，形势与时局的变化。如上面所提到的，在某些特殊形势下，对于常识也可加以链接说明。例如，在伊拉克战争期间，关于伊拉克基本情况的介绍，有助于人们了解战争的背景以及战争的进程，因此，对这些常识性的内容也可以设置超链接。

2. 注意超链接设置的位置

关键词与背景链接，通常是在新闻正文中直接加入的链接，也就是说，它们出现的位置就在正文中。但是，也有一些国外研究者认为，在文中加入链接，容易带来阅读目标的转移。新闻提供者的主要目标是让读者阅读当前新闻，但是链接可能会使读者进入其他页面而一去不复返。因此，他们认为，即使关键词链接，也可以放在文章最后。

3. 注意超链接打开的方式

从形式上看，链接打开的方式通常有：

在当前窗口中打开，即将新页面代替当前页面。但这是一种最不合理的做法，因为它完全改变了当前的阅读目标。在文章中加入超链接时，应当注意避免这种方式。

在新窗口中打开，这是最常见的一种方式，在不影响当前阅读页面的情况下，再打开一个新页面，这有助于保持阅读目标的基本稳定。但是，很多时候，还是免不了让读者脱离既定轨道。

在当前窗口中加链接的关键词附近打开一个小窗口，这是现在一些网站采用的做法，相对来说，它可以在一定程度上解决网民阅读目标转移的问题，但目前还不能做到适用于所有场合。

三、利用超链接延伸报道

利用超链接，可以设置一些延伸性阅读，丰富和发展报道内容。延伸性阅读可以包括“相关文章”、“跟帖”、“发表评论”等相关内容。这部分既可以作为阅读的一种延伸，又可以作为互动的一个入口。它通常也是层次化新闻的一个部分。

相关新闻通常是在正文之外加入的与当前新闻有关的新闻链接。目前，多数网站是利用网络新闻发布系统自动来完成此工作。其程序是，编辑记者输入本文关键词，系统以此关键词为依据，寻找本网站新闻库中其他含有此关键词的新闻。编辑记者根据需要从系统搜寻的结果中进行一定的筛选。

但是，如果要使相关新闻与当前新闻形成更密切的配合，需要编辑进一步挖掘稿件之间的联系。第七章将从报道单元的角度对此作进一步分析。

四、利用超链接改写稿件

传统的文本写作总是在单一层面上完成的，所有信息与材料都是一次接触到。

传统新闻写作方式中有“倒金字塔”的结构模式，即重要材料放在前面，次要材料放在后面，以便于读者的阅读。事实上，的确也有很多读者没有从头到尾阅读完这些信息，对他们来说，有一部分信息是属于冗余信息。但是对于传播方来说，它仍然需要拿出相应的篇幅或资源（版面大小，节目长度）来提供这些信息。这造成了有限的资源的浪费，也在一定程度上增加了受众获得信息时的负担。

由于网站的内容本身是由层次树的结构方式组织起来的，因此，网络中文章的内容往往不像报纸中的文章那样一次呈现，而是在不同级别的页面上逐渐出现的。与之相应的，在进行写作时，可以采用将材料分层的做法。

通常一篇文章的完整层次包括：

层次一：标题

层次二：内容提要

层次三：新闻正文

层次四：关键词或背景链接

层次五：相关文章的延伸性阅读

通过这样的层次，稿件的信息呈现方式发生了改变。而要实现各层次之间的联系，主要手段就是靠超链接。

例：①

层次一：（标题）**伦敦两轮爆炸暴露大型恐怖网**

层次二：（内容提要）

英国加紧侦破伦敦两轮爆炸案。警方查获的炸弹结构惊人相似，炸弹的种类与数量表明，在英国很可能存在一个装备精良、意欲发动长期袭击的大型恐怖网。

层次三：（正文）

英国加紧侦破伦敦两轮爆炸案。警方查获的炸弹结构惊人相似，炸弹的种类与数量表明，在英国很可能存在一个装备精良、意欲发动长期袭击

① 原载于2005年7月29日人民网。

的大型恐怖网。

据英国《泰晤士报》网站28日报道，安全部门消息人士对该报记者说，本月袭击伦敦的两个自杀式袭击小组所使用的爆炸装置出自同一名高产的制弹专家之手。警方在“7·7”爆炸案制造者停在卢顿车站的汽车里找到许多炸弹和零件，有的炸弹里还装有铁钉，以造成最大限度的杀伤。

资深安全官员对该报记者说，在卢顿车站发现的爆炸装置与7月21日在沃伦街地铁站发现的未爆炸弹“在外形与内部结构上有着惊人的相似之处”。炸弹的种类与数量表明，很可能存在一个装备精良、意欲发动长期袭击的大型恐怖分子窝点。在西约克郡、卢顿和伦敦发现的军械数量使得警方更加担心，志愿成为“烈士”的远不止8个人。

报道说，在卢顿车站发现的这些可怕的爆炸装置27日晚被公之于众。这些由刑侦人员拍摄的照片是在伦敦警察局与美国执法机构交换情报后从美国泄露出来的。最触目惊心的是一张X光片，爆破专家认为它拍摄的很可能是背包炸弹的“起爆器”。照片显示，塑料瓶内装有一个连着电线的简易雷管，一旦有微弱电流通过就会引起爆炸。油毡钉被固定在瓶子的表面，钉尖朝外。如果在瓶子周围放置几包烈性炸药，这一装置就会变成威力无比的炸弹。此次发现的爆炸装置的种类充分表明，“7·7”自杀式袭击小组与“7·21”爆炸案制造者之间有着直接联系。一位安全部门消息人士称：“这一发现将线索串联起来。两起爆炸事件中使用的是同样成分制造的炸弹。”

另据法新社27日报道，英国警方逮捕了上周未遂爆炸事件的4名嫌犯之一。与此同时，英国各大媒体均报道，7月7日实施爆炸的自杀性袭击者留下了16枚尚未使用的炸弹。据一位高级警官透露，警方27日黎明前在英格兰中部城市伯明翰展开突袭搜捕行动，抓获了嫌犯亚辛·哈桑·奥马尔。哈桑·奥马尔现年24岁，在索马里出生，后移民到英国。警方发出警告说，21日爆炸案的其他嫌犯依然在逃，他们有可能再度发动袭击。

层次四：文中划超链接的部分

层次五：（相关专题和相关新闻）

相关专题

- 伦敦发生连环恐怖爆炸袭击

相关新闻：

- 被英警方误杀巴西青年遗体回家 待遇如英雄 2005 年 7 月 29 日
- 巴西接受误杀道歉 英国严防更大袭击 2005 年 7 月 29 日
- 伦敦爆炸案本可避免？英国事前拒绝逮捕嫌疑人 2005 年 7 月 29 日
- 伦敦爆炸关键嫌疑人在赞比亚被捕 2005 年 7 月 29 日
- 记者连线：伦敦爆炸未遂案嫌疑人奥马尔落网记 2005 年 7 月 29 日
- 四名伦敦爆炸嫌疑人在伯明翰被捕 2005 年 7 月 28 日
- 伦敦爆炸案重要嫌疑人奥马尔落网 2005 年 7 月 28 日
- 为避再伤无辜 英警方将使用眩晕枪抓捕嫌犯 2005 年 7 月 28 日
- 《泰晤士报》：恐怖分子可能发动新一轮恐怖袭击 2005 年 7 月 28 日

这样一种分层写作模式，也适合于长篇文章的改写。改写时，留取文章的主要线索，将详细的论述与展开部分，用超链接的方式完成。

例：

胰岛细胞移植手术：4 类患者适合　3 类人推荐使用①

新华网：成人胰岛细胞移植新技术被认为是目前治疗糖尿病的有效手段。南京军区福州总医院副院长、成人胰岛项目负责人谭建明 13 日在接受记者采访时表示，绝大多数 I 型糖尿病、无胰岛素抗体和低水平 C 肽 II 型糖尿病，糖尿病肾病，器官移植后糖尿病，胰腺疾病或胰腺切除导致的糖尿病等 4 类患者，适合进行成人胰岛细胞移植。**>**点击详细

此例中，原文较长，但在网络中发表时，可以将其压缩，用“点击详细”这样的链接，将受众引导到完整的正文中。

---

① 原载于 2006 年 11 月 13 日新华网。

五、利用超链接整合稿件

有时，围绕一个事件或一个主题，有多篇稿件可用，为了用一种集成的方式介绍事件或主题，可以将这些材料进行整合。

整合后的稿件可由“主体骨架”与超链接两部分组成。这种方式的写作思路为：

主体部分采用一种合理的结构方式，将原有各文章中的主要材料或信息串连在一起，对事件的主要线索作清晰的交代。在主体部分中，不能遗漏重要的信息，也不宜将主要信息放到超链接部分。

主体部分可以按照倒金字塔方式、时间从远到近或从近到远的方式，也可以按照逻辑顺序来组织材料。

其次，利用超链接，对主体部分的内容进行展开。超链接对象可以是文章，也可以是背景资料等；可以是文字、图片，也可以是音频、视频等其他信息。

例：

法航协和式客机坠毁①

当地时间7月25日下午4点45分（北京时间7月25日晚上10点45分），法国航空公司一架协和式客机在巴黎戴高乐机场起飞后不久即坠毁。机上100名乘客和9名机组人员全部遇难。飞机坠毁时还造成地面4人死亡。>详情请进

当地时间7月27日晚7时，北京时间28日凌晨1时，法航空难调查小组公布了初步调查结果：失事的法航协和式客机左弦的两个引擎是此次空难的罪魁祸首。>详情请进

在这起震惊世界的大空难中，居然还有了一位幸存者——21岁的英国女大学生爱丽丝，她的死里逃生只能用“奇迹”两个字来形容。>详情请进

着火的协和客机、惊愕的目击者、悲痛的遇难者家属……组图：全程目击法航协和客机坠毁（1）、（2）为您真实重现法航空难历史性的一刻。

① 原载于2000年7月28日新浪网。

此例是一个整合后的新闻提要，它涉及5条稿件。通过5个链接可进入到各个稿件，其中有3条是新闻正文，另外2个链接是图片。它们分别是：

（1）详讯：法航协和客机坠毁113人遇难

（2）详讯：法航空难调查小组公布初步调查结果

（3）协和飞机撞向我住的宾馆——英国女游客讲述逃生故事

（4）（5）组图：全程目击法航协和客机坠毁

在写作时，要考虑到那些第一次接触到该信息的人的情况，而不要以老读者为标准。即，事件的来龙去脉应该完整。这样，任何一个人都能很快掌握主要信息。

第四节　文字稿件的内容提要写作

内容提要，是对文章的主要内容进行概括的一种文字，它介于标题与正文之间。与标题相比，内容提要更详细，传达的要素更多，但与正文相比，它又要简短得多。

由于网络新闻的层次化写作特点，内容提要的运用越来越普遍。

内容提要运用的主要场合包括：

在导读页紧接标题出现：导读页包括网站的首页、频道的首页或栏目的首页等。在这些导读页中出现的内容提要，通常适用于重要的稿件。

在正文页的标题后出现：这时，内容提要是作为标题与正文之间的过渡。

在正文中出现：这类内容提要通常在正文中每一段落前出现，可以提示该段落的主要内容。

内容提要的主要作用包括：

吸引读者点击：由于字数的限制，很多标题难以充分揭示稿件中的各种重要信息及要素，因此，仅靠标题有时还不足以吸引读者。如果在稿件的标题后加入一段内容提要，就可在一定程度上弥补标题本身的不足，更好地吸引读者的注意力。

揭示稿件的精华：在网络的阅读环境中，大多数人都不愿意阅读过长的文章，或者在阅读长文章的过程中不容易抓住文章的要点。而由编辑加工制作的内容提要，可以帮助读者迅速获取文章中的精华，同时，也起着一定的导读的作用，使人们更有目的地阅读全文。

调节阅读节奏：在标题与正文之间或者正文的各个段落之间加入内容提要，还可在一定程度上调节读者的阅读节奏，使他们的视觉有一个暂时的停顿，这样会获得更好的阅读效果。

内容提要的写作，是一个对稿件内容进行分析、判断和再提炼的过程。通常可以采用下面两种思路，即全面概括与提炼精华。

一、全面概括

全面概括是内容提要写作中最主要的方式。它的目标是,用凝练的语言,将稿件中的主要信息或观点概括出来,使读者可以更迅速地把握稿件的主要内容。

对于以传达新闻信息为主的稿件来说，要全面概括稿件的内容，就需要明确新闻的五个要素，将这五个要素或其中最重要的几个要素，在内容提要中加以介绍。

由于很多标题无法将这个五个要素都包容进去，因此，可以利用内容提要全面概括有关要素，或补充标题中没有涉及的信息要素，向读者传达更丰富的信息。

例：

挪威和美国两位经济学家共同获诺贝尔经济学奖①

挪威经济学家基德兰德（Finn Kydland）和美国经济学家普雷斯科特（Edward Prescott）由于揭示了经济政策和世界商业循环后驱动力的一致性而共同获得2004年诺贝尔经济学奖，这是美国经济学家连续第5次获得诺贝尔经济学奖。

基德兰德（Finn Kydland）、普雷斯科特（Edward Prescott）是新古典宏观经济学实际经济周期学派的代表人物，他们提出真实经济周期模型。

真实经济周期模型认为：正的技术冲击引起劳动生产率提高，就业、投资和产出提高，总供给曲线上移，经济高涨；反之则反是。商业周期在很大程度上表现为经济基本趋势本身的波动，而不是经济围绕基本趋势的波动，即周期不是对均衡的偏离，而是均衡本身暂时的波动，既然是均

① 原载于2004年10月11日“新浪财经”。

衡，便具有帕累托效率，不存在市场失灵，政府没有干预经济的必要。

诺贝尔经济学奖并非诺贝尔遗嘱中提到的五大奖励领域之一。它是由瑞典银行在1968年为纪念诺贝尔而增设的。

此稿件的内容提要为：

10月11日，出生在挪威的经济学家基德兰德和美国经济学家普雷斯科特获得了2004年诺贝尔经济学奖，这是美国学者连续第五次获经济学奖。

在此例中，标题只揭示了“何人”与“何事”两个要素，而内容提要则增加了“何时”这一要素，对于“何人”的介绍也更详细，此外，还加入了“这是美国学者连续第五次获经济学奖”这一背景，使读者对于该事件的意义理解更深。

有些稿件主要介绍的是人物的观点，这类稿件内容提要的主要目的，不是传达一般的信息要素，而是突出人物的主要观点。因此，可以对文中所涉及的观点进行简要的概括。在形式的处理上，可将每一观点列一行，用提示符号加以强调。

例：

蒋有绪：环境恶化人为破坏和干扰是主要的因素①

论点：

第一个观点，就是青海湖这个区域的生态环境恶化到底是自然因素为主还是人为破坏因素为主？我认为虽然这里面可能和自然降水等因素有关，但作为一个地区来讲，一个区域来讲，它几十年的生态恶化，环境恶化，人为破坏和干扰是主要的因素。从我所研究的植被生态来看，如果完全是自然因素，全球变暖或变干，自然变化总是保持一个自然的相对平

① 资料来源：http://202.108.249.200/geography/special/C12661/20040831/101535.shtml,此处有删节。

衡，总是逐渐变化的，比如它植被可能长得不好，或者生长量不高了，慢慢干旱的物种就进来了，发生演替了，总是一个逐渐的过程。那么草场很快地退化了，狼毒等等出现了，绝不是一个自然因素。沙化面积扩大等等，那么快地速度也不是自然因素为主要原因造成的。所以从整体上讲，几十年生态环境的恶化，我觉得很明确：人为的破坏和干扰是主要的。那么我们现在做规划，主要是针对这方面去做努力。

第二，对青海湖流域总的考察思想是我们必须把区域看成一个大系统。那么湖与周边的进水区有关系，与湿地有关系，与周边的陆地、草原也有关系，湖本身就是个整体。流域里面的能量，太阳能、水资源、土地资源、生物资源等这点资源怎么更好地分配，分配得合理，能够保持这么一个可持续的程度，能够可持续经营、可持续发展，就是必须要从整体上考虑，原来农业有农业的标准，牧业有牧业的指标等，都是从自己的行业里面来考虑，那么现在我们的发展要考虑中央提出来的“五个协调”，发展与协调的关系，那我们恐怕就要对过去重新有个审视，特别是现在的规划应当建立在这么一个基础之上的。

第三，关于旅游问题，一定要考虑我们的生态安全、环境安全及可持续发展。旅游是一定要发展的，而且我觉得青海旅游资源是非常丰富的，而且很独特。青海湖里面就有很多的旅游景点，而且三江源也是那么吸引人，从整体上看很有特色，但是不要盲目地搞旅游开发，搞人造的东西，这就破坏了我们的旅游资源。但是我听说青海湖要搞七千人大游轮这种旅游项目，游人可以在上面住宿、娱乐、观光，从我个人的观点是非常不赞同的。因为它是一个内陆湖没有排出，除了蒸发以外，没有出口，所以污染以后绝对难治理，就把湖毁掉了。游乐船的废油排出，游人的生活垃圾、排泄物都会污染湖体，所以我觉得不要开展。可以考虑以电瓶船替代，但绝对不要搞七千人的大游艇。我觉得青海发展旅游，环湖自行车赛就是很好的创意，把青海的原生态旅游这个大品牌向国际上推广。

此例的内容提要可做成下面这样：

蒋有绪院士谈青海湖保护：

- 人为干扰是青海湖环境恶化的主要因素

● 必须把青海湖流域看成一个大系统

● 青海湖的旅游业发展，一定要考虑生态安全、环境安全及可持续发展

二、提炼精华

在某些情况下，稿件内容本身较为丰富，如果要全面概括，很难突出稿件的重点。这时，也可以考虑在内容提要中只强调稿件中最具价值、最有新意或最容易吸引人们的某些内容。

例：

我国载人航天发射场已具备发射10吨空间站能力①

本报北京10月23日电（记者冯春梅 特约记者刘程）中国载人航天工程发射场系统副总设计师、北京特种工程设计研究院院长于建平今天接受记者采访时称，“神舟”飞船5次成功发射的实践表明，中国载人航天发射场已成为世界上最先进的发射场之一，完全可以满足未来空间站建设的需要。我国空间站的建设，早已纳入载人航天发射场设计框架，发射场目前就已具备发射10吨空间站的能力。

据于建平介绍，北京特种工程设计研究院是中国载人航天发射场的总体设计研究单位。中国载人航天发射场1993年开始勘察选点，1998年建成。这个发射场的先进性首先体现在首次实现了垂直总装、垂直测试、垂直整体运输和远距离自动控制的“三垂一远”发射测试模式。这是目前世界上最先进的航天发射测试模式。采用这种模式，火箭和飞船（卫星）组装、测试的速度快、质量好，为航天发射频率的提高打下了基础，可以满足特殊发射任务的需要。

于建平说，中国载人航天发射场采用的是两个垂直总装工位和一个发射工位结合的设计方案。采用这个设计方案就是为了满足空间交会对接试验的要求。通过双工位并行操作，可以同时准备两枚船箭组合体，

① 原载于2003年10月24日《中国青年报》。

先后运往发射区加注发射。由于火箭和飞船在厂房内进行垂直组装和垂直测试，船箭组合体运至发射区后 3 天内即可发射升空，一周内可完成两次发射，从而满足了空间交会对接试验的需要。

于建平说，在空间站建设中，由于运载火箭的推进剂可能要更新，而且航天器的尺寸和类型都会有所变化，到具体实施时某些设施将会有所调整、改造或新建，但整个发射场不会有整体变化。

此稿件的内容提要为：

中国载人航天发射场已成为最先进发射场之一，可以满足未来空间站建设的需要。我国空间站建设早已纳入载人航天发射场设计框架。

在此例中，新闻稿件的全文是介绍我国载人航天发射场建设的过程以及取得的成就，涉及的内容较多，但是，在提要中，只提取了最重要也是最新的一个信息，即我国载人航天发射场对于未来的空间站建设的作用。这样，突出了新闻报道的重点，也更容易引起普通读者的兴趣。

以上两种思路，也适用于文中出现的内容提要的写作。

标题与内容提要的作用是非常相似的，它们之间是一个层层递进及相互配合的关系。如果确定一篇稿件要同时使用标题和内容提要，就要从一开始即考虑如何实现两者的互补，考虑将什么样的要素放在标题里、什么样的要素放在内容提要里，两者内容不能有太多的简单重复。

第四章 新闻图片的加工

目前的传媒业已经进入读图时代，在网络新闻传播中，图片的作用不言而喻。精心选择新闻图片，提高网络新闻图片的质量，加强对图片的运用，是网络编辑的另外一项重要工作。

第一节　图片与网络新闻报道

网络新闻传播中运用的图片主要有新闻照片和新闻图表两大类。它们在网络新闻报道中有着各自的特点及作用。

一、新闻照片的特点及作用

新闻照片是新闻形象的现场摄影纪实，是一种视觉新闻。①

随着照相技术的发明与普及，照片日益成为媒介传播信息中的一种重要形式。而电视的发展以及生活节奏的加快，进一步强化了人们接收“视觉”信息的习惯。人们称现在已进入“读图时代”。印刷媒体为了与电视竞争，也开始大量运用图片。在网络中，新闻照片的比重也在日益提高。

新闻照片的特点主要表现在：

新闻照片是一种“易读”的信息：文字信息要能被接收理解，有一道门

① 盛希贵：《新闻摄影教程》，中国人民大学出版社 2003 年版，第 32 页。

槛，它需要读者具有一定的文化水平，即能识字，能理解文字的含义。相对来说，在新闻照片的接收上，门槛则要低得多，人们总是能或多或少理解新闻照片所传达的信息。也因此，新闻照片是一种“国际性”的语言，不同国家的人都能通过同一幅新闻照片获得相同或相似的信息。

新闻照片是一种简洁而有力的表现手段：从表现力方面看，新闻照片往往超出文字。“一图值万言”这句人们耳熟能详的话，充分说明了新闻照片所具有的表达能力。用同样的篇幅，新闻照片所能传达的信息无疑要比文字多得多。特别是一些好的新闻照片对于瞬间的记录，可以产生长久的震撼人心的效果。

新闻照片一般是客观的呈现，文字信息是主观地描述对象的符号，而新闻照片往往是客观地呈现对象的符号。因此，用新闻照片表达，不会像文字那样要损失掉其中的一些信息。相对来说，新闻照片具有“证实”的作用。当然，随着现代技术的发展，新闻照片也不再是绝对真实客观的。经过技术处理的照片同样也可能“说谎”。这也对新闻照片的使用者提出了更高的要求。一方面，它要求人们高度自律，不滥用技术。另一方面，它要求信息的传播者具备更高的辨别真伪的能力。

在网络传播中，新闻照片可以作为导航的手段。利用“图像映像”的方式，还可以在一张新闻照片上实现多个链接，因此，新闻照片可以演变为新闻报道中的一种组织手段，即，将一张新闻照片分解成若干引出新闻报道的链接。与简单的文字报道的堆积不同，以新闻照片来组织文字报道，具有更强的直观性、更强的表现力，文字与新闻照片的结合也更紧密。

对于网络来说，新闻照片还是一种活跃页面、调节人们情绪的手段。

但是，新闻照片的使用也应该是有所节制的。众所周知，数字化后的照片信息也可能是“一图值万言”——一张新闻照片所占用的存储空间比洋洋万字的文本文件所需空间可能还要大。在网络带宽有限的情况下，过多的新闻照片信息不仅达不到预期的效果，反而还可能造成网页传输的困难，得不偿失。因此，合理地使用新闻照片，是进行高效的网络新闻传播的前提之一。

在网络中，还应建立一种观念，那就是，新闻照片不是绝对静态的。在传统的平面世界，新闻照片只能静止地呈现在读者面前，如何看新闻照片，完全由个人来决定。而在网络中，新闻照片可以一次性地呈现在人们面前，也可以用动态的方式来加以表现。例如，运用 Flash 技术等，可以在推介新闻照片时产生“推”、“拉”、“摇”、“移”的镜头效果。这些处理手段，决定了人们观看新闻照片的角度与顺序，也就对人们解读新闻照片的含义产生了重要影响。运用 Flash 等手段，还可以将一些静态画面组合起来，使之具有类似视频的效果。合理地运用这些手段，可以使新闻照片的力量得到加强，但是误用与滥用则可能带来负面影响。

另外，数字化时代，人们还可以使用 360 度全景照片。它可以让人深入到一个特定的现场，环顾四周，身临其境的感觉更加接近于视频的效果，如果运用得当，能产生出强烈的效果。

由于新闻照片特有的表现力，以及网络技术手段对它表现方式的进一步开掘，新闻照片已成为网络多媒体新闻报道中必不可少的一种手段。

二、新闻图表的特点与作用

新闻图表是指具有新闻价值或者可以传达、解释新闻信息的图表。它的特点是形象性与直观性。图表的作用，在现在的大众传媒中已日益得到重视。目前，有些媒体甚至把图表作为一种独立的报道形式。

目前网络中常用的新闻图表主要有两类，一种是示意图，其中最常见的示意图是地图，另一种是电子表格软件生成的各种统计图。

示意图在网络新闻的传播中所运用的场合，已经越来越多，也有着不同寻常的表现力。在网络中的运用的示意图有两种：静态示意图和运用 Flash 技术制作的动态示意图。在网络新闻中运用示意图的作用表现为：

首先，示意图可以作为新闻事件的图示材料，显示事件的经过、当前形势、事件进展、地理背景等。例如，图 4-1 所示是 2005 年 4 月至 5 月台湾国民党主席连战访问大陆期间，大陆新闻网站广泛采用的一张图表①，它可以直观显示连战的行程，当鼠标移到数字上时，还可以看到更多的活动内容。

其次，运用 Flash 技术的示意图特别是地图，也可以作为新闻素材的组织手段，它能将不同时间、不同来源的新闻内容或稿件进行有机的结合。

例如，图 4-2 所示地图是美国的 MSNBC 网站关于恐怖分子调查的一个专题报道。它清晰地说明了恐怖分子的分布情况及 FBI 对他们的调查跟踪情况。

① 资料来源：http：//news. sina. com. cn/pic/lianzhan/dalu/index. html.

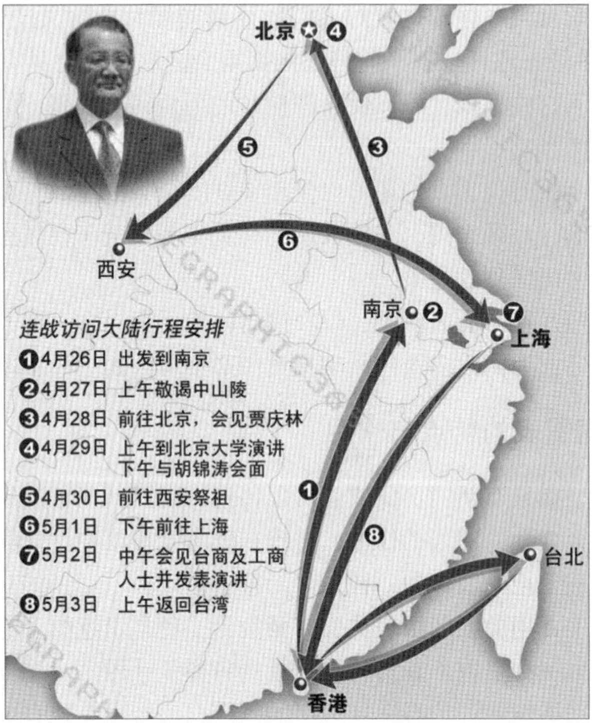

图 4-1　网络新闻报道中的地图运用示例

当点击其中某一个区域时，系统会打开另一个页面，显示详细报道①。

而运用 Excel 等电子表格软件生成的柱形图、直方图、扇形图等统计图是把抽象、枯燥的数字和情况具体化、形象化的一种有效手段。在数字成灾的现代信息社会，这些图表无疑可以帮助人们更好地理解各种各样的数字的内在含义。同时，形象、生动、色彩鲜艳的图表，也可以很好地吸引人们的眼球，加强人们对相关信息的记忆。

总体来看，新闻图表在网络中的运用方式主要有以下几种：

作为与文字新闻配合的辅助信息；

作为多媒体报道中的一种表现形式；

---

① 资料来源：http：//www. msnbc. com/news/813578. asp

图 4-2 运用地图整合的新闻报道示例

作为一种整合其他形式信息的手段，构成多媒体报道的主要框架。

第二节 新闻照片的筛选

目前，在网络新闻的运作中，新闻照片大都来源于传统媒体，网站编辑的任务更多地是进行新闻照片的选择与加工。但是，从长远来看，网站原创性的图片报道会越来越多，在进行文字报道或多媒体报道中，也会需要大量的图片配合。因此，新闻照片的拍摄也是网络新闻工作者的一个重要能力。但无论是新闻照片的拍摄，还是新闻照片的编辑，它们的基本规律是类似的，都需要从新闻和拍摄技术这两个方面加以综合考虑与运用。在保证新闻质量的前提下，尽可能获得更好的技术质量。

一、新闻照片的新闻质量判断

新闻摄影是摄影中的一种，但是由于它与新闻传播结合在一起，因此，又呈现出一些与普通摄影不同的特点。对于新闻照片，新闻质量控制是首要的。

从新闻摄影的主题来看，需要考虑的新闻性因素包括：新闻性、真实性、直接性、及时性等特点。①

所谓新闻性，即指摄影记者确定的摄影报道的主题，应是具有新闻价值的事物。新闻摄影报道应该最大限度地追求照片的新闻信息量。

真实性则意味着拍摄的事实是真实的，照片应符合事实或人物的本来面目。此外，新闻摄影最好是人物在特定环境中自然流露的瞬间形象，应避免“导演”、“摆拍”的现象。在数字时代，则更要防止用相关技术制造的伪新闻图片或篡改新闻事实的图片。

直接性的含义是，所拍形象直接来自现实生活和新闻事件发生现场，直接呈现给读者，不经过再创作或加工。

及时性是对新闻报道的基本要求之一，新闻摄影也不例外。因此，新闻摄影同样是对新近发生的事实的一种报道。

在数字时代，对新闻照片的真实性判断是一件最为困难的事。但是，如果具备一定的计算机图片处理知识，熟悉相关技术，又善于观察，还是可以在伪图片中发现蛛丝马迹的。

例如，2004 年 7 月 15 日，美联社刊登了一张有意夸大中国陕西省西安市区水灾的新闻照片，如图 4-3，后经确认此图片经过电脑处理。16 日，美联社对提供照片的摄影记者给予“开除”的处罚。事实上这张照片是《三秦都市报》的一位记者提供的。后来，有专业人士指出，它的处理是通过 Photoshop 的橡皮图章工具，将原本只漫到小腿的水位“抬高”到了腰部。如果仔细分析图片是可以看出破绽来的，因为，一般来讲，水的波纹是呈发散状的，大小和形式不可能完全一样，但这张照片显示的水纹大小和形式都是一样的，可以判断出，它是经过了“复制水纹”的人为造假。②

事实上，伪新闻照片并非个案，近年非常著名的一个伪新闻照片的例子是《洛杉矶时报》摄影记者布莱恩·沃斯基（Brian Walski）关于伊拉克战争的一张图片。作为派驻伊拉克前线的摄影记者，布莱恩·沃斯基 2003 年 3 月 30 日传回一张英军士兵和伊平民的照片，如图 4-4，《洛杉矶时报》将其刊登在头版，照片同时被发往《洛杉矶时报》所属的论坛报系的其他报社，很多

① 盛希贵：《新闻摄影教程》，中国人民大学出版社 2003 年版，第 116 页。

② 《西安暴雨造假新闻照片出笼始末》，载于 http：//news. china. com/zh_cn/international/1000/20040721/11794045. html。

图 4-3 西安暴雨的伪照片

报社都采用了该照片。

图 4-4 用电脑合成的英军与伊拉克平民的照片

但报系中的《哈特福德报》的一位雇员无意间发现了这张照片的蹊跷——背景有些人是重复的，当照片在电脑上放大到6倍的时候，人们清清楚楚看到，这是一张合成照片。是由图 4-5 的照片和图 4-6 的照片合成的。①2003 年 4 月 1 日，《洛杉机时报》在其网站上刊登更正声明，并做出开除布莱恩·沃斯基的决定。

图 4-5　用于合成的第 1 张照片

图 4-6　用于合成的第 2 张照片

① 任悦:《我们还能相信自己的眼睛吗?》，载于 2005 年 3 月 http://www.photocome.com/。

为了检验数码照片的真实性，可以借助一定的手段。在数码照片的产生过程中，相当于底片的是RAW文件，它是照相机未经任何自动调节之前产生的文件，记载下了图像最原始的状态，因此，媒体记者在提供数码照片时应提供RAW文件。编辑可以运用此文件对照片的真伪进行辨别。

但也有的高手能根据已有的照片制造出一个假的RAW文件。因此，RAW文件虽是一个重要的辅助手段，但也不能盲目相信它。

判断文字稿件的价值高低不仅要看它报道的对象是否具有新闻价值，还要看它的谋篇布局与文字水平如何。同样，除了新闻价值的判断外，评判一张新闻照片的好坏，还要考虑照片的内部形式的好坏。好的新闻照片应该在内部形式上具有以下特点：①

具有瞬间的张力

任何事物的发展都有一个过程，但是，一张照片只能抓住这一过程中的某一瞬间。如果这个瞬间抓拍得好，人们就能透过它感受到事物的全貌和发展、演化的过程，从瞬间中感受到事物发展的连续性、情节性。

在新闻摄影中，瞬间可以有以下几种：

瞬间的黄金点：即高潮到来之前的那一刻。这一瞬间可以最大限度地调动人们的想像力，引起悬念。

高潮瞬间：即激情达到顶点的那一瞬间，这一瞬间往往具有强烈的感染力。

高潮后的瞬间：这一瞬间大多含蓄、深沉，令人回味。

情节瞬间：即情节正在展开的时候，这时以人物的动作、姿态、表情、神态，人物之间的联系，人物与背景、环境之间的关系等展示事物的情节或表现人物的情感、性格等。

具有强烈的现场气氛

好的新闻照片应该能将新闻事件发生现场和新闻人物活动现场的气氛加以如实记录，让人如临其境、如见其人、如闻其声。

---

① 盛希贵：《新闻摄影教程》，中国人民大学出版社2003年版，第107页。

体现人物的情感与性格

摄影记者应该将典型人物置于典型环境之中，用具体的恰当的摄影语言表现人物的情感和性格。

二、新闻照片的技术质量判断

（一）成像清晰

新闻图片的特点是运用真实、生动的形象来表现新闻现场、传达新闻要素。因此，成像清晰是实现新闻图片基本目标的基础。

（二）曝光准确、反差适中

摄影是光与影的艺术，因此控制好摄影的曝光，是拍摄出好的照片的重要一部分。

曝光过度的底片，景物明亮部分的黑度深，密度大，所印放出来的照片影像，只能有限度地表现出景物阴影部分的一些影纹和层次，明亮部分的影纹则一片白色，缺少层次质感。曝光不足的底片，景物的亮度被大量损失，底片普遍黑度浅，密度小，呈现透明或半透明状态，所印放出来的照片影像，只能略微表现出景物明亮部分的某些影纹层次，阴影部分的影纹层次则消失在一片灰黑的影调之中。

正确曝光的含义简而言之便是，在适当的时间里让感光片受到适当的光量照射。这样产生的照片，层次丰富，能表现出很好的质感。

影响曝光量大小的因素是光圈和快门速度。因此，要达到正确曝光，就需要根据景物的亮度与记录、表现景物的需要，来选择合适的光圈和快门的组合。

不同感光度的摄影胶片对光线的敏感程度不同。在同样的光线条件下，用高感光度的胶片，可以用较小的光圈和较高的快门速度。而低感光度胶片则相反。因此，应该根据不同的光线条件，选择合适的感光度的胶卷。

专业的摄影工作者，通常采用测光表的方式来测量光线亮度值，以便对相机进行更准确的曝光控制。

对于胶片相机来说，照片在冲洗过程中，也会对底片的影像效果产生影响。如果显影、定影过程操作不当，会损坏本来曝光合适的照片。另一方面，也可以通过显影、定影中的控制，对于拍摄时曝光不正确的照片进行一定的调整，例如，对于曝光不足的照片可加强显影，而对于曝光过度的照片，则可以减少显影时间、降低显影液温度，来削弱显影程度。

对于数码相机而言，大多数情况下相机的默认设置是自动曝光，这种曝光模式下相机将自动控制拍摄曝光。但是，有些情况下自动曝光系统会判断失误，所以，拍摄者需要根据实际情况增加或减少曝光量来还原景物的真实光亮。如今大多数数码相机都配备有“曝光补偿”功能，应该根据需要来利用这一功能。

由于拍摄时曝光过度对照片的层次损失更大，即使通过后期加工也不能完全弥补，因此，在数码相机拍摄时，一般有“宁欠勿过”的说法，即宁可曝光不足，也不要曝光过度。

（三）构图合理、有新意

所谓摄影构图，就是把要表现的对象有机地安排在一幅画面中，使其产生一定的艺术形式，通过它把摄影者的意图和观念表达出来。

摄影构图时要考虑的问题包括：被摄主体在画幅中所处的位置，照片画幅的长宽比例、透视与空间深度的处理、影像清晰与模糊程度的控制、色彩的配置、影调与线条的应用、气氛的渲染等。

摄影的这种构图过程，并非在产生作品的最后阶段才完成的，而是从考虑画面时就开始了。

研究摄影构图的目的是为了更好地表达照片的主题内容，使作品更有艺术感染力，更能给观众留下深刻的印象，增强照片的效果。

摄影构图的基本要求是鲜明、易懂、有表现力。

在进行摄影构图时，拍摄者要对各种事物进行最准确、最迅速的分析、判断和取舍，把画幅中不需要的那些因素排除在构图之外，尽量使被摄主体从周围环境中突出出来，并使被摄体相互之间的关系协调、统一。

摄影构图要遵循的原则体现为以下几个方面：

突出主体

主体是画面上用以表达内容的主要对象，是画面内容和结构的中心。考虑画面构成时，首先要确定主体。主体可以是一个对象，也可以是一组对象。主体既是表达内容的中心，也是结构中心，画面上其他景物的配置都是配合主体而存在的。

突出主体的基本方法，是将主体置于画面的视觉中心。

所谓画面的视觉中心即是画面的结构中心，即最适于安排重点视觉元素的地方，也有人称为“趣味中心”。在确定画面的视觉中心时，常常采用的是三分法：

通过取景器观察景物时，不妨想象着把画面依水平和垂直方向各划分成三等分。线条交叉处就是安排视觉中心的地方。当然这条规则是可以灵活运用的，视觉中心不一定要正好在交叉点上，但大致得在那一带。画面右端那些交叉点通常被认为是最强烈的；当然，左边三分之一处有时也用来安排视觉中心，这要根据画面怎样平衡而定。三分法对横画幅和竖画幅都适用。按照三分法安排主体和陪体，照片就会显得紧凑有力。

此外，也有人用不同的方法来确定视觉中心点。例如，有人说画面对角线的交点到各个角的二分之一处是处理主体最好的位置。总之，视觉中心并不是机械的。

画面的视觉中心不止一个。但并不是说在每一个视觉中心上都要安排一个主体。如果画面中只有一个主体，那么可将它放在任何一个视觉中心上。如果主体不止一个，则应尽量将它们都安排在视觉中心上。

值得注意的是，画面的正中心并不是视觉中心，因为人是用两眼来观看对象的，正中的位置反而是视觉上最薄弱的地区，而且主体在正中，会使画面显得死板，也不容易安排其他对象。

除了将主体的位置进行合理安排外，还可以通过主体与陪体对比的各种手段来突出主体。例如，形态的对比、大小的对比、动静的对比、影调或色调对比等。①

充分利用陪体

陪体是指画面上与主体构成一定的情节，帮助表达主体的特征和内涵的对象。陪体对帮助说明主体的特征起着重要作用，也会使画面中的视觉语言更丰

---

① 盛希贵：《新闻摄影教程》，中国人民大学出版社2003年版，第336页。

富生动。

陪体的作用主要表现为：

帮助主体展开情节，补充、丰富主体动作的内涵，此外，陪体还可以衬托主体、加强主体的表现，对主体起到注释与说明的作用。

在选择陪体时要采用具有典型性的对象，使它们能够用来刻画人物的性格，说明事件的特征。

画面陪体的安排必须以不削弱主体为原则，不能喧宾夺主。陪体在画面上也不要求完整出现，只需留下能够说明问题的那一部分就够了。这样更能体现出画面的主次感。

恰当烘托环境

画面上有些对象是作为环境的组成部分，这些对象处于主体前面的，称为前景；处于主体后面的，称为背景。

恰当运用前景或背景，可以对主体、情节起烘托作用，以加强主题思想的表现力。

适当留白

摄影画面上除了看得见的实体形象之外，还有一些空白部分，它们是由单一色调的背景所组成，形成实体形象之间的空隙。它们可以看作是画面中的空白，或称“白”。

空白在画面上的作用，如同标点符号在文章中的作用一样，能使画面章法清楚、段落分明，还能帮助作者表达感情。

画面上的空白有助于突出主体，也有助于创造画面的意境，给人留下想象与回味的空间。空白还有助于组织各个对象之间的呼应关系。

画面上的空白与实物所占的面积大小，要合乎一定的比例关系，防止面积相等、对称。当画面上“白”的总面积大于实体对象所占面积时，这样画面重在写意，当画面中实体面积大于“白”时，画面重在写实。但要避免两者在画面上的总面积相等，因为这样给人的感觉死板、平庸。

注重线条运用

照片是由线条和形状构成的，不同的线条给人的印象各不相同。在进行摄影的构图时，应该考虑到线条这一重要因素。

水平线具有和平、宁静和放松的感觉。但在使用水平线时应注意，避免使用把画面从中间分开的水平线，因为它把画面分成相等的两半，会让画面显得呆板生硬。

直线能表现高度、动能和力量，增强威严感和崇高感。

斜线能表现动感、力量和方向，容易产生韵律感，引起观众的兴趣。

曲线能表现优雅，让人感觉轻松愉悦。

线条对于摄影的构图起着重要的作用。在摄影中，应该充分考虑各种线条的运用，处理好它们之间的关系。

讲求整体均衡

在考虑了画面构成的各个因素后，最后，一幅画面的构图是否合理，还要看它整体是否均衡。

均衡的画面使人感到稳定、和谐、完整。

完全对称可以造成一种均衡感，但常常显得过于平板、呆滞，难以引起人们的兴趣。因此艺术作品的均衡是变化中的均衡，和心理感觉上的均衡。不对称均衡就是其中常见的手法。在具体情况下，运用均衡的方式也是不一样的。

如果要强调庄重、肃穆的气氛，通常要求画面均衡平稳，有时还会有意地采取对称式的均衡，如拍摄宏大的建筑、庙宇、庄严的会议全景等等。

而在一些风光画面及生动活泼的人物、情节画面中，常采用的是变化中的均衡或不对称的均衡。画面上可以有疏有密，有虚有实，但整体的感觉应该是均衡的。

有时，也可有意地违反均衡的法则，使画面从不均衡中造成某种动荡感，只要这种感觉与照片的主题是吻合的，也是可以接受的。

总之，画面均衡感的处理，应该服从于摄影主题的需要。

摄影构图设计是上述原则的综合运用。总之，摄影构图既要和谐，又有一定的视觉冲击力。对于新闻摄影来说，还要有利于揭示与传播相关信息。

（四）色彩还原正确

目前的新闻照片基本上都是彩色照片，要真实反映事物的原貌，色彩的真实非常重要。但是，在拍摄时，由于受到拍摄对象、光线以及其他因素的影响，拍摄出来的照片可能会出现色彩误差。在挑选照片时，应该尽量选择色彩还原正确的照片。如果有些照片质量本身不错，但出现了偏色，也可以利用一些技术来修正它们，例如，利用相关软件可以纠正数码照片的色彩偏差。

第三节　新闻照片的数字化加工

一、新闻照片数字化加工的原则

在数字时代，由于Photoshop等图像加工软件的出现，对于图片进行各种形式的加工变得非常容易，移花接木、偷梁换柱式的加工图片比比皆是。

尽管技术提供了方便快捷的图片加工方式，但是，技术的滥用却是值得警惕的，特别是在新闻图片的加工中，如何才能防止由于利用技术伪造或篡改新闻照片的现象，更是成为人们普遍关心的一个问题。

上文提到了西安暴雨的假照片和合成的伊拉克战争的照片，都是摄影记者滥用计算机图片加工技术的例子。此外，也有一些图片编辑出于各种考虑，对记者发回的照片进行不恰当的加工。

2004年3月11日，西班牙报纸EIPAIS的摄影记者帕布罗在火车爆炸现场拍摄了一张照片，随后它又通过路透社发往世界各地。照片左下角前景突出位置，可以清晰地看到一块尸体的残片，据说是一块人腿。一些图片编辑在使用的时候将照片剪裁，或者在尸块上压字，但是也有几家英国报纸，如《每日电信报》、《太阳报》、《泰晤士报》、《每日邮报》等则用数字手段把尸体碎片抹去，而另一家英国报纸《卫报》则将尸块的颜色处理成灰色。其他一些国家的报纸也都采用了相同的处理办法。①

尽管编辑的意图是避免人们看到过于血腥的场面，但是，还是有不少读者对这种做法提出了质疑。

由于各种原因，记者拍摄的新闻照片往往并不完美，在后期对它们进行一定的加工不可避免，但是，对新闻照片加工的原则与尺度如何把握，不仅成为一个新闻业务问题，也成为一个新闻伦理与法规问题。

---

① 任悦:《我们还能相信自己的眼睛吗?》载于2005年3月http://www.photocome.com/。

在美国，《华盛顿邮报》等7家报纸制定了图片编辑的15项原则，在国内通常被人们称为"《华盛顿邮报》图片处理15条'军规'"，它的主要内容是：①

（1）所有的原始数码图像都必须由数码相机直接下载到图片库以备所需时编辑和回顾。在进行本地传输时，原始文件需存盘。所有用于编辑目的的打印输出都必须来自数码相机的原始文件。

（2）图片应标注清晰的图片说明。

（3）读者认为图片应当是对事件的真实记录，我们决不能背叛这种信任。纪实照片的完整性具有最高优先权，纪实照片边框内的所有内容都不能改变，包括改变背景，增加颜色，制造图片蒙太奇或者拼接图片。不能对图片中的内容做任何的增减，这意味着即使是一只手或者一根树枝出现在图片中的不合适的位置，我们也不能去掉它。

（4）摄影记者不能对新闻事件进行设置、重现、导演或者采取其他人为行为干扰新闻事实。

（5）报纸的任务是刊发纪实图片，导演现场只在下列状况下被允许：肖像摄影、时尚或室内设计摄影、工作室摄影，这些照片在使用时必须加以区别，其图像不能给人以纪实照片的错觉，一般情况下，这些照片在使用时应做文字说明。比如某人是为了被拍照而在现场工作，则图片说明不能是"某人正在办公室工作"。

（6）纪实照片应尽量减少侧面影像的图片的使用，这些图片容易造成特征性元素的缺失。

（7）纪实照片不得被拉伸、变形以适应版面需要。

（8）应减少标题压图片的用法，如使用则必须与摄影者和图片编辑共同论证。

（9）数字图像改造技术的使用必须明显地显示出其虚构性。如果必须使用图片说明才能让读者明白此图片经过了数字技术的处理，那么这张图片不能被采用。

（10）可以创造性地使用照片图示（photo illustration）来表达编辑思想。

---

① 许林：《解读〈华盛顿邮报〉图片处理的15条"军规"》，载于《新闻实践》2005年第7期。

照片图示一般不使用纪实照片。照片图示的制作必须会同摄影者本人、图片编辑、文字编辑、美术设计，使用的手法必须明显或者夸张，以避免读者误认为其为纪实照片。这种方法使用时必须得到新闻美术总监或其助理编辑的同意。

（11）应读者需要刊登的从读者那里获得的有关婚礼、讣告等的图片不能做任何改动。比如，讣告图片必须与原图保持一致，重现性是最重要的。

（12）允许为了使图片有更好的效果而对于锐度和对比度的一般性调整。为了增加清晰度和精确度而对色彩或灰度进行的调整必须被限制到最小程度。

（13）可以通过加光或者减光改善图片的技术质量，可以使用数码技术修补照片中由于过多的灰尘和其他非人为因素造成的图片缺损。

（14）美术总监、责任编辑和编辑部应当对有疑点的图片及时作出质疑，必要时总编辑应参与决策。

（15）所有在本报刊登过的照片在参加摄影比赛时都必须遵照本报图片处理原则，依照原始图片加以调整。

这些原则对数字新闻摄影及处理的各个环节提出了具体的要求，以尽量减少对技术的滥用。

美国白宫摄影记者协会（WHNPA）在 2005 年 2 月通过的新的摄影比赛指南中，明确界定了如何使用 Photoshop 才是合法，指出，“以 Photoshop 或其他任何数码方法增加或减少任何元素均不容许，惟一可以的，是以编修技巧除尘及清除刮花的痕迹。①

也有摄影工作者在各种媒体或机构制定的类似原则中提炼出以下四项原则：②

决定性瞬间

新闻照片内的所有景物的几何关系以拍摄到的影像为准，换言之，摄影影像内所有影像元素的相互关系及位置不能在后期制作时作任何改变。

传统暗房所准许

新闻照片内所有后期编修的尺度，原则上应限于以传统暗房对新闻照片所

---

① 伍振荣：《影像谎言》，香港《摄影杂志》2005 年 12 月，第 124 页。

② 伍振荣：《影像谎言》，香港《摄影杂志》2005 年 12 月，第 125 页。

准许做的效果。

修饰技术错误

可以对光学上、物理上或电子上的摄影影像偏差进行适当修改，但应局限于：矫正色差、矫正白平衡、矫正镜头光学变形、矫正影像边缘失光、矫正透视变形及电子噪音等。

清楚注明插图

超乎上述任何一项原则的，均不应刊登，或只可以在明显及充分注明为“插图”、“设计图片”和“数码制作插图”等，以及不会被误导读者的情况下才可刊登。

综合目前各媒体的一般规定，可以看出，在运用相关技术对新闻照片进行加工时，需要遵守的原则是：①

不能对图片中的内容做任何的增减或篡改：不能造成视觉信息的改变或视觉符号相互关系的改变，不能有任何对读者信息接受造成误导的做法。

允许的操作包括：

剪裁照片；

加光减光，将照片的局部加黑或增亮；

修掉照片上由于洗印、扫描、打印而产生的污点；

改变照片的反差；

对照片的局部进行漂白。

二、网络新闻照片数字化加工的相关软件

目前，网络新闻照片数字化的加工软件主要有：

1. Photoshop

Photoshop 是 Adobe 公司推出的一款功能十分强大、使用范围广泛的平面图像处理软件。目前 Photoshop 是众多平面设计师进行平面设计和图形、图像处理的首选软件。Photoshop 拥有多种选择工具，而且多种选择工具还可以结

① 曾璜等：《图片编辑手册》，中国摄影出版社 2003 年版，第 63~64 页。

合起来使用，可以方便地选择各种复杂的对象。它不仅拥有多种内置滤镜可供用户选择使用，而且还支持第三方的滤镜，可以便捷地完成各种复杂的处理效果。它可以制作多种精美的文字造型，而且还可以对文字进行复杂的变换。此外，使用起来也不十分复杂。

2. Fireworks

它是Macromedia公司推出的网页制作工具“三剑客”之一，主要用于图形、图像的制作，虽然功能不如Photoshop强大，但是，在制作网页图像方面有自己的优势。它也能满足新闻照片加工的基本需求。

三、数字图片的常见格式

对数码照片或其他数字形式图片进行处理，需要了解以下常见的文件格式：

1. Bmp文件

Bmp（Bitmap）文件是Windows中的标准图像文件格式，已成为PC机Windows系统中事实上的标准。有压缩和不压缩两种形式。*.bmp以独立于设备的方法描述位图，可以有黑白、16色、256色、真彩色等几种形式，能够被多种Windows应用程序支持。

2. GIF文件

GIF（Graphic Interchange Format）是Compuserve公司在20世纪80年代初，针对网络传输带宽限制推出的一种图像格式。它采用无损压缩方法中效率较高的LZW算法，具有高压缩比的特点，主要用于图像文件在网络中的传输。考虑到网络中的实际情况，*.gif除了一般的逐行显示方式外，还增加了渐显方式。即，用户可以先看到图像的大致轮廓，随着传输过程的继续而逐渐看清图像的细节部分。这种方式以后也被其他图像格式所采用。最初，GIF格式只是为了存储单幅静止图像，称为GIF87a，后来进一步发展成为GIF89a，它可以同时存储若干图像进而形成了动画。现在网络上许多动画文件都采用了GIF89a。GIF格式的图像应用范围很广，是可以在Macintosh、Amiga、Atati以及IBM等不同类型的机器间进行移植的一种标准图像。

3. TIF/TIFF 文件

TIF/TIFF（Tag Image File Format）格式文件由 Aldus 和微软联合开发，最早是为了存储扫描仪图像而设计的，因而它也是微机上使用最广泛的一种图像文件格式。这种格式支持的颜色深度最高可达 24 位，因此存储质量高，细微层次的信息多，有利于原稿的复制。该格式有压缩和非压缩两种形式，其中压缩采用的是 LZW 无损压缩方案。但 *.tif 、*.tiff 格式变体很多，兼容性较差，它需要大量的编程工作来全面译码。在 Photoshop 中，*.tif 文件可以支持 24 个通道，是除了 Photoshop 自身格式外，惟一能存储多于 4 个通道的文件。

4. JPEG 文件

JPEG 是 the Joint Photographic Experts Group（联合图像专家组）的缩写，是用于连续色调的图像压缩的一种标准。其主要方法是采用预测编码（DPCM）、离散余弦变换（DCT），以及熵编码，以去除冗余的图像和彩色数据。属于有损压缩方式。*.jpg 、*.jpeg 是一种高效率的 24 位图像文件压缩格式，同样一幅图像，用 *.jpg / *.jpeg 格式存储的文件大小是其他类型文件 1/10—1/20，通常只有几十 K 字节，而且颜色深度仍然是 24 位。其质量损失非常小，几乎感觉不到。*.jpg、*.jpeg 文件在网络上的运用十分广泛。

5. PNG 文件

PNG（Portable Network Graphics）是一种可以存储 32 位信息的图像。采用无损压缩方式，目前越来越多的软件开始支持这一格式。在网络上也越来越流行。它采用的是高速交替显示方案，只需下载 1/64 图像信息，就可显示低辨率的预览图像。但它不支持动画。

四、利用 Photoshop 加工网络新闻照片

下面将以 Photoshop CS 为例说明与网络新闻照片加工相关的主要操作。Photoshop CS 的功能极为丰富，如果从完全掌握软件的角度看，本书的介绍是远远不够的。但是，由于新闻照片的处理只限于某几种较简单的操作，因此，下文的内容是针对新闻照片加工的基本需要的。这些操作也可以作为进一步学

习该软件的基础。

需要注意的是，无论对照片进行什么样的加工，都应该将原始照片文件保留下来。用于加工的应是照片的复制文件。

（一）Photoshop 的界面

Photoshop CS 的操作界面（如图 4-7）主要分为以下几部分：

主菜单区：集成了各种菜单操作。

工具箱：集成了各种常用的工具。

浮动工具面板：可打开与关闭的各种工具面板。要打开一个面板，可点击主菜单中“窗口”下的相应面板名。要关闭某面板，点击该面板右上角的关闭按钮即可。

工作区：显示被处理的图像。

在工具箱中，有多个工具，有些图标实际上由几个工具组成。各个工具的作用分别是：

选框工具：包含、、、几种工具，可创建矩形、椭圆、单行和单列选区。

移动工具：可移动选区、图层和参考线。

套索工具：用手绘图的方式选中图像中的某些部分；创建多边形选区；创建磁性选区。

魔棒工具：可将颜色相近的区域同时选中。

裁切工具：用于裁剪图像。

切片工具：创建切片。

切片选择工具：用于选择切片。

修复画笔工具：利用选中的样本或图案绘画以修复图像中不完美的部分。

修补工具：可利用样本或图案来修复所选图像区域中不完美的部分。

颜色替换工具：用新的颜色替换所选颜色，利用该功能可以消除照片中的红眼现象。

画笔工具：绘制线条，一般情况下它所绘制的线条较铅笔工具绘制的

图 4-7 Photoshop CS 的操作界面

线条柔和，但也可以通过相应设置来改变外观。它也可以作为喷枪使用。

铅笔工具：绘制线条，一般情况下它绘制的线条较为硬朗，但也可以通过相应设置来改变外观。

仿制图章工具：从图像中取样，然后将样本应用到其他图像或同一图像的其他部分，也就是实现“克隆”效果。

图案图章工具：用某些图案来绘画，这些图案可以是系统提供的，也可以是导入的其他图案。

历史记录画笔工具：可将所选状态或快照的拷贝绘制到当前图像窗口中。

历史记录艺术画笔工具：可利用所选状态或快照，用模拟不同绘画样式的风格化描边来绘画。

橡皮擦工具：可抹除像素并将图像的局部恢复到以前存储的状态。

背景橡皮擦工具：可通过拖移将某些区域擦抹为透明区域。

魔术橡皮擦工具：可通过一次点击将纯色区域擦抹为透明区域。

渐变工具：可创建直线形、放射形、倾角形、反射形和菱形等方式的颜色渐变效果。

油漆桶工具：用前景色填充着色相近的区域。

模糊工具：柔化图像中的硬边缘或区域。

锐化工具：对图像内的柔边进行锐化处理，以提高清晰度或聚焦程度。

涂抹工具：模拟用手指涂抹湿颜料的动作。

减淡工具：使图像内的某些区域变亮。

加深工具：使图像内的某些区域变暗。

海绵工具：更改某个区域的颜色饱和度。

路径选择工具：选中某一路径。

文字工具：含“横排文字”工具T或“直排文字”工具↓T，可在图像上输入横排或竖排文字。

文字蒙版工具：含“横排文字蒙版”工具和“直排文字蒙版”工具，可在文字形状中创建选区。

钢笔工具：可以绘制边缘平滑的线条（贝塞尔曲线）。在绘制开放线条时，如要结束绘制，按住 Ctrl 键在线段外点击。如果绘制封闭的图形，在结束时将钢笔指针定位在线段的起点上。如果放置的位置正确，笔尖旁将出现一个小圈。点击鼠标，系统会自动将其闭合。

绘制形状工具：在这个图标中包含多种工具，可以画出各种不同的形状。

注释工具：创建附加在图像上的文字和语音注释。

吸管工具：提取图像的色样。

测量工具：测量距离、位置和角度。

抓手工具：在图像窗口内移动图像。

缩放工具🔍：放大和缩小图像的视图。

熟悉以上各种工具的功能与使用方法，是完成各种复杂操作的基础。可进一步参看软件自带的“帮助”。

（二）Photoshop 中的选中操作

在 Photoshop 中对照片进行加工，很多时候不是针对一张图片的整体，而是其局部。这就需要先选中要操作的对象，即创建选区。操作对象可能是规则的区域，也可能是不规则的区域，只有功能强大的选中工具，才能满足复杂多变的“选中”需要。Photoshop 中主要的选中操作有：

利用工具面板中的选取框工具，可以画出矩形或椭圆形的选中区域，也可以选中 1 像素宽的列或 1 像素高的行。

利用工具面板中的套索工具，可以画出边缘光滑的选取框或折线构成的多边形选取框。

利用工具面板中的魔棒工具，可以将相似的颜色同时选中，按住 shift 键，继续点击，可以选中更多类似色。用该工具选中某些区域后，再配合主菜单中的“选择”/“选择相似”，也可以选择相似色。

在“选择”下的“色彩范围”也是一种根据颜色来选取对象的方法。打开它的对话框，这时光标会变成吸管的形状，将吸管移到要取样的颜色上点击，再点击“好”退出对话框，这时与取样点具有相同或相似色彩的部分便被选中。在对话框中调整“颜色容差”的值，可以设置选中的色彩与样本色彩有多大的差距。

主菜单中“选择”菜单项中的操作，多是配合工具面板中的选中工具的，将两类操作组合起来可以产生很好的效果。例如，如果一张图像中有一部分是纯色的，那么，先用魔棒工具将它选中，再执行“选择”/“反选”，就可将纯色之外的其他部分一次选中。利用此菜单下的“修改”，可将选取框向外扩展或向内收缩，或使得选取框的边缘更平滑。另外，在该菜单项中的“羽化”操作，可以使选取对象的边框产生一种柔化的感觉。

要取消当前的选择，可执行“选择”/“取消选择”。

以上操作可参看软件的“帮助”功能更加详细地了解具体的用法。

此外，Photoshop 还有更复杂的选中方法，例如用蒙版创建选区，具体方法在此不再展开。

(三) 照片的尺寸调整

在拍摄照片时，一般设置的分辨率较高，照片尺寸较大。但是，将照片发布在网上时，往往需要将照片的尺寸调小。

调整照片尺寸的操作为：

(1) 执行主菜单中的“图像”/“图像大小”，打开如图 4-8 的界面。

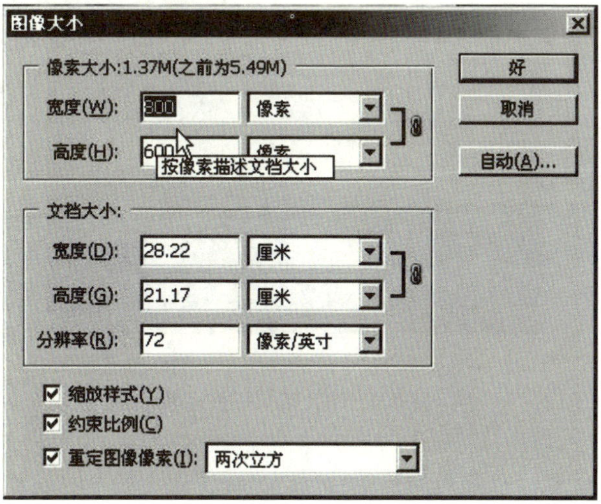

图 4-8　图像大小调整界面

(2) 在此界面中，根据需要设置相关的参数。在调整了图像的尺寸后，在窗口上方会自动显示调整后的图像文件的体积。

设置完毕后，点击“好”退出。

(四) 照片的裁剪

为了弥补新闻照片在构图上的缺陷，可以对照片进行一定的裁剪。操作为：

(1) 选中工具面板中的“裁切工具”，用它在照片中画出一个矩形框（如图 4-9）。这个矩形框内的部分就是裁剪后留下的部分，而外边的部分变暗，便于观察剪裁后的效果。移动这个矩形框上的各个方形的控制点，可以使所选区域更为合理。

(2) 当选中区域调整合适后，点击窗口右上角的“提交”按钮√，将剪裁结果确定下来。

图 4-9　图片裁剪操作示意

(五) 照片的曝光调整

不少照片在拍摄时存在曝光不足或曝光过度的现象，或者对比度不理想，在数字化处理时可在一定程度上对这类问题进行纠正。

虽然系统在主菜单的“图像”/“调整”下设置了“亮度/对比度”的调整，但是，如果要准确调整照片的影调，最好采用其他方法。下面是其中两种方法。

1. 利用“色阶”调整

执行主菜单中的“图像”/“调整”/“色阶”，打开如图 4-10 的操作界面。

为了不损害原始图像，也可执行“图层”/“新调整图层”/“色阶”，在“新建图层”对话框中点击“好”。这样可在复制的图层上进行色阶调整。

如果不满意所做的更改，可以随时更改它们或完全扔掉调整图层并返回到原始图像。

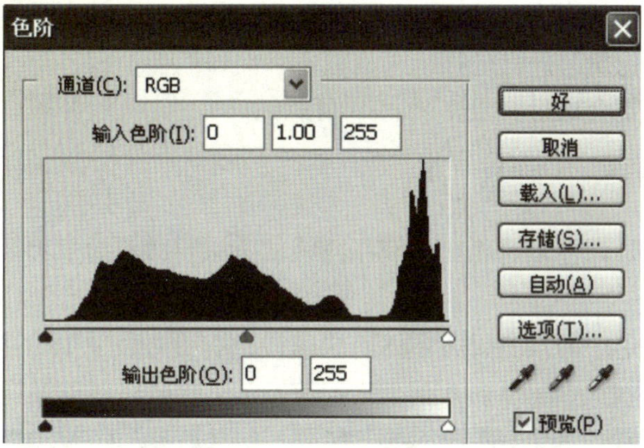

图 4-10　色阶调整界面

在色阶调整的界面中，可以看到一个直方图。它的横轴表示的是亮度，共分为 256 阶。最左边的点色阶为 0，即最暗的地方，最右边的点的色阶为 255，是最亮的地方。纵轴对应着该色阶处的像素值。

一张图像分为暗调（直方图中左边部分）、中间调（中间部分）和高光（右边部分）三个部分。

如果一张图像的直方图上的像素主要集中在中间部分，暗调区和高光区都没有像素，那么这张照片就是灰蒙蒙的。

如果一张图像的直方图偏向左边，高光部分没有像素，那么，这张照片一定偏暗；反之，如果一张图像的直方图偏向右边，暗调部分没有像素，那么，这张照片偏亮。

通过直方图下的控制滑块可以改变图像的亮度与对比度。直方图下最左边的黑色三角形为“黑场输入”滑块，它用于调整暗调部分。最右边的白色三角形为“白场输入”滑块，它用于调整高光部分。将“白场输入”滑块向左移动时，会使图像变亮。将“黑场输入”滑块向右移动时，会使图像变暗。

如果要使一张照片看上去曝光正常，有时不仅仅要调整暗调和高光部分，还需要适当调整中间调，以获得更好的效果。直方图下中间的灰色滑块用于调整图像的中间调，但不会明显改变高光和暗调。向左移动可使图像变亮，向右移动可使图像变暗。

色阶的调整可在“RGB”模式下进行，即对图像的整体进行调整，也可以分别在“红”、“绿”、“蓝”三种单通道中进行，这时，调整的只是图像的某一种颜色的色阶。

当色阶调整合适后，点击“好”可返回。

2. 利用“曲线”调整

与利用色阶调整影调相比，利用曲线的方式可以设置更多的控制点，更精确地进行调整。

执行主菜单中的“图像”/“调整”/“曲线”，打开如图 4-11 的操作界面。

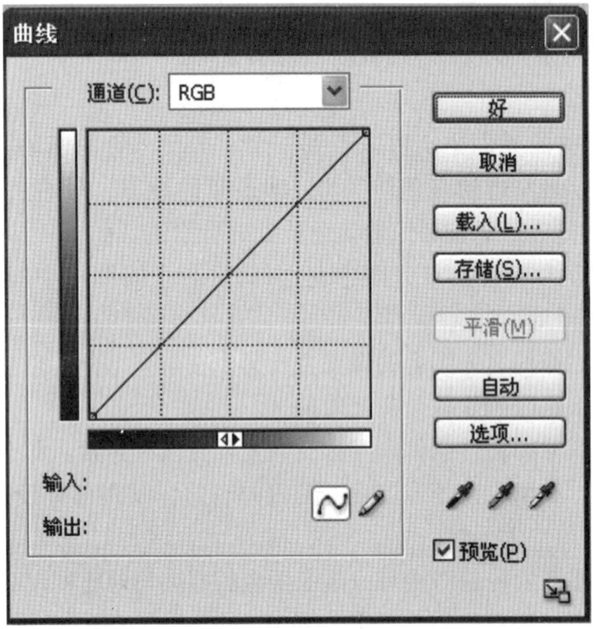

图 4-11　曲线调整界面

为了不损害原始图像，也可执行“图层”/“新调整图层”/“曲线”，在“新建图层”对话框中点击“好”。这样可在复制的图层上进行曲线调整。

在“曲线”对话框的默认状态下，移动曲线顶部的点主要是调整高光部分；移动曲线中间的点主要是调整中间调部分；移动曲线底部的点主要是调整暗调部分。将点向下或向右移动会使图像变暗。相反，将点向上或向左移动会使图像变亮。曲线上比较陡直的部分代表图像对比度较高的部分。相反，曲线上比较平缓的部分代表图像对比度较低的区域。

通常调整曲线的做法是，在曲线上选择若干个控制点，通过调整它们的位置，来改变图像的色彩或影调效果。

如果在曲线的上部和下部各取一个控制点，通过它们将曲线调整成一个“S”形（如图 4-12），可以增加照片的反差。

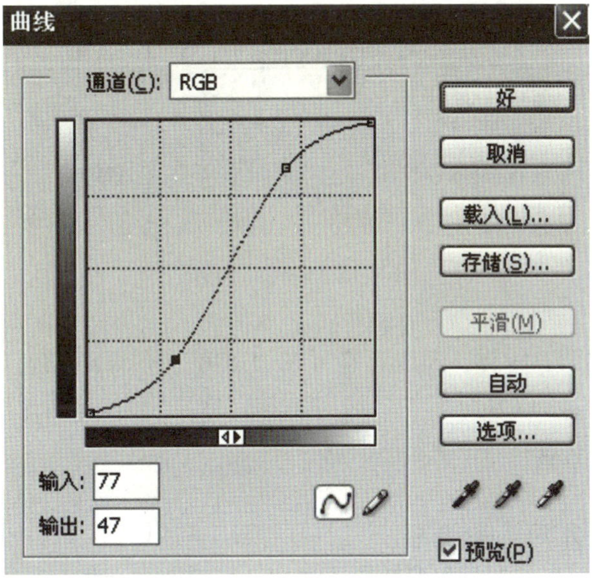

图 4-12　“S”形曲线

如果在曲线的上部、中部和下部各取一个控制点，通过它们将曲线调整成一个“M”形（如图 4-13），那么不但可以提高图像的亮调部分，还可以丰富暗调部分的层次，较适合于存在着大量暗调区的图像。

但不能仅仅用以上几种方式机械地调整曲线，要根据每一张照片的实际情况选择与调整控制点。

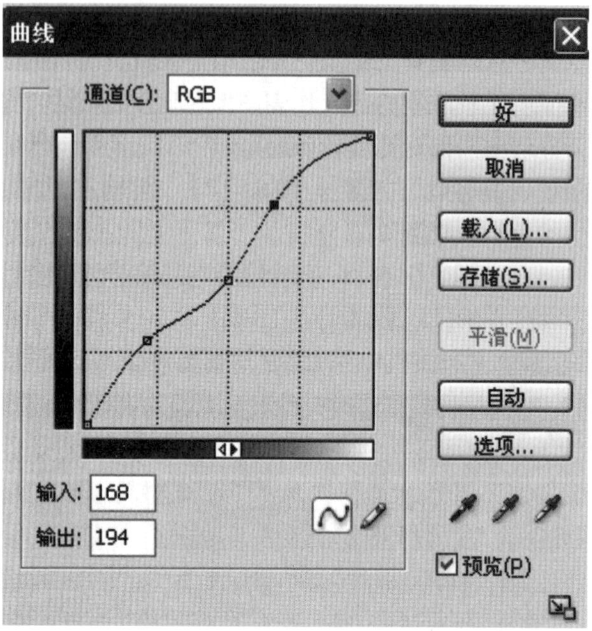

图 4-13 “M”形曲线

与色阶的调整一样，曲线调整可在“RGB”模式下进行，即对图像的整体进行调整，也可以分别在“红”、“绿”、“蓝”三种单通道中进行，这时，调整的只是图像的某一种颜色的曲线。

（六）照片的色彩调整

如果拍摄出来的照片色彩效果不理想，可以通过一些方法进行调整。下面是常见的两种方法。

1. 利用“色相/饱和度”调整颜色

在 Photoshop 中可用 HSB 颜色模型来表示颜色。H、S、B 指构成颜色的三个要素，H 代表色相，S 代表饱和度，B 代表亮度，它们各自的含义如下：

色相是从物体反射或透过物体传播的颜色。在通常的使用中，色相由颜色名称标识，如红色、橙色或绿色。

饱和度（有时称为色度）是指颜色的强度或纯度。它用百分比的方式来度量。

亮度是颜色的相对明暗程度，通常也用百分比来度量。

对以上三个因素中的一个或几个进行调整，就可改变颜色。

执行主菜单中的“图像”／“调整”／“色相/饱和度”，打开如图 4-14 的操作界面。

为了不损害原始图像，也可执行“图层”／“新调整图层”／“色相/饱和度”，在“新建图层”对话框中点击“好”。这样可在复制的图层上进行调整。

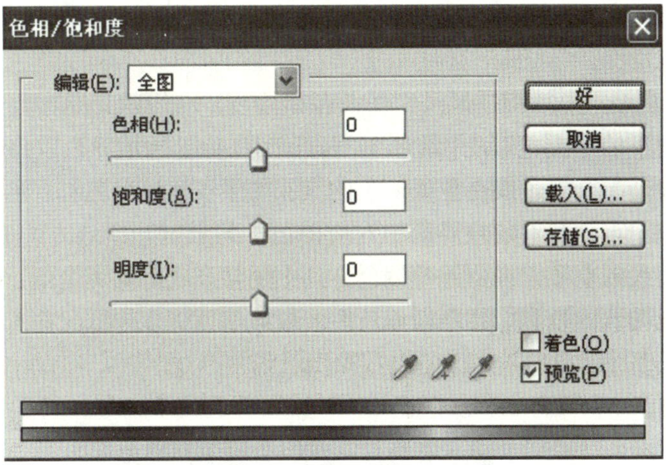

图 4-14　色相/饱和度调整界面

在该窗口中，可以对色相、饱和度和明度（亮度）这三个色彩的要素分别进行调整。当色相的值改变时，可以看到窗口下方的色轮也在发生变化。

如果在全图状态下，是对照片整体进行调整。

如果在“编辑”下拉菜单中选择某一种颜色，则调整的是图片中该颜色的值。

用“色相/饱和度”的方法，实际上是在用新的颜色替换旧的颜色，但它并不能纠正偏色。

2. 利用“色彩平衡”纠正偏色

Photoshop 也可以采用 RGB 颜色模式，即每一种颜色通过它的 R（红色）、G（绿色）、B（蓝色）的分量来表示。例如，纯红色的 R 值为 255（即 100%），G 值为 0，B 的值为 0；纯绿色的 R 值为 0，G 值为 255（100%），B 的值为 0；纯蓝色的 R 值为 0，G 值为 0，B 的值为 255。当 R、G、B 这三个值相等时，对应的颜色是中性灰色，其中：当所有值均为 255 时，对应的是纯白色；当这些值均为 0 时，对应的是纯黑色。从另一个角度说，在自然景物中是黑、白、灰的物体，在正常光线照射下，其 R、G、B 的参数值应是相等的。如果在拍摄的照片中这些中性灰所在位置的三个值明显不等，便说明存在偏色。

在 Photoshop 中判断一张照片是否存在偏色，利用的正是中性灰。可以先执行主菜单下的“窗口”/“信息”，打开如图 4-15 所示界面。再利用光标在图像中寻找若干个黑色或白色或灰色的点，如果没有以上色彩，可以选择最接近上述颜色的点，观看信息界面中对应的值。如果这几个地方的 R、G、B 三个值均有很大的差异，说明照片偏色。其中明显高或低的那个值，就反映了照片中偏高或偏低的色彩。在判断偏色时，应该尽可能多选取一些点，以便做出综合判断。

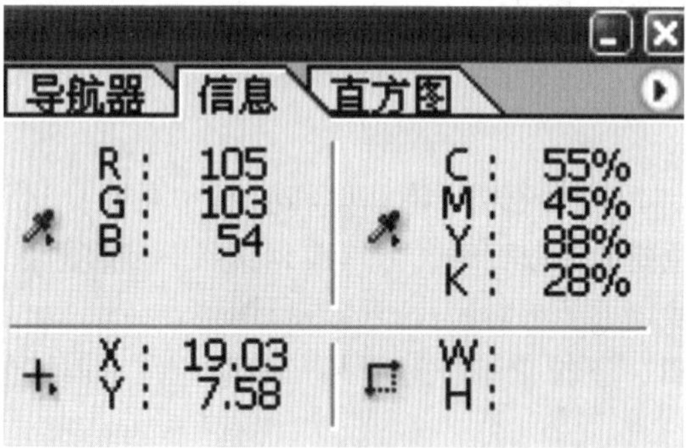

图 4-15　信息窗口

当然，有时照片中没有适合判断的校色点，这会在一定程度上影响判断的准确性。但是上述方法在很多场合是适用的。

在判断了图像是否偏色、如何偏色后，就可以利用“色彩平衡”来进行校正。

执行主菜单中的“图像”/“调整”/“色彩平衡”，打开如图 4-16 的操作界面。

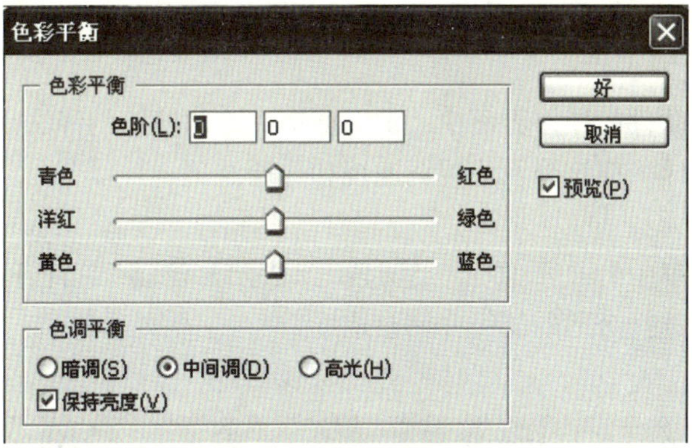

图 4-16　色彩平衡调整界面

为了不损害原始图像，也可执行“图层”/“新调整图层”/“色彩平衡”，在“新建图层”对话框中点击“好”。这样可在复制的图层上进行调整。

在这个界面中，可以对“暗调”、“中间调”和“高光”这三个部分分别进行调整。根据在校色点获得的信息可判断需要增加或减少的颜色及大致的值，调整参数的同时观察图片，直至获得较满意的效果。设置好后，可以再次通过“信息”窗口观察调整后的校色点的 RGB 值。

（七）照片的色温调整

在照片拍摄时，要尽量通过相应手段来获得合适色温的照片。但如果因为各种原因造成了色温原因带来的偏色，可以在 Photoshop 中通过“照片滤镜”来改善效果。

一般来说，照片偏蓝，表示色温过高，需要在处理时降低色温。照片偏橙黄色，表示色温过低，需在处理时提高色温。

Photoshop 提供的色温滤镜包括：

暖调滤镜（85）和冷调滤镜（80）：它们是用来调整图像中白平衡的颜色转换滤镜，可以大幅度地改变色温。如果图像是使用色温较低的光拍摄的，则冷调滤镜（80）使图像的颜色变蓝，以便补偿色温较低的环境光。如果照片是用色温较高的光拍摄的，则暖调滤镜（85）会使图像的颜色变黄，以便补偿色温较高的环境光。

暖调滤镜（81）和冷调滤镜（82）：它们是光平衡滤镜，适合于对图像的色温进行较小的调整。暖调滤镜（81）使图像变黄，冷调滤镜（82）使图像变蓝。

注意：在软件的操作界面中，加温滤镜和冷却滤镜的译法是不准确的，它们容易产生误导。应该分别为暖调滤镜和冷调滤镜。

具体操作为：

执行主菜单中的“图像”／“调整”／“照片滤镜”，打开如图 4-17 操作界面，在其中选择合适的滤镜并调整浓度。

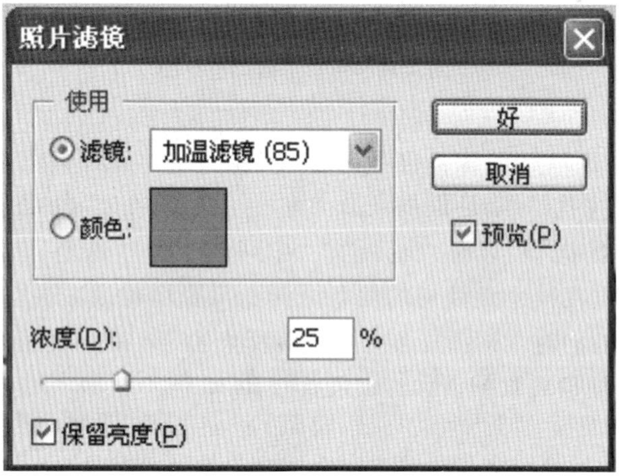

图 4-17　照片滤镜操作界面

为了不损害原始图像，也可执行“图层”／“新调整图层”／“照片滤镜”。

（八）照片的透视变形矫正

用广角镜头拍摄照片时，容易产生透视变形，可在 Photoshop 中加以修正。但不同照片的操作不尽相同，有些一次操作可以基本解决问题，有些则需要多次操作。下面只是介绍改变透视变形的基本方法，在实践中需要对此加以灵活运用。

选中工具面板中的“裁剪工具”，画出一个框，将需要调整的图片全部包含在内。

点击屏幕上方的“透视”前的方框，使之出现勾，这时处于透视状态，根据需要拉动裁剪框四角的控制块，以便将变形的局部纠正过来，操作完成后，点击窗口右上角的“提交”按钮√，将剪裁结果确定下来。如果效果不理想可以取消该操作，重新进行调整。

在有些情况下，将某一个物体的角度调整合适了，会引起其他对象的变形，需要多次进行上述操作才能获得满意的效果。

（九）在照片上加文字

如果需要在照片上加入文字，操作为：

先选中工具面板中的文字工具。系统提供了横排文字工具和竖排文字工具两种工具，可以根据需要选用。用该工具在合适的位置画出一个文字框，在其中输入文字。在该窗口的上方可以对文字的字体、字号、色彩等进行设置。还可以设置变形字体。操作完成后，点击“提交”按钮。

输入的文字和图像位于不同的图层，在图层窗口中可以清楚看到这一点。这样便于对它们分别进行操作。

如果需要再次编辑文字，可用相应文字工具点击文字所在位置。

要移动文字框的位置，先选中工具面板中的“选取工具”，再将光标移到文字框所在位置将其拖至新位置。

（十）照片的分切

分切照片的目的，是将一张大的图像切分成若干个小块，这样便于在网络环境中传输。

操作方法为：选中工具箱中的切片工具，这时光标变成切刀的形状，从图像的某一个位置拉出一个矩形，这就产生了第一个切片，依次在图像上画出所有的切片。

分切后的图像在保存时与一般图像有所不同。执行“文件”/“存储为Web所用格式”，在打开的操作界面中，根据需要设置相关参数（参数的具体含义参见系统的帮助），再点击“存储”，选择类型为“HTML及图像”，系统会自动生成一个HTML格式的文件，它是将所有切片整合在一起的文件，可以显示出完整的图像，在Dreamweaver中需要将其导入时，可像Fireworks生成的切片文件一样使用，具体操作见第六章。而每一个切片也会作一个图像文件保存。

第四节　新闻照片在网络中的应用

新闻照片在网络中常常不是孤立的，它与其他形式的新闻之间有着紧密而广泛的联系。网络中的新闻照片的应用形式主要包括：

一、简单图文组合

多数情况下，新闻照片在网络中的使用是采用简单图文组合的方式，这又包括两种情况：

1. 以新闻照片配合文字新闻

在一个简单的多媒体报道单元中，最基本的配置是文字+新闻照片。这时，新闻照片应该能达到以下目标：

能恰当地陪衬消息、烘托文字新闻的气氛；

能吸引读者注意，引起他们阅读文章的兴趣；

能够对文字内容起补充或证实的作用。

2. 以文字说明配合新闻照片

在很多新闻网站都有图片频道或专栏。在这里，图片是主角，而文字是作为图片说明起配合作用的。

很多摄影工作者都十分看重图片说明的作用。图片说明可以加深图片的印象，补充图片的不足。

图片说明写作的基本要求是：

图片说明要解释与补充图片未能充分揭示的信息；

图片中已有的信息通常在图片说明中无需简单重复；

图片说明要简洁；

图片说明要准确；

图片说明与图片的基调应该一致。

二、焦点新闻照片

焦点新闻照片是目前国内新闻网站在其首页或新闻频道的首页普遍采用的一种图片表现方式。它出现在页面的显著位置（通常是屏幕的左上角），形成页面的一个视觉中心。焦点图片是表达编辑意图、吸引受众注意力的一种重要方式。

选择与处理焦点新闻照片，除了要注意新闻照片处理的一般原则外，还需要突出以下几点：

新闻价值重大：从某种意义上说，焦点新闻照片是新闻页面中另一种形式的头条。尽管很多网站都设置了文字新闻的头条，但是，由于图片的视觉效果，焦点图片往往更容易吸引人们的目光，因此，只有具有较大新闻价值的照片，才能放在焦点图片的位置。某些时候，焦点图片与文字头条的报道对象是相同的。当然，判断新闻照片的价值是否重大时，还需要充分考虑受众的需求。

足够的视觉冲击力：虽然焦点新闻照片处于页面中的重要位置，但是，由于新闻页面的信息量很大，且图片过大时，会增加传输负担，因此，给予焦点照片的空间并不是很充分。在挑选焦点图片时，应该尽可能选择那些具有强烈视觉冲击力的图片，让人在一瞥之中就被牢牢抓住。有些情况下，可以通过图片的剪裁来获得更好的视觉效果。但是，为了不损害原照片的真实性，应该提供与焦点图片链接的原始照片。

以少胜多：焦点新闻照片应该能够通过有限的篇幅表达尽量多的内涵。但这并不意味着画面中表现的对象或信息要很多。过多的信息很可能会削弱对主体的表达。追求信息的完整，也可能削弱画面的冲击力。

恰当烘托：焦点图片在页面中是否能吸引人，不仅取决于新闻照片自身，也取决于相应的编辑手段。新浪网在实践中总结出这样一条经验，那就是通过给图片加上细线框，更好地使图片在页面中凸显出来。此外，与图片相配合的文字的处理也十分重要。一些网站将说明文字或文字标题作为普通文字处理，放在照片的下方。而有些网站则将文字与图片合成在一体，用黑体等视觉冲击力强的字体，有时加上勾边效果，这些手段，都有助于烘托焦点照片。

通常围绕焦点新闻照片也可以组织起一个报道单元，以形成更强大的报道声势。有关报道单元的问题，将在后面的章节涉及。

三、新闻图片专题

新闻图片专题是多张照片加上相关文字构成的一个报道，是报道摄影中的一个类别。

报道摄影是与新闻摄影既相联系又有区别的一个概念。对它的定义也不尽相同。《美国ICP摄影百科全书》对报道摄影的界定是：“报道摄影的本质应当是用照片去构成故事……文字应当追随由照片构成的发展线索，而不是相反。”“报道摄影的实质就是真实地、形象地、令人信服地去描述一个故事”。而美国时代—生活图书公司编辑的《报道摄影》一书认为，“报道摄影涉及使用一幅以上照片，体现一个以上人员的合作——编辑加摄影家，通常还得有一位美术设计师。”“它的创作要求把许多照片根据一个主题组织起来，以便更深刻、更充分、更完美、更强烈地表达这个观点，这是单幅照片办不到的。”这些照片放在一起丰富并强化了主题，整体效果大于局部之和。① 在国内，有研究者认为报道摄影涵括了新闻摄影、报刊摄影和纪实摄影在内的多种摄影传播形式。而表现形式可以是单幅的，也可以是多幅的。也有些研究者定义的则是狭义的“报道摄影”，即是多张照片组成的报道。② 通常习惯上也有人称之为“组图”。但在网络传播中，“组图”的概念比较宽泛，只要有多张图片都称之为组图，对于图片之间的逻辑关系要求不是很严格。

关于新闻图片专题的分类，目前在我国新闻摄影的实务界和研究界尚未达成一致，分类的角度也不尽相同。本书从专题中图片的内在关系角度将常见的图片专题分成组合报道式专题与图片故事两大类。

---

① 巩志明：《浅谈摄影报道的四种形式》，载于2002年10月11日《中国摄影报》。

② 巩志明：《浅谈摄影报道的四种形式》，载于2002年10月11日《中国摄影报》。

组合报道式专题是针对某一个特定的主题，形成若干个报道单元（通常一个单元是一个图文组合），从不同侧面、不同角度或不同空间对主题加以表现。相对而言，组合式专题的报道单元之间的关系较弱。例如，国内一些摄影记者进行的专题尝试中，每个图片及其说明都是独立的，甚至所有的独立单元之间几乎没有联系，而每个独立的单元之间依靠主题连接和组合，是“主题”将它们集纳在了一起。也可以理解为一根时空或者逻辑上的主线将一些看似没有关联（其实有内在的联系）事件串联起来。① 这一做法被一些研究者称为“主题集约式”或“散点透视式”。

图片故事是运用一组图片及相关文字说明来反映新闻事件、讲述新闻故事或者表现一种社会现象。图片故事的线索集中，图片之间有着强烈的逻辑关系。

从编辑的角度看，要做好图片专题需要注意以下几方面问题：

1. 做好选题策划

图片专题需要动用较多的资源，要想使专题报道的投入与产出成正比，就需要精心做好选题的策划，在个性化的思路下进行创造性的图片报道活动。

图片专题通常针对以下几种题材：重大新闻事件、热点问题、人的生存状态、人与自然的关系、人文与自然景观等。

其中，重大新闻事件或热点问题是各个媒体都会关注的题材，为了避免同质化竞争，体现自己的个性，提高报道的深度，在这类题材的策划中，需要思维更加发散，视野更加开阔，在一个大的主题中找到更多的个性化的切入点或题材的延伸点。在选题策划时，可以以某一题材为原点，构筑出一个以时间、空间和社会影响等因素为轴的坐标系，从中寻找某一个适合采用图片专题方式进行报道的区间。

2. 恰当安排内容结构

一个图片专题应该由哪些内容组成，它们之间的结构关系如何，这是图片专题策划与编辑中的重要问题。

图片故事的逻辑性强，对于内容结构要求也高。例如，美国《生活》杂

① 《图片编辑谈“图片编辑”》，载于2005年1月7日“中国新闻传播学评论网站”。

志的要求是，一个图片故事要包含以下类别的照片，由它们完成对一个故事的渐进的刻画：①

全景：或对主题带有介绍性的照片；

中景：对一群人或一些活动的描写；

近景：把镜头集中到专题中的一个元素；

肖像：或者是人物表情丰富处于情感高潮的面部特写，或是人物处于他的生活环境中的照片；

关系照片：表现人物之间交流的照片；

典型的瞬间：对这个专题具有概括意义的照片；

过程照片：包括开端、经过、结束，或者前后的对比；

结论性照片：专题的结尾。

相对而言，组合式专题，视角更多元，发挥创意的空间较大，它类似于散文。但是，要做到形散而神不散，也并非易事。过于机械，或过于随意，都不能使图片之间产生效果的相互提升。因此，组合式专题同样需要进行结构的策划，这种策划往往与选题策划是相辅相成的。

3. 精心配写图片说明

图片专题中的文字说明是串起所有图片的线索，它可以用来揭示照片上难以表现的思想、情节和背景材料，加强主题的深度、广度，丰富报道。专题中的图片说明不仅要注意与单张图片之间的相互配合，还需要在一定程度上注意各个图片的文字说明之间的内在联系。特别是对于图片故事来说，文字说明应该起到“粘合剂”的作用。

4. 强化版面设计

在专题中，图片之间的关系并非仅仅是内容上的关系，也是空间上的关系。每一张图片的尺寸多大，它们的位置关系如何，什么样的图片放在核心位置，版面的构成如何引导观看者的视觉走向，这些都关系到图片的效果能否如愿发挥出来。

在报纸和杂志中，图片专题发展相对成熟，专题的版面设计也已经体现出

---

① 曾璜等：《图片编辑手册》，中国摄影出版社 2003 年版，第 36 页。

了一定的水平。而在新闻网站，大多数图片专题几乎没有成形的版面设计，图片与文字只是简单地被堆砌在一起。因此，网络新闻图片专题的版面设计，还需要加强对传统媒体的学习与借鉴。

四、图片幻灯

图片幻灯是网络中的一种特有形式。它是运用 Flash 等技术将图片组成一个连续播放的单元。通常情况下可以分为自动播放与控制播放两种。

这种形式常常用于集纳新闻照片。幻灯中的图片可以是同主题的，也可以是非同主题的。

在网络中，新闻图片专题，也可以利用幻灯方式进行整合。

利用幻灯形式，可以将原本是在空间上集成的图片，变成时间上的集成。每一张图片都可以有较大的空间，因此，图片的传播效果得以提高。另外，这种形式可将更多图片“推送”到受众面前，使他们在不经意间获得更多信息。

图片幻灯也是一种整合其他媒体形式新闻的方式，文字新闻、文字说明、音频资料等都可以借幻灯的形式整合在一起。

五、与其他手段整合为多媒体专题

图片专题是网络多媒体专题中不可缺少的一种手段。在形成专题的瞬间吸引力、提高专题的视觉表现力、加强专题的说服力等方面作用十分显著。后面的章节将进一步探讨此问题。

第五节　新闻图表的制作

新闻图表有很多种，其中在网络新闻中运用得最多的是地图和由各种数据生成的统计图表。由于地图的制作有较高的技术要求，因此，本书只是介绍一般统计图表的制作。

利用微软公司的 Excel 软件制作统计图表，非常简单方便。

一、利用 Excel 输入数据

不管是哪类图表的制作，都需要以原始数据为依据。这些数据可以直接输入到 Excel 的文件中，这样的文件被称为“工作簿”（book）。一个“工作簿”

由若干张“工作表”（Sheet）组成（如图4-18）。

每张工作表都有若干行与若干列。每一个表格的单元都处于某一行与某一列的交叉点上，它的名称就可以由行与列的数值来决定，如，第1行第E列（第5列）的单元格称为E5。

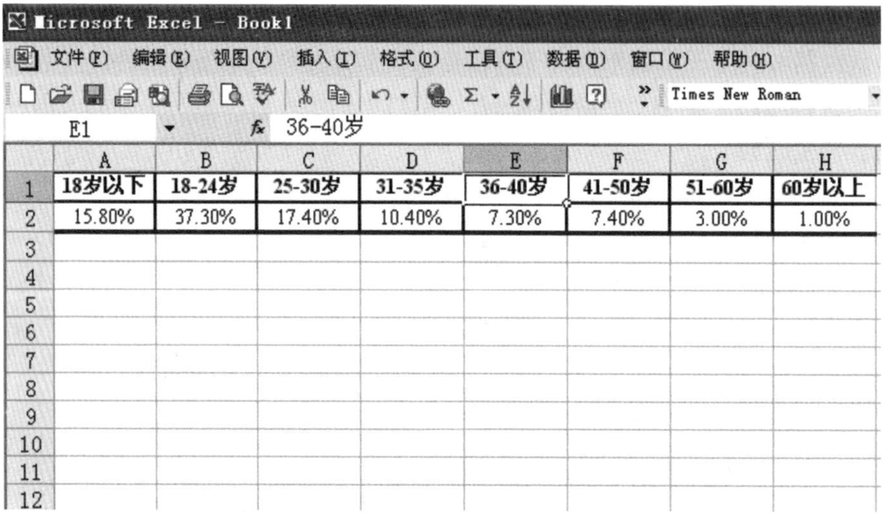

	A	B	C	D	E	F	G	H
1	18岁以下	18-24岁	25-30岁	31-35岁	36-40岁	41-50岁	51-60岁	60岁以上
2	15.80%	37.30%	17.40%	10.40%	7.30%	7.40%	3.00%	1.00%

图4-18　Excel工作表示例

如果要表示第1行第1~5列这几个单元格，表达方式为：A1：E1，冒号在此表示“至”。如果是A1：E2，则表示第1行和第2行的第1~5列共十个单元格。（注意，这里的冒号一定要用半角的方式输入。）

二、利用Excel制作饼图

饼图的作用是显示各部分在整体中的比例关系，各部分的和应为100%。

制作方法是：

（1）在Excel中输入数据，其中第一行为各部分的名称，第二行为它们对应的值。如图4-18所示。

（2）选中所有的数据，执行“插入”下的“图表”，选择图表的类型为饼图，根据自己的需要选择一种饼图的类别，根据提示进行后续操作。对于系统提示的相关参数，可以根据需要选择输入（关于参数的具体含义，可查看帮助)。最后系统将自动生成如图 4-19 的饼图。

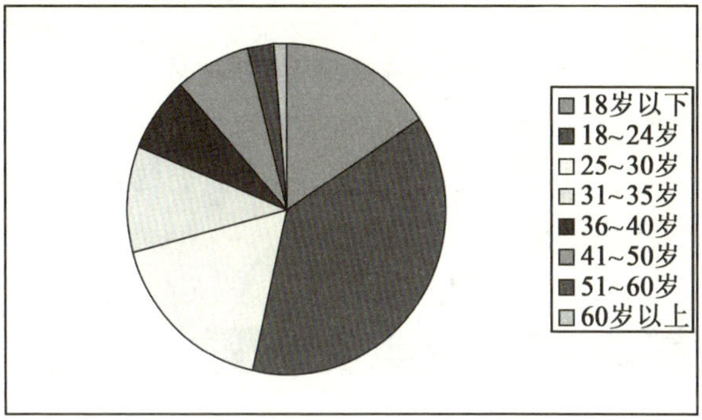

图 4-19 Excel 生成的饼图示例

三、利用 Excel 制作折线图

折线图的作用是显示在横坐标变化时对应的纵坐标值的变化。通常是以时间为横坐标，显示不同时间点上的数据变化情况。

如果要显示的只是一组数据的变化情况，这样的图是单系列的。

制作方法是：

(1) 在 Excel 中输入数据，其中第一行是横坐标的值，第二行为对应的纵坐标的值（如图 4-20 所示）。此例中的数据输入在 Sheet2 中。

图 4-20 利用 Excel 生成折线图的源数据工作表示例

（2）选中纵坐标数据所在的行，在本例中是A2：H2，执行“插入”下的“图表”，选择图表的类型为折线图，根据自己的需要选择一种折线图的类别。

（3）在图4-21所示的对话框中选择“系列”选项，在“分类（X）轴标志”中，填入横坐标的数据所在区域，在本例中应表示为“=Sheet2！$A $1：$H $1”，即表示，将在Sheet2中的A1：H1上的值作为横坐标上的值。注意，此处的“！”、“ $ ”、“=”等符号一定不能少。

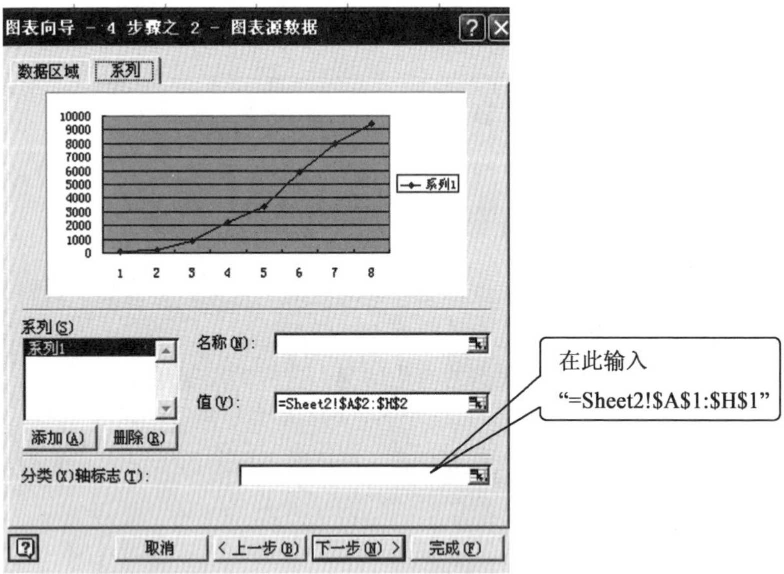

图4-21　Excel生成折线图的操作界面之一

（4）按照系统提示进行其他操作，最后系统将自动生成如图4-22所示折线图。

如果要同时将几组数据生成折线图加以比较，这样的图称为多系列的。操作为：

（1）将横坐标数据输入在第一行，其他的几组数据分别输入在相邻的不同行，如图4-23中，第2行和第3行均为要比较的数据，每一行的数据为一个“系列”。

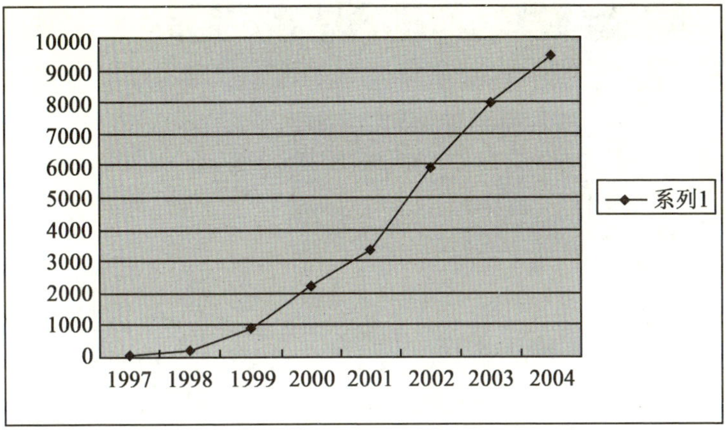

图 4-22　Excel 生成的单系列折线图示例

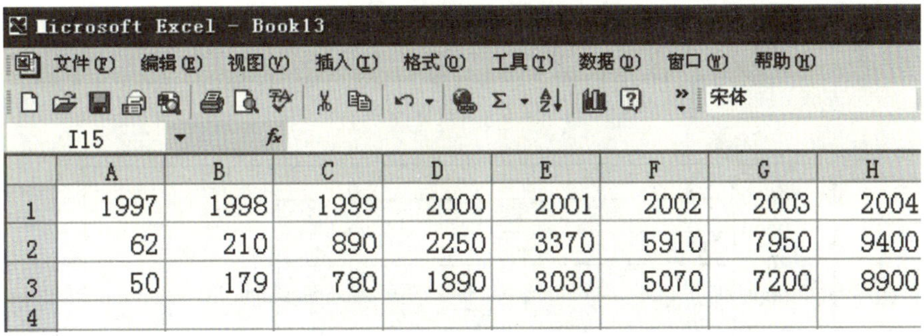

	A	B	C	D	E	F	G	H
1	1997	1998	1999	2000	2001	2002	2003	2004
2	62	210	890	2250	3370	5910	7950	9400
3	50	179	780	1890	3030	5070	7200	8900
4								

图 4-23　用 Excel 生成多系列折线图的源数据工作表示例

将第 2 行与第 3 行同时选中，再执行上文所介绍的插入折线图的有关操作。在如图 4-24 所示界面中选中“系列”选项，分别选中“系列 1”、“系列 2”，查看“值”这一栏对应的表示是否正确。并在“名称”后输入对应的系列名称，如将第一组数据类别命名为“X 系列产品”，第二组数据类别命名为“Y 系列产品”。

完成所有步骤后，系统将生成图 4-25 所示的折线图。

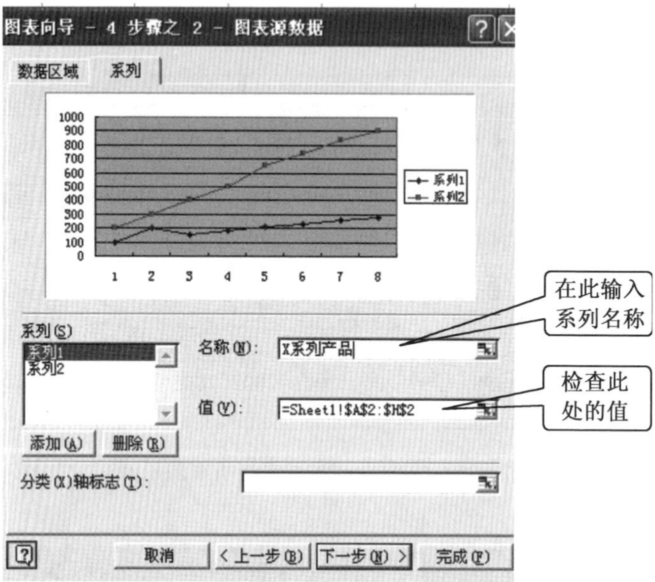

图 4-24　用 Excel 生成多系列折线图的操作界面之一

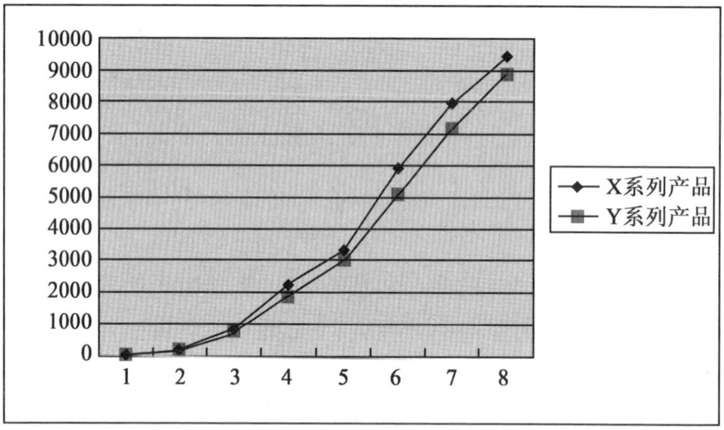

图 4-25　用 Excel 生成的多系列折线图示例

四、利用 Excel 制作柱形图

柱形图的作用是比较各部分的数值大小。

单系列的柱形图的制作方法是：

（1）在 Excel 中输入数据（如图 4-18 所示）。

（2）选中所有的数据，执行“插入”下的“图表”，选择图表的类型为柱形，根据自己的需要选择一种柱形图的类别，根据提示进行后续操作。对于系统提示的参数，可以根据需要选择输入。最后系统将自动生成如图 4-26 的柱形图。

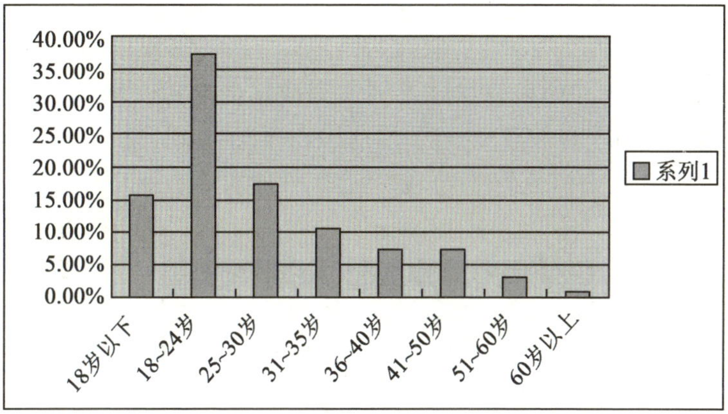

图 4-26　用 Excel 生成单系列柱形图示例

如果要将几组数据利用柱形图进行比较，形成多系列的柱形图，操作方法如下：

（1）将每一组数据输在一行，如图 4-27 中，第 2 行和第 3 行均为要比较的数据，每一行的数据为一个“系列”。此例中第 1 行为“分类（X）轴标志”（横坐标）的值，这是比较的依据。

选中第 1~3 行，执行“插入”下的“图表”，选择图表的类型为柱形，根据自己的需要选择一种柱形图的类别。

如果需要检查生成图表的数据区域是否准确，可以选中如图 4-28 的对话框中的“系列”选项，分别选中“系列 1”、“系列 2”，查看“值”这一栏对

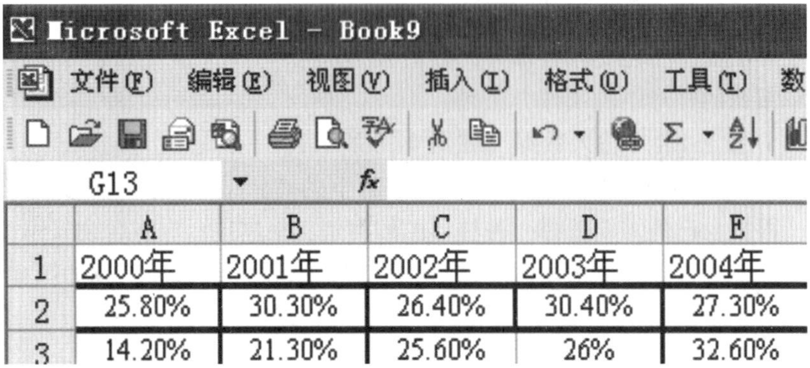

图 4-27 用 Excel 生成多系列柱形图的源数据工作表示例

应的表示是否正确。如果要指定不同系列数据的名称，可以在对应系列的“名称”处填入相应的内容。

还要进一步检查“分类（X）轴标志”处的表示是否正确。

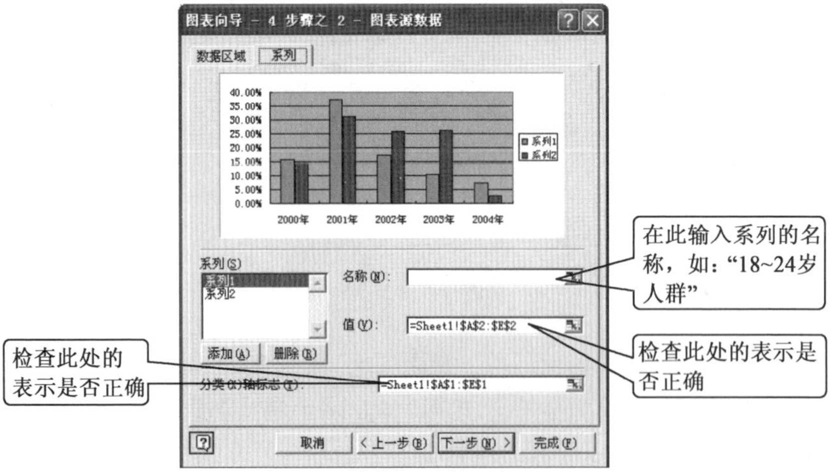

图 4-28 用 Excel 生成多系列柱形图的操作界面之一

按照系统提示完成后续操作。最后系统将生成如图 4-29 的柱形图。

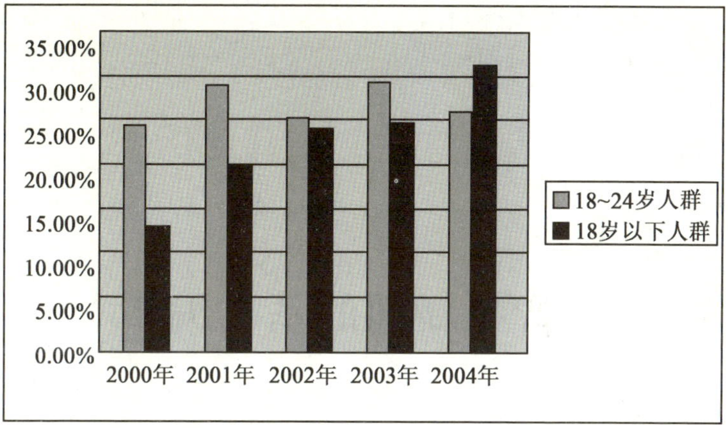

图 4-29　用 Excel 生成的多系列柱形图示例

第五章 音频新闻的基本编辑

音频新闻是利用声音手段对新近或正在发生的事实进行的报道，它可以是一般的口播新闻，也可以是包含了各种新闻音响的音响报道。

音频新闻是一种听觉传播，它过去依赖于广播这一媒介。广播媒介的特性使音频新闻产生了一些不可避免的弱势，例如，转瞬即逝，不可保存，只能线性收听。但是，网络媒介却在很大程度上克服了声音传播的这些缺点，并且给音频新闻与其他形式新闻的结合带来了各种可能性。这不仅有利于音频新闻的发展与创新，也为网络多媒体新闻的发展开辟了更广的空间。

第一节　声音与网络新闻报道

一、声音在网络新闻传播中的作用及特点

在新闻传播中，声音的运用有两层含义，一是运用声音符号传播新闻信息，二是在新闻报道中运用各种新闻音响。

在新闻传播中，声音有着自己独特的作用。

运用声音，可以使新闻传播具有人际传播的某些特性，在一定程度上可以提高传播的效果。

声音对于文字信息，是一个有力的补充。一方面，它可以帮助人们感受现场气氛，体会情绪。另一方面，它也可以起到“证实”的作用，由事件当事

人或旁观者说话，比作者自己说话更具有说服力。

声音对于视频，也是一种重要的辅助手段，很多时候，两者是不可分的，例如，在电视新闻报道中。这时，声音对于视频的补充作用主要体现为：①

简洁地提供新闻信息：利用语言的概括性，可以简洁而清楚地传达新闻信息。

对影像信息进行补充：在电视新闻中，某些内容无法找到相应的影像素材，这就必须依靠声音。

传达影像无法表现的主观信息：一些人物的内心活动、思想观点，都需要通过声音来传达。

引导受众正确理解影像信息的含义：为了去除影像的多义性，语言的辅助是十分重要的。

在网络新闻传播环境中，声音传播具有以下特点：

可驻留性：在传统的广播新闻等传播中，声音具有转瞬即逝的弱点，但是，在新闻网站提供的音频新闻，常常是非实时传播，它们长期存在，用户可以根据需要随时收听，而且大多数情况下，可将新闻下载到本地电脑中反复收听。这就形成了一种驻留性，这一特点有利于提高音频新闻的传播效果。

播放过程的可控性：传统的广播新闻一定是线性播放与线性收听的，听众对于播放的顺序没有任何控制能力。但是，在网络传播中，运用播放器后，可以利用相应的方式来控制新闻的播放，既可回放，又可快进。使受众对于音频新闻的接收实现个性化。

可整合性：就像其他形式的信息一样，音频信息也可以通过超链接等手段，与其他内容联系起来。恰当运用这一特性，可以将声音与其他形式的信息更为有机地结合，更好地发挥声音信息的作用。

伴随性：声音传播不需要占用人们的视觉，而在网络新闻传播中，除声音以外的信息接收都是需要用眼睛看的，因此，通过声音提供的是额外的信息。声音可以与视觉传播相伴随，互不冲突。在网络新闻传播中，这也就意味可以通过声音传播提高人们在网络上的使用效率。

强制性：声音对于接收的人来说，有一种强制性。视觉信息可能被人的眼

---

① 饶立华、杨钢元、钟新：《电子媒介新闻教程》，中国人民大学出版社 2000 年版，第 141 页。

睛忽略，但是声音一旦存在，就无法拒绝，除非关闭声音播放功能。这种强制性，对于提高传播效果，也具有一定的意义。

环境依赖性：尽管声音在网络中的传播具有一定的优势，但是，它的传输与播放，在很大程度上依赖于网络传播环境。声音文件一般体积较大，所以传输起来比文字信息要费时。如果网络带宽条件不理想，就会影响到信息的接收。音频新闻的播放，还需要有一定的专门设备与专门软件。因此，音频新闻的传播效果取决于网络传播各个环节的环境，它并不总是能够达到预期的效果。

以上这些特点给音频新闻的发展带来了新的可能性，也使音频新闻成为网络多媒体报道中不可或缺的一部分。

二、新闻音响的种类

在新闻报道中出现的声音统称为新闻音响。主要包括以下几类：①

1. 新闻事件的实况音响

也就是在新闻发生过程中出现的各种音响，例如，人的交谈、人物活动发出的声音等。这些音响与报道主题直接相关，合理地运用它们，可以给人强烈的真实感与现场感。通常这种音响也称为主体音响或典型音响。

2. 新闻事件中的人物访谈

即记者在新闻现场对于当事人或相关人的采访。这类音响素材的采集，可以在记者的有意控制下进行，因此，可以有效地实现记者的传播意图。从采集角度来看，声音的质量也比较容易得到保障。

3. 新闻现场的环境音响

在新闻发生的现场中出现的环境性声音。例如，当采访在运动场进行时，运动场的欢呼声就是一种环境音响。当采访在风大的山上进行时，呼啸的风声也是一种环境音响。环境音响有时会对主体声音的质量产生一种影响，对记者

---

① 饶立华、杨钢元、钟新：《电子媒介新闻教程》，中国人民大学出版社 2000 年版，第 223 页。

的录音能力也是一种考验。但是，如果运用得当，也可以很好地营造现场气氛，让听众如身临其境。

4. 音响资料

音响资料指的是在以前采集的与本新闻报道相关的声音素材。它往往用于提供新闻的背景材料，丰富报道内容。这与文字新闻稿中背景资料的作用是类似的。

5. 音乐

在某些报道中，可以适当地利用音乐，以渲染气氛，或者在报道中形成间歇、缓冲与过渡。

但是，音乐并不是音响报道中的主角，作为配角，在使用时应注意量与度，以免喧宾夺主，也要避免与其他音响相混淆。

无论采用哪种形式的音响，在新闻报道中，对于声音的采集与运用，都要围绕新闻报道的整体构思来展开，也要符合新闻传播的要求。

三、音频新闻的类别

网络音频新闻是对传统的广播新闻的继承与发扬。很多网站的音频新闻直接来源于传统媒体，因此，在体裁分类上，一般还可沿用传统的广播新闻的分类，包括：

1. 音频消息

音频消息是网络音频新闻中最普遍的、最主要的一种形式。它是由播音员口播的消息稿件。

2. 音频通讯

音频通讯是与报刊通讯类似的一种体裁，也是口播的通讯。可融叙述、描写、抒情、议论于一体。它的容量较大，不仅可以记事，还可以写人。它的形式灵活、手法多样，富于情节性。

但是，在网络新闻传播中，运用声音形式制作的通讯较为少见。

3. 音响报道

音响报道是带有新闻音响的报道的统称。包括录音新闻、现场报道、录音专访、录音通讯、录音特写、录音评论、录音剪辑等。

录音新闻也是一种消息体裁，与音频消息的区别是，录音新闻中必须有一定的新闻音响，而不仅仅由播音员朗读新闻。这种区别同样也存在于音频通讯与录音通讯之间。

如果从新闻中是否运用了新闻音响来区分的话，可将音频新闻分为两大类，不运用新闻音响的口播新闻与运用新闻音响的音响报道。

第二节 音频新闻的选择

要在网络中充分运用音频新闻，首先要保证音频新闻的质量。无论是本网站进行音频新闻的采制，还是对来源于其他媒体的音频新闻进行筛选、编辑，都需要从新闻性和技术性两个角度进行考虑。

一、音频新闻的新闻质量判断

（一）音频新闻的新闻价值判断

就像其他形式的新闻一样，音频新闻必须具备一定的新闻价值，才具有在网络中传播的意义。音频新闻的新闻价值同样主要体现为以下几方面：

时新性、重要性、显著性、接近性、趣味性。

除了这些基本的价值判断外，评价一条音频新闻的价值还应该判断它是否充分发挥了声音的特长。在网络环境中，使用声音，会增加网络传输的负担，因此，一般网站会限制音频信息的数量，这时就应该尽量选择那些需要或者适合用声音表现的新闻题材。

（二）音频新闻的形式及其手段运用要求

针对不同的报道对象，可以采用不同类型的音频新闻，运用不同的新闻形式与手段。合理、有效地运用相应形式与手段，是制作出合格的音频新闻的基本要求。同样，在对音频新闻进行编辑时，也需要对形式与手段运用的正确性、合理性做出判断，对于具有一定新闻价值但不符合音频新闻传播要求的新闻，需要做出一定的修改。

不同体裁的音频新闻的特点不同，在新闻手段的运用方面也有不同的要求：①

1. 音频消息

音频消息的制作分为稿件写作与播音两个部分。

从写作方面看，音频消息的写作规律与一般文字消息的写作是基本一致的。但是，由于声音传播的特点，在音频消息的写作中需要注意以下几个问题：②

（1）注意遣词造句的口语化

音频新闻是通过声音而不是书面符号传播的，听众只能通过声音符号来获得信息，如果符号选择不恰当，就容易造成信息的错误传递，或者影响信息的接收效果。因此，口语化，是音频新闻写作的基本要求。在消息写作中，尤其如此。这就需要做到：

采用谈话式的风格，多用通俗的词语，不要使用难于理解的书面词语。

使用短句，以求明白易懂。如果一段话要表达的意思过于复杂，可以分成几个句子。每个句子只需传达一个要点。

尽量不使用不易理解的比喻。

使用主动语态与现在时态，采用正常语序，不要采用倒装句。

多用双音词，少用单音词。例如，不用“可”而用“可以”，不用“应”而用“应该”。双音词放慢了语言的节奏，同时，两个字可以互相印证，防止误听。

避免使用易被误解的同音字、词，例如：致癌—治癌、切忌—切记、报酬—报仇等。

多用语气词，少用“虽然”、“但是”、“因为”、“所以”等关联词。

---

① 饶立华、杨钢元、钟新：《电子媒介新闻教程》，中国人民大学出版社 2000 年版，第 254 页。

② 参见高钢《新闻写作精要》，首都经济贸易大学出版社 2005 年版，第 348～360 页，及饶立华等《电子媒介新闻教程》，中国人民大学出版社 2000 年版，第 158～171 页，第 233～249 页。

限制使用数词，如果出现了过于复杂的数字，应该尽量采用概数的方式来简化。

（2）注意消息结构的合理安排

音频消息应该是短小精悍的，过长的消息不仅会影响到受众的接收，甚至会使他们完全失去耐心。过于复杂的新闻，可以分成若干个小消息。

而在安排消息的内容时，则需要按照人们听觉的接收习惯，应该作为先导内容出现的信息，一定不要后置。例如，必须先指出人物，再引用他说的话，而不要先出现引语。人物的身份等信息通常应该出现在姓名之前。

在叙述时，应该保持叙述的顺序性和连续性，避免时间上或空间上的过度跳跃。

除了文字消息稿常用的“倒金字塔结构”外，音频消息更常采用的方式是“螺丝型结构”，即将最重要的内容放在导语中，而在消息的主体部分，则按照事件发展的时间顺序或逻辑顺序安排材料。此外，也可采用“金字塔结构”，即完全按照事件发生、发展的顺序来安排内容。

在写好音频消息稿后，还需要由播音员朗读才能完成消息的全部制作，这时需要达到的要求包括：

声音宏亮、吐字清晰；

讲求节奏，断句合理；

读音准确。

2. 录音新闻

同样，作为一种消息，录音新闻的写作首先应该符合消息写作的一般规律。同时，由于这一报道形式中采用了声音素材，因此，要尽可能地发挥声音的作用。

在录音新闻中，音响要尽早出现，这样能很快地向听众传达出现场感，通常在消息的导语前或者导语中就应该使用声音素材。

在选择音响素材时要紧扣主题，并有助于阐明报道的主题。在主体部分，应该采用典型音响。

另外，音响素材应该与文字稿紧密配合。音响报道中不仅有声音素材，还有记者撰写的文字稿，通常是音响素材的采集在先，记者再配合这些声音来组织文字稿。文字的作用是对声音进行补充与说明，因此，凡是音响能说明的问题，就不需要用文字再重复了。

录音新闻是以线性的方式进行播放，因此，对内容组织的逻辑性要求非常高，否则听众就会容易产生疑问或误解。在撰写文字稿及使用音响时，应该特别注意这一点。

3. 现场报道

这是记者在新闻现场边采访、边解说、边录音制作的一种新闻形式。在网络新闻传播中，与现场报道对应的是音频直播。

这一形式具有很强的时效性，便于传达强烈的现场感。它适合于那些备受关注、场面集中、具备典型音响的新闻事件的报道。

采用现场报道形式的新闻事件应便于采、录、播的同步进行，这就要求新闻事实的发展过程主线单一、层次分明，场面集中，便于记者观察、采访和录音。其次是要有听众感兴趣的典型环境，便于记者在现场捕捉到生动的“镜头”，活跃报道气氛。此外，现场应该有反映场面或事件内容的典型音响。

在进行现场报道时，解说是一条串连素材的红线，作用非常突出。在进行解说时，记者应该做到表达条理清楚、描述准确、情绪恰当，同时，头脑要灵活，能够随时对现场的状况做出相应的反应。另外，在解说时，应尽量采用口语。

对不同人物的采访，在现场报道中通常也是非常重要的。记者应该选准采访对象，及时捕捉最真实、鲜活的人物语言，增加报道的说服力。

在现场报道中，也要充分地利用现场的环境音响，更好的烘托气氛、渲染情绪。

在合适的时机，也可以运用一定的背景资料，拓展报道的广度与深度。

总之现场报道是一项难度较高的采访工作，需要事前做好精心策划与部署。

4. 录音专访

这是记者对某个人物、事件或问题进行专题访问的一种音响报道形式。

在进行录音专访时，首先要选准采访对象。如果是进行人物专访，这时人物通常应该具有显著性；如果是针对事件或问题进行专访，这时选择的采访对象应该具有权威性或代表性或者与新闻事件密切相关。

在进行专访前，应该做好充分的准备，设计好提问的提纲，注意提问的方式。在采访过程中，要善于把握采访的进程，帮助采访对象突出谈话重点，以便获得预期的声音素材。

除了上面各种形式的音频新闻外，也可以在视频新闻中将音响与画面配合使用，这时，声音是作为视频新闻中的一个有机成分而存在的。因此，视频新闻在采访与制作时，不仅要注重视频的采集与制作，也应该充分利用声音，遵循音响报道的相关原则。

二、网络音频新闻的技术质量判断

无论是在何种类型的节目中使用声音，都需要使声音的采集与制作达到一定的质量水准，音频新闻也不例外。具体来看，应达到以下基本要求：①

1. 达到一定的响度要求

即声音的响度合适，有适当的力度感，有适当的动态范围，能听清音乐的低潮和高潮。

2. 有效控制噪声

具体体现为，没有明显的声源以外的持续性噪声，如磁带噪声、交流噪声及与内容无关的环境及背景干扰噪声等。

3. 声音保真度高

各种声源的声音能正常还原，无频率失真和音色变化，无明显的持续的过荷失真和饱和失真现象。

4. 具有真实感

声音的制作应能反映声源的真实特点，音质变化自然流畅、恰到好处，节目的受众透过声音能感到与人物的感情交流。

---

① 孟子厚、王健康：《电视节目声音质量的综合分析方法》，载于 http://www.chinaknx.com。

5. 恰当进行混合处理

在进行多重声源的混合处理后，声音应交织、融合在一起，有整体感，层次分明，主次清楚。

6. 声画对位、衔接自然

如果是视频节目中的声音，那么应在符合节目的整体构思和整体处理要求的前提下，声画同步，内容相符。节目前后场景转换时，声音的过渡和转接处理使受众感到自然。

第三节　网络音频新闻的数字化加工

要使音频新闻能满足网站的传播需要，在某些情况下需要对音频新闻进行一定的技术加工。网络音频新闻都是数字化音频文件，因此，技术加工即是利用相应软件进行数字化处理。

一、网络音频新闻加工的工具

网络音频新闻数字化加工的工具通常是各种音频处理软件，即录制、编辑、播放声音的工具软件。常见的音频处理软件包括：

1. Cool Edit

这是一种数字音频编辑和 MP3 制作软件。它可以方便地进行录音、声音的剪裁和声音的合成等工作，还可以进行放大、降低噪音、压缩、扩展、回声、失真、延迟等各种处理。它模拟专业录音棚里的多轨录音机，利用声卡可以同时处理多达 64 轨的音频信号，具有极其丰富的声音处理手段和直观先进的参数调节功能和卓越的动态处理能力。利用系统的预置模式,即使是新手也可以完成各种声音效果。它还可以在 AIF、AU、MP3、Raw、PCM、SAM、VOC、VOX、WAV 等文件格式之间进行转换,并且能够保存为 RealAudio 格式。

2. Adobe Audition

它是 Adobe 公司开发的一个专业级软件，它可以录制、混合、编辑和控制数字音频文件，也可轻松创建音乐、制作广播短片、修复录制缺陷，通过与Adobe视频应用程序的智能集成，还可将音频和视频内容结合在一起。

3. Cakewalk Sonar

这是Cakewalk公司开发的一款音效处理软件。具有强大的录制、编辑、伴奏和操控功能。除了音效方面的处理之外，Sonar还具有创新性的环绕声以及视频功能。在电脑音乐圈具有很高的知名度。

4. Sony Sound Forge

Sound Forge包括全套的音频处理、工具和效果制作等功能。可实现声音的任意剪辑、直接绘制声波或对声波进行直接修改、声音振幅的放大缩小、混响/回声/延迟处理、失真处理、降低噪音处理、降调、时间拉伸处理、声音文件格式转换、用FM（频率调变）的方法自动生成声音以制作FM音色、刻录CD唱片（需要安装附加软件）等。但Sound Forge只能对单个的声音文件进行编辑，而不具备多轨处理能力。除了强大的音效编辑功能外，它还可以进行大量的音效转换的工作，且具备与Real Player G2结合的功能，可编辑Real-PlayerG2格式的文件。

5. Wavelab

Wavelab的效果实时处理是它的一大特色。所谓实时，就是在不改变原有数据的情况下给声音增添效果。而使用Sound Forge的话，想听到效果，就必须把整个音频数据处理一遍，原有的数据将被处理后的数据覆盖掉。Wavelab很适合用于Mastering（音乐制作的最后一道工序，对整个作品进行音量、动态、均衡等调节）工作。

限于本书篇幅，有关音频编辑软件的具体使用在此不再介绍，有兴趣者可以参看相关书籍。

二、常见的数字音频格式

对数字音频进行加工处理，需要熟悉各种常见的音频文件格式：

1. Wav 文件

. wav（Wave form Audio File）是微软公司开发的一种声音文件格式，它符合 RIFF（Resouce Interchange File Format）文件规范，用于保存 Windows 平台的音频信息资源，被 Windows 平台及其应用程序所支持。*. wav 格式支持 MSADPCM 等多种压缩算法，支持多种音频位数、采样频率和声道，是目前 PC 机上最为流行的声音文件格式，但这种格式文件一般体积较大，使用受到一定限制。

2. . AIF/AIFF 文件

. aif/. aiff 文件是苹果公司开发的一种声音文件格式，被 Macintosh 平台及其应用程序所支持。目前，基于 Windows 平台的许多应用程序也支持这一格式。. aif/. aiff 支持 ACE2、ACE8、MAC3 和 MAC8 压缩，并支持 16 位 44. 1kHz 立体声，也是一种较为流行的声音文件格式。

3. Au 文件

这是 Sun Microsystems 公司推出的一种经过压缩的数字声音文件格式，也是网络中常用的声音文件格式之一，多由 Sun 工作站创建。Netscape Navigator 浏览器中的 LiveAudio，可用来播放 *. au 格式文件。

4. MP1/MP2/MP3 文件

MPEG 是 Motion Pictures Experts Group（运动图像专家小组）的缩写，代表运动图像压缩标准。这里的音频文件格式指的是 MPEG 中的音频部分。MPEG 音频文件的压缩是一种有损压缩，根据压缩质量和编码负责程度的不同可分为三层，分别对应 *. mp1、*. mp2、*. mp3 三种声音文件。*. mp1 和 *. mp2 的压缩分别为 4∶1 和 6∶1～8∶1，*. mp3 的压缩率则高达10∶1～12∶1。例如，一分钟左右的 CD 音质的音乐，未经压缩需要 10MB，而经过 MP3 压缩编码后，只有 1MB 左右，同时音质基本保持不失真。因此，目前 MP3 在网上使用十分广泛，在计算机中许多多媒体播放器也支持 *. mp3。

5. RA 文件

RA（Real Audio）是一种流媒体格式的声音文件，适用于流式播放。对应的播放器为 RealPlayer。强大的压缩量和极小的失真使它成为目前网络音频格式中非常重要的一种。

在一些情况下，需要将某一格式的音频文件转换成其他格式。目前有不少用于格式转换的软件，可以根据需要选用。

第四节　音频新闻在网络中的应用

从某种意义上说，音频新闻在目前的新闻网站中处于边缘化的地位。虽然有一些网站曾经有过音频新闻频道或栏目，但是，由于网民更偏好其他形式的新闻，而新闻网站对于音频新闻的运用规律的认识还不够深入，因此很多网站的音频新闻频道发展并不顺利。有些被撤消，有些被弱化。

与新闻网站的音频新闻的不景气相对应的，是“播客”这样一种新型传播形式的出现。“播客”是利用简单易用的发布平台，运用声音等信息手段进行传播。从事播客活动的，大多是个人，也多是非职业的新闻工作者。但是，一些播客在新闻传播中已经开始发挥作用。许多播客制作的音频节目也受到网民的广泛欢迎。

这表明，音频新闻在网络新闻传播中并非没有存在的空间。关键在于，要通过对网络传播环境下音频新闻特性的深入认识及运用方式的发掘来促进音频新闻在网络中的发展。

目前，从内容的关系来看，音频新闻在网络中的运用可以分为单媒体应用与多媒体应用两种方式。从信息的发布与收听的同步性来看，可以分为非实时应用和实时应用两种方式。

一、单媒体应用与多媒体应用

单媒体应用，指的是音频新闻是独立的，没有与其他形式的新闻（如文字新闻等）配合使用。在许多音频新闻频道，音频新闻都是单媒体方式的应用，且以音频消息为主。

但这种形式的运用，在发展中受到很多限制。这首先是因为这种方式往往不能充分发挥声音传播的作用，很多消息内容用文字形式加以报道足矣。人为地采用音频方式，不但没有提高传播效果，反而增加了使用者的负担。其次，由于网民更习惯于阅读文字新闻，如果没有合适的方式将文字新闻与音频新闻联系起来，多数网民会忽略音频新闻的存在。因此。这类音频新闻的使用率较低，在网络新闻的竞争中面临被淘汰或边缘化的局面。

多媒体应用，则是指音频新闻与其他媒体形式的新闻内容集成在一起，形成相互配合的关系。

在网络新闻传播中，声音往往是处于辅助地位的，它与其他形式的新闻报道配合，才能更充分发挥其作用。因此，多媒体应用，有利于挖掘声音报道的潜能。同时，也可以使音频新闻通过更多途径到达受众。可以说，多媒体应用将为音频新闻在网络中的发展提供更多的空间。

常见的多媒体应用方式包括：

1. 音频新闻配合文字新闻

在文字新闻中插入音频新闻，可以充分发挥音频新闻的现场感、生动性和证实性等特点，提高报道的说服力。与文字新闻配合的音频新闻主要有：

人物访谈：新闻事件的当事人、目击者、有关专家等的访谈录音，可以作为文字新闻的有利补充。这类音频素材不一定要制作成完整的新闻，可以只是一段录音片断。但是，要保证其真实性和准确性，不能断章取义地对录音进行剪辑。

现场报道：通过现场感很强的音响报道，可以增强受众对新闻的体验。

2. 文字稿件配合音频新闻

一些广播媒体的网站，在音频新闻的原创性方面有自己的优势。这类网站往往有较多的音频新闻稿件。但是，网络音频新闻不应该是广播新闻的简单翻版。为了加强受众对音频新闻的理解，可以将相关的文字稿件与之同时发布。这时的文字稿件可以是音频新闻的文字脚本，也可以是相同事件、相同主题的其他文字新闻。

3. 图片幻灯整合音频新闻

图片幻灯虽然是以图片为主的报道形式，但是，也可以创造性地与音频新闻结合起来。例如，当图片中出现了新闻人物时，可以在报道中加入音频点播按钮，受众可以根据需要收听人物的谈话，以获得全方位的直观感受。在图片中出现了某些新闻事件时，可以将相关的音频报道整合进去。当图片中出现了国家、风景名胜时，可以通过有关的音响素材来丰富人们的认识。

4. 多媒体专题运用音频新闻

在真正的多媒体专题中，音频新闻常常是不可或缺的一种手段，因为它可以提供丰富的听觉体验，加深人们对于新闻事件或主题的认识。当它与其他手段融合在一起时，也可以增强其他手段的表现力与感染力。

二、非实时应用与实时应用

与传统的广播媒介不同，网络传播是同步传播与异步传播兼容的一种传播媒介。因此，受众既可以在音频信息发布时即时收听，也可以在它发布后随时收听。音频新闻的应用有非实时与实时两种。

非实时应用是目前音频广播的主要应用形式，它也可称为点播。它使用灵活，方便保存。

实时应用是音频信息的发布与接收同步进行，一些时效性很强的新闻，通过实时方式发布，可以更好地吸引受众的注意力，也可以提高信息受众接收信息的时效性。

在实时应用中，一种方式是音频新闻直播，即在新闻发生的现场，通过音频进行实时报道。也就是新闻的采集、发布与接收同步进行。目前网站的音频直播还处于较为初级的阶段，主要用于会议等报道，常常是流水账式的、传声筒式的简单报道，缺乏相应的策划与组织，记者或编辑在现场报道中，常常是隐身的。但是，未来的网络音频直播，应该像广播的现场报道一样，精心策划，精心组织，精心实施。

第六章 视频新闻的基本编辑

视频新闻是运用现代电子技术手段，以活动影像、声音等为传播符号，对新近或正在发生的事实进行的形象化的报道。

虽然目前视频新闻在网络中的传输还受到带宽等条件的限制，但是，从长远来看，视频新闻在网络新闻传播中的地位将日益上升。而运用多媒体报道可以将视频新闻与其他形式的新闻进行创造性的结合，有利于激发视频新闻的潜能。

第一节 视频与网络新闻报道

一、视频新闻的特点

视频信息兼有图片、活动影像与音频信息的优点。它适合于新闻的传播。

视频新闻的主要特点在于：①

具有再现性：视频能够再现镜头前的几乎全部现象，包括对象的运动、色彩、影调等。因而它能激起观众强烈的现实感，有利于体现新闻的真实性。它也可以运用各种镜头手段对客观世界进行时空一体性的动态再现。但是，由于视频只能再现而不是复现已经发生的或显示尚未发生的事物，因此，在信息传

① 参见饶立华、杨钢元、钟新：《电子媒介新闻教程》，中国人民大学出版社 2000 年版，第 131 页。

播方面也受到诸多限制。

具有声像并存的信息形式：在视频新闻的拍摄中，声音的录制也是同步进行的。在制作时，声音与视频可以用不同方式配合运用，可以相互补充、相互引导、相互印证。视频可以表现现场感，而声音可以帮助说明那些没有实际形态的内容，例如，人的内心活动。

在显示空间上具有限制性：目前，视频的拍摄与显示都只能在一个有限的空间里进行，拍摄时镜头的取景框是一个限制，观看时，显示器的屏幕也是一个限制。这表明，视频的拍摄、传达与接受，都是具有强制性的。拍摄者的主观意图在很大程度上决定了观看者的观看。

在影像符号方面具有含义的不确定性：就像图片一样，虽然视频是一种动态的影像符号，但是，影像符号的含义存在着多义性。不同的镜头用不同的方式加以组接，可能产生完全不同的效果，引起人们完全不同的联想。在新闻信息传播中，为了避免这种不确定性，往往需要假借声音符号的辅助，例如解说。

易于引发观众的参与感：视频新闻使受众易于感同身受。记者与被采访者的手势、眼神、表情、动作、穿着、打扮，现场的景物、气氛、背景、标志、各种音响及各色人物的态度与活动等，对信息都有增值作用。它能使观众在不知不觉中产生参与感。

视频新闻所具有的直观性、现场感等，使它深受受众的欢迎，在网络中也不例外。视频新闻的优势，也使它在多媒体报道中占据了重要的地位。

二、网络视频新闻的形式

目前网络视频新闻的节目大多来自传统的电视媒体。电视新闻的体裁分为：电视消息、电视新闻专题和电视新闻评论等几种，这些体裁的新闻在网络中也都存在。

电视消息是运用电视手段制作的消息。在电视消息中有一类特殊的形式，即电视现场报道，这是电视记者在现场采访并作口头报道的形式。电视现场报道可以经后期编辑后再播出，这称为录播；也可以直接播出，这就是电视新闻直播。

电视新闻专题是针对某一个或某一类新闻题材所进行的有一定深度的报道。它通常可分为报道型、调查型、访谈型和纪实型等几种。

报道型新闻专题在报道方法与结构上与消息类似，只是容量更大。

调查型新闻专题是对事件或问题进行深入调查的报道形式，它的报道线索是记者的调查活动。

访谈型专题是以人物访谈为主的报道形式。

纪实型专题中的纪实是一个狭义的概念，它是具有纪录片风格的电视新闻专题片。

电视新闻评论是针对新闻事件或社会现象发言的新闻体裁。它是一种形象化的政论。电视新闻有谈话体评论、主持人评论和电视述评等几种。其中，电视述评是以深度报道为主的电视评论形式。

三、网络视频新闻发展的技术基础

与文字、图片、音频新闻相比，视频新闻显然在很多方面具有自己的优势，应该具有很好的发展前景。但是目前它们在网络新闻中所占的比重却还是较低的。这其中，技术上的障碍是一个主要因素。

音视频新闻特别是视频新闻在网络传输中存在一个瓶颈，因为它们在存贮时文件一般体积庞大。在网络带宽还很有限的情况下，花几十分钟甚至更长的时间等待一个视频文件的传输，不能不说是一件让人头疼的事。流媒体技术的出现，在一定程度上使互联网传输音视频难的局面得到改善。

传统的网络传输音视频等多媒体信息的方式是完全下载后再播放，下载常常要花数分钟甚至数小时。而采用流媒体技术，就可实现流式传输，将声音、影像或动画由服务器向用户计算机进行连续、不间断的传送，用户不必等到整个文件全部下载完毕，而只需经过几秒或十几秒的启动延时即可进行观看。当声音视频等在用户的机器上播放时，文件的剩余部分还会从服务器上继续下载。

如果将文件传输看作是一次接水的过程，过去的传输方式就像是对用户做了一个规定，必须等到一桶水接满才能使用它，这个等待的时间自然要受到水流量大小和桶的大小的影响。而流式传输则是，打开水头龙，等待一小会儿，水就会源源不断地流出来，而且可以随接随用，因此，不管水流量的大小，也不管桶的大小，用户都可以随时用上水。从这个意义上看，流媒体这个词是非常形象的。也有人将传统方式比喻为“盆浴”，而流媒体方式比喻为“淋浴”。

流式传输技术又分两种，一种是顺序流式传输，另一种是实时流式传输。

顺序流式传输是顺序下载，在下载文件的同时用户可以观看，但是，用户的观看与服务器上的传输并不是同步进行的，用户是在一段延时后才能看到服务器上传出来的信息，或者说用户看到的总是服务器在若干时间以前传出来的信息。在这个过程中，用户只能观看已下载的那部分，而不能要求跳到还未下载的部分。顺序流式传输比较适合高质量的短片段，因为它可以较好地保证节目播放的最终质量。它适合于在网站上发布的供用户点播的音视频节目。

在实时流式传输中，音视频信息可被实时观看到。在观看过程中用户可快进或后退以观看前面或后面的内容，但是在这种传输方式中，如果网络传输状况不理想，则收到的信号效果比较差。

在运用流媒体技术时，音视频文件要采用相应的格式，不同格式的文件需要用不同的播放器软件来播放，即所谓“一把钥匙开一把锁”。目前，采用流媒体技术的音视频文件主要有三大“流派”。

一是微软的 ASF（Advanced Stream Format）。这类文件的后缀是 .asf 和 .wmv，与它对应的播放器是微软公司的“Media Player”。用户可以将图形、声音和动画数据组合成一个 ASF 格式的文件，也可以将其他格式的视频和音频转换为 ASF 格式，而且用户还可以通过声卡和视频捕获卡将诸如麦克风、录像机等外设的数据保存为 ASF 格式。

二是 RealNetworks 公司的 RealMedia，它包括 RealAudio、RealVideo 和 RealFlash 三类文件，其中 RealAudio 用来传输接近 CD 音质的音频数据，RealVideo 用来传输不间断的视频数据，RealFlash 则是 RealNetworks 公司与 Macromedia 公司联合推出的一种高压缩比的动画格式，这类文件的后缀是 .rm，文件对应的播放器是“RealPlayer”。

三是苹果公司的 QuickTime。这类文件扩展名通常是 .mov，它所对应的播放器是“QuickTime。”

此外，MPEG、AVI、DVI、SWF 等都是适用于流媒体技术的文件格式。

目前，流媒体技术发展的新方向是 P2P 流媒体技术，即加入了 P2P 技术的网络视频。

P2P 技术，也称为对等网络（Peer to Peer）技术，这是一种网络结构的思想。它与目前网络中占据主导地位的客户端/服务器（Client/Server）结构（也就是 WWW 所采用的结构方式）的一个本质区别是，每一个节点（peer）大都同时具有信息消费者、信息提供者和信息通讯等三方面的功能。在 P2P

网络中每一个节点所拥有的权利和义务都是对等的。在WWW中占据主导地位的服务器在P2P结构中或者不存在，或者作用大大下降。

从目前的开发来看，P2P结构经历了三代模式，第一代是以Napster为代表的采用中央服务器管理的P2P，第二代是没有中央服务器的分布式P2P，第三代为混合型，采用分布服务器。但是即使是在有服务器的P2P结构中，虽然在查找资源、定位服务或安全检验等环节需要服务器的参与，但主要的信息交换最终仍然在节点中间直接完成。这样就大大降低了对服务器的资源和性能要求。

利用P2P结构，网络传输可以产生“人人为我、我为人人”的效果，每个用户在享受他人的电脑提供的服务的同时，也可以利用自己电脑的能力为他人服务。

采用P2P流媒体技术后，每个流媒体用户也是一个服务节点。用户可以根据他们的网络状态和设备能力与一个或多个用户建立连接来分享数据，因此，P2P流媒体技术有效提高了网络传输的效率，提高每个用户的视频质量。特别是在某些特殊时刻大量的用户同时访问流媒体服务器时，也不会造成服务器因负载过重而瘫痪。

流媒体技术在一定程度上突破了网络带宽对多媒体信息传输的限制，因此给视频新闻和其他多媒体新闻在网络中的发展开辟了更广阔的空间，除了点播的视频新闻外，网上音视频直播也将得到广泛运用。音视频新闻的发展，也将成为网络多媒体新闻报道发展的动力。

第二节　网络视频新闻的选择

一、网络视频新闻的新闻质量评价

像其他媒体形式的新闻一样，视频新闻的新闻价值也主要体现为：时新性、重要性、显著性、趣味性、接近性等。

但视频新闻传播具有自己的特殊规律，只有依照这些规律来进行新闻的选题、采访与编辑，才能最大限度地发挥视频新闻的作用。由于视频新闻种类较多，制作规律各不相同，下面只介绍一些一般的规律。如果有必要，可以参看电视新闻报道方面的教材。

1. 采用合理的结构

每一种新闻体裁的结构都是在总结新闻制作、发布的基本规律和受众认知的规律的基础上逐渐形成的。由于视频新闻的播出在很大程度上是线性的(特别是在传统的电视媒体中)，因此，新闻内容的安排要照顾到这种收视特点。

电视消息的主要结构仍然是倒金字塔结构或金字塔结构。此外，在一些情况下也会采用对话式结构，即将记者在新闻现场出镜采访时与采访对象的对话作为内容的结构线索。

电视新闻专题容量较大，因此，表现手法也更为多样、灵活，它可以根据报道目的与对象的不同，采用不同的结构方式，例如，调查型专题以记者的调查活动为结构依据，这种方式可以使观众与记者感同身受，体会到一步步揭开真相的过程。

2. 善于运用视觉思维

视频新闻在很大程度上是以画面说话，所以要善于运用视觉思维：从视觉的角度进行选题，采访时组织好新闻的拍摄，以便获得所需要视觉素材，在新闻编辑时要善于运用视觉材料组织报道。

如果在视频新闻特别是评论中有一些抽象的概念，也要尽可能将之转化为形象。这种转化不是机械的，也不能生搬硬套，要有内容的逻辑性，符合人们的认知习惯。另一方面，也要避免这种形象思维的僵化、老套。

3. 画面要有证实功能

视频新闻的画面是一种重要的信息，有助于体现新闻的真实性。因此，在视频新闻中的画面要能对新闻中的语言叙述或判断起证实、支撑作用。

4. 画面要有现场感

视频新闻的优势之一就是形象性、可感性，这就需要视频新闻的画面要具有现场感，能描绘生动真实的现场环境，传达富于感染力的现场气氛。这种现场感既可以用全景式的画面加以表现，也可以通过某些细节镜头加以刻画。

5. 语言与画面互补、声画对位

在视频新闻中，语言是另一种重要的符号，它与画面共同组成报道。语言与画面应该既相互依托，相互补充，又各有侧重，从不同方面加强受众对信息的理解。在有些情况下，如果画面对信息的交代已经很清楚，就不必用文字过分重复。

在制作视频新闻时，应该注意画面与解说在时间上的统一性，做到声画对位。

6. 采用必要辅助手段

除了影像与声音外，视频新闻中也可以根据需要采用一些辅助性的手段，例如，字幕、图片资料、分析说明性图表等。这些手段常常是重要的补充信息，它们可弥补现有材料的一些不足。这些材料运用得当，也可以提高单位时间内的信息量，增强传播效果。

二、网络视频新闻的制作质量评价

判断一条视频新闻的好坏，除了要进行新闻价值等方面的衡量外，还需要从新闻的拍摄与制作技术方面进行一定的评价，这就需要了解摄像和视频编辑的一些基本规律。视频新闻在拍摄及后期编辑中需要考虑的主要因素包括以下几方面：

（一）运动摄像的运用①

运动摄像，就是利用摄像机在推、拉、摇、移、跟、甩等形式的运动中进行拍摄的方式，这是突破画框边缘的局限、扩展画面视野的一种方法。

运动摄像符合人们观察事物的习惯，在表现固定景物较多的内容时运用运动镜头，可以变固定景物为活动画面，增强画面的活力。

---

① 参见《视频图像非线性编辑的艺术技巧》，载于 http：//info. edu. hc360. com/2005/01/20113065300. shtml。

1. 推

推是指使画面由大范围景别连续过渡的拍摄方法。推镜头一方面把主体从环境中分离出来，另一方面提醒观者对主体或主体的某个细节加以特别注意。

2. 拉

拉与推正好相反，它把被摄主体在画面由近至远由局部到全体地展示出来，使得主体或主体的细节渐渐变小。拉镜头强调的是主体与环境的关系。

3. 摇

摇是指摄像机的位置不动，只作角度的变化，其方向可以是左右摇或上下摇，也可以是斜摇或旋转摇。其目的是对被摄主体的各部位逐一展示，或展示规模，或巡视环境等。其中最常见的摇是左右摇，在电视节目中经常使用。

4. 移

移是“移动”的简称，是指摄像机沿水平作各方向移动并同时进行拍摄。移动拍摄要求较高，在实际拍摄中需要专用设备配合。移动拍摄可产生巡视或展示的视觉效果，如果被摄主体属于运动状态，使用移动拍摄可在画面上产生跟随的视觉效果。

5. 跟

跟是指跟随拍摄，即摄像机始终跟随被摄主体进行拍摄，使运动的被摄主体始终在画面中。其作用是能更好地表现运动的物体。

6. 甩

甩实际上是摇的一种，具体操作是在前一个画面结束时，镜头急骤地转向另一个方向。在摇的过程中，画面变得非常模糊，等镜头稳定时才出现一个新的画面。它的作用是表现事物、时间、空间的急剧变化，造成人们心理的紧迫感。

运用运动摄像时，在运动的起点与终点处要留有一段稳定时间（通常是几秒钟），这两个时间段的画面分别叫做起幅和落幅。

进行运动摄像时，还要注意运动速度对画面节奏造成的影响，不同的速度会造成完全不同的感觉。例如，慢速运动拍摄，感觉非常从容，适合于抒情，也可以制造庄严、肃穆等情绪。而急速运动则适合表现欢快、兴奋的情绪，也可用来产生爆发感。

（二）镜头的组接

在拍摄时，往往是要对一个对象拍摄多组镜头。但这些镜头只是一些原始的素材，最终完成的片子，需要将原始素材进行有机的整合。整合的一个基本工作，就是根据编辑者的意图，将镜头组接起来。

镜头组接，既要符合一些技术上的基本规律，又要能充分表现拍摄者及编辑者的思想与理念。

影像镜头组接时的依据主要体现在以下几个方面：①

1. 人们的认知习惯与接受逻辑

任何事物的生成、发展与演变，都有自身逻辑，人们认识事物也有一定的逻辑与规律。人们观察事物时，视线不是从一个角度、一个距离、一个目标，而是按照观察需要和思维规律，对事物的局部和整体全面地进行观察。影像镜头的组接，也应与自然逻辑相吻合，使人们产生连续性的思维，产生由表及里的、由此及彼的功能和作用。

合乎逻辑的基本方法之一，是保持时序上的连贯，即把动作或事件的演变过程依照时序进行连接。特别是在电视新闻中，这样的组接方式更符合人们的认识习惯，可以更好地体现新闻的真实性。

合乎逻辑的方法之二，是遵循人们的认知规律和思维规律，形成内容上的逻辑关系。观众总希望看到由某些原因引发出来的结果。例如，举起枪瞄准的镜头接所瞄准的靶子的镜头，就是利用因果关系进行组接的。

---

① 参见饶立华、杨钢元、钟新：《电子媒介新闻教程》，中国人民大学出版社 2000 年版，第 322～328 页，《谈电视文艺剪辑的技巧运用》（载于 http：//www. lntv. com. cn/lntv/information/caibiantequ/xuekan/2003-11-26-2059. shtml），《镜头组接的一般规律与方法》（载于 http：//www. yzcc. com/yzcc/prem/113619_ 2. html）。

2. 镜头的长短

在进行镜头组接时，应根据内容中蕴含的情绪、气氛以及画面造型特征来灵活地处理镜头的长度。镜头的长度取舍，是画面组接技巧的主要内容。镜头的长短对主题思想的发挥及画面的表现效果也有极大的影响。

不同体裁、内容的节目通常在节奏上有着差异。

此外，不同景别也决定景头的长度不同。

不同景别的镜头取景范围的大小不同，画面所包含的内容也不同，为了使观众能看清画面的内容，不同景别的镜头长短应当有所不同，对固定镜头而言，一般来说：

全景 ：6 秒以上；

中景：3 秒以上；

近景：1 秒以上；

特写：1~2 秒。

对于移动镜头，时间长短应以交代清楚所要表达的内容、动作内容完整、节奏协调为取舍标准。

3. 事物的运动状态

即根据拍摄对象的运动状态的变化过程来进行镜头组接。

对于同一主体的同类运动，在进行组接时可以按下列方法进行：

在主体位置固定的画面中，选择姿态刚刚发生明显变化之后，作为动作编辑点。例如，坐着的人站起来，这是一种姿态的变化，这时可将镜头切换到下一个镜头。

在主体位置移动的画面中，选择运动方向或速度刚刚发生变化之后，作为动作编辑点。例如，汽车转向或突然加速时，就立即将镜头切换。

主体出入不同空间的画面中，选择主体走出画面或走入画面前，作为动作编辑点。如从人走出家里的画面切换到走入办公室的画面。此时应注意保持进出方向的一致性，还要选定合适的剪切点，如走出画面时，不要让主体完全走出画面；走进画面时，也不要从全空的镜头开始，而应从主体已进入画面一点的地方开始，这样画面感觉更流畅。

对于不同主体的运动或同一主体的不同运动的画面，进行画面编辑时，则选择它们之间运动的内在联系因素，例如两个进行直线运动的对象，切换时应该选择它们运动方向一致的某一时刻。也可以选择形态相似的物体作为动作编辑点，如从旋转的汽车轮切换到旋转的自行车轮，这样感觉就会比较自然。

由于在不同时间拍摄对象的状态或运动方向可能会发生变化，因此，在拍摄与进行镜头组接时，应该注意轴线规律。所谓轴线规律指的是，在拍摄将被组接在一起的同场面、同主体的一组镜头时，应使拍摄的方向保持在轴线的同一侧，否则镜头组接时可能出现“跳轴”，即主体在画面中朝向的突然转换，例如上一镜头人物是在画面的左边，下一镜头突然变到了画面的右边。这会破坏空间的统一感，造成理解混乱。

但是，在某些情况下，跳轴不可避免。为了校正跳轴镜头，可以在两个镜头间穿插镜头编辑点。

例如，选择主体运动刚转弯、转身或转头后作为穿插镜头编辑点，使跳轴运动有逻辑关系。

也可选择主体在画面中间做垂直运动作为穿插镜头，这些没有明显方向的中间镜头，可减弱跳轴运动的冲突感。

此外，也可以在两个镜头中间穿插一个主体的特写镜头，特写镜头引人注目，可分散人们对跳轴镜头的注意，减弱相反运动的冲突感。

4. 镜头运动

这是以镜头的运动为依据进行画面编辑，常是以动接动、静接静、动接静、静接动为基础，其中以动接动、静接静两种方法更常用。在组接时，要防止镜头运动之间、运动镜头与固定镜头之间的编辑点产生视觉跳动。

镜头运动方向相同的编辑点采用动接动组接，可产生一气呵成的效果。

镜头运动相反的编辑点，采用静接静组接，这时，镜头要有起幅、落幅才不会产生视觉跳动。例如，左摇镜头落幅后，才能切换到有起幅的右摇镜头。

运动镜头与静止的固定镜头之间应采用静接静组接，运动镜头要有起幅、落幅才不会产生视觉跳动。如一个摇镜头落幅后，才能接静止的固定镜头。

运动镜头与运动的固定镜头之间的编辑点采用动接静组接，利用主体运动的动势将运动协调起来。例如，从一辆行驶的汽车的跟拍镜头，切换到汽车驶向远处的固定画面。

5. 景别

镜头在组接时，景别跳跃不能太大，否则就会让观众感到太突然、不知所云。因为人们在观察事物时，总是按照循序渐进的规律，先看整体后看局部。因此，在景别的组接上，通常是在全景后接中景与近景，逐渐过渡，这会让观众感到清晰、自然。

6. 人物的心理活动与情绪

人物的心理活动及情绪变化，也是镜头组接的基本依据之一。可以选择人物情绪的高潮处，如喜、怒、哀、乐等，作为图像编辑点。利用情绪的贯穿性来切换镜头，可获得紧凑而不露痕迹、一气呵成的结果。

7. 声音

即通过声音之间的关系或声音与画面间的关系来组接镜头。

从声音与画面间的关系来看，声音剪辑又分为平行剪辑和交错剪辑两种。

平行剪辑。就是画面和声音同时出现，上一个镜头的声音结束后，声音和画面立即切入。它的特点是平稳、严肃、庄重，它能具体地表现人物在规定情境中所要完成的任务。

交错剪辑。声音剪辑还可以交错延续，这种方法就是声音和人物画面不是同时被切换，而是交错切出。即上个镜头的人物切出的声音拖到下一个镜头人物的画面上。

（三）镜头转场技巧

转场也是一种镜头的组接，但它指的是不同空间不同场景的两个镜头之间的衔接，在进行这样的组接时，除了可以运用上面介绍的各种手法外，还可以运用一些特殊的手段。

1. 利用空镜头

空镜头指的是只表现物而不表现人的镜头。利用它可以较方便地进行场景的自然过渡。

2. 利用特技

转场的另一种基本方式是特技转场。常见的转场技巧包括：

淡入淡出：也称渐隐渐现，即前一个镜头逐渐暗下去后，后一个镜头逐渐亮起来。

化入化出：也称溶入溶出，即两个相接镜头的淡入与淡出同步。

叠化：后面的画面没有渐显的过程，直接叠在渐隐的画面上。

划：也称扫。即上一个画面以某种图形的形式渐隐退出，下一个画面随之出现。

分割屏幕：把屏幕分割成若干区域，平行地展示若干画面，然后让其中一幅画面充满屏幕。

定格：以画面凝定的定格结束，转入下一场。

翻页：如同翻书一样，上一个画面翻过去，下一个画面随之出现。有时新画面出现在所翻画面的背后。

翻滚：几幅画面组成立体图形的不同的面，在滚动中，其中一幅画面充满屏幕。

（四）镜头组接与蒙太奇

上面介绍的镜头组接和转场的规律，主要是技术上的一些手段，而蒙太奇则是用以表达电影、电视节目的生产者的思想与意图的方法，它是建立在技术手段基础上的。

蒙太奇一词，是法语 montage 的译音，它原是建筑学上的术语，意为构成、装配。引申在电影方面，就是剪辑和组合。这是电影导演或剪辑师将拍在胶片上的一系列镜头及录在声带上的声音（包括对白、音乐、音响）组成影片的方法与技巧。这一概念也被其他影像艺术所运用。

一个镜头说明一种含义，两个镜头接起来，会产生另外一种效果，许多镜头连接起来，成为一组合或系列又形成一种新的效果，能产生它们独立存在时所没有的意义，或具有了更为丰富深刻的意义，对观众有着一种特殊的感染力。这就是蒙太奇的作用。

就影片的编辑技术而言，蒙太奇无疑就是“镜头组接”。但是，它除了要符合技术上的规律外，还要能传达丰富的意图。

在视频新闻中，可以在必要的情况下使用蒙太奇，但是不能滥用。

第三节　网络视频新闻的数字化加工

网络视频新闻的数字化加工即对数字化的视频文件进行必要的技术处理，以便视频新闻能更好地满足网络传播的需要。

一、网络视频新闻数字化加工的工具

网络视频新闻的加工，主要利用的是非线性编辑软件。

所谓非线性编辑，是相对传统的线性编辑方式而言。传统的线性编辑是录相机通过机械运动使用磁头将视频信号顺序记录在磁带上，在编辑时也必须顺序寻找所需要的视频画面。用传统的线性编辑方法，如要替换与原画面时间不等的画面，或删除节目中某些片段时都要重编，而且每编一次视频质量都要有所下降。

非线性编辑系统是采用数字技术将视频信息保存下来并进行处理，它实现了视音频编辑的非线性，即能实现对原素材任意部分的随机存取、修改和处理。通常把以各型计算机为中心构成的视频、音频工作站称为非线性编辑系统。

由于非线性编辑方式改变了传统线性编辑方式的制作过程，在视频编辑的灵活性、经济性、网络化以及保证信号质量等方面，有着线性编辑无法比拟的优点，这使得非线性编辑制作系统迅速推广，成为视音频后期编辑的发展方向。

目前的非线性编辑软件很多，Adobe Premiere 是其中一个具有代表性的产品。它的主要特点有：集剪辑、特技应用、场景切换、字幕叠加、配音配乐等功能于一身，具有广泛的素材兼容性，进行视频格式转换十分方便。在 Adobe Premier 的帮助下，许多原先只能由专业影视制作人员才能完成的作品，一般爱好者也可轻易完成。高版本的 Adobe Premiere 具有实时预览功能，可以方便地监视编辑效果，提高编辑速度。

限于本书篇幅，有关视频编辑软件的具体使用在此不再介绍，有兴趣者可以参看相关书籍。

二、常见的数字视频文件格式

1. AVI 文件

AVI（Audio Video Interleaved）是微软公司开发的一种符合 RIFF（Resouce Interchange File Format）文件规范的数字音频和视频文件格式，被多种操作系统支持。该格式未限定压缩标准，只是作为控制界面上的标准，不具有兼容性，用不同的压缩算法生成的 *.avi 文件，必须用相应的算法才能播放出来。该格式主要用于保存电影、电视等各种影像信息，多用于多媒体光盘。

2. Mov 文件

.mov 、.move 、*.movie 是苹果电脑公司推出的一种数字音频和视频文件格式，其压缩比率较大，质量较高，适用于流式播放。在 Windows 中，可用 Quicktime 进行播放。

3. ASF 文件

ASF 是微软制定的流媒体格式，它支持多种压缩/解压缩编码方式，并可以使用任何一种底层网络传输协议，具有较大的灵活性。对应的播放器是 Windows Media Player。

4. RM 文件

RealSystem 是网上非常普及的一种流媒体技术，它的文件格式为 .rm。其性能表现非常稳定，大量的流媒体服务网站都采用了这项技术，对应的播放器为 RealPlayer。

各种视频格式间有时需要进行相互转换。可以选用不同的转换器软件。

第四节　视频新闻在网络中的应用

一、视频新闻在网络中的应用原则

经过加工的视频新闻，在网络中传播时，与在电视媒体中播放是有所不同的。网络视频新闻应该充分利用网络的特点进行传播，以求传播效应的最大化。当然，这些原则也适用于其他形式的新闻。

1. 可点播性

在电视媒体中，视频新闻都是由电视台决定播出的时间与长度，多个新闻是根据编辑的意图按照某种顺序排列起来的。这是一种“推送”式的传播方式。如果观众错过了播出时间，就不能看到新闻。观众也不能决定看或不看哪些新闻以及以什么样的顺序收看新闻。而网络媒体提供了由受众“拉出”信息的可能性。“点播”就是一种拉出的方式。

在视频新闻的发布中，要为各种视频新闻提供“点播”功能，即使是视频直播，也应该在直播结束后以点播的方式再次发布，方便那些错过了直播的受众。

2. 信息互通、互补性

在电视新闻的编排中，一条新闻往往是自成一体的，已经播出过的与它相关的新闻几乎不可能与它同时再播出。虽然有时编辑为某些新闻加上新闻回放或小资料片等内容，但这也不能成为一种普遍的做法，这是受到电视媒介自身的限制。而在网络中，由于容量上没有太多限制，也由于信息之间的链接非常方便，因此，信息不再是孤立的，可以通过多种方式在信息之间建立起链接。对于视频新闻来说，这就为它与其他新闻的互通与整合提供了可能。

对于视频新闻来说，实现信息的互通与互补的基本方向是多媒体化应用。在网络中，即使是一条普通视频新闻也应该意味着一个信息单元，即应将与它相关的文字、图片、音频或视频新闻等作为相关新闻同时发布。如果可能，除了提供视频新闻外，还可以提供对应的文字稿。这可便于受众了解新闻的来龙去脉，获得视频新闻的补充信息，最大限度地发挥视频新闻的效益。而多媒体专题更是提高视频新闻能量的有力手段。

此外，多条视频新闻也需要通过一种高效率的方式组织起来，应该提供同类新闻、相关新闻、热门新闻等多种不同的新闻排列方式，受众可以方便地在不同的新闻之间进行切换。

3. 可检索性

由于网络是一个信息海洋，在其中寻找特定信息往往是较为麻烦的，也提高了受众获取信息的成本。因此，提供方便的信息检索入口，可以让受众快速定位于他们所需要的新闻。同时，信息的检索实际上是整合信息的另一种方式，通过某一关键字，将所有相关新闻一揽子提供给受众，有助于他们获得对一个事件的全面了解。目前，各新闻网站的文字检索功能已经较完备，但对视频新闻的检索还不够重视。

4. 可参与性

网络最大的优点之一就是互动性。为了更好地提高视频新闻的传播效果，网站也应该为受众参与视频新闻的反馈提供相应的手段。

二、视频新闻在网络中的应用形式

视频新闻在网络中的应用形式可以从不同的角度来区分。当然，一段视频新闻并非只能有一种应用方式，在不同的时候，它可以采用不同的方式，或者可以在不同的界面中使用同样的视频。

（一）单媒体应用与多媒体应用

视频新闻在网络中可以独立出现，这是单媒体化的应用方式。但显然，这种方式使得视频新闻仍然处于“孤岛”之中，不利于克服视频新闻自身的缺点。因此，理想的状态是通过不同方式将视频新闻与其他新闻结合起来，形成多媒体应用，这是视频新闻在网络中的主流应用方式。目前的多媒体应用方式主要包括以下几种：

1. 视频新闻配合文字新闻

在这种情况下，视频新闻可以补充、丰富与印证文字新闻。具体的表现方式可参见第七章。

2. 以视频新闻为主组成简单多媒体报道单元

随着视频新闻地位的不断上升，越来越多的视频新闻成为了“主角”，以它们为中心组织一个小的多媒体报道单元也将成为一种普遍的做法。

这样的报道单元的基本构成是：

视频新闻提供主体信息，让受众获得直观的感受。

文字新闻补充视频新闻中没有出现的信息，或者作为视频新闻的脚本，方便受众查证、保存。

图片新闻可以是视频新闻中截取的重要画面，也可以是其他来源的相关图片。它们可以提供重要时刻的视觉材料，方便受众反复观看，也可以补充视觉新闻的一些缺憾。

如果有必要，也可以提供一定的音频新闻。

就像文字新闻一样，在这样的多媒体报道单元里，也可以用相关链接的方式，提供各种形式的同主题或同类新闻。

对于题材重大、视频素材充分的内容，也可以将多条视频新闻整合起来，辅以其他形式的内容，组织成一个视频专题。

3. 与其他新闻结合组成多媒体专题

在内容丰富的多媒体专题中，视频新闻的选择有更大的空间，它与其他形式的新闻的结合方式也更为多样，本书在后面的章节中将进一步介绍新闻专题的策划与制作。

4. 视频专栏

越来越多的新闻网站开设了视频专栏。多数视频专栏是以新闻类别或性质来进行栏目的分割的，如“国际新闻”、“国内新闻”、“体育新闻”等。

视频专栏并不是将视频新闻单独分离出来，而是以视频新闻为主干，吸收与融合其他形式的新闻，因此也是一种多媒体化应用。

为了让受众更方便地收看专栏中的视频新闻，最好为视频新闻栏目专门设计合理、便捷的界面。例如，美国 CNN 网站为视频发布设计了一个称为“管道”（Pipeline）的界面，如图 6-1。① 这个界面有一个主屏幕播放受众点播的新闻，同时，在界面下方有四个小窗口，它们同时播放四套直播节目，如果受众对其中一个感兴趣，可以点击它使它出现在主屏幕中。在屏幕的右方设有新闻检索功能，方便受众根据关键词快速查找相关新闻。它的下方是节目表，受众可以了解到实时新闻的播出安排。在屏幕的左边还有热门新闻列表，这样可以将重要新闻推荐给受众。当有突发事件的报道时，界面的右下角会出现提示信息，使受众在第一时间获知信息，点击此消息，便可将相关视频报道载入主屏幕。当用户需要做其他工作时，此界面可以缩小放在电脑屏幕的一角，这样既可随时监视视频新闻，又可将电脑屏幕让位于其他程序。

可以想象，随着技术的不断发展，当视频新闻日益成为网络中的重要一

① 资料来源：www. cnn. com。

图 6-1　CNN 的“Pipeline”视频播放界面

部分时，视频新闻的界面将更为完善，功能更为多样。

新华网的“新华视频周刊”（如图 6-2）是另一种形式的视频新闻专栏的形式。① 它的特色不在于其技术性的界面，而在于视频内容整合的新思路。这种“周刊”并不将内容圈定于某一个新闻事件或主题，而是像新闻杂志一样，将一定时期内重要的视频新闻集纳在一起，它追求的是内容的综合性与丰富性，以及信息的集成度，使受众在一个有限的页面中，可以获得多元的、具有一定时间跨度的信息。对于面临超量信息的狂轰乱炸的受众来说，定期地获得一个“打包”后的新闻集粹，可以使他们避免在信息海洋中耗费过多的时间与精力。这些信息以视频类为主，但又不局限于此。这代表了视频新闻专栏的另一种发展方向，也有很大的开拓空间。

① 资料来源：http：//news. xinhuanet. com/video/2005-12/16/content_ 3930684. htm。

图 6-2　新华网的“新华视频周刊”界面

（二）实时应用与非实时应用

从新闻的播出与收看的同步性角度可将视频新闻分为非实时应用与实时应用两种：

非实时应用，即视频新闻的播出与收看是不同步的。这些新闻通常是再次发布的电视台已有的新闻节目，或网站事先编辑好的新闻节目。这些新闻放在网站上，可由受众根据需要随时点播。

实时应用即视频信号的播出与接收是同步的。

实时应用中的一种重要方式是视频直播，它意味着信息在采集的同时也在网上播出。目前，视频直播正在成为网络新闻的一个重要方式。

视频新闻直播起源于电视。近年来，电视新闻直播节目越来越普及。这种新闻直播带来的好处是：零时差报道，即观众从画面上看到的是正在发生的即时报道；零距离报道，即观众从画面上看到的是新闻事件发生的现场报道；展现新闻事件的过程而不是报告结果，音视频以原生态展现，完全不经编辑剪接。①

当视频直播技术与网络结合后，也越来越多地用于新闻报道。网络视频不仅继承了电视新闻直播的优越性，而且还可与网络传播的互动性、传播手段的多元化、信息的互通性等特点结合起来。

目前的网络视频直播主要有两种，一种是直接利用电视台的直播信号，另一种则是由网站独立进行的现场视频直播。

要由网站组织现场视频新闻直播，需要有网络视频直播系统。通常，网络视频直播系统需要的硬件包括：视频采集压缩工作站、Web 服务器、数据库服务器、视频服务器、磁盘阵列或其他网络存储系统等。

要使网络视频直播真正担负起第一时间、第一现场的新闻报道的重任，不仅需要足够的技术条件，还需要注意以下问题：

1. 做好直播的选题

目前的网络视频直播主要用于会议或在线访谈等，以室内或封闭的场景为主，这是现有条件限制所造成的一种不足，事实上，在未来，网络视频新闻直播也应该像电视新闻直播一样，题材更加多样化。可将直播拓展到重大活动、突发事件的现场报道等其他题材中，并在实践中不断积累对不同题材的直播规律的认识。

2. 注重报道技巧

目前的不少网络视频直播往往只有一、两台摄像机，画面呆板、沉闷，变化少，缺少现场感。事实上，要做好视频直播，需要充分运用摄像技术手段和报道技巧，营造出生动的现场感。这就要求从更多的角度与方位进行现场拍摄，既注重大场景又注重细节，通过导播将各种角度的画面有机结合在一起，形成丰富而有层次的视觉效果。

在目前的网络视频直播中，基本上没有记者出镜报道。从发展趋势来看，网络视频直播中，记者将是一个重要的组织报道的角色。

---

① 闵大洪：《地方电视台对 SNG 的运用》，载于 http：//www. zijin. net/get/xueshu/2005-12-06-7740. shtml。

3. 充分发挥其他手段的配合作用

虽然视频直播本身有很多优势，但是，有时也需要其他报道手段的补充。例如，文字稿件、图片便于查看、保存。视频直播可以与文字直播与图片直播或滚动式的文字、图片报道结合起来。

在直播前，也可以根据报道对象准备一些背景性的文字、照片或图表以及音视频等资料。

4. 利用互动功能

在视频直播的同时开通互动功能，不仅可以满足受众的需要，也可以营造更热烈的气氛。直播时的互动形式主要有：

开通聊天室：使网民可以进行多对多的讨论。

开通 BBS：这也是网民发表意见、开展讨论的一个重要渠道。

开设调查：实时了解网民的意见分布。

第三单元

网络新闻的整合

第七章 网络新闻报道单元的实现

网络新闻报道单元，是对日常稿件进行整合的一种手段，常常是围绕一个特定的主题，由不同层次、不同形式的信息和手段等共同组成一个小的集合，通过它们的相互补充、相互配合，以求达到更好的新闻传播效果。

在日常新闻工作中，它是一种主要的新闻整合手段。

第一节　网络新闻报道单元的作用及构成形式

网络新闻报道单元，虽然也可以看作是一种新闻专题，但是，目前网站所称的新闻专题通常只是针对一些较为重要的选题，一个专题的容量较大，工作量也较大，而它们在网络新闻中的比重较小。它们虽然是网络新闻整合的一种重要方式，但并不是惟一的方式。

在网站日常新闻处理中，则出现了程式化、简单化等问题，这给网络新闻传播带来了很多问题，影响了新闻传播的效果。因此，提出网络新闻报道单元这一思路，是为了使网络新闻的整合思维能有效地体现在更多的日常工作中，更好地发挥网络新闻传播的优势，克服其不足。

一、网络新闻报道单元的作用

网络新闻报道单元的作用在于：

1. 网络新闻报道单元是克服新闻的碎片化现象的一种有效方式

网络新闻传播的特点，在一定程度上带来了新闻的碎片化，这主要表现在几个方面：

在时效性压力下形成的新闻碎片。时效性强是网络新闻传播的突出特点，动态写作、实时更新，成为网站处理新闻的一种常规方式，特别是在突发事件或重大事件的报道中。但是，在高度的时间压力下，新闻的写作更注重各个点的状态，注重信息的简单传递，而对于事物发生、发展的完整线索，常常不能在一条新闻报道中加以表现。对于受众来说，从单篇新闻中得到的信息总是片断的、零碎的，这妨碍了受众对于一个事物的全面、清晰的了解。

新闻简单堆积带来的碎片化。网络的海量性特点，使网站可以将有关一个对象的各种相关报道都集成在一起，但这种集成往往只是一种简单的堆积，编辑常常不能对信息之间的关系进行有效梳理，有时信息之间甚至是相互矛盾冲突的。虽然网站提供了很多条新闻，但仍然会使受众在阅读时感觉支离破碎。

不同形式的新闻缺乏有效整合带来的碎片化。在媒介融合的时代，网站可以获得新闻的形式越来越丰富，除了文字、图片外，也包括音频、视频等形式的新闻，但是，由于机制的原因、技术系统的原因以及思维方式的限制，各种形式的新闻往往被分割在不同的频道或栏目中，未能形成一个有机的整体。

虽然在重大报道中，网站会采用新闻专题的方式来加强新闻的整合，但是，毕竟专题只是针对少数报道对象。提倡日常稿件的整合性思维，才是应对新闻碎片化的更普遍、更有效的途径。

2. 网络新闻报道单元是体现网络媒体竞争力的一种重要方式

与传统媒体相比，网络的容量是海量的，可以承载的信息形式是多样的，而且信息之间可以通过超链接进行有机的结合，这些都为新闻报道单元的实现提供了基本条件。新闻报道单元是对单一新闻稿件的有效拓展，它可以用更长的时间跨度，更多元的视角，更丰富的手段，来完成对一个主题的报道，帮助读者获得对新闻事件更为完整的把握，同时还可通过互动方式来发展新闻报道。而对于传统媒体来说，由于媒体自身的固有限制，是很难在常规新闻中实现这样一个目标的。因此，在日常新闻报道中用心完成每一个新闻报道单元，是网络媒体与传统媒体竞争的一个重要方式。

二、网络新闻报道单元的构成形式

与网络新闻专题相比，网络新闻报道单元的主要特点是：

它以某一稿件为骨干，其他稿件以它为中心服务于它，因而报道线索明确。而网络新闻专题在多数情况下都是由若干栏目构成，报道的线索也相对复杂。

这种报道的容量相对较小，通常也是不可再延展的，即不会像某些新闻专题那样不断进行更新。

这种报道单元往往是对现有新闻素材的被动利用，其新闻稿件可以出自不同的来源。

网络新闻报道单元可以由很多种形式构成，根据目前的网络新闻实践来看，下列几种方式较为常见：

文字报道单元；

Web 页面整合的多媒体报道单元；

Flash 整合的报道单元。

下文将分别介绍这几种类型的新闻报道单元的编辑方法。

当然，在实际工作中，也可以根据需要将有关信息及手段组合在一起，形成其他形式的报道单元。无论怎样，形式只是实现传播目的的一种手段，创造性地运用网络所提供的各种可能性，以最大限度地满足受众需要，才是报道单元所要追求的真正目标。

第二节　文字报道单元

一、以层次化信息构成的文字报道单元

虽然很多网站并没有明确采用报道单元这一概念，但在日常稿件的处理中，由于信息的分层处理，一篇稿件已经自然形成了一个报道单元。

层次化信息构成的网络新闻报道单元，其主要思路是，利用超链接将主题分成若干个层次，前面层次的内容是后面内容的基础，而后面的层次则是对前面层次内容的展开、补充与延伸。

前文提到，一篇文章的完整层次包括：

层次一：标题

层次二：内容提要

层次三：新闻正文

层次四：关键词或背景链接

层次五：相关文章、评论等延伸性阅读

从新闻单元的角度看，在第五个层次中，除了将同关键字的新闻作为相关文章链接外，还可以将与本篇新闻有着直接、紧密联系的稿件作为相关文章。这些文章可以在更大程度上满足人们对本新闻事件的来龙去脉、前因后果的了解，起到解读新闻、释疑解惑的作用。从报道单元的角度来说，这样的相关新闻意义更大。

例：

跨行查询收费又起波澜　三次免费查询或成现实①

有关跨行查询收费最终解决方案日前又起波澜。

银监会相关部门负责人向记者透露，“针对跨行查询收费，央行、银监会不会出台强制性的解决方案，调整跨行查询收费的主动权仍然掌握在各发卡银行手中。”

各商业银行的态度又如何呢？记者了解到，工、农、中、建、交等已开始收费的大型商业银行，将普遍采取“持卡人每月免费跨行查询三次”的做法，而一些未收费的中小型银行则明确表示暂不考虑对跨行查询收费。

三次免费查询或成现实

“必须采取一个折中的做法，这样才不至于使银行陷入难堪的境地。”某国有银行卡中心负责人向记者透露，此前，几家已开始收费银行的银行卡业务负责人已对这一问题进行了紧急磋商，得出的结论是，应适当允许一定次数的免费跨行查询。

另一家国有银行的银行卡部总经理也表示，次数多少倒无所谓，但银行方面必须让步，大家一致认为，每个月免费查询三次比较合适。这样既能赢得持卡人的认同，又能抑制业务量下降的势头。自6月1日开

① 原载于2006年7月27日新华网。

收0.3元跨行查询费用至今1个多月，全国ATM的跨行查询量与去年同期相比，减少了10%左右。

但也有银行人士对此提出了不同看法。他分析说，一般的持卡人每月跨行查询的次数最多为3次，没收费前，也只有极少一部分人会超出这个限制，收费之后，他们也会尽量减少跨行查询次数。因此，所谓折衷的做法实际上等于没有收费。

这位人士认为，从长期来看，银行收费是大势所趋，因此，各收费银行通过提供免费查询次数使得这项收费“形同虚设”大可不必。

大小银行说法不一

对于是否应该对跨行查询收费，大小银行则表现出两种截然不同的态度。

交行卡部的一位人士坦承，跨行查询收费属于市场行为，该行之所以率先收费，完全是根据自身的市场定位来确定的，为此，该行会坚决执行这项收费。

“无论央行还是银监会都没有权力强制叫停这项收费，这是最起码的常识。”某国有银行卡中心负责人解释说，很明显，既然银行为持卡人提供了这项服务，就应收取相应的手续费。

这位负责人进一步表示，银行为提供这项服务花费了不少人力物力，即增加了银行的运营成本，因此，不能片面考虑持卡人的需求，同时也应兼顾银行的利益。因为，当前商业银行贷款收入越来越少，再加上原有的某些“垄断利润”也被逐渐压缩。

而一些未收费的中小银行在接受采访时纷纷表示，暂不考虑对跨行查询收费。“跨行查询收费暂时不在我们的考虑之列。”一位股份制银行零售银行部负责人说，中小银行网点少，这块的利润原本就相当有限，因此，一旦跟风收费会得不偿失。

另一家股份制银行的卡部负责人认为，对一般的中小银行来说，目前最紧迫的任务是扩大银行卡的市场占有量，从而赚取更多的利润，而不仅只是收取那微不足道的“三毛钱”跨行查询费。

═银行要将跨行查询收费进行到底？═

追踪：防不胜防的收费局：有多少银行收费还会再来？

不算不知道，短短两年半时间，银行的收费项目已猛增了近30项。

更有媒体报道，根据有关规定，商业银行可以收费的项目达约100项，目前已收费的项目只占其中很小一部分，真正的收费高潮可能还在后头。到底还会有多少银行收费接踵而至呢？

进展：跨行查询收费仍悬而未决 需等决策部门表态

25日，中国银联有关人士向记者表示，银监会下发“跨行查询手续收费解决方案征求意见稿”之后，还未有新的进展。事件的最终结论“还要等待决策部门的表态”。

事态：跨行查询收费或引发集团诉讼 公益诉讼举步维艰

“跨行查询收费案”主角邓维捷14日接受记者采访时表示，她希望有更多的人加入到这一诉讼案中来。一个人面对一个垄断行业，她在心理上感到了不少压力。

上例是由新华网编辑的一个报道单元，主干新闻是由《中国证券报》采写的报道，为了让读者对这一主题有更深入全面的认识，编辑又为它配发了三篇相关新闻，这三篇新闻分别来自《新京报》和《上海证券报》，它们对于当前主干新闻是一个有益的补充，因此，编辑从“追踪”、“进展”和“事态”三个方面将它们整合在一起，使它们与主干新闻共同构成一个完整的线索。

又如，在网易的新闻稿件处理中，曾经一度采用了从“大背景”、“热新闻”、“冷观点”这三个方面来组织相关新闻的做法，它们分别从新闻发生的社会环境与背景、与新闻相关的新闻事件以及有关的观点等几个角度，对当前新闻进行拓展。

例：①

在网易的题为《人大代表建议高校不应只提高收费更应提高质量》的新闻中，三个方面的相关新闻分别为：

大背景

- 教育部介绍近期教育改革与发展有关情况
- 中国教育何以“种瓜得豆” 中国迫在眉睫的危机

① 原载于2006年3月4日“网易新闻”。

● 教育部 2006 年第 1 次新闻发布会（文字实录）

热新闻

● 教育预算向农村学校和城市薄弱学校倾斜

● 教育经费预决算及学校收支情况向社会公布

● 教师平均工资应不低于或高于当地公务员平均工资

● 周济：治理教育乱收费三年共清退资金 13.2 亿元

● 教育部：正因为存在教育产业化才要坚决反对

冷观点

● 仅仅免除学杂费是不够的

● 中国教师“生存状态”

可以看出，这则新闻的相关新闻已经超越了用关键词来组织相关新闻的简单做法，在一定程度上体现出编辑将新闻做深、做透的意识。虽然在实践中有些新闻的选取还不尽如人意，但是这种意识有助于报道单元的质量的提高。

二、多角度稿件构成的报道单元

一个新闻主题往往可以有多个报道角度，在传统媒体时代，受到版面空间或报道时间的限制，对于绝大多数题材的报道，一个媒体往往只能从一个角度进行报道。虽然记者、编辑们在选取角度时是充分考虑媒体的受众对象需求，但是，这种单一角度的报道有时仍然难以充分满足受众的需要。

而网络媒体则使得多角度报道的同时呈现有了平台基础。因此，在构建报道单元时，针对一个特定的主题，将几篇不同角度的报道整合在一起，也成为一种可行且有效的方式。

例：

中国公布新修订的渎职侵权犯罪立案标准 ①

新华网北京 7 月 26 日电（记者 孟娜）最高人民检察院 26 日召开发布会公布了《最高人民检察院关于渎职侵权犯罪案件立案标准的规定》。

① 原载于 2006 年 7 月 26 日新华网。

这个《规定》共对检察机关管辖的42个渎职侵权罪名的立案标准作了具体规定，体现了对人权的尊重和保护。

这个《规定》是在1999年制订的《最高人民检察院关于人民检察院直接受理立案侦查案件立案标准的规定（试行）》的基础上补充、修改而来的，是近几年惩治和预防渎职侵权犯罪工作的经验总结。

最高人民检察院副检察长王振川说，新的“渎职侵权犯罪立案标准”共规定了220余项立案情形，比1999年的“立案标准（试行）”增加了60余项。

他说，新修订的“渎职侵权犯罪立案标准”保障人权的价值取向更加突出。保护人权，尤其是加强诉讼活动中的人权保护，是反渎职侵权工作的重要职能。

在过去的“渎职侵权犯罪立案标准”中，侵权手段表述较为笼统，多以“手段残忍、影响恶劣”予以概括。新的“渎职侵权犯罪立案标准”对此进行了修订，以列举方式明晰了“手段残忍、影响恶劣”的侵权手段的表述，更有利于检察机关加大对恶劣侵权行为的惩治力度。

新修订的“渎职侵权犯罪立案标准”更加注重保护个人合法财产。过去的《立案标准》未对公共财产损失和个人财产损失进行区别，司法实践中基本上是按同一标准执行。新的立案标准对滥用职权案、玩忽职守案、执行判决、裁定失职案、环境监管失职案、商检失职案、动植物检疫失职案等都明确规定造成个人财产直接经济损失达到法定数额的应予立案。对渎职行为给个人造成经济损失的数额标准进行规定，体现了对公民财产权利的保护。

新修订的“渎职侵权犯罪立案标准”进一步明确了犯罪主体的范围。根据刑法的规定，渎职罪的犯罪主体是国家机关工作人员。由于此前未对国家机关工作人员的范围作出明确规定，致使渎职罪主体问题成为长期困扰司法实践的一个突出问题。

这次修订后的“渎职侵权犯罪立案标准”在吸收立法成果的基础上，对渎职侵权案件中国家机关工作人员的概念和范围作出了明确的界定，即：“国家机关工作人员，是指在国家机关中从事公务的人员，包括在各级国家权力机关、行政机关、司法机关和军事机关中从事公务的人员。在依照法律、法规规定行使国家行政管理职权的组织中从事公务的人员，或者在受国家机关委托代表国家行使职权的组织中从事公务的人员，或者虽未列入国家机关人员编制但在国家机关中从事公务的人员，在代表国家机关行使职权时，视为国家机关工作人员。在乡（镇）以上中国共产党机关、人民政协机关中从事公务的人员，视为国家机关工作人员。”

最高检出台新规明确刑讯逼供八种立案情形

新华网北京7月26日电（记者 陈菲）26日公布的《最高人民检察院关于渎职侵权犯罪案件立案标准的规定》，首次以司法解释的形式对刑讯逼供案的八种立案情形予以详细规定。

根据规定，刑讯逼供罪被明确为“司法工作人员对犯罪嫌疑人、被告人使用肉刑或者变相肉刑逼取口供的行为”。涉嫌下列八种情形之一的，应予立案：以殴打、捆绑、违法使用械具等恶劣手段逼取口供的；以较长时间冻、饿、晒、烤等手段逼取口供，严重损害犯罪嫌疑人、被告人身体健康的；刑讯逼供造成犯罪嫌疑人、被告人轻伤、重伤、死亡的；刑讯逼供，情节严重，导致犯罪嫌疑人、被告人自杀、自残造成重伤、死亡，或者精神失常的；刑讯逼供，造成错案的；刑讯逼供3人次以上的；纵容、授意、指使、强迫他人刑讯逼供，具有上述情形之一的；其他刑讯逼供应予追究刑事责任的情形。》》点击详细

渎职侵权犯罪立案新标准注重保护个人合法财产

新华网北京7月26日电（记者陈菲）26日，《最高人民检察院关于渎职侵权犯罪案件立案标准的规定》发布。最高人民检察院副检察长王振川在介绍新标准时，对“更加注重保护个人合法财产”这一特点进行了强调。

王振川说，在过去的立案标准中，以滥用职权案、玩忽职守案为代表的渎职案件，未对公共财产损失和个人财产损失进行区别，司法实践中基本上是按同一标准执行，对此，新修订的立案标准作了重大调整。》》点击详细

国家机关聘借人员失职渎职构成犯罪将被追究责任

新华网北京7月26日电（记者 陈菲）最高人民检察院26日对外发布的《最高人民检察院关于渎职侵权犯罪案件立案标准的规定》，对渎职侵权案件的犯罪主体“国家机关工作人员”的概念和范围作出了明确界定。根据规定，国家机关聘任借调人员，失职渎职构成犯罪的，检察机关

将立案侦查。》》点击详细

最高检新规严防招收公务员、学生徇私舞弊犯罪

新华网北京7月26日电（记者 陈菲）26日公布的《最高人民检察院关于渎职侵权犯罪案件立案标准的规定》，进一步明确了“招收公务员、学生徇私舞弊罪”检察机关应予立案的六种情形，为打击这一犯罪提供了有力法律武器。》》点击详细

上例是新华网关于《最高人民检察院关于渎职侵权犯罪案件立案标准的规定》这一法规出台的报道，这个新规定中涉及的内容很多，难以在一篇报道中都涉及，记者将其分解成若干篇报道，每一个报道重点介绍新法规中的某一个重要内容。在网络中，将这些报道整合在一起，既显得线索清晰，便于读者抓住要点，又能全面地反映新法规。

多个角度稿件构成的报道单元，可以由两种方式完成：

其一，记者在采访写作时就将报道分解成若干个小的报道。这意味着，网络传播的特点要求记者需要在思维方式与工作方式上做出调整，在采访乃至策划阶段，就从报道单元的需要出发来分解任务。

其二，编辑将不同媒体或不同记者采写的同一主题的不同角度的报道根据其内在关系组织在一起，便于读者从不同侧面了解新闻事件。

这样一种报道单元的稿件基本上分量相当，但是，在编辑时，还是需要突出其中一条新闻，例如将与网站受众关系最密切或人们最关心的一条新闻作为主干新闻，拟定报道单元的标题时以该新闻为主，其他新闻的内容，在标题中可以不体现，或者以副题的方式来处理。

在版面上，最简单方便的处理方式是，将主干新闻放在最前面，其他新闻依次排列。如果版面太长，对于非主干新闻，可以只列出其标题与导语部分，其他内容，用“点击详细”或“详情请进”的方式，做成链接，点击链接后，可以打开完整的稿件。

三、以时间为线索整合的文字报道单元

新闻碎片化的一个主要表现，是由时间上的点状报道带来的线索的断裂感。克服这样的碎片化现象，时间线是一种有效的手段。在美国新闻网站，时间线是一种非常常见的方式。

时间线的编辑思路是，对于发展中的报道对象，截取它发展进程中的那些重要时间点，以此为线索来组织相关稿件。它操作简单，但对提高传播效果却有显著作用。

例：

中美撞机事件大事记（4月1日~11日）①

4月1日

中美战机在南海上空遭遇　美机撞毁我机

美国一架海军 EP-3 侦察机在中国海南岛东南海域上空活动，中方两架军用飞机对其进行跟踪监视。北京时间上午9时07分，当中方飞机在海南岛东南104公里处正常飞行时，美机突然向中方飞机转向，其机头和左翼与中方一架飞机相撞，致使中方飞机坠毁，飞行员失踪。

中国战机被美侦察机撞毁　美方理亏有如热锅蚂蚁

撞机事件发生后，美机未经中方允许，进入中国领空，于9时33分降落在海南岛陵水机场。这是美国军机首次与中国飞机碰撞，并紧急降落在中国大陆，美方理亏有如热锅蚂蚁。

朱邦造就美军侦察机撞毁我军用飞机发表谈话

外交部发言人朱邦造今天就美国军用侦察机在南海空中撞毁中国军用飞机事件发表谈话。

4月2日

布什紧急召集安全部成员商讨美机撞毁中国战机事件

美国总统布什在白宫紧急召集美国国家安全部成员开会，商讨美国侦察机撞毁中国战机事件以及中美关系即将面临的局势。布什称，他对中国政府的反应感到"不安"，要求在"没有更多干扰因素"的情况下与机组人员见面，并要求中方归还美飞机。

美海军三艘驱逐舰开赴南海海域进行"监控"

美国一名国防部官员称，美海军为了"监控局势的发展"，派遣3艘

① 原载于2001年4月10日"舰船知识"网站。

驱逐舰前往海南岛附近，并将在南中国海地区停留。

中方全力搜寻失踪的飞行员

中方全力搜寻失踪的飞行员，并对美方飞机上的24名机组人员做出妥善安排。

美间谍飞机机组人员可能已销毁机上敏感设备

美国国防部官员说，在中方人员登机前，美机组人员已经销毁机上的敏感设备和收集到的情报数据。

4月3日

国家主席江泽民：飞机碰撞事件责任完全在美方

中国军用飞机在中国沿海对美国军用侦察机实施跟踪监视，属于正当的飞行活动，符合国际惯例。中方飞机坠毁的直接原因，是美机违反飞行规则突然向中方飞机转向、接近造成的。发生这一事件的责任完全在美方。中方对美机未经许可进入中国领空并降落中方机场一事保留进一步向美方交涉的权利。

朱邦造说中方享有处理撞机事件的一切权利

外交部发言人朱邦造说，在海南岛沿海空域发生的中美军用飞机碰撞事件中，美方飞机肇事以后，未经中方许可，非法进入中国领空，侵犯中国主权，中国有权对此事件进行调查，中方享有处理这一事件的一切权利。

美国外交官在海口与侦察机机组人员第一次见面

美国外交官员与机组人员进行了第一次见面，并称24名机组人员安然无恙。

江泽民：美国应停止在我沿海空域的侦察飞行

中国国家主席江泽民在北京会见来访的卡塔尔首相阿卜杜拉·本·哈利法·阿勒萨尼时说，碰撞事件责任完全在美方，美方应该向中国人民道歉。他还要求美方立即停止一切在中国沿海空域的侦察飞行。

美国务卿鲍威尔：美国不会就撞机事件向中国道歉

美国国务卿鲍威尔拒绝就美国侦察机撞毁中国战机一事道歉。他说，美国没什么可道歉的，并称美国机组人员是“被扣押”了。

布什就美机撞毁中国军机事件发表电视讲话（全文）

布什发表电视讲话说，该是美国军事人员回家的时候了，也是中国政府归还美国飞机的时候了。他说，中美两国都希望在两国之间建立起一种卓有成效的关系，但这一事故可能会破坏这种期望。

(下略)

此例采用的是“时间线”方式，即依照时间顺序，将 2001 年 4 月 1 号中美撞机事件发生后的重大新闻进行了集纳。其中，在第一层次页面，出现了各个新闻的标题与内容提要，点击标题链接，可以阅读正文。在这样一个报道单元中，事件的整个进展过程一目了然，人们可以轻松地抓住脉络。

除了文字形式的时间线外，也可以利用 Flash 技术等整合出更具形象感的时间线。在下一章中，将对此做进一步介绍。

第三节　Web 页面整合的多媒体报道单元

一、多媒体报道单元的意义

网络新闻正在进入多媒体报道时代，虽然理想的多媒体报道应该从策划、采访到制作全过程中运用多媒体的思维与手段，但是，由于现实因素的影响，目前大多数多媒体新闻是将现有的不同媒体形式的新闻素材进行整合，其中，最常见的方式就是在日常报道中，以文字为中心，将与之相关的其他形式的新闻整合在一起，构成一种简单的多媒体报道单元。

多数多媒体报道单元是用 Web 页面整合的，即它们是用某种方式被编排在一个或数个网页中。此外，用 Flash 技术也可以整合多媒体报道单元，下一节将专门介绍。

对各种单媒体新闻进行编辑、组合构成的多媒体报道单元虽然简单，但也有着重要的意义。它使大量的文字新闻通过其他媒体形式的新闻得到了补充、扩展，使受众可以获得对于新闻事件更多角度的、更丰富的认识。

同时，这种简单的多媒体报道单元使各种形式的新闻稿件得到了反复利用，特别是使音频、视频新闻等人们关注相对较少的新闻有了更多与受众接触的机会，这有助于提升这些新闻的价值。

二、不同形式新闻结合的思路

多媒体报道单元中各种形式的手段具有不同的功能，这主要表现在：

文字消息：报道新闻的主要事实；

文字评论：用最有代表性的评论对新闻进行解读与评析，加深人们对新闻事实的认识；

新闻照片：加强人们对新闻的某个人物、某个场景或某个瞬间等的直观印象，补充文字新闻中没有出现的信息，烘托气氛，吸引人们的注意；

新闻图表：将文字新闻中的一些抽象概念或数字直观表现出来；

动画：模拟某些过程或现场，弥补由于第一手影像资料不足带来的缺憾；

音频：用当事人、目击者等的述说来证实新闻，或用新闻现场的音响素材增强现场感与感染力；

视频：提供全方位的直观感受，增强新闻的真实性；

互动手段：为受众点评、投票提供方便，吸引受众参与。

当然，在实践中，一个新闻事件的报道不一定能获得如此全面的素材，因此，往往只能是上述手段中某几个的组合。常见的组合模式包括：

文字+图片；

文字+音频；

文字+视频；

文字+图片+视频；

文字+图片+音频。

采用什么样的组合方式，其考虑的基点是现有的新闻资源状况，其目标是获得最佳传播效果，而结合时最根本的原则是互补性。如果新闻素材彼此是简单的重复关系，那就无需多此一举。

三、Web 页面整合的多媒体报道单元的版式处理

在 Web 页面整合的多媒体报道单元中，需要用一个页面将所有相关的新闻稿件集成在一起，因此，在版式设计上需要考虑到每一种类型的稿件的位置、空间大小等因素，使各种内容都得到应有的突出。合理的形式有助于受众更方便、有效地接收内容。

一般来说，由于文字稿件是这种报道的中心，因此，文字最好安排在版面

的中心区域，使之从上至下贯穿整个页面。

图片是文字最常见的辅助手段，因此，也应处于页面中的强势位置，不少网站将它安排在页面的右上方，在标题之下、正文的右边，这时，图片可以发挥吸引视线的作用，甚至可以成为页面阅读的起点。图片的尺寸应该足够大。即使一个报道中有多张图片，也不要减少图片的尺寸，可以采用幻灯方式将它们整合起来，或者以一张最好的图片为主，在它的周围设置“查看其他照片”的链接。

有些网站仅仅用一个很小的图标来标识音频、视频的链接，这不利于这些新闻被受众发现，即使受众注意到它们的存在，但因为不知道这些新闻的内容，也不易产生收听、收看的愿望。美国 MSNBC 网站的做法是，截取视频中的某一个画面，像一般图片一样直接呈现出来（如图 7-1），① 并加上文字提示，这会提高受众的收看兴趣。音频新闻虽然不能提供图片，但是，可以将音频的内容提要用文字表现出来，将它与音频链接放在一起，最好加上醒目的边框来加以突出与强调。

图 7-1　美国 MSNBC 网站制作的简单多媒体报道页面示例

---

① 资料来源：http：//www. msnbc. msn. com/id/11659304。

总体来说，在设计简单多媒体报道单元时，既要突出文字新闻的地位，又要让每一种形式的新闻都有一种醒目的表现方式。一个网站最好有一种或几种固定的多媒体报道单元模板，让受众形成稳定的阅读习惯。

第四节 Flash 整合的报道单元

一、Flash 新闻概述

Flash 技术是一种网络动画技术。这是一种交互式矢量多媒体技术，它可以带来丰富的动画的效果，目前在网络中应用得越来越广。它的优点是非常突出的：

首先，它是基于矢量的图形系统，各元素都是矢量的，只要用少量向量数据就可以描述一个复杂的对象，占用的存储空间只是位图的几千分之一，非常适合在网络上使用。同时，矢量图像可以做到真正的无级放大，这样，无论用户的浏览器使用多大的窗口，图像始终可以完全显示，并且不会降低画面质量。

其次，它使用插件方式工作。但用户只要安装一次插件，以后就可以快速启动并观看动画，而不必像 Java 那样每次都要启动虚拟机。由于 Flash 生成的动画一般都很小，所以，调用的时候速度很快。Flash 播放的插件也不大，只有 170K 左右，很容易下载并安装。

第三，Flash 采用流式播放技术。这一播放技术使得动画可以边播放边下载，从而避免了用户长时间等待。

第四，Flash 技术可以将文字、图片、动画、声频、视频和交互方式有机融合，给人耳目一新的感觉。

此外，Flash 可与当今最流行的网页设计工具 Dreamweaver 相配合，可以将动画直接嵌入网页的任一位置，非常方便。

Flash 新闻是网络中特有的报道形式，它是利用 Flash 技术，将各种形式的信息有机结合在一起所进行的新闻报道。虽然 Flash 技术也可以用于制作复杂的新闻专题，但更多的时候，它被用于整合一个小的报道单元。

在现阶段美国的网络新闻传播实践中，Flash 新闻已经成为一种备受关注的多媒体新闻的形式。不同网站所做的探索，揭示了 Flash 在完成多媒体报道方面所蕴含的种种可能性。

总体来看，Flash 新闻的作用包括：

形象再现新闻；

整合多种手段；

提高新闻的互动性。

目前 Flash 新闻的主要类型分为以下几种：

（一）Flash 动漫新闻

Flash 动漫是运用 Flash 制作的动画，它的运用范围是很广的，可以用于制作故事片、网络广告、MTV、电子贺卡等，在新闻传播中也开始得到运用。

Flash 动漫新闻的独特价值表现为：

首先，一般视觉新闻，如图片、视频新闻，都需要有相应的原始素材，但 Flash 动漫新闻可以摆脱对现场的新闻素材的依赖，因而是一种便捷的模拟或再现新闻现场的手段。对于突发性新闻报道来说，Flash 可以在很大程度上弥补第一手素材无法获得的缺憾。

例如，在 2001 年的“9·11”事件中，恐怖分子劫持飞机撞向世贸大厦北塔楼的画面没能拍下，但是根据各方资料，用 Flash 动画就可以模拟出当时的场景（如图 7-2）。①

在新闻报道中牵涉到一些受版权保护的图片和视频资料时，用 Flash 进行再现，也可以较好地解决新闻素材不足的问题。例如，在 2006 年世界杯期间，一些网站制作了一批 Flash 动画的进球镜头，既满足了网民的需求，又避开了版权纠纷。

Flash 动漫所进行的再现，通常不是把原场景的所有信息都复制下来，而是进行了抽象，即选取那些最重要、最关键的要素进行传达，因此，它可以排除那些无关紧要的元素的影响，更好地突出主题。

另外，Flash 动漫新闻还具有一种趣味性，可以配上妙趣横生的解说、生动活泼的音响效果，因而受到广大网民的欢迎。在某些时候，Flash 动漫新闻与报纸上的新闻漫画有异曲同工之效。

好的 Flash 动漫新闻作品，很容易在网上流传开来，因此，它不仅是传播新闻的一个手段，也是一个树立品牌的手段。

---

① 资料来源：http：//jczs. sina. com. cn/2001-09-12/32420. html。

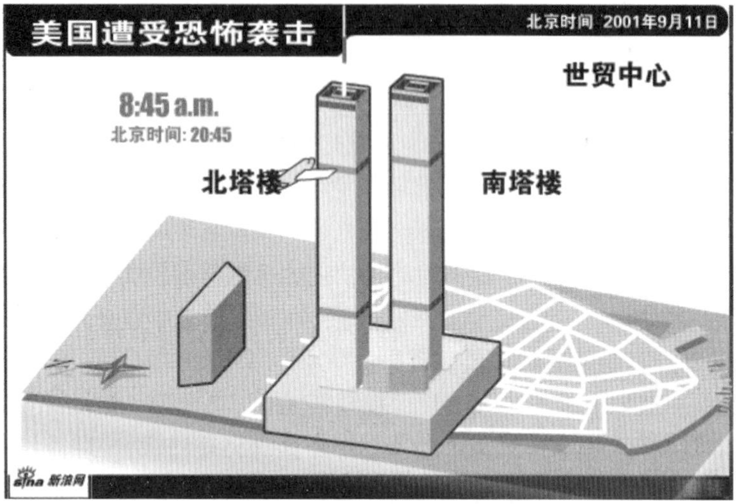

图 7-2　Flash 动漫新闻示例

（二）Flash 幻灯（Slideshow）新闻

Flash 幻灯新闻是一种以图片为主的 Flash 新闻形式，它将多张图片整合成一个连续的图片序列，一般情况下，图片可以自动播放，也可以由用户控制播放进程。有时，在图片旁边，还会加以文字说明或音、视频等链接。有些幻灯还会为用户投票选择最佳图片提供方便。因此，这也是一种以图片为主的多媒体报道单元。

在美国的许多新闻网站，这类新闻就直接称为“幻灯”，也有些网站称之为“图片展厅”（Photo Gallery）。

Flash 幻灯可用于制作“七日新闻”、“一日新闻”、“本周图片”等集成性新闻，也可以用于单一新闻事件的报道。其应用场合较为灵活。

图 7-3 是国内新闻网站采用的一种 Flash 幻灯样式，① 观看者可以选择自动播放（同时可以选择不同的播放速度），也可以点击某一图片的序号，自由决定观看顺序。在图片的右方，有相关的文字说明，点击其中的链接，还可以

① 资料来源：http：//news. sina. com. cn/photo。

直接链接到其他页面。

图 7-3　新浪网制作的 Flash 幻灯新闻

图 7-4 是美国《华盛顿邮报》网站的 Flash 幻灯，可以看出，与国内的做法基本类似。

与过去直接放在 HTML 网页中的图片相比，Flash 幻灯可以将本来是按照空间组织起来的图片用时间的方式组织起来，可以让观看者用观看电视的方式来观看静止图片，这会使网民在接收这些图片信息时，感觉更加轻松、方便。

那些自然连接、自动播放的幻灯，具有一种时间上的延伸性，它可将本来独立的图片按照一定的意图连接起来，形成“蒙太奇”效果，这可大大提高图片的表现力，使图片之间的联系得到深入的挖掘。与视频相比，它在采集上更方便，而且一些具有强烈视觉冲击力的图片更善于传达瞬间的效果，在目前的带宽下，也更易于传输。

（三）Flash 互动新闻

在美国的一些网站，如 MSNBC、《纽约时报》网站等，将较为复杂的 Flash 幻灯称为互动新闻（Interactive News），这表明这些网站对于互动这一要素在网络新闻表现形式中的作用的重视。这种互动新闻通常也是一个报道单元

图 7-4 美国《华盛顿邮报》网站制作的 Flash 幻灯新闻

或专题。

多媒体新闻报道，并不意味着将多媒体手段简单拼凑在一起。它应该是用全新的思维方式来进行多媒体手段的整合。Flash 互动新闻就是一种非常灵活而有效的多媒体整合手段。由于没有统一的定义，这里将 Flash 互动新闻定义为：利用 Flash 技术将文字、图片、声音、视频、互动式图形和图表以及控制菜单（或按钮）等整合起来的网络信息单元。

它可以根据已掌握的素材，将不同的信息集成在一起，进行连续的播放。在某种意义上，它可以构成连续影像的效果。但由于它又可以使用其他的一些元素，例如 Flash 技术制作的图表、菜单等，因此，比单纯的视频影片的表现方式更为灵活，并且具有更多的交互性。

例：①

图 7-5、图 7-6、图 7-7 是美国 MSNBC 网站所做的回顾珍珠港事件的一个

① 资料来源：http：//www. msnbc. msn. com/id/5023336/。

Flash 互动新闻中的几个画面。这个新闻以一个类似电视机屏幕的界面将相关材料有机整合在一起。界面的下方是一个由按钮组成的控制菜单，每点击一个按钮，可以打开一个新闻的片断。整个新闻简明扼要地回顾了珍珠港事件的起因、前兆、日军偷袭的经过、当事人的回忆等，同时还配有日军偷袭军机的资料介绍、双方损失等资料。

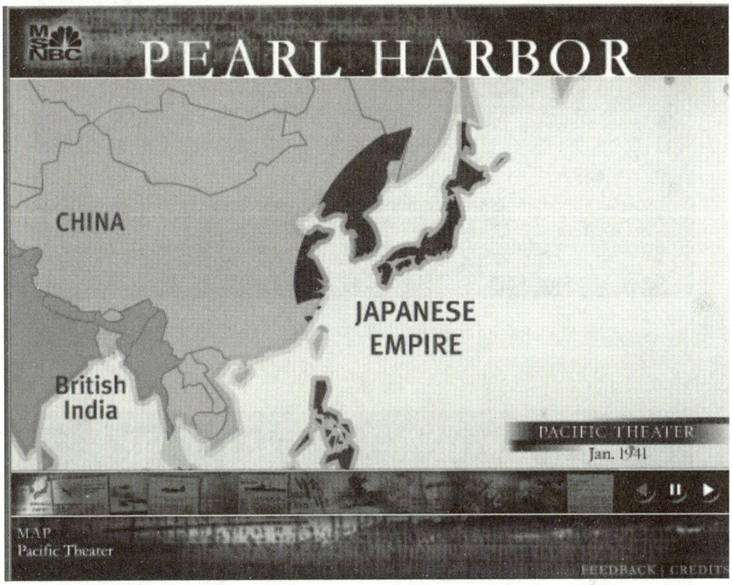

图 7-5　美国 MSNBC 网站制作的关于珍珠港事件的互动新闻画面之一

在这个 Flash 互动新闻中，珍贵的历史图片、Flash 地图、解说、当事人的谈话以及各种具有现场感的音响效果，被有机地结合在一起。虽然珍珠港事件已经过去了六十年，但是，用 Flash 形式做的这个新闻报道，给人全新的视听感觉，并且非常简洁、清晰地描绘出了事件发生的线索。这些都是用单一媒体形式所无法实现的。

在 Flash 互动新闻中，Flash 地图是一种特殊的形式。它既有地图的特长，即能简洁而清晰地传达信息，又具有较强的互动性。有些 Flash 地图还具有很强的整合信息的功能。

图 7-6　美国 MSNBC 网站制作的关于珍珠港事件的互动新闻画面之二

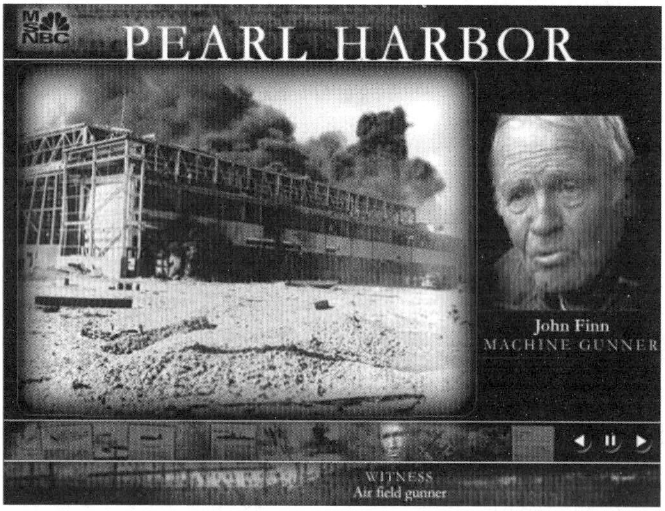

图 7-7　美国 MSNBC 网站制作的关于珍珠港事件的互动新闻画面之三

例：①

图 7-8 是美国 MSNBC 网站制作的一个互动新闻，它用一张地图来说明欧洲各国的穆斯林分布的情况。光标移到任何一个国家时，点击鼠标，便可看到与该国有关的穆斯林的发展历史、现状、主要问题等。

图 7-8　美国 MSNBC 网站制作的 Flash 地图整合的互动新闻

可以看出，以上几类 Flash 新闻中，Flash 幻灯和互动新闻都可构成一个报道单元，当内容复杂时，它们也可以成为一个大的专题。与前面提到的报道单元相比，Flash 整合的报道单元，内容的逻辑关系得到更好体现，手段更为丰富多样，形式活泼，更容易引起人们的兴趣。

Flash 新闻还是一个新生事物，这里介绍的几种类型，只是体现了目前实践中的一些尝试。相信随着技术的发展，以及人们对网络特点认识的不断深入，Flash 整合新闻的方式还会更加丰富。

① 资料来源：http：//www. msnbc. msn. com/id/12757599/。

二、适合 Flash 报道单元的选题

用 Flash 来整合新闻素材，也是一个创造性的过程，其中选题的策划非常重要。虽然 Flash 新闻形式活泼，具有较强的感染力，但它并非适合于所有的新闻题材。

(一) 进行 Flash 新闻选题策划时需考虑的因素

1. 新闻内容

不同的新闻主题，适合于不同的表现手段。Flash 新闻本身更多地强调视觉、听觉等感官刺激，强调直观性，相对而言，它在思辨性的表现方面有所不足，如果让它承载过于抽象、宏大的主题，难免会使它显得力从不心。而线索较为集中、故事性强、富于形象素材的新闻题材，则较适宜用 Flash 表现。

2. 新闻素材

有些新闻本身适合于用 Flash 形式表现，但是，却缺乏足够的素材，例如，缺少图片，如果勉强采用 Flash 形式，会有削足适履的感觉。只有在拥有了较充分的素材的情况下，才可以放手进行相应的策划与制作。

当然，某些情况下，视频或图片等视觉材料可以用动画、图表等方式来替代，但是，这种替代性素材必须在合理的尺度中使用。

3. 新闻角度

即使是一个适合用 Flash 表现的新闻题材，也需要找到一个恰当的“落脚点”，即合适的新闻角度。

对于 Flash 新闻来说，找到一个好的角度，不仅有助于发现新闻的独特价值，还可以使内容与形式最大限度地结合，使技术手段真正能为传播目标服务。

4. 时效性

Flash 新闻的制作大多比文字新闻等需要花费更多时间，因此，对于时效性要求很强的新闻，Flash 新闻不能作为首选的报道形式，它可以作为跟进报

道、丰富报道手段的一种方式。

（二）Flash 新闻的适用场合

从目前的实践来看，Flash 新闻适合于以下几类新闻的报道：

1. 以图片为主的整合性报道

在网络中，图片的整合有多种形式，其中，利用 Flash 整合图片的做法越来越普遍。这主要包括，同主题的图片整合、同类图片整合（如体育新闻图片）、同时间段的图片整合（如一周图片、年度最佳图片）等。

2. 重大题材的跟进报道

重大新闻事件的报道，需要一定的气势，这种气势不仅体现为报道的数量与频率，也表现为报道手段的丰富性。在这种情况下，可以考虑采用 Flash 新闻。

作为跟进报道的 Flash 新闻，要实现的目标是：

形象而简洁地描绘新闻的主要线索与轮廓：目前网络文字新闻多是碎片式的即时报道，受众如果不随时跟踪报道的进展，就很难把握新闻事件的来龙去脉。作为一种时效性要求不是很高的新闻形式，Flash 新闻可以在事件进展到一定阶段后再推出，这时，它能清晰地描绘新闻的发展脉络，使受众迅速获得对事件全貌、全程的基本把握。

展示典型人物、典型场景、典型时刻：Flash 新闻的容量是有限的，它不可能充分地报道一个主题或一个事件的每个细节，因此，在取材上必须精益求精。要善于抓住事件中的典型人物、典型场景和典型时刻，并通过相应的处理方式，给受众留下强烈的印象。

3. 需要重要挖掘的老题材

不少新闻题材已经不新鲜，也被报道过很多次，但由于某种原因需要再次报道，如一些重要事件、重大活动的纪念日，需要对相关事件进行回顾。这时，利用 Flash 形式，可以用新的视角、新的素材组合方式来重新诠释人们熟悉的题材。例如，2006 年 7 月 28 日，是唐山大地震 30 周年纪念日，新浪在其新闻专题中，推出了一个 Flash 报道，用视觉语言展现了地震造成的破坏、新唐山面貌等，给人留下了深刻印象。

4. 互动性要求高的题材

与其他形式的新闻不同，互动性在 Flash 新闻中实现较为方便，方式灵活，效果也直接。一些新闻题材需要受众参与才能实现较好的传播效果，它们也就成为 Flash 新闻的另一块阵地。

例①

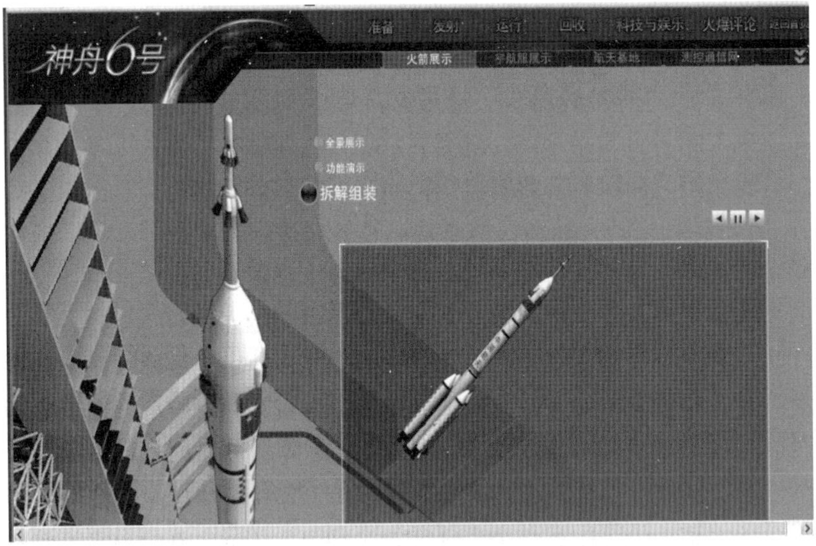

图 7-9　关于“神舟六号”的互动新闻

图 7-9 所示是新浪网在 2005 年“神舟六号发射”新闻专题中的一个部分，它采用了 Flash 动画的形式来介绍神舟六号运载火箭的结构、宇航服的构造等信息，在这里，Flash 除了可以进行形象的演示外，还有一个重要功能就是互动，例如，观众可以通过点击鼠标对运载火箭进行拆解和组装，在这个过程中，本是抽象的信息变得直观可感，观看者在动手的过程中获得了对火箭构造的清晰认识。而这种互动性，只有通过 Flash 等技术才能得以发挥。

---

① 资料来源：http：//news. sina. com. cn/z/szlhfs/3d/index. html。

第八章 网络新闻专题的策划与实施

网络新闻专题是以网络为平台，运用各种媒体手段对特定的主题或事件进行组合或连续报道的形式。它是网络新闻整合的一种重要方式。

第一节　网络新闻专题概述

一、网络新闻专题的特点

网络新闻专题集中体现了网络新闻传播的各种特点，这主要表现在如下方面：

1. 既具集成性又具延展性

网络新闻专题不受存贮空间的限制，因此，它可以以特定的主题或事件为中心，将各方面的相关信息高度集成化，形成一个整体性的信息传播单位。而同时，由于网络的超文本特性，网络新闻专题不是封闭的、孤立的，它以专题的主题为中心，向外辐射形成一个更广阔的信息空间，因此，它是可延展的。由于这种特性，网络编辑在进行新闻专题的组织时，既要善于捕捉到信息传播的焦点，又要善于围绕这一焦点进行恰到好处的信息延展，使网络新闻专题具备丰富的信息层次，满足不同层次的读者的需求。

一般来说，专题的信息构成包括三个层次：核心信息、周边信息和辐射信息（如图 8-1）。

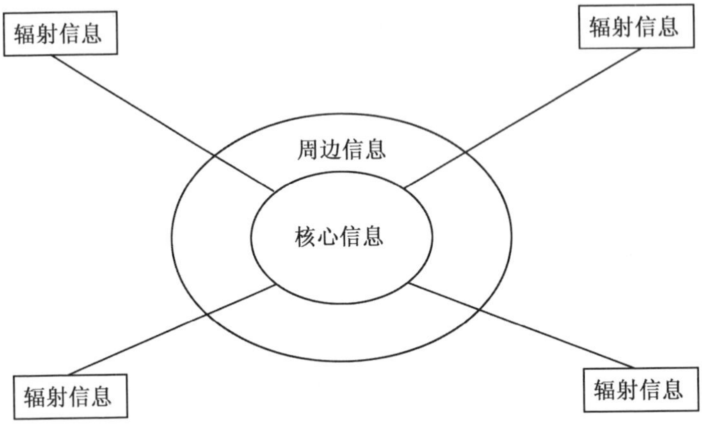

图 8-1　网络新闻专题中的信息层次

核心信息：直接针对新闻事件或主题的信息，满足受众对信息的基本需求，实现报道的主要目标。核心信息的选取取决于新闻专题的报道角度。

周边信息：与新闻事件或主题相关的背景信息、相关知识等，它们有助于丰富人们对当前对象的认识。

辐射信息：从当前新闻事件或主题引申出来的信息，如同类事件的信息，它们可以帮助人们进行纵向或横向比较，在一个更大的坐标系上认识当前对象。通常这类信息只需提供相应链接即可。

当然，并非任何一个网络新闻专题都一定要具有这三个层次的信息，在有些情况下，周边信息和辐射信息可以简化甚至省去。

2. 既具实时性又具延时性

在突发事件发生时，网络新闻专题可以在很短的时间内开通，并随时跟踪事件进展，因此，具有显著的实时性。但同时，所有的新闻报道和相关信息都可以根据需要长期延续在页面中，专题可以在一个空间内承载一个完整的报道过程。无论是报纸还是广播电视的专题，都不具备网络新闻专题这样的能量。

3. 多种信息手段有机结合

网络新闻专题并非不同形式的新闻的简单相加，它是多种媒体手段的一种有机结合，这不仅可以使专题显得更为丰富多彩，还可以给受众带来全新的体验和感受，从一些新的角度去认识、思考。而各种单媒体的新闻在专题中融合后，可以相互提升、相互促进，提高新闻的利用效率与传播效果。

4. 信息相互连通

在专题中，无论是每个层次的信息内部，还是各个层次的信息之间，都并非割裂的，它们之间形成了一个相互连通的信息网络，将它们连接在一起的技术手段是超链接。受众可以通过对这些信息之间关系的追寻与思索，透过现象去更好地认识事物之间的联系。

5. 具有高度互动性

无疑，在互动性方面，网络新闻专题具有传统新闻专题所不具有的优势。互动性并不仅仅给予了读者对于所阅读信息的一种评价与反馈的权利，它还使读者在新闻事件的进展中扮演着越来越重要的角色。例如，在 2005 年国民党主席连战访问大陆期间，网友在网络中掀起的赋诗热，不仅增强了网络新闻报道的声势，还延续与发展了事件本身。

二、网络新闻专题的作用

网络新闻专题是有网络特色的深度报道方式。所谓深度报道，是对主体新闻的时空维度进行扩展的报道，它通过对主体新闻的生成背景、波及影响和发展趋势进行全面展示与剖析，从而深刻地反映客观环境的最新变动状态。① 利用网络的巨大容量、可资利用的丰富资源以及多种媒体的报道手段，网络新闻专题可以在多个层面、多个视野上展开立体化的报道。它可以更好地满足人们对于一个事件或主题在广度上与深度上的信息需求。

其次，网络新闻专题是帮助受众克服时空迷失感的一个途径。网络新闻传播的海量特点，使网络新闻稿件的数量急剧上升，但是，如果不能对这些稿件进行有效的整合，就可能造成受众在网络媒体中的信息超载感和时空迷失感。好的新闻专题可以通过若干稿件的有机结合，来加强稿件的联系，提高它们相互配合的能力。使受众对新闻主题事件或主题有一个更全面的整体的把握。

---

① 高钢：《新闻写作精要》，首都经济贸易大学出版社 2005 年版，第 296 页。

此外，网络新闻专题可以视作一种原创性的新闻整合方式，好的新闻专题选题与角度，出色的专题制作，是网站竞争力的体现。在网站采访权尚未完全放开的情况下，网络新闻专题在网络新闻的竞争中具有重要的地位。

三、网络新闻专题的类型

不同的专题内容，需要用不同的方式去组织与实现。因此，制作网络新闻专题的第一步，是进行专题方式上的选择。专题可以从不同角度进行分类。

（一）采访型专题与编辑型专题

有些专题通常是由网站针对一定的选题，组织力量进行采访报道，最终制作而成的。这可以称为采访型专题。采访型专题是网站的一个重要的原创内容。

但是目前网络新闻专题更多的属于编辑型专题，即在一个特定的主题之下，进行相关材料的组织与整合。也就是说，通常素材是现成的，编辑的任务是按照一定的方式将这些材料组织起来。

所以会出现这种情况，首先是有关政策的限制。目前有关部门并没有给予新闻网站采访权。一些新闻网站只能利用自己的母体的资源进行新闻报道。

其次，网络新闻还是一个新鲜事物，在人才方面，也很匮乏，特别是能利用多媒体手段进行采访报道的人才是缺乏的。因此，网站还需要利用其他媒体的资源。

但是，网站原创能力并非只能通过采访型专题来体现。在编辑型专题里，通过选题上的策划、报道的角度与内容的选择等，也可以充分地体现出网站编辑的社会观察力与思考力，以及新闻素质。

（二）事件性专题与非事件性专题

事件性专题是指针对某个新闻事件来展开报道，而非事件性专题往往只有一个大致的主题，并不起因于某个特定的新闻事件，但是它在内容中也会涉及一些新闻事件。

事件性专题通常具有很强的时效性，而非事件性新闻并不特别强调其时效性。

现在新闻网站的专题多是事件性专题，但是事件性专题最大的问题是，它是被动的，往往是由外界条件（例如突发新闻事件）所决定的，由于各个网站都会对某一新闻事件做出反应，也就容易产生彼此雷同的现象。因此，非事件性专题更能体现网站在选题策划上的竞争力。

（三）客观性专题与主观性专题

网络的“海量性”，使新闻传播不再受到容量的限制，这也会带来选稿标准上的困惑，在专题的编辑中，这个问题会更加突出。其中一个问题是：除了新闻价值方面的考量外，专题的稿件选择是否应该带有其他的主观评判？进一步，网络新闻专题是应该做到全面客观，还是带有主观性的评价方式与编辑手法？

在网络新闻实践中，出现了两种做法。一种新闻专题追求的是客观性、全面性，稿件之间只是用简单分类的方式加以组织。而另一种新闻专题则追求更有针对性，内容上讲求稿件之间的严密逻辑关系，整个专题往往像一篇文章一样，有谋篇布局的安排，专题有时也带有一定的主观评价，它们可分别称为客观性专题和主观性专题。

我们不能简单地评价这两种专题孰优孰劣。应该说，这两种不同性质的专题的出现都有其合理的渊源。不同的方式，也体现了不同网站的新闻理念。

但是，做主观性专题有更大的风险：在主题上，应慎重选择，挑选那些适合进行主观评判的题材；在编辑方面，应该具有更高的思考与判断力，能够提出公正与深刻的观点。

即使是主观性的专题，也要防止将网站的意见凌驾于受众的意见之上，或者出现一边倒的情况。只有保持公允，才能获得更好的意见表达效果。

（四）动态型专题与静态型专题

对于动态事件，大多数专题都是伴随着事件的进展而不断更新的，专题始终处于一个开放的过程中，这类专题可称为动态型专题。

动态型专题的内容是在不断变化的，这既是它的优势，又是它的劣势。这种动态更新性可以在更大程度上保证报道的时效性，但是，如果编辑方法不得当，又可能给受众的阅读带来困惑与负担，而有些新闻专题，则是一次性完成的，一旦推出，便不再更新，这可称之为静态型专题。用 Flash 整合的专题都是静态型的，一些 Web 页面承载的专题也属此类，特别是非事件性的专题。

这种专题的内容相对完整，线索清晰，但灵活性与可扩展性较差，它比较适合非事件性专题。

四、网络新闻专题报道的原则

网络新闻专题的报道工作应该在一定原则的指导下进行，这些原则包括：

1. 具有深度报道意识

网络新闻专题不是信息的简单堆积，而是深度报道的一种方式。这种深度一方面要靠内容的选择来体现，另一方面要通过栏目的设置来体现。如果专题中只有“最新消息”、“各方反应”这样的栏目，是很难让人体会到专题的深度的。因此，在进行栏目策划时，应该站在一定的高度上思考专题所表现的主题或事件，应该设置一些反映对当前对象的独特思考的栏目，通过横向或纵向的比较，或通过对事件来龙去脉、长远影响等的思考，来深入地表现主题。这些栏目不仅是专题的特色所在，也是它的深度所在。

2. 将多媒体思维贯穿始终

要通过新闻专题体现网络多媒体传播的优势，就需要在选题策划、角度选取、栏目设计、素材采集与编辑等所有环节中，运用多媒体的思维方式，为多媒体能量的发挥提供空间，使每一种媒体形式的新闻得到合理、充分的运用。

3. 保持线索的完整性

对于一个发展中的事件的报道来说，网络新闻专题集实时性与延时性于一体，这可能会带来一个问题，信息在不断更新，旧的信息很快被新的信息淹没，而网友很难一点不漏地全程阅读所有内容，如果没有相关的导读手段，他们很难对事件的整体发展线索有清晰的把握。因此，专题中应该设置介绍基本发展线索的栏目，如对事件起源的介绍，并且将它们放在专题首页的显著位置。在整体栏目的设置上，也应该用更好的方式体现这种线索的完整性。

4. 合理体现信息层次

网络新闻专题的特性之一就是兼具集成性与延展性。因此，应在内容的安排上体现层级式的信息构成，在多数情况下，应使核心信息、周边信息和辐射信息都得到相应的体现，使读者根据自己的愿望各取所需。

但是，在周边信息和辐射信息的提供方面，应该既科学且有节制。例如在背景与资料类内容的选取方面。背景与资料可以延伸受众的阅读，拓展信息的广度。但是，有些网站的背景与资料有着明显的滥竽充数的痕迹。表面上让人感觉内容丰富，非常热闹，实际上，干扰了受众对主要信息的阅读。因此，背景与资料性栏目，应该节制有度，应该与核心信息有着较强的关联度。

5. 突出网站的特色与资源优势

新闻专题是网站间竞争的一个重要方式，因此，特色的挖掘至关重要。新闻专题的栏目策划不仅要为其主题的特质服务，还要充分利用与开发网站的资源。特别是对于传统媒体背景的网站来说，原创能力是其新闻专题的一个重要财富，要善于在专题中将这种原创能力转化为竞争力。

6. 提高互动的目的性与有效性

虽然互动似乎是网络新闻专题中一种不可或缺的手段，但是，并非所有互动都能有效展开。因此，应该根据不同主题的需要，设计更有目的的互动方式，而不是千篇一律地提供“调查”与“评论”这两种互动栏目。在一定的情况下，需要通过某种方式来提升互动内容的影响力，如将重要的网友评论推荐出来，而不是让它们被淹没在成千上万的帖子中。

第二节　网络新闻专题的策划

网络新闻专题的策划包括选题、角度、内容及形式等各个方面的谋划与布局。这种策划有利于制作出具有独家性、有深度的报道。

一、网络新闻专题的选题策划

网络新闻专题适合于表现各种重大新闻题材。不同的题材在选题策划中考虑的重点有所不同。在实践中，它主要用于以下场合：

（一）重大突发事件

网络新闻专题启动迅速，在应对重大突发事件上，具有自己的优势。此外，凭借大容量、多媒体等长处，它可以为受众提供全面、丰富的信息，满足受众各个层面的需求。

重大突发事件虽然是现成的选题，但是，它也很容易造成同质化竞争，因此，往往需要通过报道角度与内容等方面的策划，来更好地发挥网站的资源优势。

重大突发事件通常可以有如下几类报道思路：

后果式：即注重突发事件发生后的过程的报道，让受众最及时地获得各种相关信息，了解事件的进展及其结果。

前因式：即通过报道探求突发事件的起因、背景，以及其他社会环境因素，让受众更深入地理解偶然事件中所包含的必然因素。

影响式：即全方位关注事件所带来的社会影响，为受众释疑解惑。

当然，在以上这些大的思路下又可以找到不同的报道角度。

在突发事件的报道中，一般第一落点的报道是“后果式”的，因为这是受众的首要需求。从网站角度看，组织这样的专题也相对容易。但是，当事件发生到一定阶段后，就需要对受众需求和社会环境的变化进行考查，适时调整报道思路。从新闻的竞争角度看，及早从同质化的报道方式中转向，找到新的报道角度与方式，有利于网站形成自己的特色。有些事件本身没有太长的时间延续，这就更要及早转换报道角度。

（二）可预知重大事件

可预知的重大事件也是一种“命题作文”，因此，选题的策划要重点考虑的不是报道的对象，而是报道的时机、报道的规模以及报道的角度、报道的手段等。

从报道的时机来看，可预知事件的报道通常有如下两种：

先发式：在重大事件到来之前的某个时间点，便启动新闻专题，以此求得先声夺人的效果。但是，提前多长时间开始报道，是一个需要谨慎思考的问题。专题启动过早，一方面与受众的关注点脱节，不容易引起受众的注意，另一方面，也会使网站的报道过程拖得过长，使网站过早疲软，到重大事件发生时，反而没有了气势。因此，要在全面衡量的基础上，找到一个合适的时机推出专题。如果能找到一个最新的报道由头来启动专题，可能会带来更好的效果。

同步式：即新闻专题的推出与重大事件的发生基本同步，这样的专题让人感觉时效性强，也容易与受众的需求节奏同步。但是，这种方式容易形成多家网站报道“撞车”的情况，难以凸显网站的影响力。这时就需要通过专题的角度的选取、内容的组织、形式上的设计等方面来弥补。

从报道的规模与角度来看，可预知重大事件的新闻专题的组织主要有两种：

全景式：全面展现新闻事件的面貌，给受众提供丰富的信息。这种思路与多数受众的需求是吻合的，一般更受欢迎。但是，如果网站的采编力量不足，则有可能造成报道面虽广却缺乏厚度的情况，此外，内容与其他网站趋同的现象也可能发生。

特写式：只是选取某一个横截面或纵截面反映新闻事件。它的好处是可以将有限的力量集中起来，在一个角度上开掘得很深，也容易形成特色。但是，如果角度选取不够合适，也可能适得其反。另外，多数受众仍然需要全面了解事件，专题角度过窄，会影响到他们的阅读兴趣。

此外，对于可预知事件的网络新闻专题的策划，也需要找到好的表现形式。2006年，在纪念红军长征胜利七十周年这样一个重大活动报道中，很多网站都推出了自己的专题，竞争非常激烈。“四川在线”网站推出的专题，别开生面，它以“网上重走长征路”为主题，以Flash形式，再现红军长征的路线，并让网民在模拟重走长征路的过程中，了解相关知识与历史事件。这一专题获得首次设立“网络新闻奖”的第十六届“中国新闻奖”中的“网络新闻专题”二等奖。

（三）重要的社会现象或问题

一些社会现象或问题，具有重要的现实意义，也是媒体重点关注的对象。这些现象或问题中，有些已浮出水面，是“热点”，而有些还深藏不露，是“冰点”。针对“热点”或“冰点”社会现象或问题开设的新闻专题，是非事件性的报道，是对网站选题策划能力的一种重要考验。

在没有具体事件依托的情况下，要找到合适的选题，首先需要高度的新闻敏感和判断分析能力，需要各种信息与知识的积累，而这是一个长期的磨炼过程。新闻网站的编辑记者需要在实践中不断地提高自己在这方面的能力。

此外，也可以通过一些思维方法来帮助完成选题的开掘。任何一种社会现象都并非孤立的，很多事物间都有千丝万缕的联系。如果从思维角度来看选题的发现，那就是要善于从已知的新闻选题中推演出新的新闻选题，从杂乱的线索中找到清晰的选题目标。在具体操作时可以借鉴下列思路：

1. 纵向延伸与横向拓展

纵向延伸即从时间的坐标轴上探索某一个已有的选题的延伸可能性。突发事件或可预知事件的报道完成后，并不一定意味着这个报道对象的历史使命的终结。编辑可以将它作为一个原点，将其向前或向后延伸，从中寻找可能的新选题。

可以将与当前新闻事件直接相关但尚未披露的历史性事件作为报道对象，延伸当前报道。

可以将当前新闻事件与以前发生的同类新闻事件进行比较，从其变化规律中寻找新闻选题。

纵向延伸也可以向未来的时间点发展，即对某些尚未发生但可能发生的事件做出预测与前瞻性报道。

横向拓展则可以从已有选题出发，搜索与之相邻的、类似的话题，寻找合适的报道对象。它也可以是从事件背景中进行的扩展。例如，近年来，矿难事件频频发生，它也是网络媒体要不断面对的报道对象。但是，在结束一次矿难事件的专题报道后，如果对矿难发生的大背景进行深入的思考，就会发现，"官煤勾结"是矿难不能从根本上消除的一个重要原因。这就寻找到了新的报道话题，这个话题源于矿难报道，但又超越了矿难报道，拓展到了一个更有价值的社会问题上。这种从事件的背景中寻找选题的方式在实践中是较常用的。

2. 多点聚合与单点分解

多点聚合意味着将一些看上去零散出现的现象或事件，用一个主题统领起来，作为新闻报道的对象，例如，"腾讯"网的"我们的城市为何如此脆弱"的专题，是将一些大城市在面对天灾人祸时表现出来的脆弱与混乱这些"散点"现象，集中在一起进行报道分析。这不但找到了好的选题，而且使读者站在一个更高的角度来认识个别现象之间的关系及其深层原因。

单点分解则是将一个主题细分为若干个子主题，从中寻找新的报道落点。例如，在中国社会科学院发布社会蓝皮书《2006年：中国社会形势分析与预测》之后，“腾讯”网推出了“六成五中国人无医疗保险”的专题，在中国社会形势这一大主题的子主题中，找到一个与百姓关系十分紧密的“医疗保险”话题，这有利于将这一个子主题做深、做透。当然，从报告中还可以找到其他很多值得报道的子主题。在形势分析、政策解读、回顾与展望等类型的报道中，单点分解往往是一种可行的思路。

应该注意的是，虽然非事件性专题的选题策划有一定的规律可以借鉴，但选题策划是一种创造性的劳动，并非几种原则就可以概括，在实践中，应该防止机械、生硬地套用某些原则。

从发现新闻选题的渠道来看，除了传统的途径外，新闻网站还要特别注重对网络中各种资源的利用，特别是BBS、新闻跟帖、受众调查、博客等渠道。一方面，有些网民会将新闻线索通过这些渠道直接发布，另一方面，这些地方常常能集中地反映网民的意见与态度，它们可以作为衡量选题价值的依据，有时网络舆论也会直接推动新闻事件的进展，带来新的报道选题。同时，网络是一些新兴文化的“试验场”，不少社会现象与问题最早也是在网络中萌芽的，例如2005年“芙蓉姐姐”、“超级女声”等事件，都集中地反映了网络与文化发展的密切关系及其社会影响。如果网络编辑能及早通过网络这一途径发现有关问题，就能及早通过新闻专题来关注这些问题。当然，关注不等于炒作。出于吸引眼球的目的，而对一些问题不加控制地进行“狂轰乱炸”，这不是一个负责任的媒体应该采取的方式，在实践中，是应该特别警惕的。

（四）媒体策划的活动

在媒体的报道竞争中，出现了这样一种现象：媒体为了做出独家新闻，形成社会影响，会结合当前形势，有意识地策划某些活动，媒体作为活动的主体，也作为报道者，来组织整个进程。对这种方式，存在一些争议，但是，它在媒体实践中还是大量存在的。如果把握恰当，这样的活动也能产生较好的社会效益。一些网站也开始了这方面的尝试。例如，2005年，在抗日战争胜利60周年之际，东方网联合《新民晚报》、“东方卫视”等媒体策划了“寻找劳工生死簿上幸存者”的活动，活动起因于一位老人保存了60年的《生死记录》，这个“生死簿”上记录着抗战时期被日军抓到日本的近300位中国劳工的名字。活动最终找到了若干位幸存者并将他们聚集在一起，“生死簿”原件也送到了淞沪抗战纪念馆永久保存。东方网的专题以此活动为线索组织了专题报道，从一个全新的角度切入到了纪念抗战胜利这一大的主题。

对于这类活动的报道，网络新闻专题具有得天独厚的优势。但是，这样的活动在策划时应该注意一些相应的问题，例如：

社会效益：媒体策划的活动一定要将社会效益放在首位，这是媒体的社会责任感的具体体现。为吸引公众注意力而进行炒作的做法是不可取的。

活动的依托：媒体策划的活动也应该有一定的依托，例如，以某个新闻事件为由头，以某个时机为由头。这样的活动更容易引起人们的关注。

报道空间：有些活动虽然本身有意义，但从媒体角度来看，报道空间有限。在进行活动的筹划时，要尽可能考虑到它是否适合于媒体报道，报道能在多大规模、多长时间跨度内展开，活动开展的场所是否便于组织现场报道，是否利于各种媒体手段的应用。

投入产出：媒体组织的活动需要较大的投入，因此，还需要从投入产出比的角度考虑活动及其相关报道的经济效益。

二、网络新闻专题的角度策划

专题虽然容量很大，但它并非一个无所不装的“筐”。要让专题形成自己的亮点与特色，就需要为它找到最佳报道角度，通过一个特别的视角来透视新闻主题，以少胜多。

所谓新闻角度，指的是新闻报道中发现事实、挖掘事实、表现事实的着眼点或入手处。

对于网络新闻专题来说，角度是使选题增值的一种方式。好的角度可以使好的选题进一步增色，而有些平淡、老套的选题，也可能由于角度选得新颖，让人眼前一亮。

好的角度也可以使宏大的选题落到实处，使静态主题呈现动态效果、抽象主题呈现具象效果。

合适的角度，也是使新闻报道“立”起来的支点，它可以促进新闻报道的立体化。

好的角度还有利于多媒体素材的采集与表现，使多媒体报道的长处得以发挥。

对于非事件类专题来说，角度的策划显得尤为重要。

在网络新闻专题的角度策划中，可以参考以下思路：

1. 抓住阶段性特征以显示事物的进展

许多新闻专题的报道对象都是“老生常谈”的话题，要想在每一次报道中做出新意，就需要对报道对象在不同阶段的不同特征有着深入认识，尤其要能判断出它在当前阶段的新动向、新特点或新趋势，以此为突破口来揭示事物的发展进程。

例如，有关“艾滋病”的报道是近年来媒体常胜不衰的一个报道话题，特别是在“艾滋病日”这样的时刻，各媒体都需要进行相关报道。然而，随着时间的流逝，“艾滋病”这一社会问题在不同阶段也体现出不同的特点。新浪网在“2005 年艾滋人群开始直面公众”这一新闻专题中，将报道角度落在了艾滋病患者不断克服自身的心理障碍和社会偏见，更加坦然面对现实这一角度。这一报道体现了在对待艾滋病问题上的一些社会进步，揭示出了这一新闻主题的阶段性特点，也具有较强的积极导向性。

2. 通过透视背景来剖析现实

前文提到，大多数事件性新闻专题都会着眼于当前的新闻事实以及未来走向，但是，在突发事件的报道中，这样侧重于过程与结果的报道，不容易形成自己的特色。如果将眼光放到新闻事件发生之前，通过对事件发生的背景做出深入、透彻的分析，就能帮助人们更好地理解当前发生的新闻事实。这样的专题也能体现出编辑水平。

例如，2006 年 2 月，3 名中国工程师在巴基斯坦遇袭身亡。这是自 2004 年以来在巴基斯坦发生的第三起中国工程师遇害事件，可见，这一事件并非偶然。因此，一些网站将报道视角落在了事件的背景分析方面。例如，人民网推出了“三同胞巴基斯坦受袭身亡　谁是‘幕后黑手’”的专题，网易推出了“中国人缘何血溅巴基斯坦”的专题，它们从中巴关系、巴基斯坦国内局势和内部矛盾等方面，对事件的深层背景进行了探析。这样的报道弥补了其他网站的仅注重过程与结果报道的专题的不足。

3. 通过典型人物反映一个人群或一个事件

对于反映某一个人群的命运、生存状态，网络新闻专题往往是一种不错的手段。但是，如果抽象地看这一类人时，焦点是虚的，这既不便于组织深度的文字报道，也不利于多媒体素材的采集。而如果在一类人中找到一些具有代表性的人物，那么焦点就清晰实在了。在采集多媒体素材时也就有了可以依托的对象。而从人的角度出发做的报道也更容易引起读者的共鸣。

例如前文提到的《寻找劳工簿上的幸存者》的专题，它所报道的对象只是日本侵华战争的受害者这个人群中的极少数，但是，这些人的命运在很大程度上折射出在那个年代里那个人群的命运，具有典型意义，有助于表现宏大的主题。

有时对于一个事件的报道，也可以以事件中的典型人物的命运为线索，通过他们来表现整体。

4. 通过典型时刻反映全程

很多新闻事件都有一个较大的时间跨度，尽管网络专题可以满足这样一个大跨度报道的传播空间需要，但是，从采访和资料收集的角度看，这会加大工作量，而从受众的角度看，他们也未必需要如此多的信息。某些情况下，对典型时刻的浓墨重彩的渲染，其效果要远胜于对全过程的蜻蜓点水式的记录。从典型时刻入手，也容易明确多媒体素材采集的目标。

5. 以典型空间或环境为场景表现对象

无论是什么样的报道对象，总会有它所依托的空间或环境，这就为多媒体报道的展开提供了舞台。

图 8-2 显示的是美国哥伦比亚大学新闻学院一个研究生小组制作的一个新闻专题,① 题为《地铁 7 号线》。这个专题的真正主题为纽约的移民。但是，创作者选用了一个非常巧妙的角度，那就是以地铁 7 号线为线索。因为作为纽约主要的交通工具之一，地铁是移民非常集中的一种场所，在 7 号线的沿线上，也居住着各种族移民。这样，沿线的各个站点，成为了介绍不同种族的移

① 资料来源：http：//www. nyc24. com/2000/7train/。

民的窗口。“纽约移民”本是一个抽象的话题，但通过地铁的一种典型的生活场境，得到了生动、具体的展现。

这样一个构思，还有一个非常重要的作用，那就是使得多媒体的报道更易于展开，使原本一个静态的主题，变成了动态。例如，在专题中，采用了一张360°全景照片，这张照片是在地铁车箱中拍摄的，它展示了这个车箱中的多民族氛围，让人感觉身临其境。如果没有地铁这一角度，就很难想到拍摄这样的照片。此外，由于地铁这一线索，在专题中使用地图也就变得顺理成章了。

图 8-2　美国哥伦比亚大学新闻学院学生制作的关于纽约移民问题的网络新闻专题

6. 通过代表性“符号”解析全局

一些新闻报道的对象有着某些反映它的本质特征的代表性的“符号”，这些符号往往也是展开报道的支点。

例如，在新浪网2006年的“两会”报道中，有一个专题是“2006两会：民意关键词”，它以“民意”作为两会这一报道对象的一个代表性符号，将它进一步分解为：“农民”、“民工”、“教育”、“医疗”、“反腐”等若干个关键词，展开相关内容的报道。这样的报道具体实在，针对性很强，容易引起普通读者的兴趣。

7. 通过典型数据来勾勒全貌

在某些情况下，一个主题或事件的全貌，可以通过与之相关的一些典型数据加以勾勒。当然，新闻专题的任务，不仅仅是罗列这些数据，而是要挖掘在这些数据背后隐藏的深层背景与含义。典型数据提供了挖掘新闻主题的几个纵切面。

例如，新华网在2005年的题为“中国参加联合国维和行动数字与大事记”新闻专题中，便是以一些关键数据为线索，较为清晰地回顾了中国参与维和行动的历史、现状及意义。虽然该专题内容还有些单薄，但是，选题的角度还是具有特色的。

从数字角度来切入新闻报道，也可以为报道提供一条鲜明的线索。2005年11月11日，是2008年北京奥运会倒计时一千天纪念日，各个媒体为了庆祝这个历史时刻，纷纷推出特刊、专题。《北京晚报》在其特刊中，是从数字的角度来组织稿件、串连内容的。例如，从“600”这个数字谈到中国的航海历史，由此展开对中国在水上运动项目成绩的回顾与展望；从“500”这个数字引申出体育彩票与奥运会的关系；从“400”这个数字谈到希望工程，进而从受教育机会平等角度阐释奥运梦想的意义；从“200”这个数字谈到北京的交通，以及它与奥运的关系；从“100”这个数字展开对中国体育健儿在奥运会上的成绩的介绍。这些内容本来似乎没有很紧密的关系，但通过数字这一线索便将它们串了起来，使它们之间产生了更强的聚合力，同时也使报道产生了一种趣味性，一些本来可能平淡、乏味的内容有了闪光点。因此，这种报道角度具有一定的启发意义。当然，这些数字与相关内容的选取还并非尽善尽美，有些内容与主题的关系有些牵强。这也说明，过于拘泥于数字这个线索来进行报道角度的策划与内容的组织，也可能产生“削足适履”的情况。这个案例虽然并非出现在网络新闻专题中，但其中的经验与教训也是值得借鉴的。

8. 通过典型意见来反映事件的影响

将围绕新闻主题或事件形成的意见与争论作为报道的重点，也是网络新闻专题常见的一种切入方式。它适合那些社会反响强烈且认识多元的题材。

用这种角度进行专题报道，需要尽力做到客观、中立，尽可能呈现不同的观点，即使有些观点的声音很弱，但如果它们具有代表性，也应该给它们一席之地。

在这类报道中，常常可以直接将网友的评论与编辑组织的内容结合起来。

9. 以专业眼光审视大众话题

许多新闻报道对象本身是大众性的话题，但是，如果用大众化的视角来报道，往往会使报道流于平淡，难以形成突破。而从专业的角度来加以审视，可以打开认识新闻对象的另一扇窗口，使报道超越普通人的认识高度。

三、网络新闻专题的内容策划

网络新闻专题的内容策划，是针对选定的主题与角度，设计相关的栏目并用合理的结构将它们组织起来，同时选择最合适的手段来表现各个方面的内容。

（一）网络新闻专题的栏目与结构设计

网络新闻专题的内容策划，最终体现为栏目的设计。

前文指出，网络新闻专题的内容分为三个层次：核心信息、周边信息、辐射信息。相对而言，后两个层次的信息内容有一定的模式，通常对应的栏目有：背景资料、相关知识、同类专题等，因此，栏目策划的重点在核心信息部分。

核心信息的内容的策划是在报道角度的引领下进行的，一般来说，可以在几个维度上展开思考：

以时间为维度：从事件的发生、发展过程、当前状态、历史背景、未来趋势等方面设置栏目。

以空间为维度：从地理上划分事件发生或波及地区，将每一个地区作为报道的一个栏目。

以人物为维度：从事件中的人物命运、人物的感情状态等方面设置栏目。

以社会环境为维度：从新闻发生的社会背景、社会影响、与其他事件之间的关系等方面设置栏目。

以意见态度为维度：从当事人的态度、相关人物的意见、社会舆论反响、专家的评论等方面设置栏目。

当然，一个专题并不一定要将所有维度中的内容都体现出来。选择哪个或哪几个维度进行表现，与角度的选取直接相关。

在最终形成栏目时，应该通过栏目名称的设计体现出指向性，一般来说，指向性越明确的栏目，越能体现出事件的特色。

在进行栏目的设计时，还需要有一种“结构”的思想，即要使栏目之间遵循某种线索或者逻辑关系，形成一个有机的整体，而不是随意地将一些材料拼凑在一起。

用结构的思路来设计栏目，不仅可以使专题的内容更完整、更有条理，也便于快速地组织起一个专题。

目前的网络新闻专题通常有以下几种结构方式：

1. 平行聚合式

平行聚合式是网络新闻专题中采用得最多的一种栏目结构方式。它的总体思路是，每一个栏目反映主题的一个侧面，多个角度的栏目集成后，较为全面地反映出全貌或某个突出的局部（如图 8-3）。

在平行聚合式的结构中，各个栏目之间的地位是相对平等的，顺序是自由的，平行聚合式的结构主要的目标是完整地表现主题或某个特定的角度，它比较适合信息十分丰富、事件处于动态发展中的客观性专题。

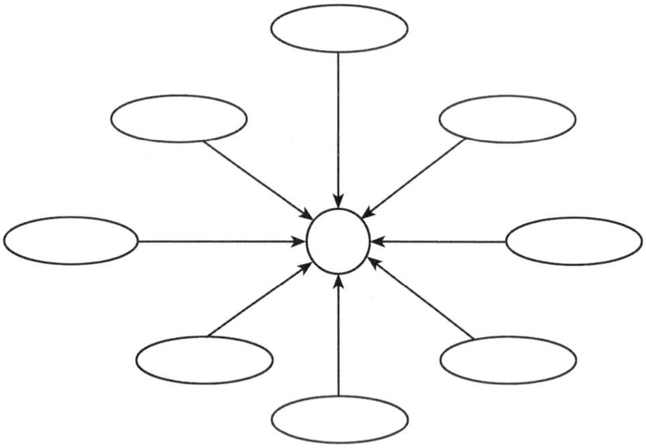

图 8-3　网络新闻专题的平行聚合式结构

2. 层层递进式

在层层递进式的专题结构方式中，各个栏目之间存在着逻辑上的先后顺序，前一栏目的内容是后一栏目的基础，后一栏目是对前一栏目的发展与深化（如图 8-4）。

图 8-4　网络新闻专题的层层递进式结构

例如，在网易制作的网络新闻专题《现代化，“现在”实现不了?》中，通过“洋务运动之现代化”、“五四运动之现代化”、“民国初期之现代化”、“五六十年代之现代化”、“改革开放之现代化”、“2050 年之现代化”等栏目，展现了中国近代以来追求现代化的过程。这几个栏目不仅反映了时间上的先后顺序，也反映了中国对现代化理解的变化。因此，这个专题的栏目有着强烈的逻辑关系，是一种典型的层层递进关系。

在递进式的结构中，主要的逻辑关系可以是以下几种：

时间上的递进关系：以时间的顺序来组织栏目，条理清楚，符合人们的认识习惯。

观察事物的顺序：第四章关于图片专题的介绍谈到了图片故事的内容构成方式，事实上，在一个多媒体的专题中，也可以以“全景”—“中景”—“近景”—“特写”这样一种观察事物的渐进顺序来表现新闻事件或新闻主题。

认识事物的顺序：认识事物往往有着由表及里、从认识现象到探究原因的一种发展过程。在专题的构思中，也可以依据这样一种逻辑来组织栏目。这也是目前国内网络新闻专题中用得较多的一种方式。

从某种意义上看，这种结构的专题更像是一篇经过扩展、整合的长篇新闻稿，每一个栏目是稿件中的一个段落，栏目名称是稿件中的小标题。只是，稿件并非由一个作者完成，因而可以更加丰富而深入。

层层递进式结构，多适合于主观性的专题。

3. 观点争鸣式

不少主观性专题中侧重于揭示事件或问题的影响，它们常常是以观点的冲突作为结构内容的基本依据的，即每一个栏目集成一个方面的观点，各方观点同时呈现，如图 8-5 所示。

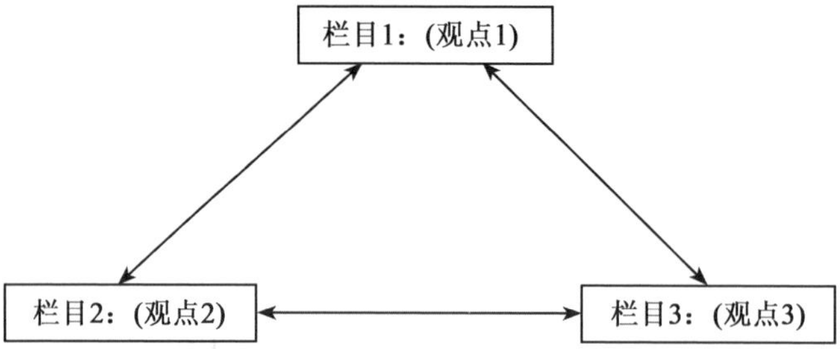

图 8-5　网络新闻专题的观点争鸣式结构

例如，在搜狐网有一种典型的专题结构，那就是以“三只眼”来组织相关内容，即以“左眼”、“右眼”、“第三只眼”分别代表“正方观点”、“反方观点”、“中立观点”。这是观点争鸣式结构的一种有代表性的做法。尽管不是所有的专题都局限于三派观点，但以观点这一线索作为结构依据，在目前的网络新闻专题中是常见的。

这种栏目结构方式，内容集中，线索明确，能让人迅速抓住要点。但也可能忽略一些非典型观点。

（二）网络新闻专题的信息手段的策划

网络新闻专题常常是一种多媒体专题，它需要用到多种信息手段，并且这种手段的应用不是被动的而是积极的，手段之间的关系不是松散的而是紧密的。在策划时，需要考虑每一种手段在当前专题中的主要作用与地位，从选题与角度的需要出发，来组织相应的素材采集和编辑工作。

文字新闻、图片新闻、音频新闻和视频新闻都是多媒体新闻的构成要素，它们是网络新闻专题中的核心内容。但除了这些新闻手段外，一些非新闻性的素材，也可以作为网络新闻专题中的辅助手段。网络新闻专题中还需要考虑

Flash、时间线和互动等网络所特有的手段的运用。

1. 文字

虽然网络新闻专题强调多种手段的融合，但是文字常常是不可或缺的。

在网络新闻专题中，文字的作用主要表现为：

及时、全面传递信息：图片、音视频虽然有自己的优势，但它们未必能传达专题所需要的一切信息，而且这些素材的采集与编辑较之文字也更困难、更费时。因此，在时效性要求高、信息需求广泛的情况下，文字仍然是专题中的主力军。许多网络新闻专题首先是通过文字形式启动的，之后再用其他方式加以补充。

进行深度分析：作为深度报道的一种形式，网络新闻专题需要利用文字的深度分析能力。这也是在专题中需要重点保证的文字内容。目前，国内不少网站是通过其他媒体特别是专业媒体来获得深度报道稿件的，但是，从发展趋势来看，网站应该培养出更多能胜任深度分析任务的人才。

评论：许多新闻专题离不开评论，而文字具有不可取代的评论力量。网络新闻专题中的文字评论可以来源于网站编辑或特约评论员撰写的评论，可以是约请相关领域专家写的评论，也可以是网友的评论。

粘合各种素材：如果没有文字，很多时候，图片、音频、视频等内容之间便会处于一种离散的状态，缺乏有机结合。文字可以充当粘合剂，将各种类型的稿件整合起来。

提供背景与知识：在背景与知识性资料中，文字资料通常占有很大比重，因为它较易获得。要完成各种不同主题的专题，网站需要各方面的资料积累。从来源看，资料可以来自网站自身的数据库、各种知识库以及其他网络资源，有些时候，也需要借助报纸、杂志和书籍等。

2. 图片

除了新闻照片和新闻图表这些图片新闻素材外，在多媒体报道中利用的图片资料还可以包括：漫画、记者的照片、采访对象的照片、资料照片、报纸版面照片等。当然，在实践中还需要创造性地利用其他图片形式。

图片在网络新闻专题中的作用主要有：

传达现场感：让受众获得对于新闻现场的直观感受，记住那些有代表性的瞬间。这不仅有助于加深对新闻的理解，也有助于加深对新闻的记忆。这时利用的主要是与主题或新闻事件直接相关的新闻照片。

定位报道基调、烘托气氛：受众在接触新闻专题时，往往第一印象来源于专题中的照片。他们对专题的基调的认识也来源于照片。因此，应该在专题中选取一张或几张最能反映报道对象特征及报道基调的图片，作为页面的视觉中心。让受众在瞬间能形成对专题的基本认识。图片也可以渲染报道的气氛。除了专题的焦点图片外，大量小图片的集锦式使用，也可以传达强烈的情绪。

补充、解释新闻信息：虽然文字可以传达大量的信息，但是，有些信息需要通过图片得到进一步的补充。新闻图表也可以用直观的方式阐释某些文字信息。

提供旁证：图片可以在一定程度上作为旁证材料，增加文字新闻的说服力。

调节视觉感受：图片是影响视觉感受的重要因素。当页面上充斥着密密麻麻的文字而带来视觉疲劳时，一张图片可能会引起视觉上的兴奋。图片的大小、位置等对于视线的流动也会起到一定作用。因此，在多媒体报道中，图片的运用不仅是报道内容上的需要，也是设计形式上的需要。

消除距离感：当人们通过纯文字信息符号来接触报道时，因为缺乏直观印象，可能产生一种距离感，特别是对报道中出现的人物或场景。而照片有助于消除人们心理上的这种感觉，拉近他们与报道对象的距离。

设置导航：如果将图片划分为若干“热区”，每个热区上链接不同的对象，那么图片可以作为一种导航手段。利用 Flash 技术也可以使图片产生导航与内容整合功能。这种功能更多地运用在地图类的图片上。

提供比较：通过一些资料图片，能形成纵向与横向的对比。也有些网络新闻专题会提供多家报纸对于同一事件报道的版面照片，这些照片既可以活跃页面的气氛，也便于读者进行比较。

传授知识：一些与新闻主题相关的图片，也能起到知识介绍的作用，这些知识不仅可以开阔人们的视野，也可以为新闻报道服务。

网络新闻专题中的图片，可以以静止的方式出现，也可以用幻灯的方式连续播出，或者被集成到 Flash 中。图片可以单张运用，也可以成组运用。

照片的使用应该是有层次的，重点图片一定要给予足够醒目的位置与足够大的空间，而一般的图片则可以淡化，有些照片甚至不必在专题的首页出现。

在进行图片素材的采集时，需要考虑到它的分量与运用方式，以便使采集到的素材最大限度地满足后期制作的质量要求。

需要注意的是，不要在专题中无谓地堆积图片，一定要适量、适度。在专题的编辑与制作阶段，要对图片进行认真的筛选。

3. 音频

网络新闻专题中可以利用的音频素材主要包括：相关的音频新闻、采访录音、录音历史资料、背景与环境音响、音乐等。它的作用主要表现为：

补充信息：音频新闻与其他形式的新闻常常是从不同的角度、不同的侧重点对新闻进行报道，因此，音频新闻可以补充在其他新闻中没有出现的信息。

渲染现场感：利用与新闻事件相关的现场音响，可以让人如临其境，产生感同身受的效果。

加强真实性：当事人的述说、目击者的讲话等，是一种"证据"，可以增强新闻在真实性方面的说服力。这些录音材料，不一定要制作成完整的新闻，而是可以用音频片断的方式，在合适的地方整合到网络新闻专题中，例如，当文字稿件出现了某个人讲话的引语时，可以提供一个链接，让受众收听他的原始录音。当图片中出现了某个人物时，也可以在他的图像上加入一个链接。

传达报道的基调：与图片一样，音频也可以让人直观感受报道的基本情绪，特别是音乐的运用。一些网络新闻专题会加入背景音乐，如果背景音乐选择恰当，那么可以形成一种贯穿始终的情绪氛围，让受众沉浸其中。

在网络新闻专题中声音的运用方式主要包括：

作为链接，由受众点播；

作为背景声音，伴随受众的阅读过程；

整合进 Flash 中。

为了使多媒体报道拥有足够的音频素材，可以考虑在采访时对每个采访对象的讲话进行录音，当然其前提是征得对方的同意。此外，网站应该有一个基本的音频资料库，积累一些常见的自然音响、音乐等资料，以备不时之需。有广播媒体背景的网站的过往音频新闻，是很好的历史资料，应该加以充分利用。也可以从一些视频中将其音频部分分离出来，作为素材。

4. 视频

网络新闻专题中可以利用的视频素材主要包括：相关的视频新闻、视频资料等。除了各媒体提供的新闻外，视频资料也可以来源于一些影视作品等，当然，这类素材的使用一定要谨慎，不能滥用。

视频素材在网络新闻专题中往往兼具图片、音频、动画等的作用，运用得当的话，可以获得很好的效果。但是，鉴于目前网络传输的状况，一般受众不会在专题中点播太多的视频内容，因此，在使用视频素材时，应该精挑细选，将最有代表性与说服力的视频内容放到专题里。如果要用到多条视频材料，应该将某一条或某几条作为重点突出出来。

5. Flash

在用 Web 页面整合的专题中，同样可以加入 Flash 内容。

在这样的专题中，Flash 的作用主要有：

将专题中的某些素材整合在一起，形成专题中的一个小单元。

作为替代性材料，弥补专题中需要而又缺乏的影像材料的不足。

活跃报道的气氛，使报道更加生动。

提高专题的互动程度，因为目前不少互动手段需要通过 Flash 技术来实现。

但是，Flash 作为一个信息传播单元，其文件体积可能比较大，过量使用 Flash 会增加网页的负担，反而影响到信息的接收。

6. 时间线

除了前文提到的纯文字构成的时间线外，时间线还可以是多个素材的一种整合。它是将各种内容依据时间顺序组织起来。从技术上看，时间线可以用 HTML 语言实现，也可以用 Flash 技术实现。时间线可以清晰地描绘出新闻事件的起源、发生、发展的过程。

图 8-6 是美国 Newsok. com 网站关于俄克拉亥马爆炸案 10 周年纪念专题中运用的一个时间线。① 它用精练的文字描述了爆炸案发生当天各个重要时间点

① 资料来源：http：//www. newsok. com/bombing/history/。

的事件状态，也回顾了爆炸发生后 10 年中的一些重要时刻的相关事件，拖动滚动条查看不同时间点时，有一种徜徉于时间隧道的感觉。在这个专题中，运用这样一个时间线，给人一种情绪上的紧张感与凝重感，与专题的主题十分吻合。

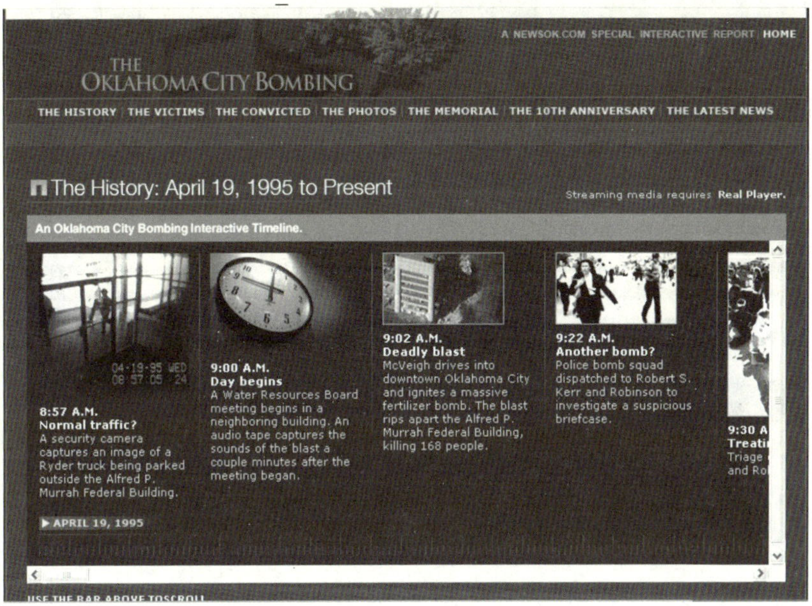

图 8-6 “时间线”运用示例 1

时间线也适合于背景资料的集成。图 8-7 所示是美国的 Roanoke. com 网站关于难民问题的报道。① 报道中的一部分是难民问题的国际背景，此处便采用了时间线的方式。通过时间线，各种复杂的线索一下子就被理出了头绪。

虽然国内网站还没有普遍采用“时间线”的方式，但是，它在整合素材方面的潜力是可观的。在制作网络新闻专题时，可以根据需要采用。此外，也可以在技术包装上，将时间线制作得更为精良。

---

① 资料来源：http：//www. roanoke. com/multimedia/bantu/bantu. html。

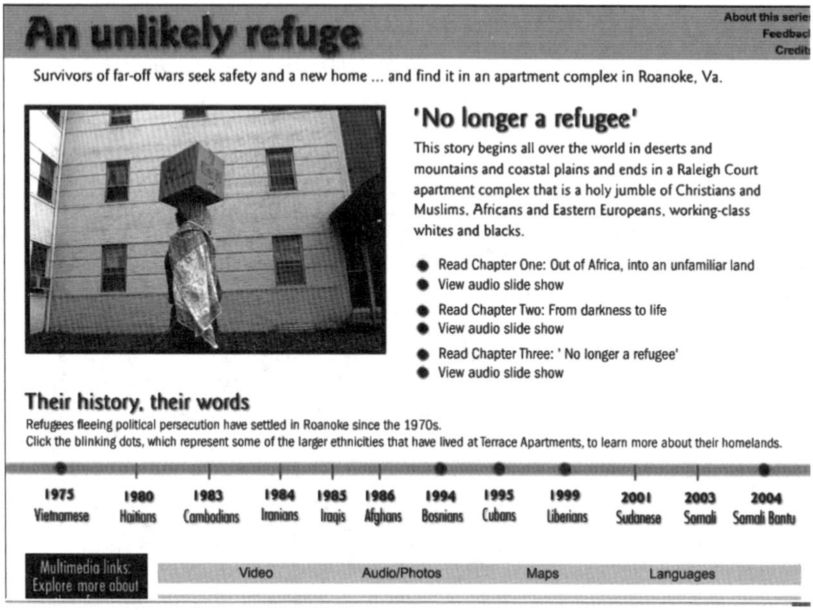

图 8-7　“时间线”运用示例 2

7. 互动

网络新闻专题中常用的互动手段包括：

受众调查

在专题中的受众调查是为了及时了解网民的意见与看法。从调查目的与主题来看，可以直接针对当前新闻事件与主题收集意见，也可以让受众对与本专题相关的一种社会现象发表评论，或者征求受众对当前多媒体报道本身的内容、设计、制作等方面的评价。受众调查可以运用社会调查的各种方法，但因为它是在网上进行的，因此在实践中最具操作性的是“投票式”的调查。即设立一个调查主题，预设若干答案，让受众从中进行选择，这种选择可以是单选，也可以是复选，这就是让受众对答案进行“投票”。这种调查系统一般可以即时统计出截至当时的受众意见分布状态。如果要调查的内容很多，应该将它分解，对每一个子问题设立投票式调查。在预设的答案中，应该充分反映正、反、中立等各个方面的意见，而不要出现偏向，一般最好设立一个“说不清”或类似的答案，为那些不愿意明确表态的人提供方便。问题与答案的文字表述应该十分明晰、准确。

受众调查不仅可以为网站收集受众的反馈，也可以让受众有一个宏观的比较，了解到对某一问题的不同态度。针对新闻事件或社会问题开设的调查也在一定程度上揭示了新闻事件与现象的社会影响，这时，调查已经成为了报道中的一个有机部分，某些情况下，调查结果甚至可以成为一种新闻线索。

因此，在网络新闻专题中，受众调查通常是需要的，但是，应该精心设计调查的主题及其答案，使调查能真正服务于专题，而不是成为一种摆设。

受众评论

受众评论在专题中的表现形式，主要是专题中开设的 BBS，它为受众表达自己的意见与态度提供了更直接的途径。评论的数量在一定意义上可以反映出人们对新闻事件或现象的关注程度，也可以提升专题的影响力，使更多的人对专题报道产生兴趣。

在开设专题的 BBS 时，应该注意一些操作性的问题，包括：

帖子的管理：例如，对于一些违背法律、法规的帖子应该及时删除。

帖子的编辑：一些帖子具有代表性，能反映网民的典型意见，这时利用编辑手段可以将它们放到专题更突出的位置。在主观性专题中，网民的意见常常需要与报道内容更紧密的结合起来。

除了这两类常规的互动方式外，在进行网络新闻专题的策划时，还需要创造性地利用技术提供的可能，来设计互动手段。可以说，互动手段的运用并没有“定律”，它的作用与潜力能发挥到什么程度，取决于编辑的想像力与创造力。

在实际运作中，并不一定要在一个专题中将每一种手段的所有作用都发挥出来，应该根据整体的安排，有针对性地组织素材。在许多报道中，可以将一种手段作为主角加以突出，例如，突出图片或突出视频，这样，可以更好地表现专题的个性。受众在阅读时，也容易找到重点。

此外还要特别注意，如果在多媒体报道中应用的各种素材存在版权问题，一定要妥善解决，防止侵权。

第三节　网络新闻专题的形式设计

一、网络新闻专题的版面设计

网络新闻专题的版面，不仅是承载信息的空间，也是引导阅读的手段。好的版面，既要符合一定的审美要求，又要条理清晰、重点突出、方便阅读。好的设计往往可以提升内容的价值，相反，蹩脚的设计可能埋没好的内容。

（一）专题栏头设计

大多数专题都有一个标题区，点明专题的主题。在国内网站的新闻专题中运用尤为普遍。目前它还没有统一名称。本书称其为栏头。

专题的栏头是专题吸引人们注意力的第一个要素，也是烘托专题气氛的一个重要手段。一个精心制作的专题栏头，可以使人们在瞬间形成对于专题的基本印象。

专题的栏头设计需要遵循以下几方面的原则：

1. 醒目抢眼

抢眼的栏头产生的视觉冲击力，容易引起人们对专题的阅读兴趣。

例如，图 8-8 是新浪网在 2005 年台湾国民党主席连战访问大陆期间制作的专题的栏头。① 栏头中合成了两张连战的照片，照片的整体色调为黑色，与标题的白字形成鲜明对比，在蓝色的背景上也显得很醒目。栏头将连战的行程简洁地勾勒出来，不仅吸引了人们的视线，也使人们对于事件的基本线索有了清晰把握。栏头的面积虽然不大，但整体的布局较恰当、色彩搭配合理，富于层次感，既有一定的视觉冲击力，又与主题相吻合。

2. 文字表述准确

专题栏头中少不了文字，这些文字可称为栏题，这是整个专题的名称。专题的名称要简洁而准确地说明专题的主题，它的撰写原理与新闻标题是类似

---

① 资料来源：http：//news. sina. com. cn/z/lzfdl/index. shtml。

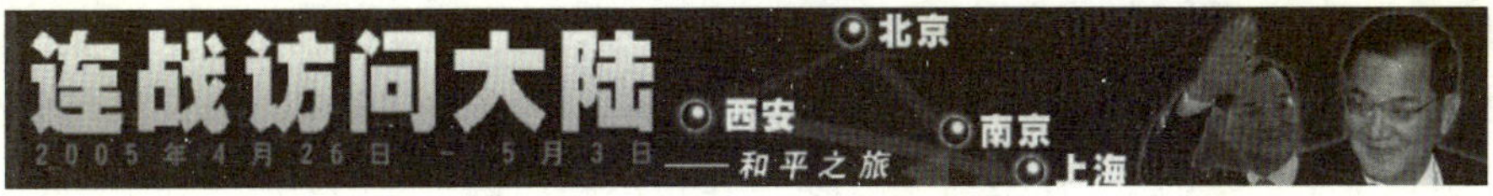

图 8-8　新浪网“连战访问大陆”的专题栏头

的。文字的字数要尽量精简，诸如“专题报道”这样的词可以略去。这样可以使每一个字的字号尽量大，以便显得更为抢眼。

3. 情绪传达到位

每一个专题都有自己特定的情绪与气氛，或者沉重，或者庄严，或者轻松明快……栏头是最直观地传达这种情绪的一个窗口。如果栏头传达的情绪不够明确，或不够准确甚至发生错位，就会影响读者对于专题的阅读。

栏头的情绪传达主要通过两种要素完成。

栏头所采用的图片：大多数专题的栏头会选用与主题紧密相关或者直接表现新闻事件的图片，作为栏头的背景。图片的内容、色彩等都会传递出一种气氛。因此，应该在图片的选择与加工上做文章，有些时候，可以适当改变图片的色调，以获得更为准确的情绪表达。如，在图 8-9 中，采用的是多幅图片，但这些图片都被加工成深蓝色调，一方面体现了海洋的特点，与主题中的海啸相呼应，另一方面，表现了一种沉重与忧伤的情绪。①

图 8-9　新华网“印度洋地震海啸”的专题栏头

栏头的文字的字体、字号与色彩：不同的字体本身也带有一定的情绪色

① 资料来源：http：//www. xinhuanet. com/world/ydyhx/index. htm。

彩，黑体字、宋体字庄重，比较适合严肃的主题，楷体字、仿宋体秀丽，比较适合文化类主题，行楷、圆体等字体显得较为活泼，更适合于娱乐类专题。当然，在实际中，对字体的运用不能机械、刻板。在图 8-10 中，采用黑色的黑体字，整个栏题的字体、字号完全统一，再采用白色勾边的方式突出文字，整个栏题处理虽然没有太多变化，但恰到好处地传递出了一种凝重的气氛。①

图 8-10　新浪网“印度洋地震海啸”的专题栏头

（二）专题的版式设计

专题的版式设计主要体现在首页上。因为它是整合专题各种内容的主要载体，内容也相对繁杂，更需要进行专门设计。而正文页可以沿用网站一般页面的风格或专题首页的风格。因此此处将只介绍首页的设计。

专题的首页设计是一个创造性的工作，并无成规。但是，一些网站已经形成了一定的专题首页版式风格与特色，这些版式风格反过来影响受众，培养他们对于专题的阅读习惯。

目前专题首页设计的几种主要版式为：

1. “日”型

这类版式主要出现在国内的新闻网站上，在人民网、新华网、新浪网、搜狐网等较为常见。它的版面构成是：

栏头位于专题最上方的中央，首屏的左边部分是视频或焦点照片，它们共同构成第一屏中的视觉冲击中心（CVI）。各栏目名称紧接在栏头下，下面的主体位置是最新新闻，接下来依次是各个栏目的最新新闻。由小幅图片组合成的图片集锦将专题拦腰截断，使人们在阅读了一段文字后有一种视觉上的变化，图片集锦的板块也构成第二屏的一个新的视觉冲击中心，使人们再度进入

① 资料来源：http：//news. sina. com. cn/z/sumatraearthquake/index. shtml.

一个阅读兴奋状态。图片集锦下面是文字栏目的最新内容，其大致布局如图8-11。

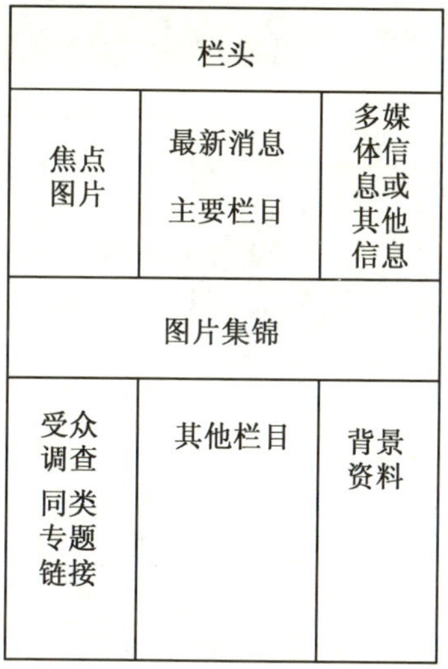

图 8-11　“日”型版式

从整体来看，专题的核心信息被安排在屏幕的中间地带。周边信息和辐射性信息分别位于屏幕的两边。当然，当专题内容十分丰富时，内容的位置安排会有所调整，但整体构图类似于汉字的“日”字，版面被分割成几个清晰的区间。阅读时感觉视觉移动路线比较稳定，有规律可循，易于形成阅读习惯。

2. “T”型

这种专题的版式将页面分割成三个区域，专题的栏头位于屏幕的右上方，屏幕的左侧以图片为主，栏头与图片构成类似英文字母“T”的形状，而屏幕的右下区域以文字稿件为主，各个栏目自上至下依次排列。目前，人民网的专题有不少采用这种版式（如图 8-12）。①

---

① 资料来源：http：//world. people. com. cn/GB/8212/56686/index. html.

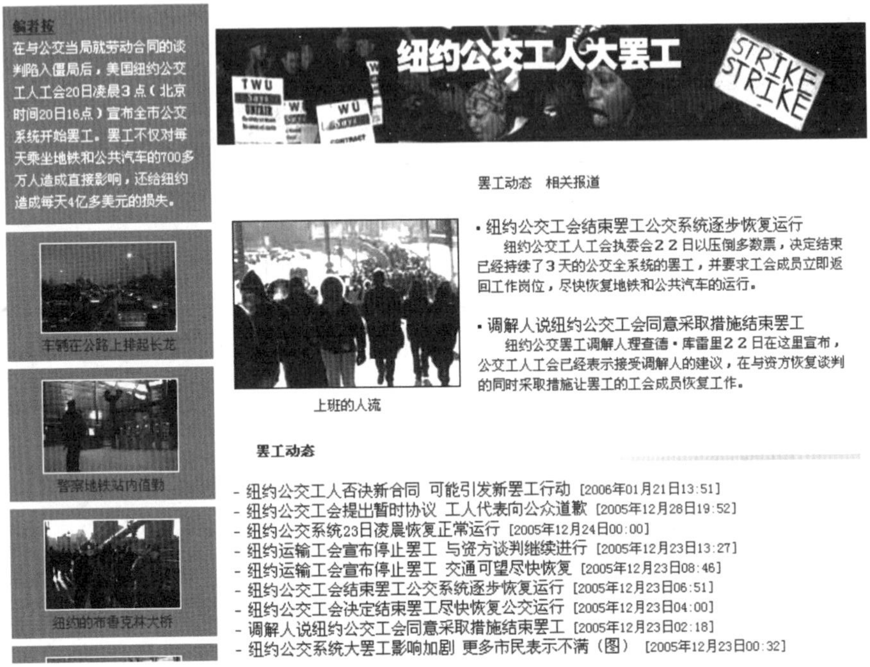

图 8-12 “T”型版式示例

“T”型版式，版面结构简单，条理清楚，分区明确，便于网民阅读。

有些专题在专题的中部也加入了一组小图片，版式类似于英文字母“F”型。但总体布局思路与“T”型是一致的。

3. “门”型

“门”型版式，将版面分成四个区间，栏头位于屏幕上方，屏幕的中间部分为主要的文字栏目内容。而左右两侧则是图片或相关信息及链接等。整个版面构成一个“门”型，给人以平衡与稳定感。国内网站中新华网等采用此版式较多（如图 8-13），国外不少的新闻专题也采用此版式。

4. “平行线”型

这种版式是将版面依一定的比例关系分割成两栏，除栏头外，其余所有内

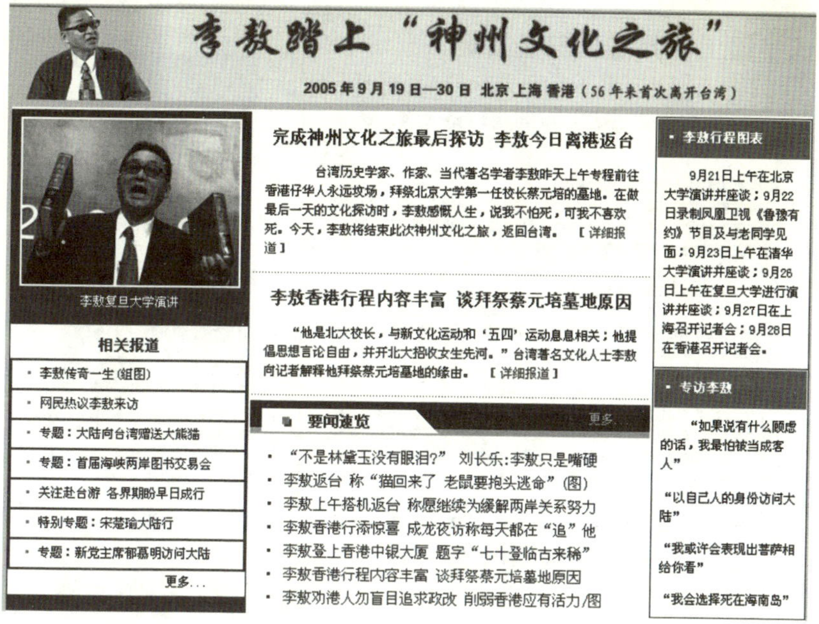

图 8-13　“门”型版式示例

容都分布在这两栏中，左边的一栏为核心信息，右边的一栏是与之对应的周边信息与辐射信息。两栏内容平行发展，右边的信息紧密呼应左边的内容。这种版式逻辑性强，版面清秀整齐，有一种纵深发展的感觉。目前，网易网站的新闻专题多采用这种版式（如图 8-14）。①

5. “三”型

它是将版面依垂直方向分割成三个部分。通常这三个部分是专题标题、菜单、主体内容。

图 8-15 是一个关于奥运会发展历史的网络新闻专题，② 它的版式便是典型的“三”型，页面分区简单明了，特别是留给主体内容的空间很大，页面

---

① 资料来源：http：//news. 163. com/special/0001139T/pakistan060216. html。

② 资料来源：http：//www. journale. com/kodak/olympics/olympichistory/index. shtml。

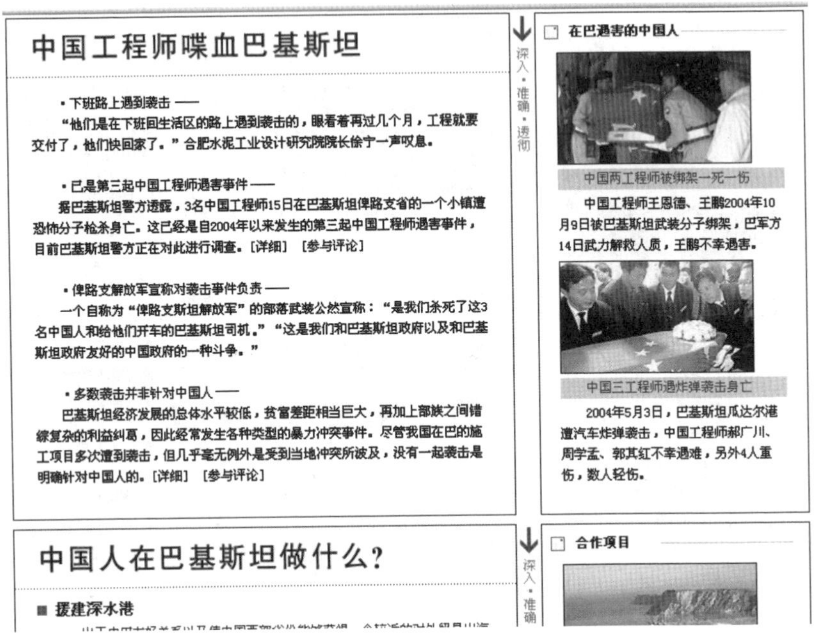

图 8-14 “平行线”型版式示例

中留白也多，视觉上令人赏心悦目。

除了以上几种典型的专题版式外，专题还可以有各种自由的风格。

例如，图 8-16① 的版式就别具一格，它整体做成了一叠卡片的样子，其中一个曲别针上还别着一些纸条，利用 Flash 技术制作的自动播放的图片交替播出，卡片下方是专题的栏目，点击每个栏目后会打开相应的页面。

从目前的网络新闻专题实践来看，国内网站新闻专题首页的版式与整个新闻页面的设计思路是类似的，它强调“平面性”，即在专题的首页中尽可能多地呈现信息，主要在平面空间中来展现内容。而国外的新闻专题更强调“立体性”，即首页只出现栏目名称，通过栏目的纵深发展来组织内容。这是由受众需求与阅读习惯等因素影响而形成的两种风格。我们不能简单地照搬国外的模式，而要充分考虑到中国网民的实际情况。但是，在适当的时候，也可

① 资料来源：http://www.newsok.com/military。

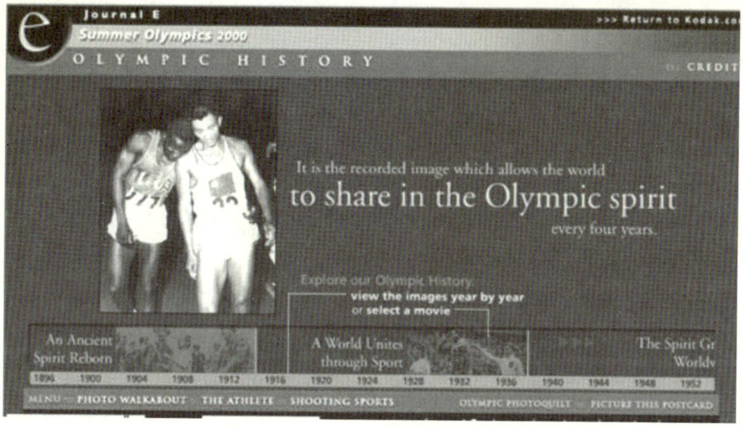

图 8-15　“三”型版式示例

图 8-16　自由版式示例

以尝试一些新的风格。

从总体来看，一个网站的新闻专题应该尽可能保持一定的稳定性。这样便于读者阅读习惯的形成，使他们可以以较小的代价从专题中获得更多有用的信息。摇摆不定的风格变化，往往造成读者阅读成本的提高，也给读者带来困惑。但是，一些特别重大的专题可以根据内容的需要设计特别的版式。

无论采用什么样的版式，专题的版式设计的一般原则是：

线索明晰、便于阅读；

符合平面设计构图的基本原则，即对比、平衡、统一、节奏等。

（三）专题的色彩

专题的栏头、图片、文字等要素中都包含了色彩，一些专题还有一些功能性色块，如用以区分空间的色块或背景色。

专题中的色彩主要有以下几方面功能：

传情达意：色彩能直接传达出专题的基本气氛。因此，专题在设计栏头、选用图片及使用其他色彩元素时，应该注意与专题内容的气氛相吻合。

引导视觉：专题中色彩是一种重要的视觉元素，在引导视觉运动方面具有重要作用。有时候往往是醒目的色彩引起了人们的阅读欲望。因此，专题要利用栏头及图片等的色彩给读者的眼睛以适当的刺激，激发人们去点击，同时，也可通过色彩的变化来引导视线的合理运动。

分割版面：有些情况下，色彩的主要功能是区分空间，使专题内容的分区更为明显，方便阅读。这时使用的主要是色块，如在某些栏目名称下铺加色块，或者是在某些栏目所在的区域加背景色块。但色块的运用不能盲目，它们一方面要服从于专题整体情绪的需要，另一方面要注意整体色彩调配的和谐。在不少专题中，色彩运用的失败，往往来自于色块颜色的不和谐。

营造美感：虽然美感并非专题所要追求的主要目标，但是，如果一个专题具有和谐的色彩搭配，那么就可以通过形式来提升内容，使它获得更多的关注。因此，在实现了传情达意、引导视觉等基本目标的前提下，应该尽力通过色彩来满足人们的审美需要。

（四）专题中的线条

线条在专题中的主要作用是分隔空间以及突出重点内容。在线条运用中，应该注意它的几个相关要素：线型及粗细、色彩。

一般来说，在网页中，细线条给人眼睛的刺激较为适中，它既能起到强调的作用，又不会喧宾夺主，因此，在图片、文字周围加框时，以细线型为主。如果不是特别必要，应尽力避免使用过粗、过黑的线条，以免版面显得过于笨重。

黑色的线条在专题中使用较为普遍，因为它不会与图片等其他色彩产生冲突，如果是深色背景，则常用灰色或白色线条。如果需要使用彩色线条，应该考虑版面的整体色彩安排。

线条在专题的数量要适中，要避免可有可无的线条的使用，因为线条同样需占用宝贵的空间，线条过多，会影响到主体内容的安排，同时也造成视觉上的混乱。

（五）专题中的字符

网络新闻专题的页面上往往有大量的文字，文字的外在表现形式如字体、字号、色彩等，都直接影响到专题的传播效果。

除了栏头外，专题中其他文字的选择应该考虑到大多数人的阅读习惯，因此，除非特殊情况，专题中稿件的标题与正文都以宋体字为主，即与一般的新闻稿件的使用方式一致。因为宋体字的粗细适中、笔画清晰，适于大量阅读的场合。而且，报纸等平面媒体也是采用宋体为主要字体，它们培养了人们的阅读习惯，网络新闻类页面的设计要尽力适应这种习惯。个别重要稿件的标题可采用黑体字以示区别。

专题中一般文字的字号以 5 号字为常见，也有一些网站采用“10 点”大小的字号，比 5 号字略小。各栏目的标题字号可以略大些。

像一般新闻页面一样，专题中的文字多采用蓝色或黑色。有时，也可以根据版面整体的色彩搭配需要采用别的色彩。但无论用什么样的色彩搭配，首要的问题是文字在色彩上的易读性，要尽量避免文字对视觉的长时间的强烈刺激，减少视觉疲劳，在正文的文字设计中尤其要注意这一点。

在新闻页面中，应避免采用斜体字，专题也不例外。因为斜体字占用更多空间，阅读也不方便。

（六）专题中的模板

目前，大多数新闻网站在制作新闻专题时都是利用模板。模板是专题既定风格与版式的一个载体。它由设计人员事先设计好版式，并成为新闻自动发布系统中的一个部分，当需要制作新的专题时，只要根据需要设置相应的栏目名称、添加相关稿件等即可，而无需重新设计版式。

使用模板的好处，首先是可以在极短的时间内完成专题的制作，因为，编辑只需在已有的版式中对号入座地添加相应内容。对于突发事件的专题来说，模板是实现时效性的一个重要保证。

其次，利用模板，可以实现一个网站专题版式风格上的继承与统一，便于读者的阅读。同时，这种统一的风格一旦被读者接受，就可能成为网站品牌的一个重要组成部分。

因此，在常规情况下，专题的模板要保持一定的稳定性，这就要求在制作一个模板前充分研究读者的阅读心理与习惯，同时考虑到信息传达的有效性及审美上的需求，制作出能经得住时间考验的模板。

但是，对于有目的组织的网络新闻专题，往往可以抛开模板。因为模板会在一定程度上限制专题的报道思路，也容易造成削足适履的状况。

有些特别重大的专题，专门设计版式，也可以更好地满足“浓墨重彩”的传播需要。

二、网络新闻专题的技术设计

（一）专题的技术结构

一个网络新闻专题包含了丰富的内容，要将它们有序地组织起来，就需要制定合理的技术结构，技术结构在这里指的是页面之间的关系。一般专题的结构采用层次树结构。

在这样的结构里，专题的首页里设立若干主要栏目，每个栏目由若干稿件组成，如果有必要，一个栏目还可再分成一些子栏目，依此类推。用导航系统将所有内容组成一棵由主页出发的树，用户的浏览过程是沿着树上下流动的过程（如图 8-17）。

在制作专题时，应该先画出一个这样的结构图，以便在制作时能清晰地知道页面之间的链接关系。

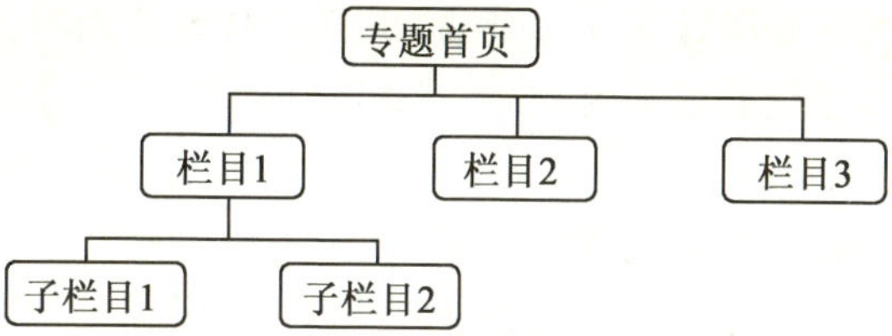

图 8-17　层次树结构

（二）专题设计与传输速度

在网络新闻专题的设计中，除了考虑自身的传播目的外，还要充分考虑相关因素对传播效果的影响，特别是传输速度问题。

在网络上，传播速度的快慢主要取决于网络带宽。这是对硬件的要求。作为一个网站，在条件允许的情况下，能够为用户提供高速访问，当然是十分重要的，但是硬件上的不足，也可以想法用软件的方式来解决，而这就是网页设计者要考虑的问题。

一个网页文件的大小，直接关系到用户调用该页面时的速度。所以设计时，应该尽可能使文件大小控制在一定数量级内。

但是，并不是说一个页面文件越小越好。在一个专题内容总量固定的情况下，一个网页文件越小，意味着专题内容划分越碎，也就是说，用户调用一个页面的时间可能较短，但如果要访问完整个专题，就需要多次调入页面，这同样增加了用户的负担。

因此，结合整个专题的结构设计与栏目划分，考虑每一个页面的具体情况，才能找到一种比较合理的页面分割方案。

影响页面文件体积大小的另一个主要因素是图片，图片数量多，且图片质量高，就必然会带来较大的传输负担。但是对于专题来说，图片又是必不可少的。这时，设计者常常采用的一种折中办法是，在页面上先用一张分辨率较低、尺寸较小的图片作为示意，而把它与一张质量更高的同内容图片作链接，用户看到示意图片以后，可以根据自己的喜好决定是否需要继续调入好图片。在许多新闻专题页面中部的图片集锦便是采用这种做法。此外，在制作时把一张大的图片切成若干小图片，也是一种常用的做法。

在专题中使用动画、音频、视频等媒体手段时，同样需要考虑到传输速度问题，必要的情况下要降低文件的质量，以减小体积。当然，这些文件的质量仍然要在用户可以接受的范围内。

（三）网络新闻专题的制作

网络新闻专题的制作主要可以通过两种途径完成，一种途径是利用网站现成的模板，快速地完成专题的制作。这时，只需要在模板中填入根据需要设计的栏目，并通过自动发布系统来生成页面即可。另一种途径是利用 Dreamweaver、Frontpage 等软件来制作个性化的专题。由于篇幅所限，本书不详细介绍这些软件的使用，有需要者可以参看有关书籍。

第九章
新闻页面的组织

第一节　新闻网站的结构规划

一、网站的层次树结构

网站的内容组织多采用层次树结构，在这样的结构里，主页里设立若干主要频道（或栏目），每个频道（栏目）里的信息再分成一些子栏目，依此类推。用导航系统将所有内容组成一棵由主页出发的树，用户的浏览过程是沿着树上下流动的过程（如图 9-1、图 9-2）。

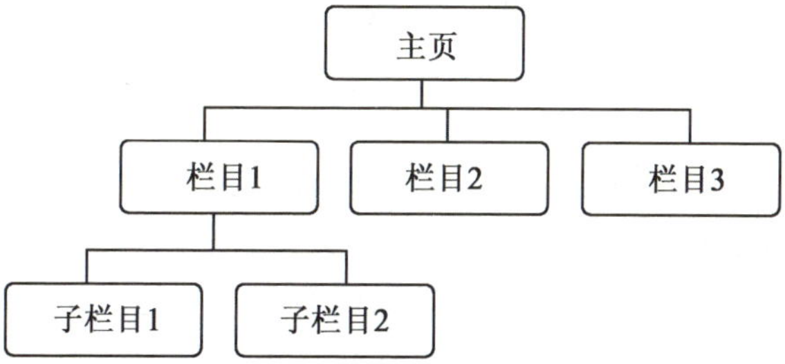

图 9-1　网站的层次结构示意 1

图 9-2　网站的层次结构示意 2

二、新闻网页结构规划的思路

通常新闻网站的页面可以分为两类，一类是导读页，包括首页和各个频道或栏目的首页，它们相当于杂志的封面。另一类是正文页，即每一条正文的页面。这两类页面的功能不同，在版面空间的组织上也有所不同。

报纸的版面编排，遵循的是“平面思维”，即将所有内容组织在一个一览无余的平面空间中。而网站的页面设计遵循的是“平面+立体思维”，既要考虑一个平面中的内容的组织，又要考虑页面与页面之间的层次与递进关系。网络新闻的形式组织中，产生了“广度”与“深度”的矛盾：是把尽可能多的新闻都放在导读页上，还是把它们分门别类、按等级放在不同的层次中？这种矛盾如果不能很好解决，就会影响到网络新闻的阅读率：如果导读页上的新闻量过多，那么没在导读页出现的新闻可能永无见天日之时；或者反过来，网民在一个栏目中走得很深，但对其他栏目则不闻不问。

因此，新闻网站（频道）的导读页的设计，所要解决的，并不仅仅是版式问题，还有网站整体结构的表现方式问题、网站的栏目规划与版式之间的关系问题等。

从目前看，新闻网站的结构表现方式有两类主要思路：

一类是中国新闻网站所共同采用的方式，它可以称为“平面主导式”，即新闻网站（频道）的导读页，更多的强调的是内容的广泛性。在导读页上推荐的新闻数量较多，有些甚至可以达到几百条（例如新浪、搜狐等商业网站新闻频道的首页）。导读页面一般长达多个屏幕。这样的方式好处是，受众在一个页面中，可以进行较大范围的选择，以决定重点阅读对象。同时在此过程中，又可以通过标题获知一些主要新闻，因此获取主要新闻的效率较高。但是，其问题在于，页面过于繁杂，阅读的负担较重，此外，它可能引起受众点击进入各栏目的几率下降。整体上看，也就是受众进入下一层次的几率较小。同时，受众的深度阅读会有所不足。

另一类是以美国新闻网站为主要代表的方式，它可以称为“立体主导式”。这些新闻网站的导读页相对来说，新闻数量较少，有些甚至只有 10 多条，但是多数重要新闻除了标题外，还有新闻内容提要。导读页只有一到两个屏幕大小。受众如果要获得较为全面的新闻，需要点击到具体栏目。这种方式，在一定程度上提高了受众获得新闻时的成本。但是，它会促使受众做一些深度的阅读。另外，对于提高网站的点击量也是有好处的。简单清爽的导读页设计，也可减少受众做阅读选择时的困惑。

对于以上两种不同思路，我们不能简单地以好坏来加以比较。这两种方式应该说都有一定的形成背景。例如，中国网站的平面式思路，在一定程度上与中国用户上网的成本有关。在高成本的情况下，用户都希望一个页面提供的信息能更多些。此外，中国新闻网站在整体新闻数量上的追求，也必然会在导读页上反映出来。

衡量哪种方式更行之有效，更主要的是看受众的接受与适应程度。实际上，由于中国新闻网站大都采用平面主导式的做法，因此，一般受众已经逐渐适应。而网络阅读的较高成本，容易让受众形成一种固定的阅读习惯，即每次阅读的屏幕区域会相对固定，甚至鼠标的移动也会有一些固定的线路。这样做，可以降低由搜索、寻找过程带来的时间与金钱的代价。因此，无论“平面主导式”是不是最好的方式，网站都不要轻易地去改变它。不仅如此，网页的版式设计，也要保持相对长时间的稳定。

栏目规划直接导致了网站内容的广度与深度之间的关系，也就直接影响到导读页设计。

从国内的新闻网站来看，传统媒体背景的网站，例如人民网、新华网等，栏目数量非常多，栏目构成复杂。除了一般的分类新闻栏目外，还有大量的重点新闻栏目。这当然反映了这些网站新闻资源的丰富。但是，它也带来了版式设计上复杂程度的增加。阅读时，也难以找到一种简单明了的阅读线路，让人感觉千头万绪，但又不知从何读起。

与之相比，一些商业网站的新闻栏目的构成则较为单纯。因此，在版式设计时可以保持较为单一的导读线索。例如，新浪新闻频道的主体是分类新闻栏目，整个频道首页的设计，就是以这些分类栏目为线索。但它使用了双重推荐的方式，即各栏目要闻和各栏目最近新闻，可以同时满足新闻的重要性和时效性两种标准的需求。在栏目导读内容的两边，则一般是与各栏目相关的专题与网页评论。虽然左右两侧附加内容较多，但是并不干扰主要阅读区。这样一种设计，可以让受众在阅读时线索清晰。

因此，新闻网站（频道），应尽力简化栏目设置，并在版式设计时，形成一种单纯的、有章可循的、自然的导读线索。

第二节　新闻网页设计与编辑思想

在新闻网页的设计中，版面只是一个载体，而内容的布局，更多的是受到编辑意图的影响，是编辑思想的一种体现。

页面设计运用编辑思想的目的，一方面是为了形成网页的风格模式，体现网站的个性与特点；另一方面则是为了使稿件在网页上能够根据其重要程度进行有序排列，使网民在编辑意图的引领下进行新闻的阅读。

在网页设计中，体现编辑意图的方法包括：

1. 推荐手段

最直接的表达编辑的意图的方式，就是直接推荐新闻。在网站中，推荐可以包括以下手段：

用弹出式窗口推荐重要新闻。但由于许多网民的电脑中都安装了屏蔽弹出窗口的插件，这种方式的作用越来越受到限制。

设立推荐类栏目，将重点新闻放在其中。

设置头条。与报纸一样，头条常常是编辑重点推荐的新闻。但是网络新闻的头条不像报纸那样受到固定的出版周期的限制，一个头条新闻的生存期不一定是一天，可以更长，也可以更短。

通过排行榜推荐新闻。排行榜可以按照点击率、评论数等指标来形成。排行榜往往容易引起人们的关注，推荐效果明显。

2. 时间手段

网络新闻发布在时间上是开放的，因此，时间手段可以用于表达编辑的态度。主要方式有：

新闻的更新频率：更新频率越高的新闻，一般来说，也是越受重视的新闻。

新闻在网页中的驻留时间：驻留时间越长，一般来说，表明新闻越重要。

3. “强势”手段

在报纸的版面语言中，强势是一个很重要的概念，它指版面吸引读者注意力的方式或能力。报纸的强势与空间位置、空间大小、标题或正文的字体、大小、排列方式，色彩、线条、图片以及稿件集合多种手段有关。在网页中，强势仍然是一个十分重要的概念，因为在网页中，标题与内容是分离的。如果没有一定手段对读者进行提示，读者往往就只能是由标题的内容是否吸引人为标准进行选择，倘若标题与内容相偏离，就会对读者产生误导。因此，网页上的强势不但可以体现编辑们的意见，还可以帮助读者分清主次，以便尽快获得重要信息，在这种情况下，研究网页强势就具有重要意义。

传统印刷报纸与强势有关手段有的还会在提供网络新闻的网页中起作用，有些则被弱化。

被弱化的手段包括：字符的大小、字体、文字排列方式、色彩、线条，这是因为：网页的设计与报纸版面的设计有很大的不同，为方便读者的阅读，以及不使读者产生的过度视觉疲劳，网页的字符、色彩、线条的运用应尽量简单统一，即使有所变化，也不可能像报纸那样丰富。而色彩、线条的主要作用已变成装饰或分割而不是强调，不再承担“发言”的功能。

但是，也有一些网站利用字号与字体的特别，来强调重要新闻。这方面的代表是新华网的头条处理（如图 9-3）。

网页设计中，体现强势比较有效的方式是图片，用给稿件配发图片的方式，可以吸引读者的视线，并促使他们阅读正文。

此外，用动态方式呈现的内容也比较容易吸引受众视线。例如一些最近更新的新闻，可以用滚动字幕的方式加以突出。当然，静与动是相对的。如果网页中动态的元素很多，那么“动中取静”反而更容易引起关注。

过去在报纸版面中对强势起重要作用的“空间位置”因素在网页中还有一定作用，一般来说，处于屏幕上方的信息强势较大，因为这些部分的信息是最先出现在受众眼前的。其中，第一屏的左上角，强势更明显。

图 9-3 新华网首页头条处理

另外，屏幕右部也是一种强势空间，因为网民总是需要拖动屏幕右边的滚动条来扩展屏幕大小，这时，视线更容易在屏幕的右边移动，因此，屏幕右边的内容更容易被受众注意。

当然，有时把一些信息放在“劣势”的位置，不是因为它们不重要，而是出于对整体页面安排的考虑。另外，当一个屏幕上出现多条信息时，不能简单地把上方的信息当成最重要的新闻。这一点，与报纸是有所不同的。

4. 结构手段

网站是由很多的网页组成的，不同网页之间由一定层次结构组成。一些页面会先被读到，而另一些页面则只能较晚出现。主页是第一个被访问的页面，所以一般新闻网站都在主页上设立重要新闻一栏，给予重要新闻最早被读者调用的特权——这如同在报纸的头版上安排重要稿件，而其他新闻则被安排为某个栏目的重要新闻，或是一般性新闻，这样，读者就能从这种顺序安排中体会到稿件的重要与否。

5. 标题手段

在网页中，文章的标题文字对形成强势也有较大作用，因为当读者看不到正文时，他只能通过标题文字是否能引起兴趣来做初步判断。这时，放在印刷报纸上不起眼的新闻可能由于标题做得好而会在网页上显得抢眼。

标题手段首先体现在标题的内容上。因此，网络新闻编辑应该提高标题的生动性、准确性，并使标题能恰当体现内容的重要程度。也就是重要新闻标题重墨浓彩，而一般新闻标题则可适当轻描淡写，避免喧宾夺主。

其次，标题的表现形式也是体现其重要程度的一个方式，利用相关编排手段可以突出或淡化某些标题。

6. 集合手段

在传统报纸上，稿件的集合不但可以形成版面上的强势，还可以产生"1+1>2"的效果，因为它更好地挖掘了稿件之间的内在联系。在网页上，相关稿件的集合仍然是形成群体优势的一个行之有效的方式，它的作用，不仅可以更好地提高信息服务的质量，还可以增加某些稿件的吸引力，引起人们的更多关注。前面介绍的报道单元以及专题等都是有效的集合手段。

第三节 新闻网页设计与受众阅读习惯和需求

与报纸的版面设计不同，新闻网页的版式并不是每天都更换，一般要保持几个月，有时达到几年。除非是网站整体结构的改变或网站发展思路的调整，否则，新闻网页一般不进行改版。

出现这种现象的原因，除了技术、制作成本与速度等方面的考虑外，受众阅读习惯的制约也是一个重要因素。

网民阅读新闻网页是利用电脑显示器这样的电子设备，这样的阅读条件，一方面可移动性相对较差，另一方面显示设备对眼睛的刺激较强，容易产生视觉疲劳。此外，上网阅读通常需要考虑联机时间带来的费用。这些因素综合作用的结果是，网民在阅读网页时，喜欢保持稳定的习惯，这可以减少获得信息的成本，减轻眼睛的负担。

虽然还没有实证研究的支撑，但是，从实践中可以发现，网民容易形成稳定的网上阅读习惯，且习惯一旦形成，会牢固维持。在新闻网页的设计中这是一个需要认真研究的问题。

具体来说，在新闻网页的阅读中，受众的习惯可从以下几方面进行研究：

1. 受众视线在页面中的第一落点

网民在打开某个网页后，一般视线会立即落到页面中的某个区域，这个落点是网民阅读的起点，通常也反映了他们对该网页中某一内容与服务的依赖程度。对于某个特定的受众来说，浏览不同页面时，视线的第一落点不尽相同，但是，在某一个页面中，这个第一落点可能是相对固定的。

受众视线的第一落点的形成与以下因素相关：

受众在网页中最关心的内容或服务：例如，如果网民在某个网站最常用的服务是邮箱，那么，视线一般都是从邮箱链接这一区域开始。

网站的编排手段：如果网站编辑对某一区域进行了强势处理，那么，这个区域比较容易成为第一落点。

虽然不同网民的视线第一落点可能有所不同，但是，网站应该尽量让自己需要重点推荐的内容成为多数人视线的第一落点，这就需要对网民的需求进行调研，并通过编辑手段的强化来达到自己的目标。可以说，受众视线的第一落点是可以通过网站的编辑手段来控制的，正如报纸的“头条”。

2. 受众视线扫描的核心地带

在网页浏览中，人们的视线一般不会在页面中所有区域一一扫描，实际上，大多数时候，人们是在一个核心地带从上至下地进行扫描式阅读。在这个核心地带之外的信息多数是被人们眼睛的余光扫视，除非有某些特殊的内容吸引人们的眼球使之停下来。

视线扫描的核心地带常常是一个宽度有限的垂直延伸的一个区域，原因之一是由于网页浏览通常需要用鼠标拖动滚动条，这容易带来视线的垂直移动。从理论上来说，屏幕右部区域可能更容易成为核心地带，因为它与滚动条更接近。但另一方面，视线的第一落点也容易影响到核心地带的形成，以第一落点为起点的垂直区域也容易成为人们视线流动的主要区域。

虽然不同受众的阅读的核心地带可能有所差异，但至少他们的视线侧重于垂直扫描而不是水平扫描的特点是应该注意的。同时，网页的设计有可能影响到核心地带的形成。

因此，新闻网页在设计时，应该尽可能地将主要新闻集中放在一个垂直延展的区域中，避免在横向上的过分扩张。多数新闻网站的新闻频道首页分成三栏，中间一栏是不断更新的新闻，这是重点内容，而旁边两栏的内容的重要性相对较弱。而在正文页中，主要内容基本上都被安排在版面的中间，两边往往有大量留白。这种版面分割方式应该是在研究了受众阅读习惯以后形成的。

3. 受众视线移动的速度

受阅读环境的影响，受众在网络中的阅读速度通常比报纸要快，视线往往是在从上至下进行快速扫描。导读页主体内容的栏宽，正文页的正文段落每行的宽度，都需要在考虑受众视线扫描的速度基础上加以安排，形式设计上的宽度实际上反映的是内容的信息量的多少。内容安排太多时，可能使受众的眼睛扫描时漏掉一些信息，而太少，则会使内容在纵向扩展过多，使页面显得过长。只有合适的宽度，才能较好地适应受众的阅读习惯。

4. 不同类型信息吸引受众视线的能力

网络是一个多媒体的信息环境，受众在这样的环境中，对不同的信息符号具有什么样的接收心理，这是一个值得关注的问题。这方面的研究在国内目前还不多，但国外已开展了一些研究。

例如，美国斯坦福大学和佛罗里达大学 Poynter 中心研究成果表明，网络读者首先看的是文本，他们对图片和形象视而不见。这与人们在阅读印刷媒体的习惯是不同的，报纸读者通常先被照片吸引，然后才找文字。

该研究历时四年，共有 67 名被试者参加了试验。所有被试者都是在线新闻消费者，他们可自由浏览想看的任何内容，时间不限。

这项研究采用一个头戴摄像机，记录被试者的视线移动和正在阅读的计算机屏幕。从试验结果来看，一般来说，被试者一登录主页，立即开始看标题和提要。然后才看图片，有时候从其他页面返回才看图片。研究者认为这是因为屏幕上的图片小，加上一般的图片分辨率为 72dpi，没有印刷媒介那样的冲击力。

整个测试的结果是，新闻提要的注目率是 82%，文章本身是 92%。网页上出现的图片 64%受到注意，平均注目时间为 1 秒钟，即得到被试 1 秒钟的视线停留，而图表只有22%。旗帜广告注目率达到45%，平均注目时间为1秒钟。这对于理解旗帜广告信息应该是足够了。

这个研究结论是否准确，还有待于实践的检验，但它在很大程度上提醒我们，网络环境不同于传统的阅读环境，而人们的信息接收的心理与习惯也会有所不同。对此进行进一步的研究是十分必要的。而这也是新闻网页版式设计的一个基础。

网站的页面风格与受众阅读习惯之间是一个互为作用的关系。一方面，网站的页面风格会影响到受众的习惯，另一方面，当受众习惯反作用于网站时，网站的页面风格会不断延续下去。

当然，这并不意味着网站绝对不能改变版式风格，但是，改版应该是在尊重原有的版式框架基础上的改革。其中，一些重要栏目、网民常用的服务（如邮箱）等内容的起始位置，应该尽可能保持不变，栏目名称也应尽可能保持稳定性。

除了受阅读习惯的影响，网民在浏览新闻网页时，还有一些特点，也是在设计页面时需要关注的：

网民的阅读环境不尽相同。与传统媒体不同，网民在接收网络信息时，条件可能千差万别，电脑硬件的性能、安装的软件、上网的地点等因素，都会影响到网民信息获取的效果。

网民的阅读需求不尽相同。有些网民偏爱文字信息，有些网民则喜欢多媒体内容。但是，如果网页设计只考虑某一类网民的需求，便意味着可能会给另外的网民带来不便。

网民接收信息的时间不尽相同。与广播电视不同，网络信息的发布与接收无需同步。很多网民可能在新闻发布很长时间后才上网。也有些网民出于各自目的，需要查询过往新闻。

针对这些特点，新闻页面在设计时，最好是设立新闻网页的多版本，例如区分纯文字版与多媒体版，这样，受众可以按需点击，以相应的成本获得相应的报偿。

此外，新闻页面应该有方便的过往新闻查询功能，包括关键词查询、标题查询及按时间查询等。

第四节　导读页的版式设计

新闻网站的导读页的功能主要有导读的功能、容器的功能和审美的功能。导读页的作用非常重要，用户阅读方便的程度往往与导读页相关，用户的阅读习惯也往往是由导读页培养起来的。

与新闻内容相关的导读页主要可以分为以下几个级别：网站首页（一级导读页）、新闻频道首页（二级导读页）、新闻栏目导读页（三级导读页）。它们的设计原理大致相似，但也有一些区别。

一、导读页设计的一般原则

导读页的版式设计，仍是一种平面设计。它的总体设计原则应体现实用性与审美性的统一。实用性，既指网页内容易于阅读，又指编辑意图能得到充分表达。审美性则表现为文字、色彩、图像、动画等多种手段运用后产生的综合美感。这种美感不仅能更好地烘托内容，也在潜移默化中培养着网站的亲和力。

（一）新闻网页版面布局

新闻网页设计虽然是一个全新的设计样式，但是人们在几年的实践中，形成了一些共同的规律。总的来看，新闻导读页的版面布局有三种大的模式：垂直式、水平式、格子式。这些模式与新闻专题的首页设计有很多相通的地方。

1. 垂直式

垂直式网页布局，指的是从视觉上看，网页内容形成一种纵向切割、延伸的效果。通常又可分为“T”型布局、“门”型布局、“川”型布局等几种。

“T”型布局

在这种布局结构中，通常将页面分成三大区域，这几个区域安排的内容分别是导航条、特别推荐内容、主体内容（也可以根据需要进行调整），它们之间通过色彩和线条来加以区分，形成一个水平板块+两个垂直板块的格局，通常垂直的两个板块的比例是1∶3或1∶4左右。布局总体看上去像一个英文的字母“T”（如图9-4、图9-5）。

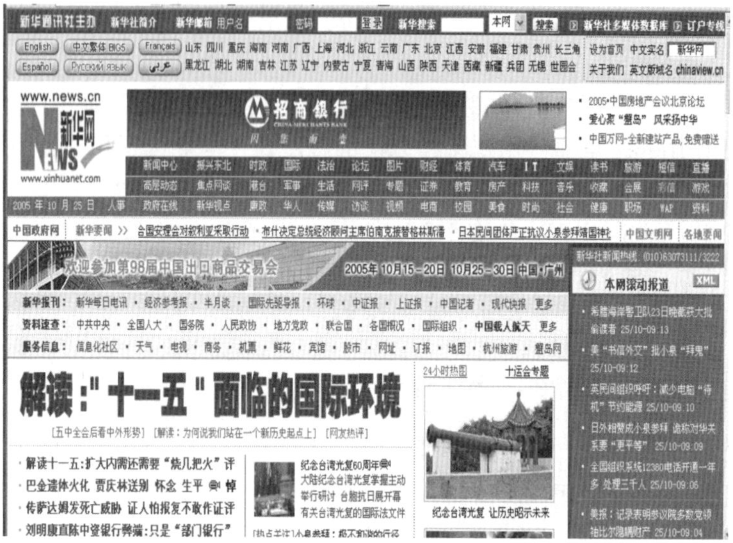

图 9-4　“T”型版式示例 1

图 9-5　“T”型版式示例 2

在图 9-4 和图 9-5 中，虽然主体内容的位置刚好相反，但是，整体格局是相似的。

“门”型布局

在这种布局结构中，通常将页面分成四大区域，这几个区域安排的内容分别是导航条、特别推荐内容（左、右各一块）、主体内容（也可以根据需要进行调整），它们之间通过色彩和线条来加以区分，形成一个水平板块+三个垂直板块的格局，整体布局类似于一个“门”字（如图 9-6）。

图 9-6　“门”型版式示例

“川”型布局

在这种布局模式中，水平方向的内容模块在视觉上没有加以强调，而内容的垂直分割感觉十分强烈。无论内容是分成两块、三块或四块，它们总体的内容分割规律是一致的（如图 9-7）。

2. 水平式

指的是从视觉上看，网页内容似乎被若干水平线分成了几个板块。

有时这种布局恰好将屏幕分成三块，这种模式可称为“三”型布局。一

图 9-7 “川”型布局示例

般来说，这适合于页面大小为一个屏幕的版面（如图 9-8）。

图 9-8 “三”型布局示例

但更多的时候，可以依据内容的需要来分割页面，不必拘泥于三个板块。如图 9-9。

图 9-9　水平式布局示例

图 9-9 是《今日美国》网站的首页，它运用蓝色色块将页面从上至下分成若干板块（注：截图尚未完整体现页面），分别放置导航条、新闻头条、各栏目主要新闻标题及广告等内容。水平分割的思路非常明确。

（二）格子式

这种模式不是简单依水平或垂直方向进行版面分割，而是将页面分成若干个有序排列的格子，将相关内容分别放到各个格子中（如图 9-10）。

在以上几种版式中，“T”型与“门”型是新闻网页常常采用的。因为这两种版式更适合大容量的页面设计。

（三）版面布局的基本原则

当然，文无定法。任何设计者都可以根据网站的特色和自己的喜好，进行

图 9-10　格子式布局示例

创意。但是，无论版式如何变化，一些基本原则是不可以违背的。

从一般意义上看，网页与报纸的版面等有很多相似之处，因此，它所要遵循的原则也是与版面设计原则相类似。根据视觉传达设计的理论，版面的设计应体现对比、统一、平衡、节奏、动感的原则，并处理好主次与聚散、图与地（即背景）、群组与间距、四角与对角线、空白与版面率等关系。① 那么，这些原理在网页的设计中，如何通过相关手段来体现？下面将就其中主要方面进行分析。

1. 对比

对比关系被认为是产生视觉刺激的基础，对比包括明暗对比、方向对比、大小对比、横直对比等。在网络报纸的页面中，主要对比关系体现在报头与其

① 张福昌、王延羽：《视觉传达设计》，山东美术出版社 1995 年版，第 45~74 页。

他文字部分的大小及色彩的对比，文字与图像的对比，不同层次级别的字符（如栏目标题、文章标题、正文）的大小色彩对比等。因此，完全没有图像的网页往往会显得平淡无奇，提不起人们的精神，整个页面上只有一种色彩也会造成枯燥乏味的印象。

2. 统一

版面各种元素的统一不仅是方便阅读的需要，也是产生视觉美感的需要。这一点，在网页的设计中比在报纸版面的设计中显得更重要。因为网页最终是通过显示器来呈现的，看显示器比看纸张更容易产生视觉疲劳，过多的变化只能是进一步加重负担。在印刷报纸版面中，虽然可以将所有标题的字体统一起来，但一般不会把它们的字号也统一起来。但是，网络版的文章标题的字号与字体甚至色彩往往都是一致的，同样所有正文部分在以上几方面也是统一的。从视觉效果来看，这样能体现更强的秩序感。

3. 平衡

网页中的平衡一般来说可以通过网站标志（LOGO）、栏目导航区、图片（包括广告）几部分的大小位置关系来获得。这几个部分一般来说具有比较醒目的色彩，占有较大的面积，并且可以从文字中凸显出来，所以如果能处理好它们之间的关系，页面就会获得平衡。例如，现在大部分网页都是把标志放在正上方，栏目导航部分放在左部，图片放在中间或偏右位置，这样使页面看上去显得比较稳固。

有时，页面中的留白也可以与页面中具有重量感的内容相呼应，形成一种平衡感。

另外，页面中各板块的分割比例，也是影响平衡感的一个重要因素。但无论是水平或垂直方向或格子式的对页面的分割，往往都不是采用均等式的分割，因为过于均衡的分割，会带来页面的呆板感，缺乏生气。真正的平衡感，是在对比与变化中产生的，是一种富于流动性的、具有生机的平衡感。

4. 节奏

节奏指同一现象的周期反复。在印刷报纸版面上，标题的位置对节奏感形成起着重要作用。例如，好的报纸版式会让多个标题呈梯形排列，使得版面产生了音乐般的效果。在网页中，由于屏幕的限制，不太可能通过标题的位置来体现节奏，这时，把文字分成不同级别，如栏目标题、文章标题、正文等，给予不同的级别不同的风格，并使它们相互交融，就能得到视觉上的节奏变化与反复。事实上，在网页中，节奏是对比与统一结合后的产物。

二、不同级别导读页的设计个性

虽然导读页的设计有一定的共性要求，但是，由于不同级别的导读页的功能各有侧重，承载的内容也有所不同，因此，在设计时，也具有一定的个性。

（一）网站首页

网站首页是网站的入口，是一个网站的大门。首页是承载量最大的导读页面，它要呈现网站提供的所有内容与服务项目，还要方便、快捷地将网民引导到他们所需要的下一级页面中。同时，又要将网站的重点频道或栏目，以及重点内容，加以突出与强调，因此，处理好均衡与重点这一对关系，是网站首页版式设计时需要特别考虑的一个问题。既要考虑空间上设计，也要考虑网页中“版面语言”的运用。

从均衡的处理来看，除了视觉上的均衡感以外，网站首页还要均衡地展示各个频道的重点内容。通常的做法是，每一个频道形成一个小的“格子”，在这个格子中放入该频道若干条重点推荐稿件。这些格子可以利用线条分割，也可以用色块加以区分。根据版面整体需要设计主体版式，再将这些格子放置进相关区域。

从突出重点的角度看，重要的是要充分利用各种手段，帮助受众形成稳定的视线的第一落点和阅读的核心地带，从而将重点内容安排进这些区域。目前，各网站突出重点的方式有所不同，有些网站特别强调屏幕右边空间的运用，有些网站则通过其他手段，如文字的字体、字号、色彩等手段，来烘托重点内容。

有些网站会在首页设置新闻头条，如新华网、人民网、千龙网等，而另外一些网站则将新闻头条放在新闻频道的首页中。

此外，网站首页的版式设计要特别强调其稳定性。其重要性在前文已经说明。

在各级新闻导读页面的设计中，还需要关注广告内容的合理安排。

作为网站重要营利手段，广告对于网站的意义不言而喻，而广告也需要相应的空间来呈现。因此在新闻页面中，很难避免广告的出现。但是，如果广告对新闻内容的阅读产生过分的干扰，就会令人生厌。不但达不到预期的广告效果，甚至可能对网站的整体形象产生负面影响。

在投放广告时，应该注意以下几方面的问题：

尽可能避免广告内容与新闻内容发生重叠的现象。有些网站采用移动式广告形式，这些广告在飘浮的过程中，可能会不断遮挡主体内容，这对受众的阅读是一种严重的干扰。

广告的安排不要产生喧宾夺主的现象。尽管从广告主的角度来说，希望广告用最醒目的方式加以表现，但是，从新闻网站来说，广告的分量应有所控制。而为了保证广告的效果，可以采取一些新的策略，例如一些网站采用在打开首页几秒钟后插播广告的方式，广告呈现数秒后消失，首页正常显示。这种方式既能突出广告，又不会在首页上造成广告对主要内容的冲击。

广告内容与新闻页面的整体情绪要尽可能吻合。例如，当页面中出现了重大灾难事件的报道时，如果广告内容是过于喜庆的，就会产生情绪上的不协调。如果不对广告内容进行及时调整，会使受众对网站的人文关怀精神产生质疑。此外，一些广告涉及的产品的性质与某些新闻内容也可能产生一些冲突，应该尽可能避免。

（二）新闻频道首页

1. 分栏处理

新闻频道的首页与网站的首页功能相似。但因为内容相对单纯一些，所以版式要更为简洁，多采用“门”型或“川”型，主要在纵向进行内容的扩展。无论从内容上还是形式上，在新闻频道首页的处理中，合理的分栏都是十分重要的。

从形式上看，分栏的合理指各个栏的宽度比例的协调。过于均衡的切分会使版面显得死板，而反差较大的分割，也会使版面失去平衡。

从内容上看，分栏的合理意味着每栏的宽度与其承载的内容相吻合，不至于因形式而损害内容的完整性。

多数新闻网站会将主要新闻放在中间的栏中，这是基于对受众视线移动线路的习惯的判断。当然，这种习惯实际上是由网站培养起来的。其实，将主要新闻放在其他栏也未尝不可，但这需要用相应的方式引导受众的视线移动。如果不能成功地做到引导受众的视线，可能就会使人在阅读时感觉不舒服、不适应。

2. 重点新闻的处理

由于一些新闻网站的首页即有新闻头条，因此，在新闻频道的首页往往不再设文字头条，通常会通过焦点图片突出重要新闻。

但有些网站在新闻首页中既有头条文字新闻，又有焦点图片。两者多数时候反映的是不同的新闻主题。

这时，应该使两者有所分工，焦点图片主要强调其视觉冲击力以及与受众的接近性，对于其新闻价值的重要性可以不做过高要求。而文字头条则主要依据新闻价值的高低进行选取。

也有越来越多的网站在焦点图片处放的不是一张图片，而是一个自动播放的“幻灯”。它的好处是，可以充分利用空间，容纳更多的信息量。但有时很难保证幻灯中的每一张图片都具有足够的视觉冲击力或新闻价值。如果一张照片停留的时间过短，也会削弱其表现力。

3. 新闻推荐方式

新闻频道首页的最主要的功能，是推荐各个栏目中的重点新闻。有些网站采用双重推荐的办法，一是将各个栏目的最重要的消息集中在版面上部呈现，二是再分栏目进行导读。

由于新闻栏目首页与新闻频道的首页非常接近，其操作方法也相通，因此，这里对它不多做介绍。

（三）各级导读页风格的继承性

尽管每一级导读页都有自己的特定功能，在页面处理上会有所变化，但是，如果能使这几级页面的风格具有一致性，则更便于受众形成稳定的阅读习惯，并且在信息获取过程中付出更小的代价。同时也容易形成对一个网站的一致印象。

第五节　正文页的设计

正文页是新闻或信息进行完整展示的页面，直接关系到新闻与信息传达的质量。虽然它的设计相对来说较为简单，但也是不可忽视的。

一、页面的长度控制

一个网站的新闻的长度不可能整齐划一。尽管在网络新闻写作中我们强调“简短”是一个很重要的原则，但是，长新闻也不可避免地会出现。过长的页面，会使读者失去耐心，也会使他们的阅读过程必须使用鼠标来控制屏幕，给阅读带来一定的麻烦。

在页面设计时，可以通过将一条新闻分割成若干个页面的办法，来对页面的长度进行控制。

但是，一个页面占几个屏幕大小较为合适，不能一概而论。过去一般认为，一到两个屏幕大小是合适的。但是以这样的单位来进行页面分割，会将新闻稿件变成过多的片断。而有些受众并不喜欢不断地点击链接。就像很多人在读报纸时遇到转页就会放弃一样。另外，一条新闻放在一个页面中，可以下载一次就获得全部内容，这便于离线浏览与打印。因此，不能过分强调页面的短小。只有找到一个合适的分割比，才能更好地满足读者的需要。

如果一条新闻分成若干页面，最好在页面上部显著的位置注明本新闻有几页，以引起读者的注意。

二、页面的字体、字号及色彩

正文页最注重的是阅读的舒适度与信息传递质量，而字体、字号、色彩等这些基本的设计元素，正是影响以上效果的重要因素。

从目前的实践来看，中文字体中，最合适的字体是宋体。有些设计者喜欢用圆体字，但是圆体字的拐弯处呈圆弧状，这使字迹看上去不那么清晰，不如使用宋体的效果好。

从字号上看，11 点左右大小的字，是比较适合阅读的。

在色彩搭配方面，白底黑字或白底蓝字都是比较合适的。

在正文页的设计中，要以满足一般读者的阅读习惯而不是以张显自己的个性为目标。因此，在这里，无个性的设计可能反而是最理想的。

三、页面的空间处理

正文页内容构成简单，空间处理起来也就较为容易。一般来说，导航条位于页面的顶部，文章标题与正文位于其下。正文之后，也可能还有附加内容，如相关文章等。

但是，不要把文章正文占满一个屏幕的宽度。那样，一行文字太长，就会造成阅读时的混乱。合理的宽度是屏幕的 1/2 到 3/4 之间。剩余的空白，可以用来放附加内容。例如，相关文章、推荐内容、广告等。但无论有没有附加内容，都应该留出一定空白。除了减少阅读负担外，也可以增加页面的美感。

国外的一些网站正文页，页面留白相当多。读上去比较轻松舒适（如图 9-11）。①

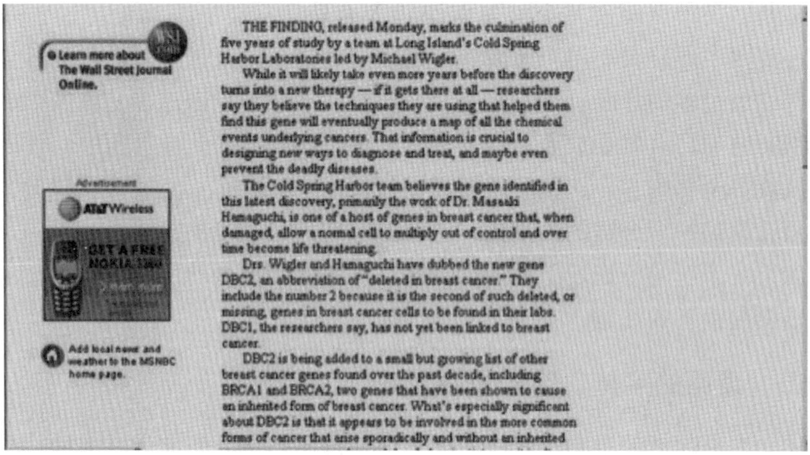

图 9-11　美国 MSNBC 网站的正文页

四、页面的附加内容

正文页除了承载新闻的正文外，通常还有一些附加内容。这些内容虽然不

① 资料来源：www. msnbc. com。

一定与新闻稿件有直接的联系，但是，它们充分利用了正文页的空间，使网站想要推荐的内容有更多展现的区域。这些附加内容主要包括：

网站重点推荐的新闻；

网站重点推荐的专题；

网站重点推荐的博客或热帖；

广告。

在进行页面设计时，既要给这些附加内容以相应的空间，又不能让它们过分冲淡了新闻正文，对于广告，应该用明确的方式标识出来，以免与新闻内容相混淆。特别是需要注意内容之间的协调。如果新闻是严肃的，而周围充斥着庸俗的小广告，那么，就会让人产生不适的感觉。

第六节　导航系统的设计

导航系统是网络信息发布中的一个特殊手段，它是关系到受众能否进退自如地在网络中遨游的一个重要因素。

导航系统主要由以下几种对象组成：

导航条；

图片映射；

目录；

表格。

一、导航条

这里，导航条专指那些承担固定的导航功能的按钮或链接。它是体现网站结构、实现网页间联系的主要手段。

导航条要实现的目标是，保证浏览者知道自己在哪里，保证浏览者知道如何返回主页或上层，保证浏览者可以在高层与低层之间自由切换。

因此，导航条的功能包括：

上、下级页面间的连接功能；

同级页面之间的连接功能；

与首页的连接功能。

为了完成这些功能，通常至少需要三套导航条：

一级栏目导航系统：

它链接到本网站的所有一级栏目，可以保证随时返回主页及进入一级栏目。这样，即使浏览者迷失了方向，也可以方便地回到起点，从头再来。

一级栏目导航系统，通常做成按钮的形式。

本级栏目导航系统：

它链接与当前内容处于同一层次级别的内容，便于进行同类阅读。

这套栏目导航系统，通常也做成按钮的形式。

本页面的路径系统：

每一个正文页应该显示出到达该页处经过的路径，并加上相应链接，这样，可以随时退回到该路径中的任一层。

这个系统的实现方法通常是下列模式：

首页 > 一级栏目 > 二级栏目 >三级栏目……

如：

首页>新闻>时政新闻>国内新闻……

有些情况下，如页面过长时，还应加入“页内导航”功能。如在恰当位置加入“回页首”的功能，方便浏览。

从外观上看，导航条可以是图片、文字，也可以是表格中的一个单元格等。生成导航条，可以利用相关软件中的专门功能，也可以在图片、文字上直接加入链接完成。

二、图片映射

从导航的角度看，只要在图片上加入链接，都可以使其起到导航的作用。图片链接的方式可以是图片链接图片，也可以是图片链接文字。此外，还有一种特殊的链接方式，即图片映射链接。它的思路是将图片分为若干热区进行链接。例如，在一张地图中，对于地图中的每一个区域加入链接，点击不同区域，就可链接到不同的内容。图 9-12 是 Chinaren 网站的一个导航系统，它利用地图来完成相关页面的链接。

三、目录

目录是将一组导航链接集中在一起，类似于菜单，在早期的网页设计中，这种方式是主要的导航手段。在目前的网站设计中，通常用于“站点地图”

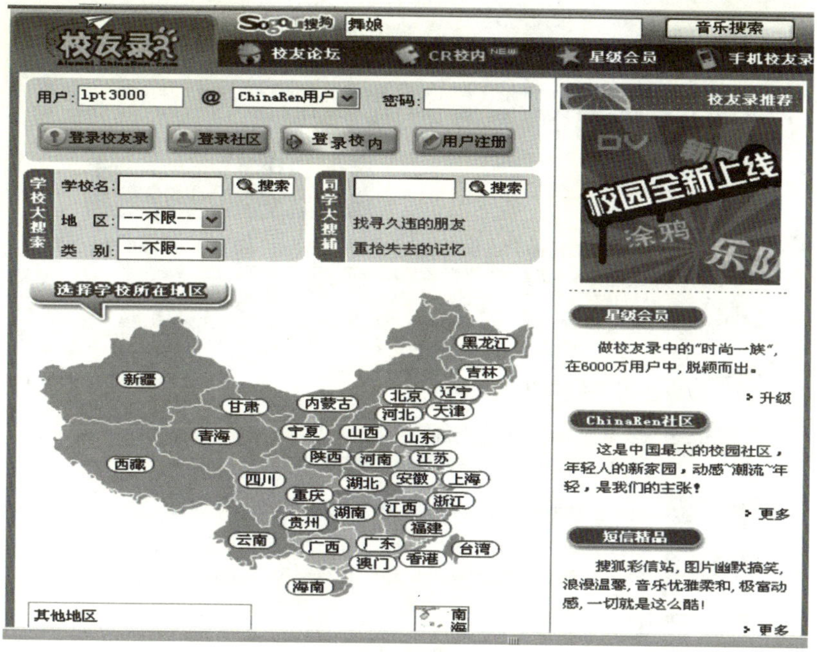

图 9-12　图片映射示例

的实现。

所谓站点地图是将一个网站中的所有栏目（有时也包括子栏目），集中在一个页面中展示，它可以帮助受众了解网站的复杂结构，也可以帮助他们最快地定位于特定的页面。图 9-13 就是腾讯网的站点地图。

在一些网页设计软件中，系统可以自动生成各种层次的目录，这些目录可显示出指定的层次结构，并实现对所有指定层次页面的链接。

四、表格

表格也是一种简洁方便的导航手段。利用表格可以将各个对象集成起来，每一个表格单元中，加入一个链接。表格导航在早期的网页中运用得很多。此外，在一些展示类的网站中也常见。

需要注意的是，从外观看，上述几种方式的界限并不是那么清晰，有时也是交叉应用的，分类主要是从它们的功能上来加以区分的。

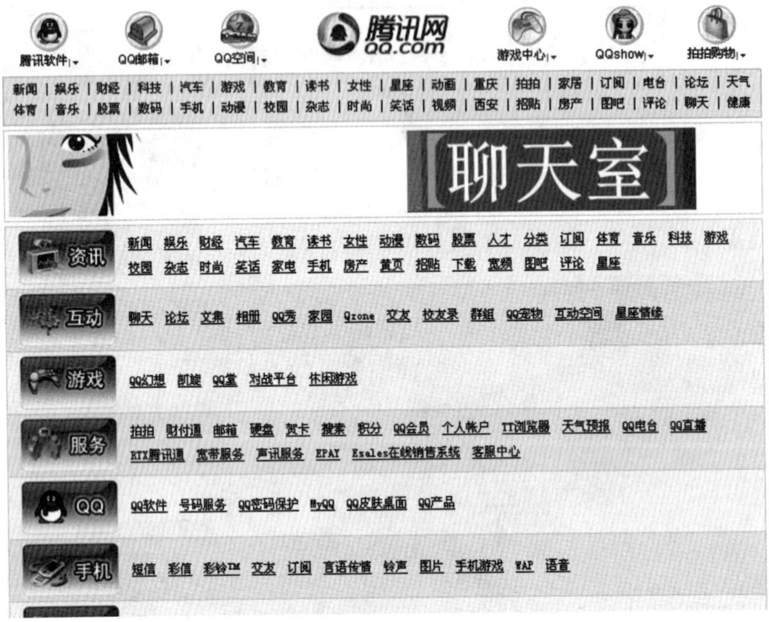

图 9-13　腾讯网的站点地图

此外，文字加入链接也是使页面产生联系的重要手段，但多数文字的导航功能可以被包含在导航条等功能中，此外，大量的文字链接是内容的层次化的表现，在此不再详述。

导航系统虽然看上去是网页设计中的一个细节问题，但是，它的好坏，直接影响到受众在网站获取信息的方便程度与成本高低。因此，在设计中需要特别注意。

第七节　新闻网页设计中的色彩

一、色彩的分类

颜色通常分为非彩色和彩色两类。

非彩色是指黑，白，灰系统色。彩色是指除了非彩色以外的所有色彩。

专业研究机构的研究表明：彩色的记忆效果是黑白的3.5倍。也就是说，在一般情况下，彩色页面较完全黑白页面更加吸引人。因此，我们通常的做法是：主要内容文字用非彩色（黑色），边框，背景，图片用彩色。这样页面整体不单调，看主要内容也不会眼花。

任何一种色彩都具有三个属性：色相、饱和度和明度。

色相（Hue）：也叫色泽，是颜色的基本特征，反映颜色的基本面貌。可以理解为颜色的名字，如“红”、“绿”、“蓝”等。

饱和度（Saturation）：色彩的鲜浊称为饱和度或纯度。鲜艳的色彩一般饱和度较高，这样的颜色比较刺眼。

明度（Brightness 或 Lightness 或 Luminousity）：也叫亮度，体现颜色的明暗度。如白色的明度高，黑色明度低，黄色是明度最高的色彩，而紫色是明度最低的色彩。

非彩色只有明度特征，没有色相和饱和度的区别。

大多数色彩可由其他色彩混合而成。不能用其他色彩混合而成的色彩称为原色。

原色有两个系统：

光的三原色：红、绿、蓝是光的三原色，三原色混合成为白光。

色素或颜料的三原色：红、黄、蓝是颜料的三原色，三色混合成为黑灰色。

将色彩按“红—黄—绿—蓝—红”依次过渡渐变，就可以得到一个色彩环。在色环中我们把颜色按冷暖分为暖色、中性色、冷色。

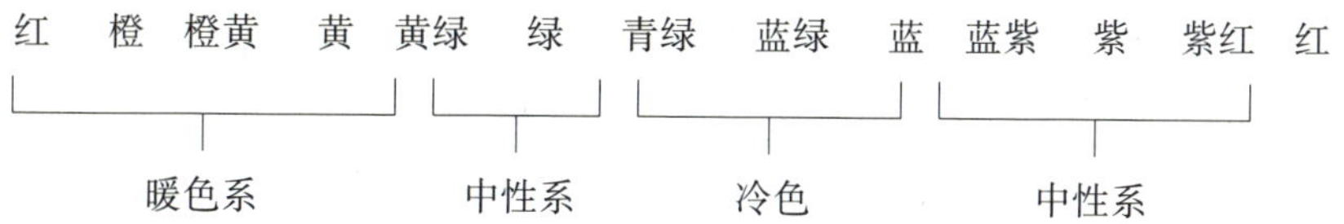

根据两种色彩在色环中的位置关系，我们将它们分为四种关系：

同类色：色环中相隔45度的两个色相，为同类色关系，属弱对比效果，主调十分明确，是极为协调、单纯的色调。

邻近色：色环中相隔90度的两个色相，为邻近色关系，色彩倾向近似，冷色组或暖色组较明显，色调和谐统一，感情特征一致。

对比色：色环中相隔135度的两个色相，为对比色关系，属中强对比效果。

互补色：色环中相隔180度的两个色相，为互补色关系，如红与绿，橙与蓝，黄与紫等。互补色组成的色组，是对比最强烈的色组，富于刺激，不安定，有极强的视觉冲击力和热烈感。但如果搭配不当，会产生生硬、浮夸、急躁等效果。使用时应该注意用调节面积大小和分散形态的方法来缓和过于激烈的效果。

二、色彩的搭配

色彩搭配是一种科学。在长期实践中，专家提出了一些行之有效的搭配原则。下面是其中几种：①

色相搭配：分为类似色相配色和补色配色两种。因为人的眼睛存在残像现象，因此，当两种色彩放在一起时，会产生相互反衬的对比效应，使各自走向自己的极端。因此，要产生鲜明、强烈的对比效果时，可利用补色残像原理，使色彩的双方得到互增互补。当要寻求安定、平静的色调时，可以在每种颜色中混入少量补色，以降低其对比强度。

明度搭配：分为高明度、中明度、低明度和明暗对比。暗色和高亮色对比，给人清晰、强烈的刺激，例如深黄色和亮黄色的对比。暗色中含高纯色，给人以沉着、稳重、深沉的感觉，如深红和大红的对比。中性色和低明度的对比，产生模糊、朦胧、深奥的感觉，如草绿和浅灰。纯色和高亮度的对比，产生跳跃的感觉，如黄色与白色。纯色与低亮度色，使人感觉轻柔、欢快，如浅蓝色与白色。纯色与暗色的搭配，产生强硬、不可改变的效果。

饱和度搭配：分为高饱和度、中饱和度、低饱和度的搭配。纯色之间的搭配给人的视觉刺激最强烈，使色彩的效果更加明确。例如，红、黄、蓝三种就是最极端的色彩，它们之间对比时，谁也无法影响对方。而非纯色的对比效果就显得较柔和。通常加入黑、白、灰可以降低饱和度。

在这些基本原则的指导下，人们通常运用的色彩搭配方法有：

---

① 曾文华、彭兰：《网络信息制作与发布》，中央广播电视大学出版社2001年版，第184~185页。

非彩色的搭配

黑白是最基本和最简单的搭配，白字黑底，黑字白底都非常清晰明了。灰色是万能色，可以和任何彩色搭配，也可以帮助两种对立的色彩和谐过渡。因此，实在找不出合适的色彩时，可以用灰色试试，效果一般来说都会不错。

彩色的搭配

同类色的搭配。先选定一种色彩，然后调整透明度或者饱和度，即将色彩变淡或者加深，产生新的色彩。这样的页面看起来色彩统一，有层次感。

对比色搭配。原色饱和度较高的色彩搭配使用，即为对比色。各种色彩都可以作为对比色使用，但应以一种颜色为主调，使它占有较大面积，再辅以对比色。

邻近色搭配。先选定一种色彩，然后在色谱里选择它的邻近色，这会使页面气氛更加活跃，并保持和谐。

用黑色和一种彩色搭配。这样的搭配具有较强的视觉冲击力。

在网页配色中，应该注意：

重视网页整体色调：网页的色彩是由整体色调决定的。特别是色彩的面积大小，对于整体色彩效果有直接影响。如果两种色彩面积同样大，那么，两种色彩之间的对比强烈，但是如果面积不一，那么小的色块会成为大的色块的补充，也就是说一般人不会注意到小色彩的存在，而只感觉到大的色块。色块的大小对比会产生更为生动的效果。在网页设计中，首先应该选定面积最大的色彩，即网页的主色彩，再根据需要选择合适的对比色彩并确定它们的面积大小。

重视色彩搭配的易读性：有些色彩搭配本身可能是美的，但是，新闻网页毕竟以文字展示为主。不合理的色彩搭配可能带来阅读上的障碍或增加眼睛的负担，因此，要防止形式对内容的破坏。一般来说，白色的背景与蓝色或黑色的文字搭配是新闻网页中较常见的搭配，它们对于眼睛的刺激适中，符合多数人的阅读习惯。而有些网站采用黑色背景加红色文字的搭配，对于眼睛的刺激过分强烈，很容易带来视觉的疲劳。通常情况下，新闻的正文页可以不要背景色，即使要，也以浅色为宜，通常不应用深色。

三、新闻网页色彩的个性

个性化的色彩是个性化的新闻网页的一部分。色彩带来的视觉记忆效果，对于网站的整体形象的确立与推广，是非常有益的。

网站的色彩个性，通常是网站的 CI 形象设计中的一部分。在选择网站的标志色彩时，通常要注意以下几方面：

1. 色彩的独特性

色彩的独特性可以即刻标志出网站的个性，对于 CI 形象的推广也是有益的。例如，可口可乐公司的标志色彩是红和白。这种色彩形象已经深入人心。

2. 色彩的美感

色彩的美感，是网站色彩让人接受的前提。再有个性的色彩，也要以色彩的美感为基础。当然，色彩的美感通常是指色彩搭配后的美感。从美学的角度看，没有不美的色彩，只有不美的搭配。

3. 色彩与网站定位的吻合度

一个网站所运用的色彩应该最大程度地与它的性质与定位相吻合，这主要是针对色彩所引起的心理联想而言。如果一个有关婚姻的网站采用黑色为主色调，势必会影响人们对它的认同与接受程度。

第四单元

网络新闻的延展

第十章 网络新闻评论的组织

媒体不仅要向受众告知社会生活中的各种变动，还要向他们解释这些事实背后的原因。评论便是深化新闻、解读新闻的一种重要手段，是对事实性报道的一种扩展。网络评论既有与传统媒体评论一致的共性，又有其独特的个性。网站可以用不同的方式组织相关评论。

第一节　网络新闻评论的种类及关系

从承担评论的主体上看，我们可以将网络中传播的新闻评论大致分为：网站评论、专家评论、网民评论。

网站评论即是代表网站立场的新闻评论。它通常是由网站或网站所依附的传统媒体的编辑或记者或网站的特约评论员来撰写的。

专家评论指由网站特邀的专家对某个事件或现象发表的评论。专家评论的形成有以下几种方式：专家撰写、网站采访或通过与网民的在线交流完成。

网民评论则是指任何方式的网民意见的自由表达。

但是，在网络中，这几者之间并非泾渭分明，而是相互交融、相互补充，形成网络评论圈。这正是网络评论的一个重要特点。

例如，在“人民网”的观点频道，就包括了人民时评、人民视点、学者新论、网友说话、观点碰撞、报系言论等多个栏目，其中大多数都是新闻评论栏目。我们可以看出，“人民网”的观点频道包括了上面提到的各种形态的新闻评论，且相互之间是不可截然分割的。

所以将网络评论看作一个“圈”，首先是因为，不同类型的评论，在关注社会的视野与角度上可能有所不同，但是从总体来看，它们是相互配合的，几者的共同作用，为受众全方位的认识、理解新闻事件与社会现象提供了可能。

一般来说，网站评论的视野应是最开阔的，它不仅要反映与评析那些广大网民都能看到的现象，还要反映那些在社会的不同行业、不同阶层、不同角落的人们所不关注的现象。

即使与网民关注同样的对象，网站评论也应该有更高的立意，一般更趋向在宏观上对新闻事件进行评论。

专家评论的价值在于其专业性、系统性、深刻性或前瞻性，因此，专家评论的视角通常更多的具有专业化的特点。专家评论中所指的专家是在某个领域或某个问题上有较多了解与研究的人士。

网友评论通常不是孤立的，而是群发式的。关于网民评论的特点我们将在下面进一步分析。这些特点使网民评论能更为全面、直接地反映各种不同的意见。他们可能没有统一的视角，因而更加丰富多样。这一类评论的作用更多地在于体现民意，反映社会生活的面貌。网民通过评论进行意见交流，也可以得知他人的意见，这为他们对社会的认知提供了一个参照系，在潜移默化的过程中，这也会对网民的价值观的形成产生一定的影响。因此，研究网民评论的意义是十分重大的。

将网络评论视为一个“圈”的理由还在于，网络各种形态的评论很容易汇流。从传播渠道来看，不同形态的评论首发渠道的侧重有所不同，例如网站评论通常是首发于某个网站，专家评论可以首发在网站上，也可以直接在BBS论坛或聊天室中生成，而网友评论则可以出现于任何渠道，但以BBS为主。但是，一条评论本身具有的能量，可能使它进入到其他的网络渠道中，例如，一条人们认为有价值的网站评论，可能会被转贴到其他网站或BBS里。反之，有价值的网民评论，也可能被网站编辑放到网站中更醒目的位置。因此，最终，各种形态的评论的流动渠道趋向一致，不同形态的评论汇聚在一起，进入进一步的流动与循环中。

网络新闻评论的主体虽然是多样化的，但是，在这个新闻评论圈中，网站仍然起着重要的组织作用。无论是网站评论，还是专家评论或网民评论，它们的质量高低，都与网站的组织相关。不同形态的网站评论能否很好地实现相互配合，发挥各自的作用，也与网站相关。因此，提出“网络新闻评论圈”这一概念表明，网络编辑不仅要具有撰写新闻评论的能力，还需要有组织新闻评论圈的正常运行的能力。在某些时候，甚至后者更为重要。

第二节　网站评论的组织

一、网站评论的选题与角度

网站新闻评论在一定程度上代表了网站的立场，因此，它的作用在于：

评析社会热点，为人们指点迷津，启发人们站得更高，看得更远；

关注那些常人没注意到但又具有重要社会意义的现象，揭示其内在含义；

面对复杂的局势，代表网站发表自己的声音；

代表网站实施舆论监督的功能。

常态下，网站评论的选题依据是多种多样的，但是下面几种是较为常见的：

针对国内、国际的热点、难点问题，组织评论。

结合具体新闻报道来组织评论。例如，“新华网”的“新华时评”栏目主要是新华社记者所撰写的评论。他们的选题通常是结合自己的采访报道来进行的。

由于一些特定的纪念活动、节日活动等的需要组织评论。

通过对网络论坛中的网民意见的观察来确定选题，实现与网民评论的互动。

新闻评论的选题实际上也是一个价值判断过程，无论上述哪种选题方式，评论所要评述的，都是具有公共价值的事件或话题。评论的任务，是进一步阐释与挖掘这些价值，给受众以普遍性的启发。新闻评论的对象除了要具有新闻价值外，通常还应比一般新闻具有更强的重要性、典型性、普遍性，同时具有更高的受众关注度，或与人们的利益具有更密切的关系。

虽然从总体来看，网站新闻评论的选题要能体现开阔的视野，但是，选题并不等于评论写作的角度。在完成评论时，还要善于依托合适的角度，以小见大。

新闻评论通常是短小精悍的，网络中的新闻评论更是如此。在一个小容量的评论中，如果承载过于宏大的话题，就容易出现空洞、抽象的毛病，脱离网民的阅读兴趣，最终达不到预期效果。

立意更是新闻评论写作中的一个关键。平庸的立意只能做到就事论事，人云亦云。而高明的立意则能起到抽丝剥茧，透过现象洞察实质的作用，甚至可能是别有洞天，让人感觉茅塞顿开。毫无疑问，如果网站的新闻评论只是重复一般人都明白的道理，是没有价值的。

但新闻评论的角度与立意并不是一个简单的技巧问题，实际上，一个人的知识积累、社会经验的积累以及观察与判断事物的能力等，是新闻评论形成好的角度与立意的根本基础。正如一位研究者所说："一个人认识问题的角度，总是与他自己的知识结构、情感结构、他的'敏感点'紧密联系的。""一个评论者决不可能没有知识与判断力，却有一个好的论点或好的'角度'"。①

因此，网络新闻编辑要能写好评论，或能判断一篇评论稿件的价值高低，不仅需要学习评论写作的技能，更需要不断地积累知识与信息，拓宽视野，提高自己认识与分析事物的能力。这种能力需要日积月累。

二、网站评论的写作

在确定网站评论的选题后，网络编辑可以自己撰写评论，也可以约请特约评论员来撰写。无论是写作还是编辑评论稿件，都涉及以下几个方面：

（一）网站评论的论说

网站评论的论说包括三个要素：论点、论据及论证。

论点实际上是立意的直接表达方式。因此，只要评论的立意确立，那么，作者的论点也就基本明确。

一般来说，网络评论的短小篇幅要求作者在论点方面集中而鲜明，因此，一篇评论中，论点最好是单一的，太多的线索可能让读者反而抓不住要点。

为了使评论能形成自己的个性，论点具有新意，也是十分重要的，而这与评论角度与立意的新意又是一脉相承的。

论据是作者为了表达自己的观点而收集的材料与证据。通常新闻评论都会有一个由头，即某一个新近发生的新闻事件或一种社会现象，这个由头既是引

① 马少华：《新闻评论》，中南大学出版社2005年版，第116页。

发立论的依据，又是论据之一。但是，在新闻评论的写作中，有时不能单纯依赖一个论据。因为作者的论说是一个层层递进的过程，为了不断深化自己的观点，作者有可能需要加入新的论据。

新闻评论的论证方式可以有下列几种：

事实阐释：以社会生活中的事件、现象为中心，对它进行条分缕析，以此表达自己的意见与观点。

资料分析：借助对准确、可靠的资料（包括各种数据）的分析，来阐明事理，或揭示其中的含义。

知识论证：运用相关学科的知识来说明道理，论证自己的观点。

逻辑思辨：运用逻辑分析的方法进行推理分析，或破或立。

形象说理：运用类比、故事等手段，可以达到借他山之石攻己之玉的目的。

在实际的评论中，各种手段有时是相互交织、相得益彰的。

（二）网站评论的语言与文风

网站评论虽然代表了网站的立场或声音，但是，不能产生拒人千里之外的效果。而与此相关的一个关键因素，就是语言和文风。

在网络中，文风的亲和力的高低，更是决定了评论是否能吸引人们关注，是否能进一步流传。

网站评论在文风上的大忌包括：

套话、空话连篇；

机械、生硬、呆板；

华而不实；

媚俗跟风。

其中，媚俗跟风的问题特别值得重视。一些网站片面地强调亲和力，在评论的语言与文风上盲目地追随潮流。例如，对流行词汇、语言的不加节制的模仿，不仅使评论语言自身失去了个性，也助长了网络的同质化倾向。

从网站新闻评论的语言来看，需要注意的问题包括：语言表达的准确性、规范性与个性化。

（三）网站评论的标题

消息标题一般只传达事实性要素，而新闻评论标题的完整要素包括事实与观点，但是，由于标题容量的限制，通常新闻评论标题也不一定两者并存，可以有所取舍。

新闻评论的标题，从反映内容的信息上来分，可以分为：①

直接表达论点的；

间接表达论点的；

不表达论点的。

但是，如果评论标题只突出普遍原则，或高度概括的概念，那么它可能会变成“放之四海而皆准”的标题，缺乏个性，也缺乏吸引力。

在网络新闻传播中，受众一般对事实性的信息更关注，因此，新闻评论应尽可能将评论对象的事实要素做一定的揭示，再将它与论点形成有机结合。

例：

“索要105.86元利息”的破冰意义

真正的舆论监督不需要领导全程陪同

虐猫事件背后的网络伦理：互联网上的蝴蝶效应？

网络新闻评论的制作也可以借鉴各种修辞手法，

例：

互动不“动”与短信不“短”

别让夏令营变成夏“利”营

地名不是“橡皮泥”请慎重对待城市改名

当然，就像消息标题制作一样，文字技巧可以起到锦上添花的作用，但是，如果评论本身缺乏吸引力，或者在做标题时抓不住要点，仅仅玩弄文字技巧，势必是舍本逐末。

限于篇幅，本书对于新闻评论的写作不做进一步的展开，有兴趣者可以进一步阅读相关书籍。

---

① 马少华：《新闻评论》，中南大学出版社2005年版，第138页。

三、网站评论的管理

对于网络编辑来说，他们未必需要自己撰写每一则评论。但是，却需要担负网站评论的组织管理工作。这种工作既可以是微观的，直接针对某一新闻事件的评论组织，也可以是宏观的，是网站评论的长期运作。总体来说，评论的组织管理工作主要包括：

评论的适时配置。根据形势的发展和新闻报道的自身需要，把握好评论的选题与时机，是网站评论组织工作的一个基本任务。评论不仅可以深化报道，解读新闻，还能在一定程度上提高新闻的受关注度。如果网站自身配发评论的力量有限，也可以将其他媒体的评论与网站的新闻报道结合在一起，这同样可以起到相应作用。

网站评论的个性设置。网站评论应该讲求整体的风格与个性，这样更容易让人对网站评论形成一个整体的、统一的印象。个性的设置即是根据网站的主要定位，根据现有的评论员资源，以及受众需求，来设置一个合理的统一的风格。它包括：网站评论的重点选题范围，如，是以时事政治评论为主、还是经济评论为主等；网站评论所主要面向的网民层次，例如，是精英层次，还是大众化层次。

评论员队伍建设。前面提到，网站评论的写作者可以有不同来源，在组织与配置评论员队伍时，不应仅仅考虑他们的背景，而应以网站的需要为目标，来进行合理的人员配备。每一个评论员应该有足够的时间，来保证提供充足的稿件。每一个评论员应该有自己的个性空间，但又不与网站的整体风格相冲突。

相关栏目的建设。一个新闻网站的评论频道，可以有多个栏目，进行合理的栏目设置，充分利用网站的评论资源，实现各个栏目的有效分工与相互配合，是评论栏目品牌化运作的前提。

第三节 专家评论的组织

一、专家评论的类型

专家评论在网络新闻评论中所占的比重越来越大，形式上也日趋多样化。

目前来看，专家评论有以下几类：

从形成的方式看，包括独立式与互动式两种。独立式是由专家自由选择议题，在自由的环境中进行创作，最终将评论提交到网站。而互动式则是通过专家与网民、网站主持人或其他专家的互动，完成评论的生成过程。

这里的专家，主要指对某一领域或问题有专门研究的人士，并不限于专业研究人员。

独立式评论的优势是，选题由专家自由确定，因此，一般是有感而发，议题也较为集中。

独立式评论中可能出现问题是，专家如果不关注网民的动态，在选题或论点方面就可能缺乏现实针对性。

互动式的评论方式，问题是由网民或网站主持人提出来的，评论的生成过程是一个动态的激发与互动的过程。通常这个过程是在 BBS 或聊天室中完成的。

在互动式的评论生成过程中，还有一种情况是，参与讨论的不止一位专家。多人评论也是网络专家评论中的一种常见形式。

多位专家可以是同一领域的专家，也可以是不同领域的专家。不同的专家的组合会对评论的广度与深度产生很大影响。

概括起来看，以 BBS 或聊天室的方式组织的互动式专家评论，具有以下特点：

议题的提出与讨论的方向不是由专家自主掌握的，而是由网民或网站工作人员来进行把握。因此，交流针对性更强。

专家没有充裕的时间作系统的思考。即使专家对所讨论的议题十分熟悉，在实际的互动过程中，也不可能像独自写作评论时那样，逻辑地进行观点表达。临场发挥能力，直接影响到专家意见的表达的准确程度与深入程度。

网络互动会带来一定的噪音。在一次互动的过程中，并不一定所有的网民的提问都集中于事先约定的问题范围内，这就形成一定的干扰。有些情况下，并不是所有的网民都是抱着交流的善意来参与讨论的。恶意干扰也常常会影响到专家的情绪与思路。

二、网站对专家评论的组织工作

虽然专家评论的主体是专家，但是，网站在此类评论中所扮演的组织者的角色，其重要性不亚于专家。

网站的组织工作包括：

1. 专家的遴选

由于专家评论的重要意义，新闻网站建立起一支强大的专家队伍的工作也显得十分重要。这支专家队伍应该由各个领域的专家组成，他们不但要有很好的专业背景与专业信息与知识的积累，还应该能胜任网络的评论，例如，对于那些参加互动式评论的专家来说，他们应该具备很强的与网民的互动能力。

2. 评论选题的策划

在评论的选题中，网站工作人员并不是被动的，甚至在很大程度上他们起着主导作用。他们要根据时局的变化，提出具有现实针对性的选题。或者适时地组织互动式专家访谈，或者向专家约稿。由网站工作人员向专家提出选题，可以更好地体现网站的意图，实现网站的整体评论策略。

3. 评论方式的选择

前面分析了不同的评论方式的优势以及可能存在的问题。这表明，对于不同的选题，或不同的形势，应该采用不同的专家评论方式。

独立式选题比较适合具有较强专业性的问题，因为对此类问题人们一般较为陌生，参与讨论的可能性较小，或者即使参与效果也不会太好。而对于大众化的问题，则更适合用互动的方式。

从时机看，互动式专家评论适合于事件的初始阶段，这个阶段人们的认识存在较大差异，意见更为多元，网民表达自我意见或参与交流的愿望十分强烈，这就为专家与网民的互动提供了基础。也正是因为网民意见的多向性，让专家出面，来提供一个较为系统化的、专业化的意见的意义就显得更大一些。

而在一个事件已经发生很久之后，采用独立式的专家评论，也许更有效。这时，网络中的相关意见已经较为集中于几个主流方向上，网民没有更多新的意见出现。网站可以根据网民意见的流向及讨论的层次，来确定自己选题，并约请相关专家撰写评论。

4. 互动式评论的组织

在互动式评论中，网站工作人员也可以积极地参与到评论过程中。有些网站还设立了主持人，他们可以自己提出问题，组织整个讨论过程，也可以对网民问题进行筛选。

三、专家在线访谈的组织

在线访谈是互动式评论的一种主要组织形式，虽然这一工作常常是由编辑来完成，但是，它是一项具有挑战性的任务。只有做好各个环节的准备工作，才能保证高质量地完成在线访谈工作。

在线访谈既是一种完成评论的过程，又是一次采访过程。与一般的采访相比，在线访谈的难度在于：

首先，它将采访过程实时、直接地公开在网民面前，这对访谈主持人的提问内容、提问方式等都是一个挑战。要能实现访谈的既定目标，为专家评论的形成提供一个高水平的舞台，网站的主持人需要做好充分的准备。

其次，在线访谈的参与者不仅有主持人与专家，还有网民。网民不仅仅是作为接受者存在，他们也会作为一种具有能动性的力量，对访谈过程产生直接或间接的影响。这会给访谈带来很多意想不到的情况，主持人需要具备良好的应变能力、抗干扰能力以及把握能力，才能保证访谈的顺利实施。

同时主持人需要充分利用网民在参与过程中释放的能量，使之与专家的评论产生积极的碰撞，从而充分展示互动式评论的魅力。

在线访谈的工作由几个部分组成：

（一）在线访谈的前期准备

在线访谈前的准备工作的作用体现在以下几方面：

1. 了解访谈专家

在很多情况下，网站编辑在对某个专家进行访谈之前，对其了解往往非常有限，甚至可能是一无所知。为了让访谈进行更顺利，网站编辑需要在访谈前通过“案头”准备，对访谈专家进行了解。

了解访谈专家的准备工作主要包括：

了解访谈专家个人的基本情况。这些资料能够让编辑对访谈专家有一个基本认识，以便在访谈中进行交流与沟通，也可以帮助编辑在访谈时找到提问的切入点。

了解访谈专家的业绩状况。大多数访谈都与访谈专家的工作相关。事先了解访谈专家的工作业绩，不仅有利用访谈的深入，也可以从中找到合适的访谈角度。

了解与访谈相关的专业知识。在访谈某一专业领域的人员时，了解该领域的基础知识，是访谈的前提。如果对相关领域一无所知，不仅会阻碍访谈的深入，甚至可能会使访谈无法进行。

了解对访谈专家已有的报道或评价。这类信息可以成为一种对比性资源，帮助编辑确定自己的访谈角度；也可以作为参照，使编辑更全面地了解访谈专家。

收集这些资料的方法，可以是询问与访谈专家有关的人员，也可以是阅读相关材料。在信息时代，电话与网络都是做案头工作的重要手段。特别是网络的作用更为明显。例如，通过搜索引擎，可能会很快获得访谈专家的基本信息，也可能收集到他的文章及与他有关的新闻报道等。

有关访谈专家的资料，除了供网站编辑使用外，也可以提供给网民参考，以便网民更好地准备交流的问题。通常在预告访谈消息时，就应向网民提供这些资料。

2. 明确访谈的目标与主题

由于在线访谈是采访与发布同步进行，因此，必须在事先明确访谈目标与主题，它们的确定，需要通过事先的资料收集与分析等来完成，也可以通过与专家的沟通来确立。

3. 与访谈专家建立关系

访谈前的准备，不仅仅是做案头工作。有时，为了更好地熟悉与接近访谈专家，记者还需要通过各种方式，与访谈专家建立一定的关系，为访谈打下基础。

（二）访问提纲的准备

在线访谈会受到各种因素的干扰，但是网站编辑在其中仍处于主导地位。有些访谈中不设网站主持人，这种访谈讨论话题往往过于分散，效果常常不尽如人意。因此，有主持人的在线访谈越来越多。主持人对于访问提纲的准备，也成为在线访谈工作的一个重要环节。

著名记者艾丰认为，新闻采访可以分为三个阶段：

第一阶段，初步完成对某事物的横的认识，以达到对此事物现状的完整的了解。

第二阶段，在横的认识初步完成之后，进一步深入到对事物的纵的认识，即达到对事物的历史的完整的了解，在了解历史之后，当然又加深了对现状的了解。

第三阶段，在横与纵的两个大方向的认识完成之后，则要侧重完成变的认识，即研究该事物所包含矛盾的各个方面是怎样转化的。

上述观点，也可在准备访谈提纲时借鉴。虽然不一定在每次访谈中，都要将访谈分为上述三个阶段，但是，每一次访谈的确都是一次对事物的探究逐步深入的过程，也是对事物的认识逐步深入的过程。因此，在准备访谈提纲时，应该注意提问的循序渐进。下面是几种将提问不断引向深入的方式：

1. 由小到大

提问时不宜一上来就给出一个漫无边际的大问题，那样访谈专家往往不能准确领会主持人的意图，回答问题也就很难答在点上。可以先从具体的问题入手，这样便于得到确切的回答。借此过程，主持人也可以逐渐拉近与访谈专家的距离，也可以帮助网民逐渐接近专家。

2. 由近及远

提问时可以先从身边的事入手，或者从访谈专家心理上感觉最贴近的问题入手，逐渐将问题向其他方向延伸。这样便于访谈专家慢慢进入状态，在一种轻松的气氛中接受访谈。

3. 由易到难

先给出几个访谈专家肯定能做出回答的问题，可以调节气氛，也可以让访谈专家逐步适应访谈过程。

4. 由表及里

访谈时如果一下子提出最核心、最深层的问题，反而可能会出现欲速则不达的情况。提问时，从表面的情况问起，可以帮助主持人积累信息，对深层的问题有更多的认识，这样在提出深入的问题时更切中要害。

总的来说，在设计访谈提纲以及在访谈中提问时，通常应该循序渐进，引导访谈向不断深入的方向发展。

在访谈中，通常可以将所提问题分为开放式问题与封闭式问题两类。

开放式问题

开放式问题是指提出比较概括、广泛、范围较大的问题，对回答的内容限制不严格，给对方以充分自由发挥的余地。这样的提问比较宽松，不唐突，也较容易为访谈对象接受。但由于问题过于松散和自由，有时不利于访谈的深入。面对过于开放的问题，有时访谈对象会做出海阔天空式的回答。因此，这类问题常用于访谈的开头，以此来缩短双方的心理、感情距离，并为进一步的封闭式问题的提出做准备。

封闭式问题

封闭式问题是指比较具体、明确、范围较窄的提问，要求对方回答只能限于提问的具体内容。封闭式问题可以使主持人获得自己所期待的素材，也适合于深入追问或查证、核实，也可用来转换话题。但封闭式问题过多，则使得访谈专家自由发挥的余地较小，访谈的广度受到限制，此外，在提问时如果主持人的用词、语气掌握不当，也容易招致对方反感。

从提问的角度看，也可以有不同的方式：

正面提问

即向访谈专家开门见山地提出问题。问题明快、直接，不拐弯抹角。一般来说，这种提问方式进入话题快，访谈效率高。

侧面提问

这是从侧面入手，采用启发引导的方法，旁敲侧击，循循善诱，促使对方回答提问。这种方法，一般是在正面提问不能奏效的情况下使用。

反面提问

反面提问常常用的是激将法，它从逆向设问，通过一定强度刺激的问题，激起访谈专家回答问题的欲望。

2004 年春天，北京爆发了一场严重的 SARS 疫情，王岐山临危受命，出任北京市代市长，指挥抗击疫情。中央电视台《面对面》记者王志在此时采访了王岐山，在采访中，王志提出了一系列有针对性且有挑战性的问题，其中不乏反面提问，而王岐山也做出了非常精彩的回答。

例如，王志说道："我非常同意你这个说法，一定要控制传染源，但是按照你这个说法，在我这个想象中几乎是不可能的。"王岐山则斩钉截铁地回答说："不！现在就要把不可能的事情变成可能才能赢得这场战争，难度在这儿，我们决心在这儿。"接着，王岐山解释了控制传染源的各种手段。通过反面的激将法，王志将一个十分有魄力、有能力的市长，展示在观众面前。

假设性的提问

假设性提问，是基于对访谈专家或要访谈的事物的了解，提出一种可能性，并试图从访谈专家那里获得肯定性或否定性的回答。假设性提问是一种封闭性的问题，也是一种具有挑战性的问题，通常它会迫使访谈专家做出回答。

同样是在上面的这次采访中，王志问道："但是我们做最坏的打算，如果人数继续增加真的达到六千人的时候，北京市有没有能力收治所有被感染的非典病人?"王岐山则回答说："我相信到那时候也会有（办法），我们的紧急调度能力强极了。我们上千张床位的医院有 30 多个，这叫到什么时候就说什么话吧。这不是透明度的问题，这是对社会的责任感问题，我们政治家也好专家也好不能整天跟市民发布，或者对老百姓发布那种万一。那是不负责任的，科学精神说实在的，是讲概率的。"

王志提问中的假设，表达了广大百姓的一种普遍担心，而王岐山的回答，既表达了一种实事求是的态度，又有助于消除百姓心中的忧虑。

但在使用假设性提问时，应防止故意诱导访谈专家做出自己期待的回答，这对于了解事实真相是不利的。

为了更好保证在线访谈的质量，网络编辑也可以事先将准备好的访谈提纲提交专家，以便对方做出相应准备。

（三）在线访谈中与网民的互动

在线访谈不是网站编辑与专家的封闭式的接触，而是在一个开放的环境中进行的交流。网民在访谈中也会起到重要作用。这主要表现在：

网民的提问直接影响访谈的走向；

网民的反馈直接影响访谈的气氛。

访谈中的互动主要是来自访谈专家与网民之间，回答谁的问题，也常常是访谈专家的选择。但是，网站的主持人可以根据访谈的主题，给访谈专家适当的建议，以免话题过于分散。

在有主持人的访谈中，访谈专家回答提问的顺序安排也是值得注意的一个操作细节。通常的做法是，先由访谈专家回答主持人提问，再集中回答网友提问。这样做的好处是，可以使网站的提问在访谈中集中表现，线索明确，但如果访谈专家只忙于回答主持人提问而忽略与网友的及时交流，可能使一些网友有被怠慢的感觉，让他们失去耐心甚至离去。因此，在安排回答问题的顺序时，不必过于机械，应当灵活地处理网友的提问，有时可以让访谈专家将主持人与网友的问题综合在一起回答。

访谈中，网站也需要对内容进行实时监控，对于一些网民发出的不合适的帖子，应该及时删除，以免造成不良影响。

由于多数访谈是由网站聘请的速记员进行记录，在记录过程中难免出现一些文字表述上的错误，编辑应该及时进行文字编辑，再将文字上传。

（四）在线访谈后的内容加工

由于网民的参与，在线访谈本身往往内容线索复杂，为了突出访谈的主题，凸显专家观点，访谈后往往需要对访谈内容进行加工。其基本思路是，以访谈的原始素材为基础，确定几个主要论题或角度，围绕论题来重新整理对话记录。

值得一提的是，在处理素材时，也应对文字中存在的问题进行编辑加工。

例：

肖复兴、于根元、敬一丹“咬文嚼字”①

（节选）

主持人：今天下午聊天的主题是语言，包括网络语言和日常流行语言。三位平时上网多吗？

敬一丹：我不太上网。

于根元：我经常上网，但是很少聊天。

肖复兴：我也经常上网，但是很少聊天。

主持人：网络语言究竟是什么概念？因为这两年网络的语言，用年轻人的话来说是流行，很多年轻人都非常的喜欢它，作为像于根元老师这样的专家级学者，对这个问题怎样看待？

于根元：如果给网络语言下一个定义，是跟网络或者网络活动有关的语言。我们认为网络语言不单单是词汇，还包括语体，如网络文学、网络新闻、网络广告等，这都是属于网络语言中的一部分。

主持人：听说于老师还编过与网络语言有关的词典，是吗？

于根元：对，由书海出版社出版的《二十世纪的中国语言应用研究》，由北京语言学院出版社出版的《现代汉语新词词典》和《中国网络语言辞典》。

主持人：当时为什么想出版这个词典呢？

于根元：这也是一种需要，很多人起初上网的时候，有些语言不太了解。我们上网也有过这样的情况，如果有这样的一本工具书，大家克服障碍会比较容易一点。我们是长期搞应用文学的，我们认为也有这个责任，后来碰到一个课题，我们就搞起来了，主要是研究词汇，后来索性编了一本词典。

主持人：敬一丹老师，现在在电视中有没有受到网络语言的影响？

敬一丹：还不是这么直接，网络语言更多是二十多岁年轻人很流行的

① 新浪网 嘉宾聊天室 2002 年 8 月 31 日。

语言。

主持人：如流行的音乐节目中，有没有开始蔓延开呢？

敬一丹：我认为用蔓延这个词有点过了，有时候可能有这样的一点点因素。

主持人：在您接触的年轻人当中，有没有这样的情况，如您的女儿等？

敬一丹：有，我认为年轻人说法中，如果没有这样的一点色彩，有点不太时尚，甚至有点不合群，这是他们共有的一个语言，好像说这种语言，能得到这个群体的认同。

主持人：我从小就看肖复兴老师写的文章，今天看到肖老师非常的亲切。作为语言文字工作者，网络小说有没有注意到？

肖复兴：看过一些。

主持人：网络文学作为网络语言比较集中使用的一种东西，近两年受到正规文学，或者说正规语言文字较大的批判。不知道您怎样看待？

肖复兴：坦率的来说，网络文学现在发展的还很不成熟，应该说鱼龙混杂的现象还比较多，网络文学对传统字面的文学有很大的冲击。网络文学作为一个新的样式，跟纸面文学相互碰撞。现在网络文学还不是很成熟，现在网络上的网络文学网站有很多已经消失了，但是随着网络进一步的普及和发展，网络文学跟纸面文学还有一番新的较量，在新的较量中，彼此有相互帮助和促进的作用。

……

网友：网络文学还有发展吗？

肖复兴：我认为还是有的，因为文学的载体发生了很大的变化，传统的文学载体基本上是纸面的，来源于比较遥远的农业古代的时代，现在时代已经发生了很大的变化，已经进入了电子网络时代了，文学作为载体来说，应该会更加丰富。随着时代的不断发展，纸面文学载体还是有保留的必要，因为保留了人们对过去的怀旧、古典的向往。跟传统的载体相并存的网络文学，有了新的载体，跟人们互动的关系更加强烈了。而且在网络文学中，人们可以直接发表自己的见解，而且不需要任何的方式，就可以直接贴上帖子就可以发表自己的作品，而且可以随时随地的修改自己的作品，因此网络文学具有纸面文学不具备的特点，当然有其发展的前景。

于根元：网友可能看过去年在当代杂志第一期、第二期连载的一篇小说，是上下部，原来就是在网上首发的，这是网络文学最近比较好的作品，编者的评价也比较好，认为比痞子蔡的第一次亲密接触好一些。网络文学这些作品，语言的特点不是在于是否用了“青蛙”或者是“恐龙”，而是语体比较直截了当，比较尖锐，比较深刻。

网友：敬一丹老师，在比较正式的电视节目中，虽然语言比较严谨比较完美，但是是不是会有点缺乏变化呢？有没有想过在语言上有更多的突破？

敬一丹：某些节目上有这种现象，我们每天做的工作，就是让我们的语言，官方的语言和正式的语言，以及民间的语言中找到一个结合点，如果能够结合好，这就是一个比较容易被人接受的媒体语言了。

这个事直接由主持人担当，我们每天都在想怎样把这些话说得更适合大众的交流，更适合于媒体。我们每天打开电视，打开收音机，有时也会听到一些特别不愿意接受的语言，也是有的。

网友：八十年代初的时候，电视方面的语言很受港台流行的影响，甚至到今天，台湾和香港主持风格对今天我们的电视语言还有很大的影响。

敬一丹：应该说还是在某些节目中，如在娱乐节目中影响比较大一些，但是在新闻类的节目中受到的影响比较小一些。在地方台受的影响比较大一些，尤其是靠近港台地区，在北方台影响好像小一些。在某些频道可能多一些，如娱乐类的，在其他的一些频道中，有的基本上可以说没有受到什么影响。这个事也不能太夸大，有人曾经非常不安，就认为所有电视节目的声音应该完全极其正规的，一级甲等的普通话，但是在南方一时做不到，或者有人认为那样好，这种情况只存在某些节目中。

网友：我们有一个问题不得不思索，港台的语言是不是比我们更生动、更民间化一些？

敬一丹：我倒不这么认为，这跟经济现象可能有一点关系。在“文革”的后期，差不多整个那个时期，中国经济都不算太发达，而上海比较发达的时候，那个时候谁说话带一点上海腔就是比较时髦的，这是跟经济的强势相联系的。

后来广东又成为经济强势的地区，语言也被很多人好像跟着就上去了，水涨船高，我认为这是语言现象背后的一种现象。另外现在有一些人，对语言的判断，就是什么样的语言是好的，是纯正的，好像多少有一点误解。如我们特别纯正的普通话，其实听起来是很富有美感的，但是可能人们忽然间听到带港台味的，但是不能说完全不好，那么多的香港人、台湾人说起话来也是好听的，不是说港台话本身不好，而是很肤浅的那种模仿不好。尤其是听到并非港台人在模仿的时候，我觉得这种倾向性不好。

主持人：三位老师有没有注意到，两年前曾经非常火爆的网上小说《第一次亲密接触》，后来被拍成了电影，作者是痞子蔡，这部小说影响非常之大，可以说不亚于F4、韩流。为什么网络文学会有这么大的影响？传统文学也可以说非常富有美感，但是这些年和网络文学相比好像有一点衰弱的迹象。如果光是从思想性和文学性来说，网络文学可能没有传统文学那么高的造诣，但是年轻人就是非常喜欢它，变得非常的时尚。三位老师怎样看？

于根元：我稍微翻了一下已经成了书面语言形式的语言，一行一行的，读起来比较方便，也是一种样式吧。

肖复兴：去年十一月份的时候，我正好在台湾，那时痞子蔡的第二部作品刚刚问世，但是在台湾的影响，我认为不如《第一次亲密接触》影响那么大。当时我就在台湾思考这个问题，一个是跟传统的文学样式发生了很大的变化，而且借助了现代传媒的方式，来跟读者进行直接的交流，这种新型的样式、新型的语言，以及互动的交流，使得跟传统的文学有了很大的差异。而大众文化一个很重要的因素，就在于它的新奇，年轻的一代对新奇的东西更敏感、更容易接受。大众文化另外一个特点，就是大家是互动的，而痞子蔡是作为演员的一方，接受者通过网络接受，是作为表演的另一方。当这部小说被改为电影，同时改为话剧的时候，于是更成为循环的表演当中去，这恰恰是大众文化的一个特色，所以使得这部作品的影响力远远超过了作品的本身，也超过了传统文学本身。但是这种文化现象，我们要进行客观的认识，而不仅仅是就膨胀出来的影响，来看待它本身的体积和质量、重量，这样的话，我们对网络文学出现的很怪异也很奇特的现象，或许可以给予更多的理解，同时也可以给予更多的认识。

敬一丹：我认为弄不好可能又是一堆泡沫，能不能长久，这是考虑一个文学作品判断的标准。不要用传世之作来要求它，就是过三五年之后还能看到吗？

肖复兴：但是网络文学刚刚开始，我们不能要求它一下子就出现传世之作，一下子就像于教授所说的《蒙面之城》，现在的网络文学非常多，上了网络文学的网站，各种网络文学都有，人人都可能是网络文学的制造者，所以很容易出现鱼龙混杂的现象。网络文学如果说我们对它还有期待，那是需要时间的。

主持人：今天我们也非常想了解一下各位专家，因为你们在各方面可能都是语言的善用者，可能在不同的领域中。关于新词新意，可能随着时代出现比较特殊的词。刚才我看到一位网友问敬一丹老师，怎样看待网络语言和电视语言。确实，语言在不同的场合有不同的用法，请三位老师谈一下现在出现的很多新词，包括一些缩写，包括刚才说到的恐龙和青蛙，三位老师认为它们的出现，会使我们的文化更推进还是更低俗了？

敬一丹：我认为不应该是低俗，而是更加多样了。

于根元：我认为多样，就是一种丰富，多样也是很好的，国家语委在这个月举行了社会语言热点问题的座谈会，28号很多媒体都进行了报道，有不同的意见。有人认为现在出现了很多现象，比较的混乱，我的看法有混乱的部分，因为语言不是试管里的试剂，而是汪洋大海，汪洋大海并不纯洁，上面什么东西都有。语言当然是有泥有沙，是有龙有鱼的，语言就是这么一回事，什么都有，不可能很纯洁，但是要有一个基本的估计，我们这几年的语言总的情况是怎样的，我同意敬一丹的说法，这么多年来，当前的语言是最活泼、最生动的，有了这么一个基本的框架，语言重在建设，而不是重在治理。同时要看到问题，但是要看到问题的性质、量和程度，要有一个总的评价，不是说不管，而是说要进行引导。

肖复兴：上次在国家语委的会议上，我说到泥沙俱下，也受到了一些人的批评。刚才于老师说的很对，要进行一些梳理的工作，我们现在不希望国家的政府部门，或者说有关的职能部门，下一道命令进行规范，什么该说，什么不该说，什么在文件中说，什么在生活中说，这是不对的，文化的问题应该用文化的方法进行解决。篮协为什么给王治郅一个处罚，如果不用这个方法来解决，肯定是会出现问题的，这次篮球我们肯定无法进入前八，这对国家的损失谁来承担责任？同样面对今天丰富多彩的语言现象，不是用文化的方法来解决，而是乞求用行政命令的方法来解决，我很担心。对这个问题要有基本的态度和认识，这个基本的态度和认识，有这么几点。

第一，这个文化现象是怎样产生的，为什么会产生这种文化现象。是国家在改革开放这样的一种背景下，才会出现丰富多彩的现象，才会出现语言如此丰富的现象。在以前是无法想象的，这是一个基本的背景，如果我们忽略了这样的一个基本背景，就会把个别的现象夸大了。

第二，出现这种语言现象，恰恰能够丰富人们的思维，能够提升人们的思想，对于整个社会的推动，是起着一个主流的作用。恩格斯早就讲过，人类一个是劳动，一个是语言，是社会发展两个最主要的推动力，在任何的时代中，语言都是依附于这个推动力使社会进行变革的。如果忽略了这两点，就有可能忽略网络语言或者生活当中，出现一些不为传统观念所接受的语言现象所夸大，这就会使整个的问题复杂化，应该对问题有一个基本的了解和基本的态度，才能使这种现象处理的更完美一些。

网友：网络语言这么说没有问题，尤其在一个圈子，现在谈到恐龙、青蛙、菜鸟、大虾，可能还好理解。但是在传统传媒、报纸和电视中，是不是也可以使用这些语言？

敬一丹：对象不一样，所以要用不同的方式。语言是进行交流的，要见什么人说什么话，媒体面对什么人，就要用什么样的语言，电视这种传媒是大众的。像我们新闻类型的节目，我们面对的都是最普通的大众，我经常面对镜头的时候就想，我可能面对一家子，有可能住在中国很偏远的地方，对他们来说网络语言可能是另外一个地方的语言，跟谁语言，这是首先要清楚的。负面来看，网络语言是乱七八糟，从正面来看，可以说是生动多样，就看你怎样来看了。比如说五十年代、六十年代，以至于七十年代，那时是千人一声，那是好吗，那是纯洁吗，那是真实的语言吗？那是一种人们之间很自然的语言交流方式吗？如果我们用历史的眼光去看，我们今天面对语言现象，其实是很乐观的，是很生动的，让我们的生活这么有创造性，年轻人的创词能力怎么这么强，人们怎么这么敢说话吗，这都是进步的表现。至于说年轻人当中出现的语言现象，我认为根本不需要大惊小怪，有些年轻人说别人没有说过的，或者觉得某个词特别有冲击力，或者特有时代的感觉，我觉得，他多半不是特别排斥特别正规的语言，而是追求一个修辞的效果。

（下略）

上面这段网络聊天的素材，就可以用不同的角度来重新组织，整理出适合在网站发表的访谈记录。这次聊天有 3 位嘉宾：中央电视台节目主持人敬一丹、北京广播学院教授于根元和《人民文学》副主编肖复兴。他们讨论的话题是网络语言和网络文学。因此，可以考虑分别用“网络语言”和“网络文学”为主题，来进行材料的组织。也可以各个嘉宾为线索来进行材料的组织，例如，“肖复兴谈网络文学”、“于根元谈网络语言”、“敬一丹谈电视语言”等。围绕这些较小的角度来整理聊天记录，可以形成主题鲜明的稿件，以适合不同媒体的需要。

第四节　网民评论的组织

网民评论的形式并不仅限于新闻评论，体育评论、文艺评论等也都是网民评论常常涉足的领域。但本书只是介绍网民新闻评论的组织。

一、网民新闻评论的特点

（一）网民新闻评论的自发性与自助性

网民评论的自发性的含义是，网民评论完全是由网民根据自己对某些事物的兴趣来发表评论。在网络中，网民一旦就某些事件发表看法，一定是他自我的选择结果。

网民评论的自助性的含义是，网民无需经过媒体机构的特许，就可以在网络中发表评论。他们所利用的手段是多样的，除了在 BBS 发帖外，还可以用电子邮件等方式来散布自己的意见。当然，网站编辑对于那些他们认为不合适的评论，会采取扣留或其他筛选方式。但总体来说，网民评论能否进入到传播渠道，与它的质量高低无关，进入的门槛是很低的。

几乎任何重大的新闻事件，都会在网络中一石激起千层浪。例如，北约轰炸中国驻南联盟大使馆事件、中美军机相撞事件、美国 9·11 遇袭事件、广西南丹矿井事故、孙志刚案件等，在网络中引发的网友评论都十分强烈。

也有一些事件，并不算国际、国内的重大新闻，但是它们反映了社会中的一些矛盾与困惑，同样能引起强烈的反响。例如，2005 年夏天，国内一些网站公布了某女士用高跟鞋踩碎一只小猫的脑袋的录像后，网民做出了剧烈的反应，一时间网络对这一事件热评如潮。网络舆论的声势，使警方最终介入这一事件的调查，当事人也被暂停工作。

网民评论的自发性与自助性，使得网络成为了民意表达的一个重要渠道。虽然网民的意见表达未必总是积极的，甚至有可能带来“集体暴政”的消极影响，但是从另一方面看，它往往能打破社会表面的平静，揭示社会的复杂的面貌。在网络中，完全阻止民意的表达是很难行得通的，同时也是不必要的。

虽然网民评论具有自发性，但是，大规模的网民评论的爆发，又往往是由于某些诱因。最常见的诱因就是新闻事件。另一个常见的诱因，是某些网民的评论。

（二）网民新闻评论的群发性与互动性

与专家评论一样，网民评论也分为独立式与互动式两种。但是，总体来看，互动式评论是网民评论的主流，即，网民评论更多地是围绕一个主题出现的群发式评论，这个主题可能是某一个新近发生的新闻事件，也可能是由某一网民提出的一个议题。在群发式的评论中，互动是不可避免的，也是推动评论向多元化、持续化方向发展的主要动因。

即使是独立式网民评论，往往在选题上，在立论与论证方面，也会受到互动环境的影响，有特点的独立式评论往往是引发互动评论的导火线。

群发性与互动性意味着，这样的评论往往不是在一个孤立的环境中深思熟虑的结果，而是网民的既有倾向与当下的情境等各种因素相结合的产物：一方面，网民在获知一个事件后，往往会立即产生一种意见的倾向性，这种倾向性来源于个体的性别、身份、社会阶层、生活环境等各种背景；另一方面，网民在发表评论时的具体情境，也会影响到他的最终观点的表达。

由于群发性与互动性的特点，网民评论又容易产生以下的现象：

言语极端。在网络中，语言在一定程度上就是个体的生存方式与手段。没有语言，就没有其他。虽然网民发表评论，主要是为了表达自己对某一个问题的观点，但是，他们同时也希望以此来表明自己的存在。特别是在一些成员关系稳定的论坛中，语言更是形成与巩固一个网民的地位的重要方式。中庸的观点，平淡的表达方式，往往起不到引人注目的效果，因此，极端的观点与言语方式应运而生。极端的表现形态是多样的，作惊人之语，造前所未有之词，挑战权威，消解神圣等都被称为屡试不爽的法宝。

互动辩论重于个体表白。群体的、互动的气氛，使得网民评论的形成，大多不是一个封闭的表达过程，而是通过与其他网民的评论之间的关系来完成的。辩论成为一种主要的互动方式。个体在树立自己的观点后，很有可能会引发与之相左的意见，因此，他在此之后的任务之一，便是辩白与反驳，有时会把主要注意力都放在辩论上，甚至会脱离原来的论题，引发人身攻击。这种情绪化、非理性的气氛，虽然有一定弊端，但几乎又是不可避免的。

个体间的争论引发派别争论。在网民论坛中，特别是那些关系较为稳定的论坛中，常常会出现派别之分。因此，网络评论虽然从微观层面看呈现出多元化的分布状态，但从总体看则会出现几种主流性意见。这些派别有的能保持相对的长期稳定，也有的是临时的结盟。结盟，不仅是意见斗争时的需要，也是个体在论坛中长期生存的需要。这样一种环境，对于网民评论的未来走势，起着重要的影响作用。由于结盟的需要，一些网民会在一定程度上违背自己的初衷来发表与既有同盟者相吻合的观点，以维持自己的人际关系与地位。当然，个体是否发表违背意愿的言论，取决于论坛对他的意义，以及同盟者对他的意义。

群发性与互动性的特点也表明，网民评论的意义更多的是整体上的意义，而不是个别的网民评论的价值。

网民评论的互动影响，常常不是一次性的。虽然在单一意见斗争过程中，网民往往很难改变自己的态度，但从长远来看，这个互动过程，常常会从一些方面对网民产生一些潜移默化的影响。

（三）网民评论的多线程性与循环性

网民评论虽然可以起源于明确的诱因，但是，在互动过程中，在论题上并不一定会沿袭某一条单纯的线索，而是会出现多重议题相互交叉、多线程并进的情况。例如，在关于清华大学学生伤熊事件的网民评论中，除了针对该学生个人的议题外，还出现了针对我国的教育体制的议题，针对家庭教育的议题，关于动物保护的议题等。几种议题的相互交织，使得讨论过程变得更为错综复杂。

在不少情况下，网民评论是处于一个循环的过程中的，一方面，网民根据形势不断发表新的观点，另一方面，网民的观点又可能引发新的评论，如此往复。

二、网站对网民评论的管理与利用

（一）网民评论的编辑、整合

网民评论虽然是自由的、多元化的表达过程，但是，网站的角色并不只是提供一个表达的空间。对于个别的网民来说，他们通常只能看到网民评论的局部，这种狭窄的视野会影响到他们对整体形势的了解。因此，网站的工作之一是，在必要的时候，对网民评论加以整合，以便更全面地描画出在特定事件上网民评论的分布状态，在一定程度上揭示出民意的主要方向。

例：

下面是“人民网”以“北大登山队员遇难”为主题对网民评论进行的一个整合，虽然不能说这是一个绝对成功的整合方式，但其方法，可以借鉴。

观点碰撞：北大高材生殒命雪峰，值不值？①

[正方]：

我赞美生命的密度（马德祥）

延续不容置疑（董鑫书）

请尊重这些青春学子用生命铸就的精神（箬横）

人类探险 永不言败（刘强）

生命因拼搏而精彩（kkk）

咱们欠缺的不正是“山鹰”的精神吗？（旧 陈）

我为你们可惜！——寄语遇难的北大山鹰（天堂之鹰）

用功利的眼光来看人，不好（骆建东）

仅仅因为他们是北大学生（王者）

可惜的是生命，留存的是精神（程焰）

“有没有能力去做”才是正确的话题（李忆辛）

---

① 原载于2002年8月人民网。

只要登山是一种有意义的事情（Angzi）
“值不值”是对死去人的侮辱（Sayran Zhu）
物欲横流的现实中太需要有一些精神财富（付春鸿）

［**反方**］：
北大学生为什么要在不适宜的季节去登山？（liqil）
瞧，他们回来了！（小小）
生命的意义（林庆国）
雪山是不是生气了？（爱山人）
效仿张健，请珍惜生命（钟建业）
应当去作精英！（李华伟）
除了惋惜，我没有更多的话语！（Jack YQ Huang）
发扬山鹰精神不一定要登山（黄子轩）
北大某些学生付出的成本太高了（zhang）
依客观规律办事是重要的素质（gqdi）
不应该让他们去冒这个得不偿失的险（ag_z）
签定死亡协议，其父母同意了吗？（yanyl）
他们更应该攀登的是科学的高峰（一位科学工作者）
人喜欢冒险出自两个动机（pshebei）
这是对家庭极不负责任的一种行为（zhili）

以上整合方式采用的是，确定几种主要的意见方向，在此框架下选择有代表性的评论若干。

网站在进行类似的观点整合时，首先要注意的一点就是，尽量摆脱编辑主观因素的干扰，尽可能不以自己的观点作为选择代表性意见时的尺度。当然，编辑完全没有主观倾向是不可能的。但是，在整合网民意见的过程中，编辑的角色是尽可能呈现事物的原貌，因此，不能由于主观上的选择，造成意见整合后的失真。

（二）网民评论的提升

对于一些具有较高质量、或具有代表性的网民评论，网站可以采用提升的方式，使之更引人注目，发挥更重大的作用。

这种提升也是表达网站的态度与倾向的一种手段。尽管网站可能没有直接表达自己的观点，但提升什么样的网民评论，实际上是一种价值判断，也是网络编辑态度的一种传达方式。

通常情况下，网站可以通过以下方式来提升网民评论：

对论坛中的一些有代表性的评论，运用一定的编辑手段将其突出出来，如字体、色彩以及放置的位置等。

设立网友评论排行榜，使点击量高或回帖率高的评论能被人们更多关注。

在一些新闻报道单元或新闻专题中，选择一些代表性的网民评论放在网页较突出的位置。

设立了“网友之声”、“网友热评”等栏目，将较有代表性的网民评论从论坛中提出来，放到网站的显著位置。

还可以开展网民评论结集出版的工作，这会进一步体现了网站对网民评论的重视，同时，利用网民评论集，也可增加网站的影响力。

此外，在人民网“强国论坛”，还曾经采用过如下手段，提升较高质量帖子的地位：设立“深水区”，使之与“浅水区”相区分。“浅水区”所张贴的是那些字节数在 1000 字节以内的帖子，而“深水区”则与之相反。一般来说，当网民帖子达到 1000 字节时，表明他们花了较大的力气来撰写自己的评论，其质量可能会相对高一些。此外，强国论坛还设立“专题策论区”，将网友专题性的评论集中在一起，鼓励网友针对具体问题进行深入探讨。

（三）网民评论的管理

网民评论是新闻网站独有的一种资源，如果它被加以合理利用，将释放出极大的能量，但如果利用不得当，也可能会产生一些负面影响。网络编辑应该恰当评估网民评论的价值，并采用适当的方式来进行管理。

对于一些较为敏感的事件，网络编辑要慎重决定是否应当开放评论功能，例如，是否应当在新闻后开设“跟帖”功能。如果不该开设“跟帖”时开放了这一功能，可能会失去对网络舆论的把握，使局面陷入混乱。此时再关闭跟帖，又容易引起人们的猜疑。因此，网络编辑需要从一开始就做出正确的判断与处理。

对于一些可能会产生重大消极影响的网民评论，网络编辑应该具有判断与识别能力，对这类评论应该及时、果断删除。

第十一章 网络新闻论坛的管理与运用

网络新闻论坛的存在，是网络媒体最大的特点之一。它与网络新闻传播之间的关系密不可分。对新闻论坛进行有效的管理，并在新闻报道工作中对它加以恰当的运用，是拓展网络新闻的一种重要手段。

第一节 网络新闻论坛概述

一、网络新闻论坛的形式

网络新闻论坛，通常是指以新闻话题讨论为主的 BBS。它是随着网络新闻传播的发展，利用网络手段所开展的一种互动式交流方式，是网民意见表达的主要渠道。也是网民评论的主要栖息地。

从技术手段看，网络新闻论坛主要以 BBS 为主，但在组织方式上有着区分。主要包括：

专题式新闻论坛：即基于某个新闻事件或话题开设的论坛，常常也称为新闻跟帖。在新浪网，新闻论坛通常都是采取这种方式。专题式论坛是因事而设，设置者通常是网站，网民可以自由参加自己所感兴趣的话题的讨论，参与者可以随时加入，也可随时退出，处于自然流动的开放状态，不同的话题能吸引的网民数量会有很大的不同。通常论坛对参与者资格没有太多限制，也不需要进行注册。而论坛设立的话题在经过一段时间后会自然地处于停滞状态。

综合式新闻论坛：大多数新闻网站所采用的都是这种方式，如“人民网”的“强国论坛”、“新华网”的“新华论坛”、“中青在线”的“中青论坛”等。当然，这些论坛里通常又可进行类别区分，形成分论坛，但总体来说，每一个分论坛的内容仍然是综合的。这类新闻论坛是长期存在的，讨论话题可以随时改变，但这种改变是取决于论坛中的网民的。相对来说，在这些论坛里，网民的构成是比较稳定的。常常会有一批较为忠实的成员。

专业式新闻论坛：此类论坛通常是专注于一些专业性较强的领域。例如，“千龙新闻网”的“传媒风云”和“今日说法”等。这类论坛的人员构成同样是较为稳定的。

从论坛的管理方式看，又可分为以下几种论坛：

有限制式：通常是一些较为稳定的论坛，特别是小型的论坛的方式。在这里，无明确身份的人，即过客，通常只能阅读别人的意见，而不能发表自己的意见，也就是说，所有发言者都有明确的ID。

半限制式：既提供身份注册功能，也允许无身份的人发言，但所有这些无身份者的标识都是一样的，例如统称为“过客”。

无限制式论坛：允许随意发言，发言者无须事先注册身份，而是随时为自己确定一个代号或者完全匿名发言。

限制的大小，不仅代表了意见表达的方便程度高低，也意味着人们自由真实地表达意见的可能性的大小。在有限制的论坛中，一般人们会对自己的言论更加谨慎，因为他们的言论是与他们在这个论坛中注册的网络ID联系在一起的。尽管网络ID不是人们现实生活中真实身份的代表，但却是他们网络中的身份。这种身份对于不同人的意义可能不同。当人们花费一定的时间注册一个身份进入某个论坛时，往往是基于对这个论坛的一种基本认同。因此，从总体看，要求所有发言者都注册身份的论坛，所吸引的大都是对这个论坛有明显兴趣的人，这就比较容易形成一个稳定的圈子。在一个相对稳定的论坛里，ID是个体被论坛中其他人接受，并成为这个群体中的一员的一个主要标志。为了保持自己在论坛中的地位，人们一般会避免发表不利于自己形象的言论。

在这样一些稳定的论坛中，个体可以通过ID来塑造自己，即使这个形象与现实生活中的自我有所不同，但也是个体自我的一种表现形态。经营这样一种自我并不容易，因此人们不会轻易地毁坏它。

在半限制的论坛中，对于有固定身份的人来说，情形与上面提到的限制性论坛类似，但是对于以过客身份发言的人来说，就等于无限制。且所有非注册用户都只有一个身份，这就容易造成意见表达的混乱。

在无限制的论坛中，所有人都可以随时为自己设定一个 ID 来发言，或者完全匿名发言，这使得人们的身份形成与转换异常方便，因此，意见表达的方式会更加灵活与复杂化。一个人甚至可能自己演起“双簧”，即分身为若干人来发言，甚至让这些不同的自己相互冲突。当个体这么做时，可能动机很复杂。有时是为了增加帖子的数量、活跃论坛的气氛，有时也可能是为了让自己的主要的意见凸显出来。

二、网络新闻论坛的功能

网络新闻论坛是网络新闻传播中的一个重要组成部分，甚至也可以说，网络新闻论坛是网络新闻传播中的一个特质之一。

从整体上看，网络新闻论坛的功能主要体现在以下几方面：

它是民意表达的主要渠道。

它是维持网民间关系的一种重要方式。

它是维系网民与网站间关系的重要方式。

它是网站了解自己的网民构成，确立自己的定位的一个重要依据。

它是形成网站品牌的一个重要方式。

而从与新闻报道配合的角度来看，新闻论坛的作用主要体现在：

它是新闻报道的一个传播渠道。在一些时候，新闻在论坛的不断转发，有效地扩大了新闻的传播面。

它是新闻报道的一种反馈渠道，也是对新闻报道的效果进行监测与评估的一个方面。

它是网民评论的一个形成空间，因此也是深化、拓展报道的一种重要手段。

第二节　新闻论坛的常规管理

一、新闻论坛管理的一般原则

论坛的管理，是编辑的一个新课题。既要利用各种手段发挥网民的能动性，又要使互动朝着健康有序的方向发展，的确是一件具有挑战性的事。无论面对什么样的互动形式，都应该掌握管理的基本原则。这主要表现为：

张弛有道、松紧适当：论坛是网民的意见与态度的表达渠道，同时也是网民情绪释放的渠道。如果用过于严格的方式进行管理，就可能抑制了民意的顺畅表达，也不利于网民情绪的改善。但放任自流、不加管理，又会使论坛中出现各种混乱，这不利于网站的长远发展。因此，在进行互动管理时，应该有张有弛，有松有紧。对于一些枝节性的问题可以放宽，而对于原则性问题的管理则应该相对较严。但论坛管理中的“松”与“紧”并没有一个明确的尺度，网络编辑需要不断提高自己的理论与政策水平，从而不断加强自己在实践中的管理能力。

审时度势、灵活把握：网络论坛的管理，在不同的时期，有不同的管理重点，管理的尺度也有所不同。网络编辑应学会对形势进行正确的分析与判断，在不同时期采取不同的管理策略。

制度化管理与人性化管理相结合：网络论坛管理需要各种制度做依据，但同时，在执行管理制度的过程中，网络编辑又需要根据具体的环境、具体的对象，实现人性化的管理。网络编辑不应是冷冰冰的删帖机器，而应是网民的朋友，应该以真诚的方式来与网民进行沟通，这不但有助于建立更良好的论坛秩序，增强网络互动的有效性，也助于集聚网站的人气，维持网站社区的稳定。

二、网络论坛管理的具体目标

（一）管理规则与管理机制的确定

每一个论坛都有自己的管理规则。制定合理的论坛管理规则是非常重要的。规则既要有指导性，也要有可操作性。论坛的管理尺度也要松紧适度。

下面是人民网“强国论坛”的管理规则：

人民日报论坛管理条例

在注册笔名和发表文章之前，请您仔细阅读本管理条例：

一、遵守中华人民共和国有关法律、法规，承担一切因您的行为而直接或间接引起的法律责任。

二、上贴请注意以下几条规定，若有违反，本坛有权删除。

1. 不得上贴违反中华人民共和国宪法和法律、违反改革开放和四项基本原则的言论；

2. 不得上贴造谣、诽谤他人、煽动颠覆国家政权的言论；

3. 不得上贴暴力、色情、迷信的言论；

4. 不得泄露国家秘密；

5. 请勿张贴未经公开报道、未经证实的消息，亲身经历请注明；

6. 请勿张贴宣扬种族歧视、破坏民族团结的言论和消息；

7. 请注意使用文明用语，请勿张贴对任何人进行人身攻击、谩骂、诋毁的言论；

8. 请勿张贴与所在论坛主题（强国、读书、健康、体育等等）无关的消息和言论；

9. 未经本坛同意，请勿张贴任何形式的广告；

10. 本坛不支持用零字节帖子作主贴；

11. 请勿在帖子中（标题和内容）加入各种奇形怪状的符号；

12. 在中文论坛讨论请使用中文，在其他语言论坛讨论请使用相应的语言。

三、笔名注册注意事项：

1. 请勿以党和国家领导人或其他名人的真实姓名、字号、艺名、笔名注册；

2. 请勿以国家机构或其他机构的名称注册；

3. 请勿注册和其他网友之名相近、相仿的名字；

4. 请勿注册不文明、不健康之笔名；

5. 请勿注册易产生歧义、引起他人误解之笔名；

6. 请勿注册图形符号笔名。

四、签名档填写注意事项：

1. 签名档内容规定与上贴规定一致，要积极健康；

2. 签名档中不能超链接其他网站、文章和音乐；

3. 签名档中链接图片不超过 1 张；

4. 网友申请修改签名档时，需将内容用相应语言写好，直接发到论坛信箱（qglt@ peopledaily. com. cn），版主会尽快修改。

五、请注意版权问题：

1. 凡转贴文章，应注明原始出处和时间，否则本坛有权删除；

2. 转贴文章时请注意原发表单位的版权声明，并负担由此可能产生的版权责任。

六、本论坛拥有管理页面和笔名的一切权力。请网友服从版主管理，如对管理有意见请用 e-mail 向论坛或人民日报网络中心反映。

国内其他新闻论坛的管理条例与此大同小异。总的来看，管理条例主要内容包括：

对上贴内容的限制；

身份标识的管理原则，例如 ID 或笔名的注册原则、签名档的管理等；

关于版权问题的提醒。

除了制定明确的管理规则外，论坛还应采取一些灵活的方式，来促进论坛的发展。这主要包括：

促进论坛的开放性：形成一种人人畅所欲言的自由平等的氛围，避免少数人独霸论坛的现象。对于在交流中的违规行为，版主应该坚决制止。

采取一定的激励机制：为了激励成员的积极参与，论坛的组织者可以采取一定的措施。积分制就是一种鼓励成员参与的常见方式。例如，根据一个帖子的点击次数和回贴数量来奖励帖子的创作者相应的分数。

体现人情味：在节日或成员生日等重要日子，可以为成员送上电子贺卡或其他形式的祝福。使成员进一步感受到论坛的温暖。

（二）网络论坛成员的管理

论坛成员的管理主要包括以下几个方面：

论坛参与方式管理：不同的论坛对于参与方式有不同的限制。有些论坛要求发言者都要注册，有些则无此限制。有限制、半限制与无限制对于参与者发表意见的自由性与真实意见表达都会有影响。

成员注册：成员注册是获得成员基本情况的一种基本手段，虽然成员注册的信息不一定是真实有效的，但是，还是能获得部分有用的信息。

ID 的封杀与解禁：ID 是论坛成员的标识，一些网民将之称为“马甲”。对于一些严重违反论坛条例的成员，网站管理者可以封杀其注册的 ID。虽然网民也可以换“马甲”，再次进入论坛。但是，一个使用很久的 ID，对于网民的意味是很多的，封杀 ID 对很多成员是一种严重的惩罚。当然，大多数论坛会在一定时间后对封杀的 ID 解禁。

（三）论坛帖子的管理

论坛帖子的管理，是论坛内容管理的最主要的方式。它包括：

扣帖：一些网站的论坛，在所有帖子发布前都会进行审查。对于认为不适合发表的帖子，版主或管理员扣发是一种常见的管理手段。有些帖子扣下后，管理员不会再发表，也有些在一定时间后还可放行。什么样的帖子可以发到网上，取决于版主或管理员的判断，他们的水平高低直接影响到帖子的质量。

删帖：将已发布的帖子删除，与扣帖一样，是版主或管理员的权力。但是，管理者应该把握好删帖的尺度。

帖子分级：如“强国论坛”设立“专题策论区”、“深水区”与“浅水区”的做法，这就是将帖子分级，区别对待不同长度或质量的帖子。

扶持重点帖子：将一些网站认为有价值的帖子或热帖放在论坛的显著位置，或网站的其他栏目中，以示鼓励。各种形式的排行榜，例如点击排行榜、回复排行榜、网友发帖排行榜等，也是一种较为有效的激励机制。

删帖、扣帖的基本判断依据，首先是国家的相关法律、法规，如宪法、《互联网信息服务管理办法》、《互联网电子公告服务管理规定》等，其次是各网站自行建立的论坛管理条例。此外，还需要根据时局的变化，灵活掌握对于帖子的管理尺度。

帖子管理的水平，直接影响到论坛的质量。过松或过紧的管理都不利于论坛的发展，在不同时期，对于帖子的管理松紧度也应有所不同。论坛的管理者需要不断地提高自己在这方面的能力。

三、网络论坛的管理者

在论坛中，主持人或者版主是主要管理者。同时，版主或主持人，是论坛这个群体的象征。他的存在，可以更好地增强人们对一个群体的认同。也可以在人们交流的过程中，起到组织、引导和协调的作用。版主可以是由网站编辑担任，也可由热心的、有号召力的网民担任。无论是哪种情况，网站都需要对其总体的运行与管理进行把握。

目前国内网站中的版主有两类：一类版主只充当管理者和协调者的角色，除了一些必要的交流外，一般他们不参与发贴、讨论；另一类版主除了承担管理的任务外，还参与讨论，有时甚至是论坛中的主要作者之一。版主充当什么样的角色，往往取决于网站的具体规定。

由于版主是一个论坛中举足轻重的人物，因此，他的素质高低，很大程度上关系到论坛的经营好坏。从社区经营的角度看，版主的素质应当包括：

1. 较高的理论政策水平

版主是论坛的管理者，他直接决定着论坛中内容的质量。要使论坛做到既百花齐放，又井然有序，需要一定的管理技巧。如果版主拥有帖子管理的权利，他还必须具备较高的理论政策水平，掌握好放帖与删帖的尺度。

2. 过硬的文字水平

文字是网上论坛最主要的交流方式。对于那些可以参与发帖的版主而言，他要在论坛中形成影响力与号召力，常常需要通过文字来展示自己的才华与魅力。在这里，文字还包含另一层含义，即文字中蕴含的思想与见解。华丽、空洞的文字也是没有任何价值的。在交流中，论坛的版主应该身体力行，不断推出有力度的作品，来引起人们的注意。一个没有独到见解的版主，很难成为社区的领袖。

3. 组织、推动讨论的能力

没有主题的论坛，不会聚集起稳定的网民。因为这样的地方更多的是闲聊，人们很难通过这种海阔天空式的聊天建立起亲密的关系。而确定明确的、有可操作性的聊天或讨论主题，是论坛能否兴旺的重要因素。在这个环节中，版主起着举足轻重的作用。

4. 人际协调能力

一个网上论坛也像一个现实的团体一样，存在着各种矛盾与纠纷，要让大家和平共处，版主的协调能力是很重要的，包括用幽默的语言来化解矛盾的能力。

版主需要学会察言观色，了解成员各自的性格和不同时候的情绪变化，了解他们的需求，并用适当的方式来为他们排忧解难。因此，对版主来说，学习必要的心理学和社会心理学知识，将会大有裨益。

版主要学会与每一个成员打交道。特别是在新成员加入时，版主及时与他们联系、沟通，会让新来者有“宾至如归”的感觉，从而对社区产生好感与信赖。

第三节　新闻论坛与新闻报道的互动

新闻论坛在常态下是一种社区，是维持网民与网站、网民与网民之间关系的重要纽带，但是，在特定的新闻报道过程中，它又是传播新闻的重要渠道，拓展、深化新闻报道的一种有效手段，也是延伸新闻报道的一种方式。本节将从论坛与报道的互动角度说明新闻论坛在网络新闻中的重要作用。

一、利用新闻论坛扩大报道影响力

（一）在论坛中转发报道

网络新闻传播是一种多渠道、多层次的传播，一条新闻的传播途径是多样的，而新闻论坛是其中重要的一个渠道。如果要扩大新闻报道的影响力，就要设法使新闻报道渗透到论坛中，引起人们更多的关注。论坛中的新闻，也可以成为网民进一步转发的来源。

虽然一些引人注目的新闻，往往会有网民自发进行转贴，但是，网站编辑也可以有意识地将一些需要重点传播的新闻贴到相关论坛中。这样可以更好地体现编辑的意图。当然，并非所有转贴的新闻都能成为人们关心的焦点。只有编辑意图与网民需求和兴趣点相吻合时，才能最大程度地产生共鸣。

（二）在论坛中引发讨论

网络新闻影响力的另一个表现是，它能引起广泛的讨论。这种讨论反过来又会对新闻的传播面与影响力起到进一步的促进作用。因此，采用某些编辑手段，使新闻成为讨论热点，也是扩大报道影响的一个有效的方式。

引发讨论的手段之一是开设跟帖功能。大多数网站在常规新闻后面都设有“评论”、“点评”等跟帖的入口，使新闻报道与网民讨论自然地成为一个整体。当然，如前文所说，也有某些事件不宜开设跟帖功能，例如事件较为敏感，对于这类事件，编辑应尽早做出判断，从一开始就停止跟帖功能。如果在评论热潮爆发之后再突然关闭此功能，反而会引起网民的猜疑或不满。

引发讨论的手段之二是通过突出热帖来引导讨论的展开与深入。当论坛自发的评论进行到一定的程度时，论坛可能会形成几种有代表性的意见，编辑可以将其中代表性的帖子或热门的帖子发在论坛中显眼的位置，或者新闻频道中相关的位置，使更多人参与到讨论中来。

引发讨论的手段之三，是网络编辑有意识地在论坛发表一些有针对性的评论，引起网民的关注，引导网络意见的走向。

（三）通过在线交流提升新闻影响

尽管有些网站有专门的在线交流平台，但也有不少网站的论坛本身便是在线交流的通道之一。针对一些需要重点报道的对象，组织事件当事人、有关机构负责人、专家等在论坛中与网民进行在线交流，不仅可以释疑解惑，也可以提升新闻事件的受关注度，因而这也是论坛与新闻报道相配合的一种重要手段。

二、利用新闻论坛发展新闻报道

新闻论坛并不只能是被动地传播报道或发表评论，在某些情况下，它也能成为发展报道的一种手段，甚至论坛中的一些现象、活动，可以成为事件发展的一部分，成为报道的对象。

2005 年 4 月，国民党主席连战访问大陆，在新浪等网站的论坛中，掀起了一股赋诗热，人们纷纷用这样的方式来抒发对两岸统一的期盼之情，其中，新浪一网友所做的《娘，大哥他回来了》一诗更是在网络中广为流传。新浪网编辑敏感地注意到这一现象，于是与《竞报》联合发起了寻找诗作者的活动，使作者钮保国浮出水面，同时邀请作者到新浪与网友进行在线交流，此后，著名音乐人吴颂今为此诗所作的曲谱在新浪网首次发表，新浪又组织了“中国第一首真正的网络歌曲”征集演唱者活动，吸引了一些专业歌唱演员和许多名不见经传的业余歌手、朗诵爱好者。此外，新浪还将网友的诗作和评论整理成册，赠送给国民党访问团。

在这一案例中，新浪较好地挖掘了论坛中网民参与所产生的能量，并通过一系列策划的活动来进一步激发这种能量。虽然“策划新闻”这样的方式在现实中存在一些争议，在实践中需要慎重使用，但是，敏感地发现新闻论坛中的现象并加以合理的利用，以延伸与发展新闻报道的这种能力，是网络编辑需要具备的。

三、新闻报道与论坛结合的编辑手段

通常情况下，新闻报道与论坛在网站结构与版面上是分开的，新闻有自己的频道，而论坛常常属于社区。如果要使两者相结合，充分进行互动，需要采用一定的编辑手段。

其一，在新闻正文页的相应位置，设立去论坛的入口，如“跟帖”功能等，使网民在阅读完新闻后很容易进入论坛。

其二，在一些重要新闻的内容提要后设立一个进入“评论”的链接。

其三，在新闻频道的首页设立相应的版块，将论坛的内容导入。

其四，在新闻频道设立热帖排行榜等功能，使网民可以及时了解论坛中的动态。这类排行榜可以放在新闻频道或相应栏目的首页，也可以放在新闻的正文页。

第十二章
网络受众调查的实施

第一节　网络受众调查的意义

在网络传播时代，受众一词已经有些名不符实，因为网民这样的受众不再是被动的信息的接受者，而是可以积极地参与到信息传播中，反映自己对信息传播的需求，表达自己对新闻事件的意见与态度，甚至有些时候可以直接参与到新闻与信息的传播过程中。网站要更好地服务于网民，就需要用各种方式来了解自己的受众。

了解受众，可以有多种方式，但受众调查是其中最常见的一种方式。

受众调查的意义主要体现在下列方面：

首先，受众调查是网站了解网民的一个基本渠道。一个网站的网民构成情况如何，他们在网站上的活动习惯怎样，他们对网站的哪些内容感兴趣，他们还有哪些需求没有得到满足等，这些问题，都是网站应该做出调查的。

在网站做出重大的战略决策之前以及之后，受众调查的意义更加突出。受众调查可以为网站战略的调整提供依据，例如，网站改版之前，可以通过受众调查来更好地明确网站的定位，了解受众的需求及网上活动习惯。而在战略调整之后，受众调查可以作为检验战略实施情况的一种辅助性手段。

其次，受众调查也可以为受众提供一个表达自己的要求的渠道，使受众在网络信息传播中占据更加主动的地位。例如，当前网站的受众对哪个方面的内容感兴趣，对哪些新闻事件感兴趣，这些都可以在受众调查中得到体现。

对于新闻传播来说，受众调查的意义在于：

在重大新闻事件发生时，受众调查可以迅速了解受众对该事件的主要的意见与态度，有时，这些意见与态度也可以在一定程度上反映社情民意，便于新闻传播机构更好地了解舆论的走向，并及时调整自己的传播策略。

受众调查可以成为新闻报道的一种手段，或者为媒体的新闻报道提供资源。例如，受众调查中的数据，可以引用到新闻报道中，以此来更好地揭示某些社会现象。

近些年来，在国内兴起了“精确新闻”这样的新的报道样式，“精确新闻”就是运用调查手段来报道、分析新闻事件。它借助抽样调查、统计分析等社会科学研究方法，以计算机手段为辅助来进行数据的收集、挖掘、加工和处理，在此基础上进行合理科学的分析研究，将原本是零散的社会现象、意见与态度集中起来加以体现，并揭示那些隐藏的、潜在的规律，或预示事物未来的发展变化规律。也有人将这种报道手段称为“调查报道”。

受众调查在一定程度上可以烘托气氛，使受众更关注新闻报道。

目前，无论是传统媒体，还是网络媒体，都在越来越多地利用受众调查这一手段。

网络为开展受众调查提供了一定的便利条件，但是，也由于网络自身因素的影响，网络调查目前还没有做到完全的科学和有效，很多调查程序，还需要进一步改进。

此外，网民参与受众调查会受到很多因素的影响或干扰，例如，问卷的投放位置、调查方式等，因此，网民调查的结果并不总是能够准确反映网民的意见与态度。重视受众调查的作用，但又不盲目夸大它的作用，这才是科学的态度。

第二节　网络受众调查的类型与方式

网络受众调查有不同的目的，网站会在不同的时期、为不同的目的开展不同的调查。网络受众调查通常可分为受众情况调查和受众意见调查两类。

如果是为了解受众的情况开展调查，调查的项目通常可以分为以下几个方面：

了解本网站的网民的构成情况：如年龄分布状况、职业分布状况、受教育程度分布状况、地区分布状况等；

了解网民的网上行为特点：如网民上网时间分布、网民上网地点、网民上网的费用等；

了解网民对本网站的内容与服务的意见：如网民最喜欢的频道或栏目、网民最不满意的频道或栏目、网民最满意或最不满意的服务等；

了解网民对网站的表现形式的意见：如网民对网页整体设计的评价、对某个具体的频道的栏目设计的评价等。

除了网站可以进行这样的网民调查外，网站里的某一频道或某一栏目也可以针对自己的受众开展类似的调查，只是规模小些，受众对象更确定，因此，在设计调查项目时也可以更具体、更有针对性。

如果网站是为了解受众对某个社会问题或新闻事件的意见而开设调查，通常是基于以下两种情况：

重大的或突发的新闻事件发生时，网站通过受众调查更好地了解受众的观点，为进一步的报道提供参照。

针对当前社会热点，通过受众调查将潜在的、分散的社会意见与态度揭示出来。

受众调查是社会调查中的一种，因此，社会调查中可以采用的各种方式，在受众调查中都可以使用。

受众调查的方式从大的方面区分有两类，即直接调查与间接调查。

直接调查是调查者直接接触调查对象所做的调查。手段包括：实地观察、口头访问、实验调查等。

间接调查则是通过某种中介间接向调查对象进行的调查，如通讯调查、问卷调查、文献调查等。

在网站的受众调查中，以间接调查为主，其中问卷调查又是最常见的一种。

通常网络受众调查采用问卷调查的方式。问卷的发放渠道可以视情况不同而变化。理论上说，社会调查所采用的任何问卷发放方式都是可以利用的，例如，媒体问卷（报刊、网站等）、邮政问卷（调查者通过邮局向调查对象寄发问卷）、送发问卷（派专人送发问卷并实施回收工作）、访问问卷（调查者向被调查对象当面提出问题，根据调查对象的口头回答来填写问卷）。以上各种问卷发放方式在发送范围、回收效果及问卷质量上都会有所不同，应该根据具体需要来选用。

但是，在实际操作过程中，目前，网站开展的受众调查，主要是通过网站来发放问卷的。问卷发放的位置就直接决定了调查问卷所涉及的调查对象。这样的方式虽然操作起来简便，但从调查的范围及调查对象的代表性方面看，这种调查是有一定的缺陷的。如果在程序上出现偏差的话，会对调查质量产生重大影响。因此，在采用这类问卷调查时，要特别注意调查的实施环节。

在有些情况下，网站也可以通过电子邮件等方式来发送问卷，这样做的好处是可以由网站来进行调查样本的选择，但通常问卷回收率较低，回收问卷所需要的时间也较长。

第三节　配合新闻报道的网络受众调查

虽然网站可以根据不同需要开展不同类型的受众调查，但是，在多数情况下，受众调查是与新闻报道相配合的，是一种延伸与发展新闻报道的方式。因此本书只介绍这一类型的受众调查的具体实施。

一、网络受众调查的策划

并非所有的新闻报道都要辅以受众调查。受众调查是否开设，首先取决于新闻事件自身所具有的价值。通常开设受众调查，所针对的是那些具有典型意义或普遍意义，并为人们广泛关注的新闻报道。

开设受众调查的目的，一方面是进一步吸引受众的注意力，提高新闻的受关注度。另一方面，也可以作为新闻报道的一个补充或发展。有时受众调查可以直接印证报道中的一些判断，而另一些时候，调查可能会对报道中的判断提出冲击，从而引起媒体进一步的报道与分析。

有些调查虽然不是直接围绕某一特定的新闻事件，而是针对某一个热点现象或话题，但是，调查的结果，也会为媒体提供新闻报道的线索。例如，2006年7月，中国青年报社会调查中心和腾讯网新闻频道合作，实施了一项网络调查，结果显示，55.1%的人反对个人博客上出现广告，认为“广告会使博客变味”，于是《中国青年报》以此为基础，进行了进一步的报道与分析。

因此，受众调查并不一定是滞后于新闻报道的，而是可以先于新闻报道，为新闻报道选题与角度的确定提供参照。虽然现在网络媒体还不能进行原创的新闻采访，但是，在新闻专题的策划方面，受众调查的结果也是可以作为一种参考依据的。

二、网络受众调查的问卷设计

根据具体的调查选题来进行科学的问卷的设计，是调查顺利实施的一个重要环节。

下面是关于问卷设计的基本知识：①

问卷一般包括前言、主体和结语三个部分。

前言是对调查的目的及有关事项的说明。主要作用是引起被调查者的重视和兴趣，争取他们的合作与支持。

主体包括调查的问题、回答的方式及其说明的内容。

结语是几句简短的话，对被调查对象表示感谢，也可以顺便征询被调查对象对问卷设计及调查本身的意见。结语部分也可以省略。

问卷中设计的问题大体有四类：背景方面的问题（主要是被调查对象的个人情况）；事实或行为方面的问题（包括已经发生和正在发生的各种客观情况等）；观念、态度、情感方面的问题；检验性问题，即将一个问题分成两组，使之出现在问卷中的不同地方，以检验回答的真实与否。

在设计问题时，要注意以下几点：内容具体，不要笼统抽象；要单一，而不是将两个或两上以上的问题合在一起；用词要通俗，避免生僻词语、专业术语；问题的用词要准确，而不要使用模棱两可、含混不清或有歧义的词；提问的态度要客观，不要使用有诱导性或倾向性的词。

在问题的组织结构上，可以采取以下几种方法：按照问题的性质或类别排列；按照问题的复杂程度或困难程度排列；按问题的时间顺序排列。无论哪种方式，都要注意问题排列的逻辑严密性。

问卷提供给被调查对象的回答有两种：封闭式和开放式。

封闭式指将问题的一切可能答案或几种主要的答案都列出，由被调查对象从中选取一项或几项。这种方式的好处是有利于被调查者正确理解问题和回答问题，节约回答时间，提高问卷的回复率和有效率，也便于对回答结果进行统

---

① 水延凯等：《社会调查教程》，中国人民大学出版社 1996 年版，第 237~252 页。

计与定量分析，有利于询问一些敏感问题。但是这种方式通常设计起来较困难，回答方式机械，在调查质量上也不容易保证。

开放式指对问题不提供具体答案，由被调查对象自由填写。这种方式灵活性大、适应性强，但是回答的标准化程度低，在问卷的回复率和有效率方面也可能不够理想。

目前，网站在进行问卷调查时，常常采用两种问卷形式。

1. 完整问卷调查

这类调查采用较为规范的问卷形式，内容较全面完整，包含了各类问题，提问的方式也比较多样，这一形式的问卷多用于了解网民状况这一用途。这类问卷调查可以获得参与调查者的背景信息，这有助于使得到的结果更可靠，也有助于对调查信息进行进一步分析。但是，由于程序上较复杂，网民参与调查耗费的时间较长，通常能吸引到的网民不多。

2. 投票式调查

这是一种较为简单的问卷，一般这类问卷只设一个调查的问题，在一个问题下列出若干个问题的备选答案，网民可以用单选或多选的方式来参与调查。这种调查方式通常也称为“投票”。这种调查一般快速简单，网民参与的积极性较高。但是调查效果有时并不能完全真实地反映受众的意见。

例：①

如何看待中国人过圣诞节?

○赞同，民众只是找机会轻松，并不是被西方文化洗脑。

○反对，中国人过洋节是西方文化入侵的结果。

○无所谓。

提交

以上是一个典型的投票式调查问卷，其调查主题是对中国人过圣诞节的态

① 资料来源：http：//news. sina. com. cn/z/dzsdjbhdwhzz/index. shtml。

度。调查只有三个备选答案，但基本能反映三种最有代表性的观点。

在设计“投票式”问卷时，备选答案的设计十分关键。科学的问卷，应该考虑到社会意见的各种可能性，给出正面、负面及中性等各种不同方向的回答方式，使持不同意见的人都有表明自己真实的态度的可能。但是，通常一个事件引起的态度是很难用几个答案来简单概括的，因此，网民投票的结果只能作为一种参照，体现部分网民意见的大致分布，在引用调查数据时，不能将这些数据的价值过分夸大。

如果可能，也可以设计一个“其他”选项，并让网民在此选项自由发表其他不同的意见。

三、网络受众调查的实施

前面提到，问卷调查是目前网站最常采用的一种调查方式。在采用这种方式时，在实施调查阶段，主要注意以下几方面的问题：

1. 调查内容与调查对象的契合度

契合度即调查问卷与可能接触到它的网民之间的相关程度。这又表现为：

考虑调查选题在本网站投放的合理性：调查选题如果不适合于在自己的网站调查，那么，受众调查的结果就是不科学的，受众调查的意义就微乎其微，有时甚至可能产生误导。

调查问卷发放的位置与方式：有些调查虽然可以在自己的网站进行，但是，选择好投放的位置非常重要。调查问卷可以放在网站的首页，可以放在某一频道或栏目的首页，也可以放在 BBS 等其他页面中，投放在什么位置时问卷会被什么人接触到，他们对调查内容的关注度会有多大，他们参与调查的态度会是怎样的，这些问题都应该事先考虑周到。只有经过比较，才能找到较合理的选择。这与传统问卷调查时抽取样本的重要性是一样的。虽然目前在进行网络问卷调查时还很难保证网站可以主动地进行样本选择，但是问卷发放的位置，在一定程度上决定了调查样本的选取。

2. 受众参与调查的方式及问卷调查结果的显示方式

有些网站设计的调查方式是，受众必须先参与调查，才能看到别人的调查结果，这种方式的好处是，可以迫使更多的人参与调查，在他们参与调查之前，也不会受到别人的意见的影响。但是，这样的方式也可能使很多网民对调查失去兴趣，也可能使一些人为了看到结果，而随便地投票，也可能导致一人多次投票的情况。

另一种方式是，不需参与调查可以直接看到结果。这样，受众可以更好地看到调查的整个进展。但是，也容易使受众受到他人意见的影响。

四、网络受众调查的数据处理与分析

数据处理即对回收的问卷来进行加工处理，获得调查所需要的结果。通常可以利用相关计算机软件，例如 Excel、SPSS，来进行数据的处理。进行复杂的调查数据的处理，通常需要统计学的相关知识，因此，这项工作常常是由专业人员来承担。网站也可将数据处理工作交给专业调查公司完成。

简单的投票问卷在调查过程中就可进行数据处理，并且可以实时地显示最新的调查结果。在它的结果统计中，需要点明调查主题、参与调查人数、各个选项的内容及投票的票数与比例等。

通常可以设计一个类似表 12-1 的表格，来进行直观的结果统计与显示。

你如何看待中国人过圣诞节？

共有 78393 人参加

你如何看待中国人过圣诞节？

	选项	比例	票数
1	反对，中国人过洋节是西方文化入侵的结果。	51.44%	40323
2	赞同，民众只是找机会轻松，并不是被西方文化洗脑。	32.01%	25096
3	无所谓。	16.55%	12974

请您刷新以获得最新的统计结果！

表 12-1　投票式调查的结果统计表格示例①

① 资料来源：http：//news. sina. com. cn/z/dzsdjbhdwhzz/index. shtml。

由计算机生成调查结果后，网站的编辑还需要对这些数据进行进一步的分析。分析主要包括：

调查结果的有效性分析：根据参与调查的人数及人员构成等情况，分析调查结果的有效性。

调查结果的可用性分析：有些调查虽然从统计方法上是有效的，但是，其结果不一定是真实可靠的，这样的结果只能作为内部的参考，应该避免公开地加以利用。在判断结果是否可用时，可运用综合分析、推理等手段，例如，一个结果如果明显不合逻辑，那么，它就不是可用的。

调查结果的意义分析：对于有效又可用的调查结果，应该进一步分析它的意义。如对于新闻事件的受众态度的分布，反映了什么样的社会舆论或社会思潮，这背后的深层原因是什么，都需要做出进一步的分析。同样，网站做的网民调查，反映了网民对网站内容或经营上的意见，这些都需要做出分析与评价。

五、网络受众调查结果应用于新闻报道

在对调查结果进行分析后，可以将科学、有效的调查结果用不同的方式加以利用。

从服务于新闻报道角度来说，调查结果的运用主要有两种方式：

（一）根据调查结果撰写相关报道

例：

调查表明：受众非常关注时政　希望了解修宪情况①

新华网北京3月1日电　十届人大二次会议和政协十届二次会议即将召开，新华社新闻研究所组织的“两会”报道受众需求调查表明：受众非常关注时政，希望了解宪法修改的情况，“三农”“反腐”“国企改革与下岗职工再就业”等是受众关注的焦点。

这次调查内容包括：受众对往年媒体“两会”报道的评价；对今年“两会”报道的欲求信息；对今年“两会”报道的预期。调查在北京范围

① 原载于2004年3月2日新华网。

内选取样本，按照商业区、高校区、居民生活区、科技园区、金融区、流动人口集中区域、郊区等地理位置的划分，随机抽取10个报摊，在每个报摊随机选择20位前来购买报纸的顾客进行问卷调查，共发放问卷202份。问卷具有较高代表性。

问卷调查分析认为：选择“非常关心国内外大事”的被调查者占到了总样本量的50%，“关心与生活密切时政新闻”的占31%，仅有3%的被调查者很少关注时政。这种关心时政的民间态度为“两会”报道提供了旺盛的新闻需求。多数被调查者对往年的“两会”报道有较深印象，总体是比较满意的。选择“报道印象深刻”和“比较深刻”的合计占总样本量的76%。在让受众对今年的“两会”报道作判断时，33%的受众担心“报道没有好的方式，为广大群众所关注的‘两会’内容没有通过好形式介绍出去”；其次是担心“报道缺乏深度和广度”，占29%。

受众最关注的热点问题是常规性问题、改革中最棘手的问题。三农问题、腐败问题和国企改革与下岗职工再就业问题位列受众关注前3位。选择这三方面问题的被调查者分别占总样本量的22%、19%和15%。受众希望媒体“对这一年中具体政策的实施情况进行报道来透视整体情况”，“介绍并阐释政府工作报告，以便全面了解政府一年的工作”，这两个选项分别占总样本量的32%和31%。被调查者建议“通过一事、一人的介绍来深入了解一年来的变化”，“对这一年中具体政策的实施情况进行报道来透视整体情况”。

对于此次宪法修改的多个内容，被调查者认为“从个人权利、私有财产权、个人所有权的角度规定，对私人所有的财产加以保护，把这一精神写进宪法”“把‘三个代表’重要思想写进宪法”和“将‘人权’的概念写进宪法”这三个方面最为重要，分别占总样本量的25%、21%、21%。“介绍此次宪法修改的具体过程和内容”，是受众最需要满足的需求，占总样本量的43%。另外，选择“采访各阶层人士对宪法修改的看法”和“采访权威、深入分析宪法修改的意义”的分别占19%、16%。

受众对经济体制改革的关注点主要集中在“我国经济体制改革面临的形势和任务”、“深化农村改革，完善农村经济体制”、“巩固发展公有制经济，鼓励引导非公有制经济”和“完善国有资产管理体制，深化国有企业改革”，分别占总样本量的16%、15%、13%和13%。受众对公共卫生体制改革最为关注的是"强化政府公共卫生管理职能"，占34%。关于劳动就业体制改革，受众最关注的是"实施积极就业政策，改善创业和就业环境"，占30%；其次是"坚持自主择业、市场调节和政府促进就业方针"，占19%。

受众需要媒体"详细介绍'两会'当天的进展情况"，报道要"简明扼要，不要眉毛胡子一把抓"。有104位被调查者选择了"详细介绍'两会'当天的进展情况"，占总样本量的51%。"简明扼要，不要眉毛胡子一把抓"排在第二位，占36%。

此例是利用调查的结果写出的一篇完整的报道。它将调查中最受关注的问题提炼出来，反映公众的意见与态度，在导语部分，更是将最具有新闻价值或最具有代表性的问题加以突出。

在这类新闻中，为了说明调查的科学性，应简要说明调查的时间、对象、程序等因素。

（二）将部分结果用于有关报道中

这时，调查结果是新闻报道的一种资源，运用它们可以突出报道的背景，或增加报道说服力。

如果调查的结果具有重大价值，也可形成调查分析报告，报送有关部门。调查分析报告通常应该包含以下几部分：

调查方法简介：说明调查的目的、调查对象、调查时间及实施方式等有关程序性的问题。

调查数据的分类统计：将各调查项目的数据统计结果进行分门别类的说明。可以用表格、柱形图、饼图、折线图等方式来直观地图示统计结果。

调查数据的分析：对调查中得到的数据进行分析，对这些数据所揭示的意义或反映的事物发展的趋向做出分析与预测。

相关建议：如有必要，可在数据分析的基础上，向有关部分提出对策与建议。

在报告中，调查数据的分类统计、数据的分析及相关建议等内容，也可以融合在一起。

第十三章 博客与网络新闻的互动

博客是近年来在网络中兴起的一种新应用方式，虽然它更多的是个人传播的平台，但是，它正在对网络新闻传播产生越来越大的影响。了解博客传播的特点，在网络新闻传播中合理利用博客，兴利除弊，对于未来的网络新闻编辑工作，具有重要意义。对博客频道进行有效的管理，提高博客频道编辑的质量，对于维护好博客资源，也是十分重要的。

第一节 博客的含义

“博客”来源于英文 Weblog，Weblog 是在网络上的一种流水记录形式，也有人称其为“网络日志”。它通常是由简短且经常更新的帖子所构成，这些张贴的文章都按照年份和日期倒序排列。Blog 的内容可以随心所欲，政治经济、娱乐休闲、体育竞技、日记、照片、诗歌、散文、小说，无所不包。也有许多人只是纯粹记录自己的所见、所闻、所想。在台湾，它的译名为“部落格”。

在网络上发表博客的构想始于 1998 年，但到了 2000 年才真正开始流行。人们从事博客活动的目的各不相同，但是，无疑，它已成为网络中一种非常普及的交流方式。

博客存在的方式，一般分为三种类型：一是托管博客，无须自己注册域名、租用空间和编制网页，博客们只要去免费注册申请即可拥有自己的博客空间，这是人们选择最多的方式；二是自建独立网站的博客，有自己的域名、空间和页面风格；三是附属博客，将自己的博客作为某一个网站的一部分（如一个栏目、一个频道或者一个地址）。

博客与早已存在的个人主页技术的区别是，利用它进行信息发布的技术门槛非常低，几乎可以认为是“零”，只需几个简单的操作就可以随时发布内容。而对于普通网民来说，建立并维护一个个人网站需要较高的技术水平，且时间成本也较高。因此，博客有助于网上个人内容发布活动的持续化。

与网络中各式各样的BBS相比，博客的特点在于，它可以将“博主”（博客的拥有者）的地位凸显出来，使他成为主角，其他人的留言、评论是以博主的帖子为中心的，可以说这是一种“一对多”的交流。而BBS中的讨论是“多对多”的，不会有惟一的主角。博客的交流方式，较好地保证了某一个体在信息发布与交流中的主导地位。

目前，博客一词具有多重含义，它既指博客活动，又指从事博客活动的人，同时还指博客活动的平台，即个人在网络中的信息发布平台。

早期的博客以文字帖子为主，但随着技术的发展，也有越来越多的人可以利用“播客”技术发布音频、视频内容。“播客”（包括视频播客）可以看作是博客的一种新的发展。由于传播手段的不同，播客与文字博客的发展轨迹会有所不同。

《圣何塞水星报》专栏作家丹·吉尔摩（Dan Gillmor）认为，博客代表着“新闻媒体3.0版”：旧媒体（old media）→新媒体（new media）→自媒体（wemedia）。①

当博客作为一种内容的载体时，博客可以视作一种个人媒体，这不仅丰富了媒体及网络媒体的概念，也使得网络传播的格局进一步多元化与复杂化。

世界上最早也是最著名的博客之一，就是因披露克林顿性丑闻的麦特·德拉吉，他开办的《德拉吉报道》（Druge Report）被认为是一种典型的“博客”。德拉吉在传统媒体眼里，是一种潜在的威胁与挑战力量，尽管传统媒体的人们常常对他不屑一顾。

在中国，博客的概念在2002年已经出现，也有一些人开始从事博客活动，

① 方兴东：《何为博客》，载“博客中国”网。

但是，直到2003年6月，由于“木子美事件”① 的出现，博客才成为一个热门话题。虽然“木子美”并非典型的博客，但是，“木子美事件”对于中国网民了解博客现象，起到了意外的推动作用。2005年，一批门户网站陆续开办博客频道，开始博客平台的商业化运作，这促进了博客活动的迅速普及。

博客的兴起，使人们对于这样一种“自媒体”对专业网络媒体可能产生的影响，以及对于整体网络环境的影响，都产生了关注：博客会成为一种新兴的传播力量吗？它是将促进还是冲击专业媒体的新闻业务？它会降低网络新闻与信息的质量吗？专业媒体应该如何应对？

作为网络新闻编辑，需要正视博客所带来的各个层面的影响，在深入认识博客传播规律的基础上，在编辑工作中，积极地对博客加以利用。

第二节　博客传播要素的特点

作为一种新的传播现象，认识博客传播，需要从认识其传播要素的特点出发。

一、博客传播者的特点

从传播者的角度看，博客传播与传统的新闻传播的区别在于：

1. 非组织性的传播者为主流

从现阶段看，对某一个特定的博客平台来说，博客传播大多是以个体为中心的，也可以说这是一种个人的媒体。因此，它才被称为“自媒体”。

与分工复杂、组织严密的传媒机构相比，作为个人媒体的博客，具有较大的自由性、灵活性，但也必然会存在着较强的随意性。因此，它也被称为一种“自组织”，或者从另一个角度说，是非组织的。

除了普通网民开办自己的博客外，现在也有越来越多的媒体从业者开办博客。他们虽然有专业媒体的背景，但是，在博客中他们是以个人的身份出

---

①　2003年6月开始，性专栏作家木子美（原名李丽），将其性体验日记在博客中国网站刊登，随即引起了巨大的轰动。一时间，有关木子美和博客中国的网站点击率急剧攀升，木子美“用身体写作”的行为吸引了众多网民的眼球。

现的。

也有一些企业等组织已经注意到博客在组织传播中的作用，但是，这类博客是少数，在未来也不会成为主流。

2. 传播者构成趋向多元化

虽然很多人认为博客是平民的专利，博客应该是草根媒体，但是，从现实来看，从事博客活动的人是多种多样的。除了普通网民外，利用博客的名人也越来越多，博客甚至也可以成为企业等组织的一种传播手段。简单地将博客视作平民化的媒体，显然是有局限的。

博客的传播者的多元化，是博客发展的必然结果。

3. 传播动因多样化

并非所有人都将博客当作媒体，博客传播者的多元化，也意味着传播动因的多样化。下面是人们从事博客的一些重要动因：

自我表达动因

许多从事博客活动的人，首要的动因是利用博客来表达个人的情感、思想。在这方面，博客与过去的私人日记有相似之处。作为一种自我表达的平台，博客可以成为人们进行自我调节的一种手段，帮助人们释放消极情绪，改善心情。

博客中涉及的自我表达，在过去往往是私人的，“后台”的。① 有研究者认为，人们有一种借助媒介技术把自己后台行为前移的倾向。②

---

① 美国社会学家欧文·戈夫曼的“拟剧理论”认为，在我们的日常交往和生活中，人人都是表演者，在特定的情境、不同的舞台上认识到别人对我们行为的期待以及我们对他人思想、感情和行动的期待，不断根据自己身处的舞台以及交往对象调整自己的行为。戈夫曼认为，人们表演的区域有前台和后台之分。前台是人们正在进行表演的地方，后台则是为前台表演作准备的、不想让观众看到的地方。人们在前台的行为举止与后台是不一样的。一般说来，应防止观众进入到后台来，而且，在前台也必须防止那些与演出无关者进入到表演中来。

② 王传晓：《博客传播与人的后台行为前台化》，载 http：//media. people. com. cn/BIG5/22114/52789/66887/4510029. html。

当然，博客并不是在所有场合的都表现出自己的后台行为，对什么样的人表现什么样的后台行为，实际上经过选择的。这表明了人们还有通过博客进行印象管理的心理动因。下文将进一步阐述这一问题。

个人信息传播动因

在传统媒体时代，个人信息的传播是受到许多限制的。普通人的个人信息只能通过人际关系网络进行有限的传播，而名人或新闻事件的当事人的信息虽然可以通过大众传媒进行传播，但是必须以大众传媒为中介。个体对于传播哪些信息，如何传播这些信息，往往都不能进行直接的控制。因此，有时面对媒体的不属实报道，个体是无能为力的。而博客则为个体信息的无中介性、无障碍性传播提供了基础。

在这方面，公众人物的需求往往表现得更为突出。公众人物过去需要借助媒体这一中介来传播自己的信息，但是媒体并不总是会按照公众人物的意愿来运行，媒体中的负面消息、虚假消息的传播，会不断地困扰名人，甚至影响到他们的公众形象。而博客则给了名人一个直接的传递个人信息的渠道，他们可以利用这一手段，根据自己的想法，对个人信息的传播进行更有效的控制，有时，博客也成为他们与大众媒体的报道相抗衡的一种渠道。2006 年，演员李亚鹏关于自己女儿“兔唇”的消息，以及主持人李湘关于自己离婚的消息等，都是首先通过他们的博客公开的。

社会报偿动因

尽管博客与私人日记有相似之处，但人们之所以将这种个人表达放到网络空间里，就说明，他们不仅仅是要进行自我倾诉，还希望获得社会性报偿，即希望通过与他人的交流，通过个人信息或思想的传播，来获得心理的满足。博客获得的社会性报偿是多种多样的，其中交流与分享是最主要的。

交流分享是人们进行博客活动的另一种推动力量。即使博主只将自己的博客向少数几个朋友开放，这也表现出他们对于交流的需求。

博客中的交流，首先表现为博客的拥有者与博客的访问者之间的互动，交流能给博客带来心理释放或调适，这种互动也会激励博客的拥有者的创作欲望，也可能会影响到他们下一步的博客内容。

当博客的内容引起更广泛的关注时，交流就可能从几个人的小圈子扩散到更大的圈子，甚至可能在网络中产生强烈的反响。这时的交流就变成了更广泛的社会性交流。

通过博客形成的人际关系网络，是博客活动带来的一种社会报偿。

此外，博客文章被广泛转载的成就感，人气上升所带来的社会名声等，也都是博客活动带给博客们的社会报偿。

自我形象塑造动因

许多博客都希望通过自我表达、交流分享这些活动，塑造一个理想的自我。

与现实社会相比，由于博客在传播方面占据更大主动权，因此，在印象管理方面也具有更多的控制力。

个人意图影响他人对自己印象的现象与过程，被称为印象管理（Impression Management，也译为“印象整饰”）。

博客是个体与社会相连接的一个节点，是一种社会性的纽带，也是个体向社会展示自我的一个窗口。鉴于这一点，博客们大多会注重自己在博客中的所表达内容及其表达方式，并试图通过这些来传递一个自己认为理想的个人形象。

知识管理动因

博客也可以看作一种个人化的知识管理平台，是一种个性化的知识库。博客在给其传播者带来自我学习的快乐的同时，也给博客的受众带来了知识分享的可能性。

娱乐动因

也有一些网民从事博客活动，是把它当作一种娱乐方式。在博客中与人的交流，更多地给他们带来娱乐性的满足。

以上这几种动因并不是截然分开的，它们之间存在着相互的交叉、相互渗透的关系。

而从事博客活动的人也并不一定需要用一个博客同时满足所有的需求，也有一些网民会拥有多个博客，每一个博客满足的个人需求有所不同。

4. 传播活动的非制度性

博客传播不是一种制度化的传播，一个人可能因为偶然的因素开始博客传播，也可能因为偶然的因素中止博客活动。除了相关法律、法规的制约外，个体的博客活动不会受到类似于传媒组织运行规程等这样的制度约束。

二、博客受众的特点

与传统媒体的受众以及一般的网络传播的受众相比，博客的受众也具有一些较为鲜明的特点，主要表现为：

1. 受众具有高度选择权利

如果说网民对一个博客的第一次访问，可能是缘于一些外在因素，例如朋友推荐、网站引导等，那么，此后能否形成长期、稳定的访问习惯，则完全取决于网民自己的选择。可以说，个人的选择对于受众与一个博客之间的关系的形成，起到了十分重要的作用。

网民对博客的选择，取决于以下的一种或几种因素：

受众与博客拥有者之间的关系：例如朋友关系、崇拜关系、同事关系、师生关系等。这种情况下，博客成为两者之间互动、交流的一种重要方式。

受众对于博客内容的喜好：即内容是促使网民形成固定访问习惯的重要因素。

受众与受众之间的关系：有些情况下，一个博客的阅读者之间可以通过回帖等方式形成稳定的交流。此时，博客是作为同道者的人们沟通的桥梁。

2. 受众拥有深度参与可能

像网络媒体整体一样，在博客平台，受众与博客拥有者之间的互动性是十分突出的。而且由于一个特定博客的受众群体的数量相对较少，受众与博主之间、受众之间的交流可以不断地进行深化。这种深度的参与使得博客的访问者与博主及博客内容之间会产生非常密切的关系，甚至对博客话题的形成与走向会产生影响。

3. 受众反馈直接影响博客发展

一个博客活动能否持续进行，在很大程度上会受到受众反馈的影响。在博客中，受众的反馈非常直接：访问量、回帖数、留言、友情链接等，都能让博客迅速而直观地感受到受众对博客的关注程度与认同程度。受众的积极反馈通常会鼓舞博客活动，有时甚至激烈的批评也可以激励博主。另一方面，如果一个博客的访问量太少或留言、回帖等太少时，也就会使博主对自己博客传播的效果失去自信，从而逐渐丧失博客持续发展的动力。

4. 特定博客的受众群容易演变成社群

许多博客的稳定受众群的形成，往往是一个“物以类聚、人以群分”的过程。人们以某一博客为平台进行沟通，并不单纯是为了表达对博客内容的看法，更多的时候是出于一种共同的兴趣爱好和相似的价值判断。这时候，特定博客的受众群，容易演变成一种具有群体关系的社区。

三、博客传播渠道与过程的特点

从整体来看，博客传播的渠道具有以下特点：

1. 私人空间与公共空间的交织

博客传播的起点是个人的博客空间。很多人认为这个空间是私人化的，类似于个人日记，但事实上，这种空间并不能简单地视作个人空间，它同时是一个公共性的话语空间。即使有些空间是加密的，但这也不能排除里面的内容会被其他人看到。私人空间与公共空间的边界在博客中并不是那么清晰。

而当博客的文章随着各种渠道进行传播中，更是会不断地进入到公共空间中，有可能产生社会性影响。而这种传播并非博客的作者主观上能加以完全控制的。因此，博客的作者必须事先估计博客内容传播时所产生的社会后果。

2. 博客与其他网络空间的连通性

博客虽然是一种较新的网络应用方式，但是，它与网络既有的应用方式是一脉相承的，与新闻网页、论坛、RSS 等，也能实现有效的连通。可以说，它并不是网络中的孤岛，而是网络的一个有机组成部分。因此，博客的传播才能产生非常复杂多变的过程。

3. 博客之间的可连通性

虽然每个博客都是一个独立的舞台，但是，它们之间也是可以相互连通的。博客之间的相互链接，使博客世界本身又成为一张可以不断扩张的关系网络。这张网络对于博客社会关系的扩展，对于博客文章的广泛传播，对于一个博客的影响力的形成，都是重要的。

博客传播并不仅仅借助博客空间这样一个平台，它有着较为复杂的渠道组合方式，也会产生不同的传播模式。博客传播可以是单级传播，也可以是多级传播。

对于单级传播来说，博客的传播的过程是：

博客空间—受众

如果受众用 RSS 阅读器订阅某一博客文章，则表现为：

博客空间—RSS 阅读器—受众

这里的 RSS 阅读器虽然是另一个工具，但是，它仍然是直接将博客的文章传送给受众，并且没有他者的过滤、把关的过程，因此仍然属于单级传播。

而对于多级传播来说，传播过程与途径则是多样的，例如：

博客空间—博客空间—受众（通常是由其他博客转贴某一博客的文章）；

博客空间—网站页面—受众

博客空间—论坛—受众

博客空间—邮件—受众

博客空间—即时通信工具—受众

在实际传播过程中，传播的级数往往还会更多，可能是以上各种模式的组合。

正是由于存在着多种传播的途径，博客传播的范围才会越来越广，扩散的速度很快。而且传播效果往往事先很难预料。在这方面，它与网络传播自身的特点是一脉相承的。

博客的传播以自助式传播为基础，即由博客作者主动进行传播，除了将文章贴在博客中外，还可以通过与他人建立友情链接、设立标签或其他一些方式，使博客文章易于被别人发现与传播。

但博客传播中也存在着他助式传播，例如他人转贴博文，网站在重要网页对于博客文章的各种形式的推介等。有时，虽然网站只是在某些网页中提供到博客文章的链接，但这种方式会大大提高博客被受众关注、访问的几率，对于传播效果会起到重要影响。

四、博客传播内容的特点

1. 个性化

由于博客主要是以个人为主导的媒体，因此，博客传播的内容，能更多地体现个体的需求与特质，无论是选题、表现形式还是表现风格，都具有较强的个性化。

博客的内容也并不局限于新闻，它可以是任何形式的内容。

博客的个性化内容，是对大众传媒内容的一种补充，它可以使更多受众在博客获得更为丰富多样的信息与观点。

2. 个人把关

博客是以个人把关为主的。因此，在内容的价值判断方面会更多地带上个人色彩。它未必符合公众的需求，同时，它也不一定具有权威性与可靠性，甚至有时连真实性都不能保证。

3. 随意性

博客传播不像专业媒体那样制度化，它没有周期、容量、产品质量等各方面的硬性要求。博客传播更多受到个人心情与环境以及与网友互动等因素的影响。从内容上看，随意性较强。从发布时间与频率上看，通常没有严格的规则。

第三节　博客个体参与新闻传播的方式

虽然像美国的德拉吉那样以新闻报道为职业的博客微乎其微，但是，不少博客在自己的博客活动中，已经有意或无意地参与到新闻传播活动中。作为个体的博客参与新闻传播的方式主要表现为：博客介入新闻报道、博客进行新闻评论、博客进行新闻整合。无论是哪种方式，博客都与近年来越受关注的

“公民新闻”的概念产生了联系。博客在推动“公民新闻”实践的同时，也对专业媒体的新闻活动产生了一定的冲击。

一、博客介入新闻报道

(一) 博客提供新闻线索

由于博客分散在各个地域、各个阶层、各个行业，他们往往能直接接触到一些突发事件或媒体尚未关注到的事件，因此，他们可以成为一种敏感的“触角”，为媒体的报道提供相关线索。

2005 年 11 月 26 日 8 时 49 分 38.6 秒，江西九江、瑞昌间发生 5.7 级地震，余震波及南昌、宜春等县市地区，以及湖北、安徽、湖南、江苏、浙江等周边省区。

由于此次地震之前没有官方的预警，对此突发事件第一时间作出反应的不是传统的网站或媒体，而是博客。地震发生后，博客网的一个武汉的博友“寻找东海岸”在 9：04 发出的“武汉地震了”的消息：“2005 年 11 月 26 日 9 时整武汉发生地震，有较强震感”，是最早对此次地震事件做出有记录的文字反应的消息。比各家媒体早了 15 分钟。

博客提供新闻线索，有时是有意识的，他们可能会通过一定的方式引起网站或他人对于这些新闻线索的关注。但有时博客们是无意识的，好的新闻线索可能会在“博客”中“沉没”。所以网站或其他媒体需要有一定的机制，来发现博客中的新闻线索。

但是，由于博客传播的特点，网络编辑在利用博客的新闻线索时，需要进行严格的把关，特别是对真实性的把关。

(二) 博客从多角度记录新闻事件

2004 年 7 月 7 日，英国伦敦发生多起爆炸案，许多网民利用手机拍摄了爆炸现场的照片，并将它们传到网上，其中，弗里克（Flickr）作为全球最好的图片博客网站，更是集中了几千张博客拍摄的照片，这些照片给人强烈的身临其境的感受。

而整个爆炸过程里的第一张即时照片也是由非专业记者拍摄的。现场目击者之一亚当·斯塔西在 King Cross 地铁站内，用手机不停地拍摄即时照片，并将它们发给他的朋友阿尔菲·丹恩，丹恩将照片发到了 moblog. co. uk 这一博客网站。在这之后短短几个小时，斯塔西拍摄的第一张照片已成为各大电视网竞相播放的画面。

由于手机、数码相机、数码摄像机、数码录音笔等设备的日益普及，普通人在新闻现场时可以利用各种方式进行第一时间的记录。而博客则为这些普通人采集的新闻素材的发布提供了平台。

除了照片、视频等手段外，文字也是博客记录新闻事件的一个重要方式。在美国的“911 事件”和印度洋海啸发生后，一些博客用文字真实、生动地记录了现场的情形及人们的感受。这些第一手材料，为人们认识这些灾难事件提供了宝贵的资料。

虽然博客的报道一般不会像专业媒体的报道那样专业，但是，它们往往能提供专业媒体报道中不会涉及的视角或细节内容，这与他们在新闻现场的位置、观察视野以及个人的价值判断相关。这些多角度的报道，不仅可以弥补专业媒体在新闻素材采集上的不足，也可以为受众提供更为鲜活、直接而丰富的信息。

二、博客进行新闻评论

博客身处新闻第一现场、直接发现与体验新闻的几率毕竟不高。而且由于相关政策的限制，一些领域的新闻报道博客也不便涉及。因此，更多的博客参与新闻报道的方式，并非原创的新闻，而是新闻评论。尽管这种评论并不一定是完全规范的新闻评论稿件。

博客进行新闻评论，通常有两种形式。

一种是针对一时一事而发表的感想。在一些重大事件或特别事件发生时，很多博客会做出反应，利用博客平台这种便捷的手段，来发表自己的意见，表达自己的态度。这些评论反应迅速、针对性强，意见多元。其中一些评论，可能产生重大影响力。

例如，2006 年 6 月 27 日凌晨，央视足球评论员黄健翔在世界杯解说中情绪激动，引起轩然大波。事件发生后 1 小时，童话作家郑渊洁在自己的博客中撰文《意大利万岁?》:

现在是 2006 年 6 月 27 日凌晨 1 点，刚看完世界杯意大利对澳大利亚争夺八强的比赛。纵观全场，实在没看出意大利的球技比澳大利亚高在哪里，如果不是终场前意大利获得了一个可判可不判的点球，鹿死谁手很难说。就在意大利获得点球时，我们的电视转播解说员突然使用声嘶力竭的方式高喊“意大利万岁”。看得出，这位解说员偏爱意大利队，这无可非议，但是作为解说员，实在不应该在解说时带出好恶，就像裁判不能在执法时带出偏爱一样。无论如何，听到中国人在有亿万观众收看的电视屏幕里高喊“意大利万岁”，感觉不舒服。可能由于澳大利亚日前以三比一击败了日本，我对这个队的好感油然而生，但是尽管如此，倘若刚才澳大利亚赢了，我也断然喊不出“澳大利亚万岁”来。作为中国人，我的声带除了喊“中国万岁”，很难喊出其他国家万岁，尽管由于种种原因我还从未喊过中国万岁，但我相信，我迟早会喊。我能活到那一天。

这一评论在三天内的点击量突破 70 万次，可以说产生了广泛的影响力，不逊色于发表在传统媒体上的评论。

另一种是将评论作为自己博客的特色，长期发表评论，这类博客的评论往往又会集中在某一个特定的领域中。

在中国，有一名名为“KESO”的博客作者，他在“斗牛士”网站开设的“对牛乱弹琴”的博客，以 IT 业的评论为特色。由于其视野开阔，信息丰富，见解独到，这一博客已经形成了广泛的影响力。类似的博客，在网络世界里越来越多。

以评论见长的博客，也许会日益成为网络空间中的“意见领袖”，他们将在局部或大范围内影响到网络意见的走向。

三、博客进行新闻整合

许多博客也许不总是进行新闻的报道或评论工作，但他们会将自己感兴趣的新闻转发在自己的博客上，并根据自己对社会环境与新闻事件的理解，对各种不同来源的新闻稿件进行整合。这种整合中包含了博主的价值判断，而这种价值判断又会在一定程度上影响到博客的受众的认识视野与角度。因此，进行新闻整合也是博客参与新闻活动的一种方式。这更类似于专业媒体的编辑的角色。

例如，上面提到的博客 KESO，在博客中有一个栏目叫“昨日新闻”，就是将他认为有价值的前一天的IT界的新闻、论文或研究文章整合在一起。他的博客的阅读者在很大程度上会受到他的选择的影响。

例：

2007年1月15日①

昨日新闻 - 畅销品 vs. 大热门
信息的生产、获取、组织与呈现（上）
信息的生产、获取、组织与呈现（中）
信息的生产、获取、组织与呈现（下）
就是要“文化执法”你
有所为，有所不为——浮华背后的思考
Technorati, Edelman Work Completed
Microsoft takes email design back 5 years
Still looking to invest in Web 2.0
菠萝网中文播客现状报告 - 2007年1月
全球最懂社区力量的Web 2.0两大巨头现身说法
平台：从产品到文化
谢文为什么不想做互联网小生意
畅销品 vs. 大热门
搜索引擎优化的基本要素

尽管每天IT界的新闻与评论多如牛毛，但他只是每天选择若干条，而他认为最需要推荐的一条内容会放在标题中，如上例中的“畅销品VS大热门”一稿。整合时，每条新闻实际上只将其标题放在博客上，加上链接，读者可以点击链接到原网站查看新闻。

而前文提到的“德拉吉报道”，如图13-1，其实也是以新闻的整合为主的，原创新闻只是少数。多数新闻仍来源于传统媒体，特别是主流媒体。

不管“德拉吉报道”在内容的选择上是否存在问题，都可以看出，德拉

① 资料来源：http：//blog.donews.com/keso。

图 13-1　美国博客“德拉吉报道”首页

吉在页面中是具有强烈的编辑意识的，他不仅仅在选择新闻，还在对新闻的重要性进行判断，并通过版面语言来表明自己的倾向性，尽管这种倾向性无疑具有强烈的个人色彩。

在博客发展之初，有人曾称“博客吃的是信息的草，挤出来的是信息的奶”，也有人称博客是信息海洋的“导航者”，这些观点都较好地揭示了博客在信息整合中的作用。

这类导航式的博客之所以会产生并为人所需要，是因为在网络世界信息过载的情况下，越来越多的人感觉不堪重负。他们更需要有人为他们在信息的海洋中去粗取精。尽管这也是专业新闻网站的一个主要职责，但是，网站的力量毕竟是有限的。从事信息整合工作的博客，在一定程度上可以起到辅助作用。

四、博客与公民新闻

近年来，人们越来越多地将博客与“公民新闻”这一概念挂上了钩。“公民新闻”（Civic Journalism），又称“公众新闻”（public journalism），这一提法始于20世纪90年代的美国，最早提出“公共新闻”理论的学者是纽约大学新闻学系的杰·罗森（Jay Rosen）教授，他认为，“新闻记者不应该仅仅是报道新闻，新闻记者的工作还应该包含这样的一些内容：致力于提高社会公众在获得新闻信息的基础上的行动能力，关注公众之间对话和交流的质量，帮助人们积极地寻求解决问题的途径，告诉社会公众如何去应对社会问题，而不仅仅是让他们去阅读或观看这些问题。"①

维吉利亚导报（the Virginian-Pilot）的编辑们在一次研讨会上说，他们是"通过在编辑部中改变新闻文化来做'公共新闻'的"，并且这样总结他们的经验：②

（1）让新闻报道揭示出公众带给这些新闻事件的价值，而不是仅仅向公众描述冲突。

（2）普通公众对事件的认识与专家们对事件的认识是同样有价值的，应该同等看待。

（3）在报道谁、什么事、为什么、什么时间和在哪里的同时，要力图向公众解释这个新闻事实为什么值得他们去关注。

（4）记者应该着力挖掘关于人们是如何解决问题的相关事实，并尽可能提供建议，这样新闻媒介才有可能帮助社会公众参与到公共生活中去。

目前对公民新闻尚没有一个普遍认同的定义，从博客方面理解公民新闻，也有其特殊的角度。例如，有研究者将其定义为"公民（非专业新闻传播者）通过大众媒体、个人通讯工具，向社会发布自己在特殊时空中得到或掌握的新近发生的特殊的、重要的信息。"或者把它称之为"来自业余新闻工作者的第一手新闻报道"。③ 但是，从博客实践以及"公民新闻"的内涵来看，博客中的"公民新闻"活动，不应仅仅是第一手报道，也应包括新闻评论、新闻整合等其他方式。

尽管由于种种原因，博客参与新闻传播的深度与广度都会受到限制，但是，博客们的种种新闻传播活动，对于专业媒体仍然产生了一定的冲击。这表现在对专业媒体的报道选题、素材来源、报道方式、报道视角与深度等各个层

---

① 蔡雯：《"公共新闻"：发展中的理论与探索中的实践——探析美国"公共新闻"及其研究》，载《国际新闻界》2004 年第 1 期。

② 蔡雯：《"公共新闻"：发展中的理论与探索中的实践——探析美国"公共新闻"及其研究》，载《国际新闻界》2004 年第 1 期。

③ 赵志立：《公民新闻：人人可以作记者》，载 http：//blog. mediach. com/user1/zzll/archives/2006/609. html。

面的影响。博客与专业媒体的新闻报道活动的深层结合也将越来越多。

第四节　网络编辑对博客的利用

越来越多的网络编辑意识到博客在新闻传播中蕴含的能量，因此，已不满足于仅仅给博客活动提供一个平台，而是更多地在利用博客，将博客与网站的新闻报道活动进行有机结合，充分挖掘两者互动的潜力。

一、通过博客获得新闻线索

上面已经提到，不管博客作者是否有主动意识，一些博客的文章或图片等，确实能为媒体的报道提供新闻线索。博客所能提供的新闻线索主要包含两类，即事件性线索与现象性线索。

事件性线索：这类线索直接反映了某一个新闻事件的发生，利用它，媒体可以展开相关的报道活动。尽管新闻网站不具备采访权，但可以将博客的新闻线索提供给传统媒体。

现象性线索：这类线索虽然不直接与某一新闻事件相关，但是它们能反映当下社会中的某一热点现象或问题。如果善于以此为思考起点，就有可能找到适合于做网络新闻专题的选题。

虽然博客中可能蕴含大量的新闻线索，但是，博客是分散的个人平台。要及时发现博客中的新闻线索，网站需要建立一定的博客观测机制，例如，可以对新更新的博客内容进行抽样阅读。此外，也可以利用博客自设的“标签”，重点观察某些领域或与某些人物、事件相关的博客文章。

当然，网络编辑不可能每天观测所有的博客，这有可能错过一些重要的新闻线索。因此，网络编辑也可以采取一些更积极的方式来搜集新闻线索，例如，设立“新闻线索推荐”的功能，并采取相应的激励机制，使更多网民主动地参与到新闻线索的提供中。也可设立一些博客圈，培养那些有一定新闻素质的博客，使他们成为常规的新闻线索来源。

在利用博客提供的新闻线索时，网络编辑一定要注意真实性的核查。

二、通过博客核实新闻

博客的内容，有时可以为媒体的报道提供一种旁证。例如，新闻事件当事人的博客，也许会提供一些更为直接、真实的信息。所以，在一些情况下，如果需要对新闻稿件中的事实或观点进行核实，可以在一定程度上利用相关博客。但此时，对博客本身内容的核实也是重要的。偏听偏信都不利于发现事实的真相。

三、利用博客开发评论资源

前文提到，发表评论是博客参与新闻传播的一种重要方式。充分利用博客中的评论资源，可以与网站的新闻稿件形成有效的配合。

博客中可以利用的评论主要包括：

普通博客中的代表性评论：一些普通博客虽然没有任何媒体工作背景，但是，他们在博客上的一些文章，具有典型性或普通型意义，将它们与新闻稿件结合起来，可以在一定程度上反映民意或网络中的意见走向。

媒体从业者博客中的评论：由于媒体的容量有限，越来越多的媒体记者、编辑会利用博客来发表他们不能发在媒体上的评论，更新速度也更快。媒体从业者的评论往往更具有新闻性，有时直接与某些新闻稿件相关，可以加以充分利用。

专家博客中的评论：一些领域的专家的博客，可以从专业的角度提供对新闻事件或现象的评析。这些专家往往也是网站博客频道的专栏作家。他们的文章也是评论的一个重要来源。

利用博客中各种评论资源的主要方式包括：

在新闻单元中导入博客评论；

在新闻专题中导入博客评论；

在新闻评论栏目中导入博客评论；

在新闻报道中引用博客评论。

对于博客中的评论，网络编辑仍然需要通过各方面的把关，来保证评论的质量。

四、利用博客资源组织专题

在政策允许的范围内，利用博客中的丰富资源来组织专题，也是一种开发与应用博客的方式。

例如，在 2006 年世界杯期间，新浪网与“中国移动”联合组织了一个名为“博客世界杯大赛”的专题（如图 13-2）。

图 13-2　新浪“博客世界杯大赛”专题首页

虽然这更多的是一个商业营销活动，但是它从另一个角度表明，如果创造性地利用博客这一手段，能更好地激发受众的参与热情，并充分展示他们的能力。在这个专题中，网民在博客中发布的信息、感想，可以直接被导入到专题中，并按照他们所支持的球队分类。网民不再是在博客中自说自话，他们的文章不仅仅是为少数自己博客的访问者所关注，每个人的博客文章都被汇聚到专题中。专题还以“强力推荐”、“美眉眼中的世界杯”等方式对好的博客文章加以提升，同时允许博客推荐自己的文章。

在这样一种专题里，本来分散的博客力量被集中起来，形成一种强大的合力，这不仅可以形成更大的声势，提高专题的人气与影响力，同时也可以给网民的博客活动以更积极的反馈，促进他们的参与。而博客内容的丰富与生动，又可给专题带来更多的活力。

当然，利用博客资源开发新闻专题，在选题上需要格外慎重，要对博客参与的影响有充分的估计。通常这种做法主要限于体育、娱乐等领域。此外，在专题的组织方式上，也需要做周密的策划。

有时，也不一定采取整个专题完全依赖博客资源的做法，可以在一些专题中部分地导入博客文章。

五、博客事件引发新闻报道

博客世界也是现实世界的一部分，博客内容是对现实世界的一种折射，博客中出现的一些事件，也是新闻报道的对象。

2006 年 2 月，网民胡戈将自己制作的名为《一个馒头引发的血案》的短片发布在博客上，短片以由陈凯歌执导的大片《无极》为蓝本进行“恶搞”，结果在网络上迅速走红。陈凯歌对此十分愤怒，指责胡戈作品侵犯了《无极》的版权，法律界和网民对此也议论纷纷。这一事件，一时间成为媒体报道的热点，也成为网站的一个热门专题选题，并由此带来关于“网络恶搞”这一现象的更深层思考。

2007 年 1 月，中央电视台主持人芮成钢在博客中发表了《请星巴克从故宫里出去》一文，认为“故宫里的星巴克”是对中国传统文化的糟蹋，并以个人名义向星巴克总裁发出抗议书，要求星巴克从故宫里搬出去。这一博文的点击量达到数十万次。一石激起千层浪，关于星巴克咖啡馆应否搬出故宫，讨论声不绝于耳。各种媒体也以此为起点开始跟进报道，一些网站也组织了相关专题。

博客传播很容易引发一些轰动性的事件，除了以上提到的外，还有很多，例如，2006 年的“铜须门事件”、“张钰事件”等，并由此在网络与现实世界中引起一系列的震荡。但是，值得注意的是，作为媒体一部分的网络媒体，应该记住自己的社会责任。不负责任炒作，虽然可能一时会增加网站的点击量，但却可能破坏网站长久的形象与声誉。对于博客事件，报道还是不报道，如何报道，是一个新闻价值判断的问题，更是一个新闻伦理与道德问题。对于一些敏感事件，网站即使要进行相关报道，例如，开设专题，也要找到一个合适的切入点。

第五节　博客频道的编辑

除了在新闻报道中充分利用博客资源外，网络编辑还需要经营好博客频道。现在很多网站设有专门的博客编辑。博客频道由两个界面组成，一是供个人发布博客的平台界面，二是集纳博客内容的频道界面。博客频道的编辑，其基本思路与手段与新闻频道是一致的，但也有一些特殊规律。

一、博客平台界面的设计

对于每一个博客的使用者来说，博客发布平台就是他们在网上的一个“家”。博客界面的设计，不仅关系到博客的写作与访问是否便捷，还关系到博客的传播者与受众之间的互动强度。

1. 博客平台界面的功能设计

随着人们对博客认识的不断深入，以及开发力度的加大，博客的功能越来越强。通常博客平台功能包括如下几部分：

内容发布功能：除了可以发布文字内容外，越来越多的网站可以提供发布图片和音视频内容等功能。此外，需要给博客作者提供方便的内容分类的功能。一些网站还提供了给帖子加标签的功能，以便阅读者更清晰地了解帖子的关键词。

互动功能：互动功能的多少与方便程度直接影响博客的发展。留言、回帖（或称评论）是最主要的互动功能。留言不针对特定文章，只是一般地发表信息与感想的方式，而回帖将直接针对某一文章，发表阅读者的观感与意见。回帖可以在很大程度上衡量一个帖子的受关注程度，也可以在很大程度上激励博客作者。

统计功能：包括博客平台的流量统计、回帖数统计等，它们可以直接反映博客的影响力，对于博客作者具有重要意义。

推广功能：友情链接、博客圈是常见的推广博客的方式，此外，RSS 阅读器订阅也可以有助于博客的推广。

在规划博客平台的功能时，需要量力而行。有时在平台上堆放过多功能，可能会影响界面的简洁性。有时则因平台技术的不成熟，使某些功能运行起来不正常，反而影响博客的访问速度与质量。

2. 博客平台界面的视觉效果设计

博客平台界面的视觉设计，影响到界面的审美效果和亲和力。通常网站需要提供若干种模板，供博客使用者选择。模板应该有各种不同的风格。模板的视觉设计总的原则应是：简洁、美观、个性、方便阅读。

二、博客频道界面的策划与管理

新闻网站要能不断挖掘博客的资源，一个重要的基础，是有一个充满活力的博客频道。博客频道的兴旺，不仅能在很大程度上提高网站的流量，也能为新闻频道提高各种各样的资源。

博客频道的经营好坏，与其总体策划有关。一个网站的博客频道不仅要为网友提供方便、快捷的博客发布平台，还要有一定的机制，激励每一个博客的发展，同时有利于开发博客与新闻频道等其他相关频道的联系。因此，博客频道的总体策划与管理需要考虑以下方面：

1. 博客频道的栏目规划

博客频道是博客内容的集大成者，它可以将分散的博客资源集中起来，让网民用更高的效率博采众长，也可以形成网站更强大的声势，同时有助于提升单一的博客的影响力。博客频道栏目规划的目标是：全面集纳、突出热点、提升平民、激励参与。

具体来说，博客频道的栏目需要体现以下几个功能：博客文章的分类推荐、博客排行榜、博客专栏、博客专题、博客内容搜索、博客动态、博客奖励活动等。

2. 博客频道的界面设计与版面语言

博客频道的功能是否能很好实现，不仅取决于它的栏目设计，也取决于它的版面设计与相应的编辑手段。网络编辑同样需要通过版面语言，来表达自己对于网站博客整体的把握与导向。这方面，可以参考新闻页面设计的相关原则与方法。

3. 博客频道与其他频道的融合

要充分发挥博客频道的作用，需要用相应的方式将博客频道的内容与其他频道有机结合起来。例如，在其他频道的版面上设置适当的博客文章推荐板块等。

三、博客内容的把关

尽管博客的主要管理者是博主，但是，博客平台的提供者也有一定的对内容进行把关的责任。

2005 年南京大学新闻传播学院副教授陈堂发发现，中国博客网有一位用户在博客上发布了一篇《烂人烂教材》的博文，称陈堂发“是猥琐人”、“简直就是流氓”。陈堂发遂致电中国博客网要求删帖，但网站方面要他提供能证明自己身份的证明材料，否则不予删帖。因双方观点相左，那篇涉嫌侵权的博客日志长时间被保留，直到引发诉讼日志才被删除。11 月初，陈堂发以名誉权受侵犯为由，将网站的主办单位杭州博客信息技术有限公司告上南京鼓楼区人民法院。法院审理认为，《烂人烂教材》因存在侮辱原告的内容构成有害信息，原告当初电话通知被告删除信息，可以认定被告此时已经发现有害信息，其应当在合理的时间内采取措施停止有害信息的传播。但被告仅仅要求原告提供身份证明而不采取任何措施，未尽到“善良管理人”的注意义务，应承担相应的法律责任。法院于 2006 年 8 月 2 日一审判决杭州博客信息技术有限公司在中国博客网首页向原告陈堂发刊登致歉声明，赔偿原告经济损失 1000 元。一审宣判后，被告不服提起上诉。南京市中级法院经审理，于 11 月 23 日终审判决，驳回上诉，维持原判。

此案是首起进入公众视野的博客侵权纠纷案，被众多媒体称为“中国博客第一案”。

这一案件对于提供博客平台的网站是一个警示：虽然博客是个人把关的媒体，但网站也有一定的把关责任。

网站对于博客的把关主要可以表现为：定期监测博客频道，通过相应手段及时发现并删除博客中的一些不良内容；对于接到举报或投诉的博客内容及时查证并进行相应处理。

四、博客文章的推荐

为了提高博客参与者的积极性，网站编辑需要通过多种方式使博客文章更容易到达更广泛的受众，为人们所关注。博客文章的推荐可以采取技术自动推荐、博客个人自荐、网民推荐、编辑推荐等多种机制。

1. 技术自动推荐

即利用相关技术，为博客文章的推荐提供可能。很多网站的技术可以做到最近更新的博客被“凸显”，例如，新浪网的博客频道中，在每个博客文章的网页上可以看到最近更新的博客列表。在搜狐网的博客频道，博客更新后，会有一个图标加以提示。在“博客网”，则设立了一个“博客联播”的板块，滚动显示刚刚更新的博客文章列表。多数博客平台都有 RSS 订阅功能，这也是自动推荐的一种手段。

2. 博客个人自荐

为了让每个博客都有可能主动宣传自己的博客或文章，提高影响力，也可以通过一些技术手段来建立起博客个人自荐的机制。例如，一些博客频道提供了自荐的功能，博客填写一些信息后，就可以将自己的博客内容定向推荐到自己认为合适的类别中。

而标签也是方便博客自荐的一种手段。如果博客在自己的内容中设立若干标签，类似于新闻稿件的关键词，就有可能让他人在检索标签对应的特定信息时发现自己的博客。

3. 网民互荐

网民互荐通常方法是通过友情链接在博客之间建立起关系，从而产生交叉推广的作用。友情链接也会有效地延伸一个博客在网络世界里的人脉，拓展博客的影响力。

此外，博文的转发，也是互荐的一种方式。

4. 编辑推荐

编辑推荐是提高博客影响力的一种最主要的方式，在多数情况下，也是最奏效的。其主要手段包括：

设立排行榜：通过不同类别的排行榜，使访问量高的博客或博文被更多人关注。

推出博客专栏作家：许多网站的博客频道都推出了一批专栏作家。专栏作家一般具有更高的知名度或在某一领域的影响力，他们的博文也具有较强的专业性与水平，或具有更强的吸引读者的能量。通过专栏作家，可以较好地保证博客频道形成一批稳定的读者。设立专栏也是推荐博客的一种重要手段。

在网站的重要页面推荐博客：除了在博客频道的首页推荐一些重要的博客文章外，也可以在网站的首页或其他频道的页面中设置推荐。有些情况下，为了增加博客文章的吸引力，网络编辑需要将博客文章的标题做改写。但是，这种改写应该坚持准确原则，不能为了吸引眼球故意制造噱头，欺骗读者。

建立热点专题：虽然博客文章的选题都是出于博客作者的意愿，具有很强的个性化色彩，但是，它们并非总是彼此孤立的。在一些重大事件、热点问题出现时，很多博客文章会集中在这些焦点上。围绕某一热点话题，将相关博客文章整合起来，也有助于推介一些博客。

在博客发布界面上运用推荐手段：一些网站不仅通过博客频道的页面推荐相关博客或文章，还在博客发布界面上，推荐一些热点文章，例如，一些网站利用弹出小窗口的形式，推荐若干篇博文。

第十四章
网络新闻传播效果的评估

网络新闻编辑工作的成效，需要用一些方式加以衡量与评估，这种评估不仅是对网络编辑工作成效的一种检验，也是不断改善传播方式、提高传播效果的重要依据。由于网络传播的特点，在网络中直接监测与评价新闻传播效果具有较为丰富的手段。

第一节　网络新闻传播效果评估的意义

一、网络新闻传播效果的含义

网络新闻传播效果考察的是新闻报道对于受众的作用与影响程度。

网络新闻传播效果有双重含义。一方面，它指新闻报道在受众中产生的结果（例如报道的受众到达率、引起的关注程度等）与传播者预期目标之间的吻合度，一般而言，吻合度越高，则说明效果越好，这一传播效果是新闻业务水平的一个衡量指标，反映了传播手段的运用是否恰当。另一方面则指新闻报道所产生的社会影响，这种社会影响可能是积极的，也可能是消极的。这一传播效果反映了媒体的社会职责的履行情况。网络媒体在进行新闻传播效果的评估时，既要关注业务层面的效果，又要关注社会层面的效果。

网络新闻传播作用于受众可有几个层面，在不同层面产生的效果，其影响是不尽相同的。

新闻的感知：指受众注意到一条新闻，这是新闻传播产生效果的起点。

新闻的接收：指受众接收、阅读到新闻文本中的信息。这种接收又有层次上的区别。对于网络新闻来说，从接收信息的数量与深度来看，可分为标题的接收、正文的接收、相关信息的接收等几个层次（这与网络新闻文本的层次相关，有关内容请参见第三章）。从接收的范围来看，可分为个人化接收与社会性接收两个层次，个人化接收指网络新闻阅读仅限于个人范围，而社会性接收则指，网民在个人阅读新闻之后，还通过转发、收藏等方式，将新闻提供给他人。

新闻影响态度：有些新闻对于受众而言，只是增加了他们的信息量、丰富了他们的知识，不会对他们产生深层影响。而有些新闻则会对受众的态度产生直接影响，例如，影响到他们对于周围环境的判断、他们对于某一社会问题的意见等。

新闻影响行为：一些新闻稿件不仅可以影响到受众的态度，还可能影响到他们的行为。例如关于白血病人的报道如果打动人心，可能会带来人们的自发捐款。而另一方面，一些关于犯罪行为的报道，则可能会引起一些人的模仿。因此，新闻对于受众行为的影响，有时是积极的，有时则可能是消极的。新闻报道带来的后果，并不一定与传播者的初衷一致。对于出于良好愿望的报道带来的消极后果，需要特别警惕。

应该说明的是，新闻传播效果，并不单纯取决于新闻报道本身的质量因素，它还与新闻报道对象本身的特质相关，与受众的兴趣、需求，以及作用于受众的社会环境相关，它是多种因素共同作用的一个复杂结果。因此，新闻传播效果的评估，并不仅仅是对新闻工作质量的一个检验，它还是对于复杂的社会系统的一种认识。

二、网络新闻传播效果评估的作用

对于新闻网站来说，对新闻传播的效果进行评估，其作用主要体现为以下几方面：

1. 根据新闻传播效果评价新闻编辑工作

新闻传播效果的评估可以在一定程度上评判网站新闻编辑工作的成效。通常可以有两种手段来进行这方面的评估：

常态评估：即对于日常编辑工作进行定期的监测与评估，以了解网站常态下的编辑水平、影响力等。

典型评估：在一些典型的报道之后进行的评估，其目的是了解网站在特定的报道中采取的传播策略所产生的效果。例如，在一些重大事件的专题推出后，可对其进行重点评估。通过评估可以总结经验、教训，为未来的类似工作提供借鉴。

2. 根据新闻传播效果调整传播策略

网站不仅需要了解日常或典型报道的效果，还需要分析其原因，并据此调整传播效果。例如，对于新闻报道的时效性、更新频率、新闻标题的制作、新闻的整合方式、专题栏目的策划、版面的设计及版面语言的运用等各个方面进行考察，发现问题所在，并做出相应调整。

3. 根据新闻传播效果把握受众脉搏

新闻传播效果是传受双方共同作用的结果，它不仅与传者的传播水平高低有关，也与受众在各个阶段的需求与兴趣相关。对传播效果进行深层分析，可以更好地把握网站服务的受众对象的脉搏，为网站总体定位的确立及经营、传播策略的制定提供依据。

4. 根据新闻传播效果了解社情民意

前面指出，传播效果与社会环境相关。传播效果也是一个晴雨表，它从一个角度反映了受众的心理动向，以及更深层的社会背景。在一定意义上，传播效果的研究有助于洞察社情民意。这可以为相关部门提供决策参考。

第二节 网络新闻传播效果的评估方式

网络新闻传播效果的评估，是一项复杂的工作，它不简单取决于某一个坐标系，也不简单表现为某几项指标。科学的评估，需要运用不同坐标系、不同指标进行评测，并对其进行组合，以形成全面的评价体系。除了直接观察网民的新闻消费行为和新闻生产行为外，媒体的反应也是评估的一个方面。

一、从网民的新闻消费行为看网络新闻传播效果

网民的新闻消费行为指的是他们作为信息的接收者所表现出来的行为。这些行为是评估新闻传播效果的重要依据。

（一）网络新闻传播效果与点击量

1. 点击量反映新闻阅读率

尽管每天发布在网站的新闻数量很多，但是，并非所有的新闻都会受到网民的同等关注。新闻的点击量，是衡量新闻正文阅读率的一个重要指标。新闻的点击量指点击新闻标题打开新闻正文页面的数量。如前所述，网络新闻是以层次化文本的方式呈现的，正文是新闻最核心的文本层次，因此，新闻正文的阅读率，能在很大程度上体现出新闻信息到达受众的程度。

目前，各个网站利用自己的统计系统，可以方便地统计出每一条新闻的点击量。

影响点击量的因素主要包括以下几方面：

新闻的价值

网民点击某条新闻标题的动作，也包含了他们对于一条新闻的价值的判断。新闻的价值，除了新闻价值外，还包含其他一些价值，如宣传价值、知识价值、舆论价值、审美价值等。① 虽然网民只能通过标题对于一条新闻的价值进行初步的判断，但是，无疑，没有这种判断，他们就无法做出选择。

值得注意的是，受众在网络中阅读新闻，是一种快餐式阅读，他们对于新闻的价值的判断往往是在很短的时间内做出，并非深思熟虑，也并非总是自主的、完全的，常常会受到各种因素的影响。

新闻表现形式

标题、新闻在版面中的位置、新闻的推荐方式等网络新闻的表现形式，在一定程度上赋予一则新闻一些附加的价值，这些价值会影响到网民的选择。正如在新闻网页的设计一章中所提到的，由于网络特殊的表现方式，受众对于新闻的价值判断，其起点是新闻标题。标题的内容以及外在表现方式，都直接影

① 杨保军：《新闻价值论》，中国人民大学出版社 2003 年版，第 24 页。

响到受众对于新闻的选择行为。标题在内容上的亮点，是吸引网民的核心因素，在多数情况下，它的作用是主要的；而标题在形式（如字体、字号、色彩等）方面的处理，则是一种视觉上的辅助手段，有时也会刺激网民的点击。

新闻在版面中的位置与推荐方式等，同样可以对受众的点击产生影响。优势位置、重点推荐，往往会增加受众的点击率。

他人的选择

网络阅读，是一个开放的环境，个体的阅读不一定是完全自主的个人化的选择，它经常受到他人的影响。点击量、回帖量、转发量、评论等来自他人的因素，也会作用于个体对网络新闻的选择。

新闻的点击量并不能完全科学地反映新闻报道或新闻作品的质量高低，但它反映出新闻对于受众的作用程度。因此，是一个重要的评估指标。要有效地提高新闻的阅读率，可以从以上几个影响阅读率的因素角度进行分析，改进网站的传播。

2. 新闻排行榜表现受众阅读取向

新闻排行榜是根据新闻点击量，排列出若干新闻，定时进行发布。

新闻排行榜将网站的统计数据直接告知受众，使这些数据成为网络阅读环境中可直接感知的因素，它像一种“场”一样，会对受众阅读取向产生较为直接而显著的影响。从一般心理来看，点击量高的新闻，通常会更容易引起后来的受众的阅读兴趣。

排行榜对个体阅读取向的影响，最终会形成一种“正反馈”效应，即强者更强、弱者更弱，点击量高的新闻受到更多关注，点击量低的新闻则愈发无人问津。因此，它会影响到网民的整体阅读取向。

新闻排行榜在一定意义上是一种风向标，它是网民阅读趣味与取向的一种外在表现。但是，又不能简单地将它等同于网民对于社会事物的价值取向。因为在社会性阅读环境中，人们之间的相互影响，实际上可能会加重非理性的成分。把受到一定非理性因素干扰的阅读取向等同于网民价值取向，显然是不可取的。例如，虽然在新闻网站中，一些边缘性新闻、八卦新闻的点击量很高，但是，这并不意味着人们只是关心这类新闻。人们仍然有对严肃新闻的需求。

网站在进行新闻编辑时，应该参考新闻排行榜，对编辑工作做出相应调整或改进。例如，可以研究新闻标题制作的技巧与新闻排位之间的关系。但是，不能迷信排行榜，更不能以排行榜论英雄。如果以点击量作为新闻报道质量的惟一评价标准，那就可能陷入误区。

设置新闻排行榜时，应该有一定的技巧，通常不要将各种不同类别的新闻混在一起产生排行榜。这样容易使一些严肃新闻被淹没。按新闻类别分类设置排行榜，可以更好地反映同类新闻之间的关系，也有利于更多的新闻被受众关注。

（二）网络新闻传播效果与网站访问流量

由于网络新闻文本的层次化特点，新闻对受众产生效果，并不一定要求受众必须点进正文。浏览标题，也是新闻到达受众产生效果的一个层面。

因此，一个网站的新闻频道的访问流量，也是衡量其传播效果的一个依据。

对于新闻频道流量的统计，除了常规的监测外，还需要对流量进行细化统计与分析，这包括：

分时段的流量统计与分析：一天中不同时间段的流量会有所不同，分析其变化曲线，可以了解到受众的网络行为规律，据此可以调整网络新闻发布的节奏，使之更好地与受众行为方式相吻合。

分地域的流量统计与分析：网站可以根据 IP 地址的分布来了解流量的地域分布特点，这可以帮助网站了解哪些类别的新闻更受哪些地域的受众的关注，这也是调整传播策略的一个依据。

分类别的流量统计与分析：网站不仅要统计新闻频道的总流量，还需要对不同类别的新闻，例如国内时政新闻、国际新闻、财经新闻等，进行分别统计，这可以进一步了解受众对各种类别新闻的关注度。同时，分析总结流量高的新闻类别的成功经验，为其他类别新闻的编辑工作提供参考。

典型时刻的流量统计与分析：一些重大事件或突发事件的报道，通常会引起网站流量的增加，分析其数量增加的情况及其他相关特征，可以对这些典型报道的效果做出判断与分析。

（三）网民搜索与网络新闻传播效果

网民搜索新闻，虽然也是一种新闻消费行为，但是与一般的被动获取不同，因为新闻消费的定向性更强。这种行为也是评估新闻传播效果的一个方面。

搜索引擎可以自动统计热门搜索词，在这些搜索词中，有一些就反映了新闻报道的热点。对此进行统计与分析，也可以帮助网站了解受众的兴趣，以及报道的传播面。

二、从网民的新闻生产行为看网络新闻传播效果

网络受众不但是新闻的消费者，还是新闻的生产者，当然他们主要是“再生产”者。绪论部分曾提到，网民的新闻生产方式，常常表现为以下几种：

启动式新闻生产、增值式新闻生产、互动式新闻生产、提升式新闻生产、资源式新闻生产。他们采用的主要手段包括：评论、转发、收藏、参与调查等。

因此，从网民的新闻“生产”行为中，去评估网络新闻传播的效果，也是十分重要的。

（一）网民评论与网络新闻传播效果

1. 评论量反映新闻事件及新闻报道的社会影响力

如果受众不是简单地阅读新闻，还用回帖的方式积极参与讨论，那这在很大程度上说明，新闻报道对受众产生了更深层的效果。因此，评论量（或回帖量）是衡量新闻事件及其相关报道效果的一个重要指标。

一个新闻事件可能涉及很多报道，受众的评论可能分散在不同报道后的回帖中。为了更好评估传播效果，可以将同一主题的评论数累加计算。

2. 评论量影响受众新闻关注度

评论或回帖量不仅反映了新闻报道当下的影响力，它还会反过来影响到后来者的阅读取向，因此，它也是提升新闻报道效果的一个方式。运用排行榜等方式将回帖率高的新闻凸显出来，有助于进一步提高其受关注度。

3. 评论体现社会意见

评论或新闻回帖在一定程度上会体现社会意见的分布及走势，特别是在重

大事件或社会问题发生时。有时，它是网络舆论形成的一个重要方式。因此，对回帖的数量以及内容进行监测，不仅是新闻传播效果评估的需要，也是舆情监测的一部分。现在越来越多的机构与部门已经注意到回帖这样一种社会意见的表现渠道，也在不断完善相关手段对其进行监测，作为舆情监测与社会预警机制中的一部分。网站的监测与评估，可以作为其中一个方面。

（二）网民转发与网络新闻传播效果

与单纯的新闻点击不同，网民转发是一种更主动的行为，它不仅意味着网民看过了某条新闻，还意味着网民认可了它的价值，并希望将它与人分享。

因此，网民对新闻的转发量，能更深入地反映出新闻报道的影响力。

网民转发的途径主要是将新闻转贴到 BBS、博客，或者通过电子邮件、即时通信等渠道转发给他人。后者较难进行测定，因此，评估主要针对转发到 BBS 中的内容。

对于网民的转发量的评估，较难采用全面的定量手段，可以考虑以定性手段为主，辅以恰当的定量手段考察。主要包括以下手段：

1. 对重点论坛进行监测

国内的许多论坛是网民意见与态度的风向标，当一条新闻报道引起网民的普遍关注时，往往会在这些新闻论坛被转发，并引发热烈讨论。因此，可以将一些国内的重点新闻论坛或综合社区，如人民网的强国论坛、新华网的发展论坛、天涯社区等，作为监测对象，从是否转发、是否引起跟帖、跟帖数量等多方面衡量其效果。

2. 通过博客进行监测

越来越多的人通过博客转发他们感兴趣的新闻，因此，博客也是观测新闻转发量的一个渠道。当然，网站不可能监测所有的博客，但是可以通过一些有代表性的博客，来获得定性的认识。

3. 通过搜索引擎进行监测

搜索引擎可以较为全面地搜索到相关内容，因此，可以将新闻报道的标题或关键字作为搜索对象，考察新闻的转发量。尽管搜索引擎的结果中也会出现新闻报道相关性不高的内容，但是，搜索引擎中的结果数量也能在一定程度上反映新闻的转发量。

（三）网民收藏与网络新闻传播效果

社会书签的功能指的是，网民可以通过一定的软件工具，将自己感兴趣的新闻信息，收藏到某一个网站，与别人分享这些文章。目前，国内的“天天网摘”（365Key）等是这方面的代表。通过对这些网站的监测，可以观察到新闻受关注的程度。

（四）受众调查与网络新闻传播效果

要更主动的了解受众对某些新闻报道的关注度以及他们对报道的评价，受众调查也是一种较好的方式。

受众愿意参与某一调查，实际上隐含了他们对某些事件或报道的关注，而调查的结果，能直观地揭示新闻报道产生的影响力。有关受众调查的方法，第十二章已经说明，在此不再赘述。

三、从媒体的反应看网络新闻传播效果

除了网民的各种行为之外，其他媒体的相关反应，也能在一定程度上体现网络新闻传播效果。

（一）媒体转发量与网络新闻传播效果

除了网民的转发外，其他新闻网站转发本网站新闻的数量，也是新闻影响力的一个衡量指标，也可以作为新闻传播效果评估的一个依据。其方法与对网民转发量的评测方法类似。

（二）媒体的跟进报道与网络新闻传播效果

一些具有重大价值或普遍意义的报道，虽然可能首发于某个网站，但是，如果其他媒体认同它的价值，可能会在此基础上进行跟进报道。一条新闻报道引发的跟进报道的规模、频率、强度等，都可以从一个侧面反映出网站首发的那一报道的传播效果。

四、网络新闻传播效果的辩证认识

尽管网络新闻传播效果的评估具有重要作用，但是，对于各种评价指标，不能机械、片面地看待。评价指标，是衡量网络新闻编辑工作的一个参照系，但并不是惟一的依据。在分析相关的评估数据时，需要注意以下问题：

1. 将各项指标进行综合考察

从不同坐标系中得到的不同指标，需要加以综合，才能对网络新闻编辑工作做出一个较为全面、客观的评价。仅仅看重某一指标，往往会使网站的认识偏颇、狭隘。例如，把点击率作为评价的惟一指标，或过分看重点击率，都可能使网站对受众价值取向的认识走入误区。

2. 深入分析指标后面的相关因素

新闻传播效果的评估工作，不仅仅是要得到相关数据，还要分析数据背后的深层原因，需要结合网站工作、受众特点、社会环境以及时局变化等各个因素进行综合分析，既要分析那些偶然性的结果，又要分析网站传播效果的长期规律。

3. 避免头疼医头、脚疼医脚式的简单解决方法

综合性的评估数据可以给网站工作改进提供全方位的参考。但在实践中，由于一些网站过分看重某一两项数据，因此，在形成解决方案时，也会有简单化倾向。例如，为了提高点击率，片面强调标题的制作，尤其注重标题的煽情，这样做，短时间可能会使某些新闻的点击率有所上升，但是，网站整体新闻质量没有提高，网站的真正影响力仍然无法形成，而其品牌形象还会受到影响。

总之，网站需要通过对新闻传播效果的全面衡量与综合分析，从网络新闻编辑的深层规律中去寻找提高新闻传播质量的方式与方法。

第十五章 网络新闻传播的新方式

本书到目前为止所讨论的网络新闻编辑，主要是基于万维网这一前提，即所讨论的是通过 Web 传输、通过浏览器阅读的新闻的传播规律。但是，近年来，一些新的技术不断应用到网络新闻传播中，并逐渐对现有的网络新闻传播方式产生一定的冲击，新技术也会在一定程度上引起网络编辑方式、方法的变化。了解新的技术，是了解未来网络新闻编辑工作走向的重要前提。

第一节　RSS 技术与网络新闻传播

一、RSS 的概念及对网络新闻传播的影响

RSS 是"Rich Site Summary"（丰富站点摘要）或"Really Simple Syndication"（真正简单的聚合）的英文首字母缩写，中文多称为"简单信息聚合"。RSS 的应用分为两端，一方面信息的供应方用 RSS 信息源（或称种子——RSS Feed）的方式向用户提供以 RSS 技术整合的信息，另一方面用户利用 RSS 阅读器来读取这些内容。RSS 阅读器可以集成多家信息来源，自动浏览和监视指定这些来源网站的内容，将最新内容及时传送给用户。用户利用 RSS 阅读器可以方便地读到送上门来的新闻，而无需到各家网站逐一浏览，同时又可以实现信息消费的个性化。

1999 年，网景公司（Netscape）就推出了 RSS 技术，其核心是将网络用

户自己上网“拉”出信息改为“推送”信息。但是，由于种种原因，“推送”的概念始终没有得到市场的响应。但自从2004年RSS的再次兴起，引起了技术公司、新闻网站和网民的更高程度关注。

2004年已有一些国内网站启动了RSS技术的运用。2004年3月，“博客中国”网站推出了15个频道的RSS新闻服务。2004年8月9日，新华网推出了RSS聚合新闻服务，推出试运行的聚合新闻栏目有“国内新闻”“国际新闻”“财经新闻”“体育新闻”等11个，在2004年奥运会期间，新华网也利用RSS系统推出了有关内容服务。新浪网于2005年初也推出了RSS新闻服务，并开发了自己的RSS阅读器“新浪点点通”。

在国外，RSS技术也得到不少媒体的响应。如2004年5月，英国路透社网站（Reuters. com）开始采用RSS技术，向其他的网站提供其新闻标题，新闻的内容包括政治、国际新闻、娱乐和体育。路透社也计划把RSS技术应用到新闻视频的提供上。① 同时，路透公司还减少了对雅虎等第三方公司在网络上刊登路透财经新闻的授权。自6月1日起，路透社限制其结盟网站上的路透新闻篇幅，不再允许全文刊出，以便把完整的财经信息服务保留给付费订阅的企业客户。② 美国《纽约时报》也推出了RSS聚合服务，内容包括新闻标题、摘要以及文章链接。截至2004年4月，通过RSS聚合方式访问nytimes. com的用户已达730万人。③ 数字音频出版商Audible则计划利用RSS技术发行《纽约时报》、《华尔街日报》和其他一些期刊的podcast（一种可下载的声音出版物）。④ 作为Washingtonpost. Newsweek Interactive一部分的《华盛顿邮报》网站不仅利用RSS技术发布自己的新闻头条和网站上文章的链接，还准备将广告插入到它的RSS内容中。⑤

对于那些仍然习惯使用浏览器阅读信息的用户来说，RSS技术也可以做到

---

① “路透社继续拥抱RSS技术　自动提供新闻更新”，载2004年5月13日PConline。

② “路透社采用RSS供稿技术　并减少新闻转载授权”，载2004年5月12日ZDNet China。

③ “RSS技术受到巨头追捧　互联网广告商发掘商机”，载2005年7月6日“新浪科技”。

④ “纽约时报podcast即将发行　RSS技术方兴未艾”，载2005年6月27日ZDNet China。

⑤ “RSS成为最新网络热点　多家巨头看中其钱景”，载2005年7月11日PConline。

在不颠覆他们的阅读习惯的情况下提供整合的内容。Google、百度等网站的新闻都是这样一种应用的产物。

围绕RSS的应用开发，也不仅仅在新闻媒体。著名的网上书店亚马逊于2004年初将注意力转向了RSS。目前在亚马逊的网站，几乎所有种类的商品(图书，电子产品，音像制品，玩具，服装等等）都已打包成相应的“RSS频道”，向用户终端的阅读器定期发送。这预示着电子商务也是RSS技术的主要应用领域之一。

虽然各个网站的RSS服务的推出还只是属于试水行为，但是，这表明了网站对于RSS这一技术的信心。

RSS与博客技术的融合，也是它推广的一个重要途径。它使得网民访问他人博客网站的行为变得更加“制度化”，博客的影响力由此也进一步提高。

RSS技术能否全面推行在很大程度上取决于网民的习惯。虽然网民上网的习惯在某种程度上已经形成并且会持续地发生作用，但是，它未必没有改变的可能。20世纪末RSS诞生之时，网民还醉心于在网上享受畅游信息海洋的快感，“推”技术却要过早地剥夺人们的这种享受，可以说在当时它是超前的，也是生不逢时。但是，网络在变，网民也在变，随着网络信息的一再爆炸，网民对于信息阅读的需求与心理也在发生着微妙的变化。这些为RSS技术的普及打下了一定的基础。

有资料称，2004年，美国已经迎来了RSS的飞速发展期。截至2004年年底，美国RSS用户数已近千万，而提供RSS订阅服务的网站超过了20万个。①

从理论与实践上来看，RSS技术在网络信息生产领域将会得到广泛应用，只是它的成熟还有待时日。当天时地利人和等条件一应俱全时，RSS的应用将不断加速。虽然它未必会完全取代现今的浏览器阅读，但至少可以对它形成强劲的挑战。

RSS技术的广泛应用将在以下几方面给网络信息的生产与消费带来冲击：

1. 网络信息生产模式的变化

对目前为止，网络媒体最大的竞争力似乎仍然是快速与全面，而达到

① 《MSN入侵　盛大新浪雅虎腾讯何去何从》，载2005年3月4日“计世网”。

“全面”主要是靠人工的拷贝+粘贴模式。这是以人海战术对抗海量信息的一种办法。但是，这意味着网络编辑的工作既繁重又机械，既扼制了编辑的创造力，又使他们过早体力透支，网络编辑这个职业无法吸引到更多的优秀人才。而利用 RSS 技术，用户可以自己广泛订阅信息，“全面”的实现不再依赖于某一个网站，而是通过多家网站共同完成。因此，网络信息编辑的基层工作将在很大程度上通过 RSS 技术交给机器自动完成。

以此为前提，网络信息生产的层次变得更加清晰。高层的信息加工、信息整合及信息解读等工作，可以得到更好的保障。而未来网络新闻的竞争主战场也将由此发生重大转移。

当然，机器生成内容的前提仍是人的工作。目前的 RSS 阅读器推出的信息仍然过于庞杂，信息分类过粗。为了满足用户的需要，需要进一步细化信息分类。一些搜索引擎利用 RSS 技术提供关键词订阅信息服务，但是，只有在搜索的智能化进一步提高的情况下，这种订阅才会有意义。此外，信息内容可以采用分级的方式，使用户可以订阅不同数量、不同重要程度的信息，以便更好地适应个性化需求。这一切都意味着，网站编辑的智慧，将通过某种方式注入到机器中去，在基础的处理层面，网站生产的标准化、程式化程度得到进一步提高。

2. 网络信息生产格局的变化

由于 RSS 技术的运用，网络用户不必再看重一家网站内容的整体质量，而是更关注其某一个频道的质量，对于垂直信息的生产质量要求因此大大提高。网站需要逐渐摆脱大而全的生产架构，集中精力做好一个或几个专业内容，并且使之尽早占领用户的 RSS 阅读器。可以说，谁起步早且工作到位，谁就有可能在未来的 RSS 内容大战中获得有利地位。未来在 RSS 平台上的竞争格局，在一定程度上取决于现今网站觉醒与行动的先后顺序。

RSS 技术使信息的原始生产者与用户之间的关系变得更加直接，中介性网站的作用退居次要地位，因此，传统媒体在下一轮的新闻竞争中，将有可能摆脱一些商业网站强大的习惯势力的影响，更好地将自己的原创能力转化为影响力。

RSS 技术使得博客的活动进一步冲出了个人的樊篱，使博客成为更加具有竞争力的信息来源。个人在未来的网络信息生产中，地位将继续提升。他们与专业传媒机构之间将实现更加有机的结合甚至是无缝集成。

3. 网络信息消费方式的变化

运用 RSS，可以守株待兔似地等着信息推上门来，这意味着信息消费成本的降低。另一方面，信息消费将在更大程度上受到习惯的约束，或者说用户可以为自己制定消费制度，并受到这种制度的强烈制约。用户的频道定制决定了他们信息消费的范围与路径，以人的本性而言，习惯一旦形成，就会很顽固，对于网民来说，更是如此。因此，争夺阅读器市场以及频道的地位对于信息的生产者来说，意义十分长远。

进一步说，RSS 及相关技术将使网络信息消费朝着更加个性化的方向发展。用户信息消费的起点不再是某些大众化门户，而是由阅读器所定义的个性化的门户。

二、RSS 界面下的新闻编辑

虽然 RSS 阅读器有不同的品牌，但它们的界面是类似的。图 15-1 就显示了一个典型的 RSS 阅读器界面。

该界面主要分为四个部分。

菜单区：实现频道管理、文章管理等各种功能。

频道列表区：分类列出用户定制的所有频道。点击频道名，可在右方打开频道内的文章标题。

标题区：列出某频道对应的文章的标题列表。标题通常按照时间顺序进行排列。文章由 RSS 种子提供者进行即时更新。

文章阅读区：点击某一标题即可在此区域显示文章的标题和内容提要。如要阅读详细内容，点击链接，即可跳转到相关页面。在此区域中会显示该 Web 页面。

RSS 阅读器与浏览器的界面有所不同，主要区别在于：

在 RSS 阅读器中，网民无需打开若干个阅读窗口，而是可以在一个阅读区域内阅读来自不同网站不同频道的内容。这一点类似用户通过遥控器切换电视节目。在标题区中，只有纯文字标题，没有其他信息。这便于排除阅读过程中不必要的干扰，阅读效率有可能得到提高。

在 RSS 阅读器中，文章能否传递足够的信息量，同时引起受众的阅读兴

图 15-1　一个典型的 RSS 阅读器界面

趣，不仅在于标题的制作，还在于内容提要的制作。

RSS 阅读器可以集纳一个频道所有的内容，用户可以在任何自己方便的时间阅读新闻，也可以根据自己的需要进行文章管理，查看过往新闻十分方便，免去了在 Web 网站寻找特定内容时的麻烦。

运用 RRS 阅读器来传播新闻与信息，对网站来说，还是一个全新的工作。虽然基本规律与在一般的 Web 页面下的新闻发布类似，但是也需要注意一些特殊规律：

1. 更加重视标题与内容提要的写作

与在 Web 页面下的新闻发布相比，RSS 阅读器是一个更单一的、集成的信息环境，在这里，没有文字字体、字号、版面位置等各种版面语言的影响，受众的判断与选择，仅仅依赖标题文字来进行，因此，标题直接决定着受众是否愿意进一步获取深层信息。

此外，在 Web 页面下，新闻可以没有内容提要，而在 RRS 阅读器中，点击标题后，在阅读区首先打开的是内容提要。它既是对标题信息的扩展，又是标题与正文间的桥梁，是引导受众进行深度阅读的路标。因此，内容提要的写作，成为 RSS 方式下必须进行的编辑工作。虽然有些网站将新闻的导语作为内容提要，但是，导语并不一定总适合作内容提要，网站编辑应该根据 RSS 阅读方式的特点来撰写内容提要。

2. 进一步细化新闻的类别

目前网站在提供 RSS 信息种子时，只是按照现在通常的新闻类别来设立频道，如“国内新闻”、“国际新闻”、“财经新闻”、“体育新闻”等。但是，这样的分类显得过于粗放。其结果是，在一个频道下，文章数量太多，这带来新的信息过载，增加了受众的阅读成本。因此，RSS 的频道的设置应该尽可能细化。例如，在“体育新闻”大类别下，可以设置“足球”、“篮球”等这样的子类，这样的信息传送定向性更强，个性化程度更高。

3. 重点开发网站的特色频道

RSS 技术最大的好处是，可以在一个阅读环境中，高度集成各个网站的精华。人们并不需要将一个网站的所有 RSS 频道都进行订阅，而是可以选择一个网站最精华的频道或特色频道。因此，网站在开发 RSS 信息时，应当突出重点，突出网站的特色所在，并且将编辑力量重点投放在特色频道上。如果面面俱到，可能分散编辑力量，效果难以保证。

RSS 阅读器虽然不可能完全替代现有的 Web 浏览器，但是，它可以与 Web 浏览器相互补充，扩大网站新闻的传播面，满足不同受众的需求。重视 RSS 频道的开发与编辑工作，对于未来的网络新闻竞争，意义重大。

第二节　电子报纸与网络新闻传播

对于传统报纸来说，应对网络挑战的一种方式，是通过网络来扩大传播面。近几年来，一种通过网络发行的新兴电子报纸，不仅为报纸未来的发展提供了一个新方向，也对网站的信息传播带来了挑战。

一、新一代电子报纸的特点

报纸的电子化或数字化并非一个新的概念，从早期利用 CD-ROM 发行的报纸电子版，到通过网络发行的报纸电子版，报纸的电子化已经历 20 多年的历史。但是，近年来，新一代电子报纸（Digital-Newspaper，也称为 Newspaper E-edition 等）在美国等国家的逐渐兴起，使报纸的数字化有了新的内涵，也使报纸与网络的融合有一种全新的思路。

新一代的电子报纸于 2001 年诞生，一家名为 Der Standard 的德国报纸在这年的 4 月 12 日发行了它的电子报纸版本。同年 10 月，美国的《纽约时报》也推出了自己的电子化版本。①

据美国报业协会网站（www. naa. org）提供的一份资料，截至 2005 年 10 月，美国有 60 多家媒体采用电子报纸方式通过互联网进行报纸的发行，这其中包括《纽约时报》、《今日美国》、《波士顿环球报》、《基督教科学箴言报》等报纸。②

《纽约时报》、《今日美国》等报纸，采用的是一家名为“报摊”（News-Stand）公司的技术，而这家公司还与全球 200 多家报刊合作，开发新型电子报纸。另外两种有代表性的电子报纸的技术分别为“Olive Software”与“Zinio System”。前者的客户包括美国的《华盛顿邮报》和英国的《每日邮报》，后者则为《商业周刊》和《PC Week》等媒体所采用。

美国密苏里新闻学院则独立开发出了名为“Em-print”的电子报纸，也有一些报纸仅仅采用 PDF 技术在网上传送报纸。虽然它们与 NewsStand 等的技术有所不同，但最终形成的报纸风格是类似的。

这些电子报纸，具有与传统 CD-ROM 或网络版报纸不同的一些特征，其中一个根本性的特征是，它继承了传统报纸的“面孔”，即它的版式与传统报纸完全一致。但是，它既不是印刷报纸的简单翻版，又不是对新闻网站的一种简单沿袭，它具有一些突出的特点，这主要表现为：

---

① Advanced Interactive Media Group：Digital Newspapers：What，How and Why，http：//www. newsstand. com/。

② 资料来源：www. naa. org。

1. 兼具印刷界面与电子界面的阅读特点

新一代电子报纸与印刷报纸的版面完全一致，这适应了一些在印刷媒体时代成长起来的受众的阅读习惯。如果有必要，将其打印出来，便形成了一张与传统渠道发行的报纸没有任何差异的真正的“报纸”。阅读电子报纸时，除了可以像印刷报纸一样翻页阅读外，还可以通过导航条进行快速翻页。阅读时可以在页面的任何局部进行放大、缩小。

大多数电子报纸融进了网络信息的组织特点，例如层次化的信息、可检索的信息。在一些转页的地方可以点击链接跳转到相关页。可以利用检索工具在页面中查询关键字。

大多数电子报纸需要在专门的阅读器上阅读。这是为了便于在脱机环境下进行内容的浏览。可脱机阅读意味着电子报纸也越来越具备印刷报纸的一个重要优点，那就是可移动性与便携性。虽然现在的电子报纸的阅读设备主要是笔记本电脑，但是，可以预见，与其相应的更轻便的阅读终端将开发出来，这也许会刺激电子报纸的发展。

虽然目前大多数电子报纸的新闻内容是纯文字的，但是，扩展到多媒体内容，应该只是时间的早晚。而在报纸的广告中，多媒体手段已被较多地引入。这是电子报纸给予广告商的新卖点，而在广告中的尝试，也为新闻内容的多媒体化提供了基础。

然而，除了技术上的障碍外，在电子报纸内容的多媒体化方面，另一个障碍是报纸现有的资源的限制，从表面上看，短缺的是多媒体内容资源，而深层的原因，则在于生产流程与体制上的问题，而这也涉及到人才的原因。

2. 网络替代传统发行渠道

与第一代电子报纸不同的是，读者不是购买 CD-ROM，而是可以通过网络下载这些电子报纸。这从理论上意味着，报纸无需再进行纸质印刷，发行不再依赖于传统的发行系统，报纸印刷成本将变为零，发行的成本将大大降低。而且通过网络，可以使报纸的发行不再受地域限制，在某种意义上这有助于发行量的提升。

通过网络发行，也可以有效的减少中间环节，使报纸的发行速度更快，在突发事件的报道中，网络发行较传统发行的渠道的优势将尤为突出。

利用相关技术，报纸的发行者可以获知读者对于报纸的阅读情况，例如，他们最关注的是哪些版面、哪些文章。这为报纸内容的调整、针对性的增强提供了依据。

与过去的网络版不同的是，网络对于新一代电子报纸的意义，更多的是发行渠道，而不是内容的呈现平台。这正是体现报纸与网络结合新思路的重要方面。

3. 沿用收费订阅方式

收费订阅是电子报纸对印刷报纸的一个重要继承，也是电子报纸与网站营利方式上的一个重要区别。电子报纸所继承的是印刷报纸的完整“外壳”，这种外壳有助于它与印刷报纸的品牌形成更稳固而一致的关系，从而吸引人们付费。这一点有别于网站，网站内容与服务的丰富性，以及内容结构上与报纸的差异，使大多数网站对于其母体资源的继承都是零碎的、部分的或是重组的，这使受众不容易对于其品牌之间的关系产生认同感。

网络收费的重要特点是，从一开始就建立的收费模式容易得以推广与保持。短信就是一个成功的例子。国外电子报纸也是将收费作为其基本模式，这虽然在一定程度上妨碍了电子报纸本身的普及，但对于收费这一营利模式的形成还是有益的。

当然，收费订阅的方式能在什么时候给报纸带来赢利，还难以做出明确判断。但是，这一思路应该是电子报纸经营的主流。

虽然电子报纸的实践在国外更为积极，但是，在国内也有一些媒体一直在进行类似的尝试。早在 1999 年，“人民网”就推出了《人民日报》的图形版，后来又发展到 PDF 版，虽然它们的思路与现今的电子报纸还有所差异，但至少表明，国内也有报纸的经营者意识到报纸版面阅读习惯的重要性。在香港，2002 年 2 月《东方日报》也通过网络推出了它的电子版，将报纸的本来面貌呈现在网上。

近年来，北大方正集团与《浙江日报》集团合作，也在进行着电子报纸的探索。这种电子报纸与网页是结合起来的。在网页的左边是报纸的版面，当鼠标移到版面中某一文章点击时，在页面的右边显示出原文，如果愿意，也可以点击“朗读”按钮，将眼睛解放出来。

新一轮电子报纸的实践，显然还只是一个开端期，不同媒体所采用的技术与产品形态有所不同，而未来的电子报纸还会有更大的探索空间。

二、新闻网站与电子报纸的相互补充

新一代电子报纸的出现，与目前已经非常普及的新闻网站似乎形成了一种竞争关系，也有人担心它将取代新闻网站。但是从现实情况来看，电子报纸还远远不能对新闻网站构成实质性的威胁。原因主要在于：

1. 电子报纸与网站的受众群有所差异

在互联网过去十来年的发展过程中，报纸读者与网站的读者逐渐产生了分化。通过网站阅读新闻的主要是年轻受众，而牢固地维持着阅读报纸习惯的则是中老年受众。在短时间内，中老年受众不会形成阅读电子报纸的习惯，而年轻的受众，则已对网站的页面风格习以为常，对报纸的版面风格未必感兴趣。报纸界面的熟悉“面孔”，对他们未必是好事，反而可能是一种阻碍。想使现在的网民迅速转移到电子报纸，并非易事。

当然，这并不意味着，电子报纸在网络世界中就完全没有立足之地。电子报纸在发行上突破空间限制，使它可以争取远程的、印刷报纸无法到达的读者。电子报纸可脱机阅读的特点，也有助于它维系那些需要更方便地进行移动阅读的读者，这些人更可能是商务人士。

2. 电子报纸与网站在信息传播上各有所长

电子报纸是一种打包式的信息发布方式，这种方式与网站的即时的、动态的、碎片式的信息发布相比，各有长短。在突发事件的报道中，网站可以通过动态的方式即时进行新闻更新，满足受众对于时效性的要求，这一点是电子报纸所不能企及的。但网站的信息发布平台及界面本身，对于信息的有序整合与整体传送会造成一定的影响。例如，网页的界面方式容易带来信息的过载和阅读的负担，而要脱机浏览大量的网页信息也是难以轻易实现的。这一点却恰好是电子报纸的长处。因此，电子报纸与网站可以相互补充。

3. 电子报纸在受众关系建设上仍处于劣势

随着新一代互联网的发展，人们越来越意识到，网络不应仅仅停留在“内容为王”的理念上，而是应该将“关系为王”作更高的追求境界。只有当受众与媒体、受众与受众之间形成牢固的关系时，媒体的品牌才能形成并长期维持。内容只是形成关系的手段而不是目的。这也是 Web 2.0 的真正意义所在。而在这方面，电子报纸目前的技术还是存在着一定的劣势的，它更多地只能传递内容而不能营造关系，因此，它还需要借网站之长来补己之短。

因此，对于电子报纸来说，它还需要充分利用网站的强大的互动能力和信息传播的灵活性。

另一方面，新闻网站应该充分利用电子报纸的特点，来扩展自己的能力。虽然目前电子报纸的经营者主要是传统报纸，但是，未来的新闻网站，也可以充分利用电子报纸这一形式，为网站的新闻传播提供更为多样的方式，给受众提供更多的选择。

在这种情况下，网站编辑需要重新学习报纸的编辑手法，例如报纸的版面布局方式与编辑手段的运用，同时，又要创造性地将网络浏览的优势融入其中，例如，超链接的运用、多媒体手段的运用，检索功能的运用等，以求电子报纸的电子界面特质能得到更好的发挥。

与传统报纸、新闻网站相比，目前电子报纸相对处于边缘地位。但是，若干年后，三者的比例关系有可能发生重要的改变。这是因为，发行成本的大大缩减、发行范围的扩大等优势将刺激报社积极地推进电子报纸产品的改良，投资者对于这一市场的信心将不断增强；技术的成熟将使电子报纸逐渐克服目前的缺点，特别是类似“电子纸”这样的轻便的信息接收终端的开发，将使电子报纸具有更强的竞争力；受众市场结构也将发生本质性变化，在网络媒体环境下成长起来的受众将成为主体，老一代印刷报纸的读者的份额将大大下降，这些因素都将使电子报纸与印刷报纸之间形成新的力量对比。因此，新闻网站应尽早采取措施，与电子报纸形成更好的结合与互动，这对于未来的网站发展，意义深远。

第三节　电子杂志与网络新闻传播

电子报纸的实践更多的是在新闻领域展开，而与此同时，另一种与之类似的媒介产品也越来越引人注目，这就是新一代电子杂志。虽然目前在国内更普遍的称呼是网络杂志，但是，网络只是其目前的主流发行渠道，而未来的发行渠道将更多样化。网络杂志这一概念也许会限制开发思路。

电子杂志不仅为传统媒体带来新机遇，也给网络新闻传播带来很多新思路。

一、新一代电子杂志的特点

与电子报纸不同的是，电子杂志更多地是从休闲娱乐领域里成长起来。而国内在电子杂志开发方面的步伐显然要超出电子报纸，影响力也较大。这一领域的主力是一些非主流媒体或者新兴的娱乐内容企业。例如，台湾飞行网创办的《爱美丽 Me》是第一家发行量过 100 万的数字化女性杂志，目前已经累积超过 300 万会员，每期的平均阅读率达到 21 万。① 该网站推出的《男人志 Wo》则通过 13 家主流的网络电子杂志平台，每周一同步发行，周发行量达到数百万。2005 年《瑞丽》女性网推出了《瑞丽 Pretty》、《瑞丽 JM》和《瑞丽 Goo》等电子杂志，每份杂志每期的下载量在 80 万。“阳光文化”推出了以杨澜的名字命名的女性时尚电子杂志《澜》，在创刊后的短短 3 个月内，已经突破了高达百万的下载量。②

也有一些主流传统媒体开始进军电子杂志。2005 年 8 月 15 日，由南方报业集团旗下南方网开发的电子杂志《WOW！ZINE · 物志》正式创刊，成为中国第一家由主流媒体集团创办的电子杂志。在半年多的时间里，读者数量已经突破 200 万。③《财经时报》创办的中国首家财经电子杂志——《财经文画》在短短的半年之中就完成了下载量超过 100 万的突破。

传统杂志简单的数字化和数字媒体的杂志化分别被称为第一代和第二代电子杂志，而目前流行的电子杂志称为第三代。它的主要特点在于：

1. 多媒体成为电子杂志主要卖点

与电子报纸不同，电子杂志多媒体手段的运用较为成熟，除了音频、视频外，也大量运用 Flash 动画，带来多种感官刺激，受众的体验更像看电影或看

---

① 《网络杂志：好风凭借力　送我上青云》，http：//www. stanchina. com/new683. htm。

② 《电子杂志〈澜〉创刊三个月下载量突破百万》，载 2006 年 4 月 2 日《财经时报》。

③ 《物志》的运作状况透析，http：//media. xinhuaonline. com/detail_ mcp. asp？id = 23。

电视而不是阅读杂志，在很大程度上，多媒体成为电子杂志的主要卖点，成为网民追逐这一时尚的重要原因。

但是，也有人担心，运用多媒体，是用形式上的丰富弥补内容上的相对空洞，这也许带来了形式大于内容的结果。而没有真正吸引人的内容，电子杂志的生命力能否长久，便值得怀疑。这种担忧自然不无道理，但是，这并不表明要彻底否定多媒体形式的作用。

娱乐类电子杂志在多媒体内容上的探索，也为新闻类或其他专业周刊以及以新闻为主的电子报纸的多媒体运用积累了一定的经验，虽然这种经验不能简单移植，但是，有很多思路是可以借鉴的。

2. 互动成为电子杂志的重要追求

与电子报纸相对薄弱的互动相比，电子杂志在互动方面做出了更多探索。多数电子杂志都设有留言板，如果网民是在线阅读，还可以进行即时互动。也有一些电子杂志尝试使网民直接与内容进行互动，例如《物志》在第 5 期首创推出体验式网络情景剧《麦琪的礼物》。读者打开《物志》页面即被引入梦幻般的情境中，读者可以通过对不同的故事情节的选择，在线参与完成整部情景剧。一些网站推出了互动电子杂志生成器，方便网民制作自己的电子杂志。

从整体来看，电子杂志所采用的技术，更有利于读者的互动参与，因此，也有一些人称电子杂志为互动杂志。

3. 多种接收平台成为最终开发目标

虽然多数电子杂志都自称为“网络杂志”，但是，一些电子杂志的开发者并不只是把接收平台限定在网络上。例如，《物志》就在全国率先开设手机版，随着未来的新的电子接收终端的开发，电子杂志所依赖的阅读平台，也一定更多元。

4. 生产与发行走向专业化与集中化

与美国从事电子报纸技术开发和发行的“Newsatand”类似，国内电子杂志的制作发行出现了一个重要的特点，那就是制作和发行的专业化和集中化。并非每一个内容的提供者都要自己制作电子杂志，也并非电子杂志的开发者都需要建立自己的网上发行平台。在国内，主要的电子杂志制作与发布平台包括

XPLUS、POCO、ZCOM、iebook、VIKA 等。它们所发布的电子杂志主要有两种形式：一是把已有的传统杂志制作成电子杂志这种新的形式在网上发行，二是将原有的一些网络内容改造为电子杂志的形式出版发行。制作与发布的专业化的基本动因在于技术的复杂性，这种专业化对于电子杂志质量的提升又是有益的。

5. 营利模式趋向多样化

电子杂志的营利模式涉及两个方面，内容的提供者与平台的提供者。

对于内容的提供者来说，通过电子杂志来扩大原有的媒体品牌影响，以促进广告或销量的增长，是它们的主要经营思路。也许，目前，品牌营销的意义大于实际的收益。

对于平台的提供者来说，收入来源主要包括：其一，广告收入。电子杂志广告的多媒体化是它的一个突出优势，杂志的分众传播又有助于广告的精确投入。其二，制作费用。主要是对内容提供商的内容进行二次加工时收取的制作费用。此外，一些企业还开发出了其他的一些营利方式，例如开发大客户直邮推广业务，即为大客户专门制作的电子杂志，直接递送至大客户的目标读者群。此外还有增值服务，例如，对一些质量精良的产品，尤其是一些非常受欢迎、有连续性的原创内容进行打包，并实行收费下载。

与国外电子报纸的营利方式不同的是，国内电子杂志仍然沿袭网络的免费思维，虽然也有些杂志尝试过收费制度，但难以推行。未来收费制度能否建立，还是未知数，但也许不会像电子报纸那样顺理成章。

电子杂志虽然源于杂志，但它在发展过程中已经远远超越了杂志，它更多地展示了媒介融合后媒介产品的新思维。虽然还有许多问题存在，但从长远看，它的挑战显然不是仅仅针对传统印刷杂志的，而是针对现有的各种媒体。

二、新闻网站对于电子杂志的借鉴

电子杂志与新闻网站并不是对立的，它是对新闻网站的一个补充。虽然目前多数电子杂志技术的采用者是传统媒体，但是，新闻网站也可以根据自己的需要，充分吸收电子杂志的养分，为己所用。

新闻网站借鉴电子杂志的方式可以包括如下几种：

1. 借鉴电子杂志的多媒体思维，优化日常报道

多媒体、互动，这是电子杂志的一个重要特点，它们给受众带来全新的体验，也展示了多种媒体手段融合后的信息传播新思维。虽然电子杂志的方式并不能完全照搬到新闻报道中，但是，其中一些思路与方法仍然可以为新闻传播所借鉴。在充分吸收电子杂志多媒体经验的基础上，新闻网站可以进行多媒体报道的创新，以不断提高网站日常报道的质量。

2. 利用电子杂志技术进行内容再包装

为了使新闻网站的内容得到多次传播，提高其利用率，除了通过 Web 页面发布新闻外，新闻网站也可以将一些特色内容，例如重要专题，或一段时期内重要新闻集纳等内容，利用电子杂志进行再包装与再传播。在 2006 年足球世界杯期间，一些技术公司制作的电子杂志，就体现了这样的思路。

不同手段、不同渠道传播的内容，也可以形成相互补充、相互推荐的效果，这对于形成网站特色、增强网站竞争力，也是有益的。

第四节　手机与网络新闻传播

手机的普及，不仅给人们的通信交流带来了方便，也带来了一种全新的媒体。手机媒体虽然不一定依附于网络媒体，但它和网络有着千丝万缕的联系。在网络新闻传播中，充分利用手机媒体，也将成为网络新闻发展的一个方向。

一、手机信息传播的特点

作为一种新兴的信息传播平台，手机媒体具有以下传播特点：

1. 信息传播启动迅速

手机平台是一个相对简单的信息发布平台，信息发布的流程短，受到的制约因素较少，因此，新闻传播过程启动非常便捷、灵活。

2. 信息落点明确

传统的大众传播是一种面向不定量的多数受众进行的传播，每一条信息发送后，最终被哪些人接收到，是很难进行准确测量的。而通过手机媒体，则在很大程度上可以改变这种状况。因为手机传播中每一个具体的信息传播过程，都是点对点的，信息发送给谁，是否发送成功，都可以做出判断。如果手机实名制得以推行，则可以进一步提高信息落点的明确性，可以有效地提高信息传播的效率，也有助于对传播效果做出更为准确的判断。落点的明确性也意味着信息传播中更强的定向性。在公共信息传播中，特别是在一些突发事件的应急处理中，这种定向性将可能带来事半功倍的效果。

3. 信息接收具有贴身性

对于手机的拥有者来说，手机媒体是一种随身媒体，是一种真正的无时不在的媒体，这充分保证了信息接收的时效性，这是它明显优于传统媒体的一个方面，因为传统媒体的时效性往往只能体现为信息发送方的时效性，信息传递过程中“最后一公里”的难题往往使得这种时效性失去意义。而在突发事件的信息传播、公共危机应对方面，这种接收的时效性又显得格外重要。

手机的贴身性也体现为它的私人性，这使得通过这一渠道传播的信息显得更为个人化，更容易得到接收者的重视。

4. 传播的再延续性强

手机既是一个信息接收终端，也是一个信息发送终端，因此，信息的流动往往并非在手机终端终止，而是可能会连绵不断地往下延续。这种延续一方面扩大了信息的传播面，另一方面，使大众传播演变为人际传播。而人际传播在一定程度上有助于增强人们对信息源的认可，提高人们对信息本身的认同度。

5. 信息内容聚焦度高

传统媒体的传播，都是批量传播，某一个特定信息总是与其他信息混杂在一起，对于生活节奏越来越快、越来越习惯于信息的快餐式消费的受众来说，这使他们获得某个特定信息的成本较高，且报偿未必成正比。而手机传播，可以做到一次只发送一条信息，如有必要还可反复发送，这样，可以帮助受众快速聚焦于某一特定信息内容，提高信息接收的效率，增强信息传播效果。

6. 信息传播双向性强

手机是一个高度互动的媒介，手机用户不仅仅可以接收信息，也可对信息做出反馈。尽管在新闻传播方面，这种互动性还未得到充分的开发，但是在以“超级女声”为代表的娱乐事件中，手机媒体展示了强大的互动能量。如果能将这种能量加以积极的利用，那么，手机在新闻传播方面必然显示出独特的魅力。

二、网络新闻传播与手机传播的结合

从新闻传播的角度来看，网站运用手机媒体的方式主要有：

1. 利用手机短信发布高时效性新闻

由于手机传播的特点，在突发事件发布时，通过手机短信的形式来发布相关新闻，是体现网站竞争力的一个重要手段。例如，2003 年 3 月 20 日，美国对伊拉克发动战争，新浪网于上午 10 时 35 分在商业网站中率先发布了第一条开战新闻，并于第一时间通过手机短信将该消息发送到几十万手机用户。10 点 36 分，搜狐也向其用户发出明确的战争短信。这使它们在伊拉克战争的报道中形成了先声夺人的气势。

2. 利用手机短信推荐重点新闻

除了突发事件的新闻外，网站也可以将特色栏目或重点新闻，通过手机短信的方式发布给手机用户。这也是提高新闻传播面与利用率的一个方式。现在，许多新闻网站的手机短信新闻都开设了“头条新闻”、“时政要闻”、“体育新闻”等栏目。新华网等网站的手机短信新闻几乎覆盖了各个栏目。当然，网站应该根据受众需要及网站实际情况来开设特色栏目。如果短信新闻涉及面过宽，有可能特色反而不鲜明，同时占用过多人力资源。

“精选”、“精加工”应该是手机短信新闻编辑的重要原则。特别是目前一条手机短信的容量是 70 个汉字，与网络中的一般新闻相比，容量空间要小得多。网络编辑需要改写新闻，突出新闻的重点要素，使其与手机传播的特点相吻合。

3. 通过彩信发布新闻图片

彩信指手机传播的信息形式为图片。除了用手机传播文字新闻外，网站也可以利用彩信业务来发布新闻图片，更好地满足受众的需求。虽然手机传播的图片目前在质量上还受到一定限制，但是，图片所带来的真实感、现场感是文字短信无法企及的。

对于那些具有充足的图片资源的网站，这种新闻服务具有广阔的开发前景。例如，新华网就在其无线增值业务中开发了彩信频道，借此充分利用新华社丰富的图片资源，形成自己独特的竞争优势。

4. 为手机上网用户提供有针对性的新闻服务

越来越多的手机用户可以利用 WAP 等方式上网。这些联网的手机，可以直接访问一些针对手机终端开发的网站，这也包括新闻网站。

2005 年 12 月 16 日，人民网、新华网、千龙网等国家主流网络媒体正式联合创办了“掌上天下”手机网站。首批推出了新华第一资讯、聚议堂、大画天下、新华图片总汇、动听时刻、激情瞬间等 6 个栏目，依托各大媒体强大的原创新闻信息资源，以文字、图片、论坛、音乐和视频等丰富多彩的表现形式，为广大手机用户提供新闻信息和下载服务。① 这些尝试，为未来新闻网站更多地介入手机上网的内容服务，提供了基础。

新闻网站未来所要关注的不仅是通过电脑终端上网的用户，还需要关注包括手机在内的其他终端上网的用户，并根据不同阅读终端的特点来开发新闻内容。

5. 开发手机报提供集成度更高的新闻服务

对于那些有报纸背景的网站来说，网站也可以与报纸合作，开发手机报纸。

目前手机报纸大致可分为彩信型、WAP 型、掌信型等几种，掌信型指提供一个手机软件，既可以由用户自行下载安装，也可以由手机生产厂商提前预

① 《主流媒体进军无线互联网　掌上天下手机网站开通》，载 2005 年 12 月 17 日《人民日报》。

装。通过这样的软件发布全文手机报纸，并且还可以根据报纸自身的风格特点修改手机报的版面，采取多样的形式播发信息。手机报可以提供集成度更高的新闻，对于未来的新闻网站也是一种有益的补充。

6. 开发适合未来手机的音视频及动画新闻

随着手机技术的发展，未来的手机可以更便捷地传输音频和视频信息，因此，新闻网站也应着眼于未来，及早开发适合手机传播的音频、视频及动画新闻，进一步丰富手机新闻的品种。

7. 提供移动博客服务丰富博客资源

移动用户开通手机博客业务后，可以通过互联网、WAP、彩信和 IVR（基于手机的语音互动平台）等方式访问并撰写博客，这称为移动博客。移动博客使博客创作进一步打破了时空限制，使博客活动的参与者可以利用手机更方便地采集第一手的、鲜活的新闻素材，记录他们随时随地的所见、所感。从发展来看，移动博客大有可为。新闻网站如果能充分开发移动博客服务，将为网站的博客内容增添更多的活力，也将为网站的新闻传播提供更丰富的资源。

主要参考文献

彭兰:《网络多媒体新闻》，中南大学出版社 2006 年版。

彭兰:《网络新闻学原理与应用》，新华出版社 2003 年版。

彭兰:《网络传播概论》，中国人民大学出版社 2001 年版。

高钢:《新闻写作精要》，首都经济贸易大学出版社 2005 年版。

郑兴东、陈仁风、蔡雯:《报纸编辑学教程》，中国人民大学出版社 2001 年版。

刘明华、徐泓、张征:《新闻写作教程》，中国人民大学出版社 2002 年版。

盛希贵:《新闻摄影教程》，中国人民大学出版社 2003 年版。

曾璜、任悦:《图片编辑手册》，中国摄影出版社 2003 年版。

饶立华、杨钢元、钟新:《电子媒介新闻教程》，中国人民大学出版社 2000 年版。

[美] 罗兰·德·沃尔克著，彭兰等译:《网络新闻导论》，中国人民大学出版社 2003 年版。

秦州:《新闻网页设计与制作》，福建人民出版社 2005 年版。

汪端:《数码照片处理典型实例技能版》，人民邮电出版社 2005 年版。

伍振荣:《影像谎言》，香港博艺集团《摄影杂志》2005 年 12 月。

后 记

数字时代一个永恒的旋律是“升级”。

写作本书就是我对自己的教学与研究的又一次“升级”过程。

虽然过去已经有若干部著作涉及网络新闻编辑，但这本书让我有机会对每一项网络新闻编辑的任务及其内在规律进行更深入的考察，也让我有机会更清晰地梳理网络新闻编辑的各个层面及它们的关系。这几年新的技术发展也使我对于网络新闻编辑未来走向有更多的思考。这些观察与思考来源于我个人的教学与研究积累，更来源于国内外网络媒体多年的实践启示，希望它们能对国内网络新闻编辑未来的教学与实践有所裨益。

感谢武汉大学出版社以及丛书的组织者给我这样一个升级自己的机会。感谢陶洪蕴女士及其他编辑为此书出版所做的辛勤工作。

感谢各个相关领域的从业者、研究者以及新闻教育的同行们。

感谢中国人民大学新闻学院各位同事对我的支持与帮助。感谢我的导师方汉奇先生，他多年来对我的悉心关怀与言传身教，让我受益终身。感谢高钢教授，他在网络媒体业界的开拓性工作以及具有前瞻性的瞭望与思考，也给我诸多启发。

作为“中国人民大学新闻与社会发展研究中心”的研究员，我的研究工作也一直得到研究中心的支持，本书也是中心的一个研究成果。

感谢我所有的亲人们。他们是我永恒的精神动力。

彭兰

2007 年 1 月 26 日

图书在版编目(CIP)数据

网络新闻编辑教程/彭兰著.—武汉:武汉大学出版社,2007.5(2021.8重印)
普通高等院校网络传播系列教材/吴廷俊主编
ISBN 978-7-307-05498-1

Ⅰ.网… Ⅱ.彭… Ⅲ.因特网—新闻编辑—高等学校—教材
Ⅳ.G210.7 G213

中国版本图书馆 CIP 数据核字(2007)第 042923 号

责任编辑:王雅红 陶洪蕴 责任校对:王 建 版式设计:支 笛

出版发行:**武汉大学出版社** (430072 武昌 珞珈山)
(电子邮箱:cbs22@ whu.edu.cn 网址:www.wdp. com.cn)
印刷:湖北金海印务有限公司
开本:720×1000 1/16 印张:27.5 字数:457 千字 插页:2
版次:2007 年 5 月第 1 版 2021 年 8 月第 12 次印刷
ISBN 978-7-307-05498-1/G·950 定价:59.00 元

普通高等院校网络传播系列教材

书目

网络传播概论

网页制作与PHP语言应用

网络传播法制与伦理

网络新闻编辑教程

网络信息管理概论

电子商务教程

网络动画创作与编辑

多媒体制作教程